KB232682

닮은

닮음 1

김 항 안 지음

GLORIA

시편의 영성과 성서 인물

성경은 하나님의 책이다. 성경은 하나님께서 스스로를 우리에게 계시하신 책이다. 성경에서 우리는 하나님의 존재, 속성 그리고 우리와 세계를 향하여 가지신 감정을 찾을 수 있다. 그리고 성경은 하나님께서 과거와 현재 그리고 미래를 초월하여 펼치고 성취하신 구원 계획을 보여준다. 그러므로 우리는 성경의 근본 저자가 하나님이심을 믿는다.

"모든 성경은 하나님의 감동으로 된 것으로…"(딤후 3:16a)

동시에 성경은 사람의 책이다. 좀 더 나아가 사람을 위한 책이다. 성경에는 무수한 인물들이 등장한다. 세대주의 방법으로 계산하는 연수만 해도 6,000년이 족히 넘으니 그동안 등장하는 인물이야 오죽 많으랴! 우리가 알고 있는 어떠한 대하소설도 이만한 세월을 아우르지 못한다. 이처럼 많은 인물을 등장시키지 못한다. 성경은 무수한 등장인물들이 하나님과 어떠한 관계 속에서 살았는지를 보여준다. 그들의 신앙과 삶은 오늘을 사는 우리에게도 교훈이 된다. 곧 우리의 신앙과 삶에 대한 방향과 지표를 보여주는 것이다.

"교훈과 책망과 바르게 함과 의로 교육하기에 유익하니"(딤후 3:16b)

시편은 예수님이 있던 당시에도 존재하였다. 신약시대에 성경이라 함은 구체적으로 구약을 가리킨다. 예수님은 사랑을 가르치시며, 온 율법과 선지자의 강령을 말씀하셨다(마 22:40). 이로 보아 우리는 구약이 율법과 선지서로 되어 있음을 유추할 수 있다. 다른 부분에서 예수님은 율법과 선지자의 글과 시편을 말씀하셨다(눅 24:44). 이를 보면 구약이 세 부분으로 이루어졌음을 알게 된다. 복음서의 저자들은 시편을 인용하며 시편의 예언이 구체적으로 예수에게 적용되었음을 증언한다.

시편에는 하나님에 대한 은유적 표현이 매우 많다. 시편 18장 2절이 잘 설명해 준다.

"여호와는 나의 반석이시요 나의 요새시요 나를 건지시는이시요 나의 하나님이

시요 나의 피할 바위시요 나의 방패시요 나의 구원의 뿔이시요 나의 산성이시로다"

이런 표현은 하나님이 어떤 분인지를 고백, 선포하는 형식이다. 이러한 은유는 성경 기록자의 믿음을 나타낸다. 저자가 당한 고난, 그가 누렸던 기쁨, 하나님과 교제하며 깨달은 진리, 묵상 중에 얻은 은혜 등을 은유적으로 표현한다. 이러한 은유적 표현은 시편 도처에서 살펴볼 수 있다.

은유적 표현은 하나님의 말씀에 대하여도 적용된다. 대표적인 구절이 시편 19장 7~9절이다.

"여호와의 율법은 완전하여 영혼을 소성시키며 여호와의 증거는 확실하여 우둔한 자를 지혜롭게 하며 여호와의 교훈은 정직하여 마음을 기쁘게 하고 여호와의 계명은 순결하여 눈을 밝게 하시도다 여호와를 경외하는 도는 정결하여 영원까지 이르고 여호와의 법도는 진실하여 다 의로우니"

이미 시편 기자는 하나님과 교제하고, 진리를 묵상하는 어떤 지침을 가지고 있었다고 할 수 있다. 그 지침을 사용하여 그는 영적 침체가 올 때 그것을 극복하였고, 기쁜 일이 있을 때 하나님을 찬송 할 수 있었다.

이상으로 보아 시편은 매우 영적인 책이라 하겠다. 그러나 성경이 사람을 위한 책이라면 시편도 역시 사람들에게서 나는 냄새를 맡을 수 있다. 시편에서 우리는 현실세계에서 사람들이 느끼는 다양한 감정을 접하게 된다. 긍정적 감정으로 기쁨, 승리감, 희망, 용서, 감사, 신뢰, 경외, 사랑, 겸손 등이 있다. 한편 부정적 감정으로는 슬픔, 분노, 절망, 수치, 두려움, 애통, 괴로움, 의심, 교만 등이 나타난다. 시편은 이러한 감정을 어떻게 처리하는지 우리에게 보여준다. 우리는 시편을 통해 긍정적 감정들은 어떻게 승화시키며, 부정적 감정들은 어떻게 극복하는지를 배우게 된다. 그러므로 시편은 매우 인간적인 책이라 하겠다.

시편은 다양한 장르(genre)의 시들을 모은 모음집이다. 시편의 장르는 크게 나누어 일곱 가지이다.

찬양시, 탄식시, 감사시, 신뢰의 시, 회상의 시, 지혜시, 제왕시이다. (트램퍼 롱맨 『시편을 어떻게 읽을 것인가?』)

이러한 장르들은 콘텍스트(Context) 즉 사람의 처한 상황을 표현하고 있다. 사람은 여러 상황 속에서 다양한 감정을 경험한다. 그 감정을 처리해나가는 과정에서 인격적 성숙을 이루고 영적인 깊이를 경험해 간다. 그러므로 시편은 하나의 문학작품이다. 곧 영적 색채를 강하게 지닌 영적 문학모음집이다.

이제 우리는 새롭게 시편을 탐색하려고 한다.

두 가지 관점을 정하고 두 가지 관점을 동시에 추구해 나갈 것이다. 두 가지 관점은 곧 하나님과 사람이다. 먼저는 하나님의 관점으로 하나님을 향한 신앙고백, 하나님 경험, 하나님을 찬양하는 것 곧 영적인 부분을 탐구할 것이다. 한편 사람의 관점에서는 사람의 상황 극복, 표현되는 감정, 그 감정 처리 등을 살필 것이다. 긍정적 감정들을 승화시키는 과정에서 우리는 기쁨을 누리는 방법을 알게 되며, 부정적 감정들로 인한 고통이 해소되는 과정을 보며 치유를 경험하게 될 것이다. 이는 성경이 하나님의 책이며, 동시에 사람을 위한 책이라는 두 관점의 대전제를 만족시키는 시도이다.

우리는 시편과 성경 인물을 볼 것이다. 시편을 한 편씩 볼 때마다 성경 인물 한 사람을 이야기 할 것이다. 구체적으로 그 인물의 신앙과 됨됨이 그리고 행적들을 시편이라는 창을 통해 바라볼 것이다. 즉 시편이 사람의 영적 동향과 행적을 비추는 거울의 작용을 하는 것이다. 그 거울은 곧 나를 비추는 거울이다. 인물 한 사람의 영성과 행동은 그 시대 그 사람으로 끝나지 않는다. 시편은 그 시대 그 사람의 신앙과 한 번의 상황으로 끝나지 않는다. 오늘 이 시대 나의 상황에도 똑같이 나타날 수 있다. 이러한 연속성 때문에 성경은 영원한 진리임을 스스로 증명한다.

사람이 가진 영성이 그의 행동을 좌우한다. 우리는 성경 속에서 사람의 성공을 보며 하나님이 요구하시는 영성이 어떤 것인지, 사람의 실패를 보며 하나님이 싫어하시는 영성은 어떤 것인지 알게 된다. 물론 사람이 성공과 실패의 평가 기준을 세울 수 없다. 하나님만이 평가의 절대적 기준이 되신다. 게다가 당대의 성공만이 영원한 성공이 아니며 역사가 그의 성공을 인정해 줄 때 비로소 완전한 성공이 된다. 우리는 시편을 통해 성공하는 영성, 역사가 인정하는 영성, 하나님이 인정하시는 영성 곧 시편 기자들이 어떤 영성을 가지고 있으며, 그들이 추구하는 영성의 방향을 알게 된다.

성경은 훌륭한 사람만 등장하지 않는다. 평범한 사람도 등장한다. 성공한 사람만 등장하지도 않는다. 실패한 사람도 많이 등장한다. 어찌 보면 실패한 사람들이 더 많이 등장한다. 성경에는 평범하게 살다 간 사람과 이름만 올라와 있는 사람이 수 없이 많다. 우리는 성공한 사람도 보고, 실패한 사람도 볼 것이다.

훌륭한 사람과 평범한 사람을 통해 그들의 영성과 신앙, 그들의 삶과 선택의 결과들을 함께 탐구해 나가고자 한다. 성경의 수많은 인물들을 다 살필 수는 없다. 한 편에 한 사람씩 고작 150명이다. 전체적으로 보았을 때 150명은 적은 수이다. 그러나 우리가 인생을 살며 알고 지내는 사람의 수가 200명 내외라고 하면 150명은 매우 많은 숫자이다.

시편 속에 거론된 인물이 일차적인 탐구대상이 될 수 있다. 시편과 약간의 연관성이 있는 인물 역시 우리의 탐구 대상이다. 그러나 시편과 거리가 먼 인물도 우리의 탐구의 대상이 될 수 있다. 정작 중요한 것은 인물의 선정이 아니라, 그 인물의 내면세계를 보는 창이 곧 시편이라는 점이다. 그 인물의 겉으로 드러나지 않는 깊은 속을 살피는 현미경으로 시편을 사용한다는 점이다.

인물의 삶과 영성을 이해하는 방법으로 시편을 사용할 것이다. 이로써 시편은 우리의 영성을 풍부하게 하는 영적 양식이 될 것이며, 우리의 병든 영혼을 치유하는 영적 양약이요, 우리의 신앙을 건전하고 바르게 이끄는 영적 지침이 될 줄로 믿는다.

아무쪼록 본서와 함께 "시편의 영성산책"을 떠나는 독자들이 시편의 주인공이 되어 함께 기쁨과 슬픔을 나누면서 하나가 될 때 주님 닮는 감격의 기쁨이 넘치기를 축원합니다.

2010년 10월 4일
김항안 목사

CONTENTS

관계의 영성과 르호보암

앗! 실수

르호보암은 솔로몬의 후계자로 왕위에 올랐다. 즉위식이 끝나자마자 백성들의 대표들이 찾아왔다. 왕에게 무엇인가 부탁하기 위해서이다. 그들의 부탁은 세금과 노역의 감면이었다. 새 왕으로서 부담이 되는 어려운 부탁이다. 왕이 생각하기에 자기의 권위가 흔들릴 수도 있다. 그러나 안 들어줄 수도 없다. 왕이라면 당연히 백성을 생각해야 하기 때문이다.

백성들은 왜 그런 부탁을 할 수밖에 없었을까? 그 동안 그들은 세금을 내었고, 노역을 감당해야 했다. 그들은 성전건축에 7년, 솔로몬의 왕궁 건축에 13년 도합 20년 동안 대 공사에 참여하였다. 1~2년도 아니고 20년 동안 건축을 하였다면 지긋지긋하다는 표현이 적당할 것이다. 그래서 그들은 이제 새로운 왕이 등극하였으니 자신들이 좀 더 편히 살고 싶다는 요구를 드러낸다.

르호보암은 3일간의 말미를 얻은 후에 심사숙고에 들어간다. 원로들의 자문을 구하고, 친구들과도 상의한다. 3일 후에 르호보암이 내린 결론은 친구들의 의견을 따르는 것이었다. 르호보암은 노역과 세금을 경감해주기보다는 더 많이, 더 심하게 하겠다고 선포한다. 자기는 아버지보다 더 큰 힘을 가졌기 때문에 당연하다는 것이다(왕상 12:14).

3일간의 말미는 이 결정이 당연하다는 명분을 얻으려는 구실에 불과했다. 어차피 아무리 많은 시간이 주어져도 자기가 하고 싶은 대로 할 것이다. 듣고 싶은 말만 듣고, 마음에 움직이는 대로 결정할 것이다. 실제로 3일동안 심사숙고하였다 할지라도 좋은 결정이 내리는 것은 아니다. 밤을 새워 고민해도 머리만 아플 뿐이다. 이런 결정은 "장고 끝에 악수 둔다"는 바둑 격언을 증명하는 셈이 되고 만다.

이에 대한 반감으로 나라는 두 조각이 났다. 열 지파가 북쪽으로 가서 독립된 국가를 세웠다. 다윗이 세운 통일 왕국이 100년도 못 가서 쪼개어졌다. 솔로몬의 찬란한 영화도 불과 한 세대 후에 역사의 뒤안길로 사라지고 말았다. 당연히 전쟁이 일어났다. 한 동안의 전쟁 후 르호보암은 포기하고 만다. 그는 남쪽의 두 지파만 남겨진 나라의 왕으로 만족할 수밖에 없었다.

우리네 사람들

"복 있는 사람은 악인의 꾀를 따르지 아니하며 죄인들의 길에 서지 아니하며 오만한 자들의 자리에 앉지 아니하고"(시 1:1) 시편은 타락한 세속적 영성을 경계한다. 타락한 영성의 사람은 악인, 죄인, 오만한 자 등으로 표현된다. 그들은 하나님을 떠난, 하나님을 거역하는 사람들이다. 복 있는 사람은 이런 사람들과 관계를 가지지 않는다.

이 말씀에 비추어, 르호보암은 복 있는 사람이 아니었다. 왜냐하면 르호보암의 친구들은 세속적 상식에 바탕을 둔 무리들이었다. 그들의 마음은 쓸데없는 자신감으로 가득하였다. 그들의 생각은 힘이면 안 될 것이 없다는 편견에 빠져 있었다. 게다가 오만함으로 똘똘 뭉쳐진 젊은이들이었다. 그들은 상식, 편견, 오만으로 거미줄을 형성한 권력집착 집단이었다.

르호보암은 그들과 교류하며 그들의 의견을 따름으로 스스로 복 있는 사람의 대열에서 탈락하였다. "죄인들이 의인들의 모임에 들지 못하리로다"(5절b) 르호보암의 이름이 성경에 올라있으나 아무도 그를 존경해 주지 않는다. 그의 이름은 잘못된 결정의 대명사가 되는 치욕적인 이름이 되고 말았다. "악인들은 심판을 견디지 못하며"(5절a)

르호보암이 이 소리를 들었다면 아마도 이렇게 항변할 것이다. "나를 너무 몰아세우지 마라. 알고 보면 나도 피해자란 말이야! 나도 할 만큼 최선을 다했다." 필자는 소설적 상상력을 발휘하는 것이 아니다. 성경의 기록에 근거한 해석의 상상력을 동원하고 있을 뿐이다. 그러므로 르호보암을 변명해주고 싶지 않다. 실패자 혹은 치명적으로 실수를 범한 사람은 언제나 자기를 방어하고, 변명할만한 명분을 가지고 있기 때문이다.

우리는 르호보암과 그의 친구들을 악인의 무리라고 생각할 수밖에 없다. 그들의 행위보다는 생각이 악하기 때문이다. 악한 생각은 악한 행동을 결정짓는다. 악한 행동은 치욕적인 결과를 가져온다. 르호보암과 친구들은 힘으로 다스리면 무엇이든지 될 것이라고 생각하였다. 곧 폭력의 영성이었다. 영성이라고 말하면 너무 높이 평가해 주는 것이니 경향 또는 성품이라고 말하는 편이 옳다.

그들에게는 자비와 긍휼이 없었다. 덕으로 다스리는 것이 무엇인지 몰랐다. 폭력적 경향을 가진 사람에게서 자비, 긍휼, 사랑, 양보, 덕 등 이러한 낱말들은 한낱 정신이상자들의 주절거림 정도에 불과하다. 그들은 인생을 값지게 하는 덕목들에 가치를 두지도 않고 신경도 쓰지 않는다. 오직 많이 가지면 되고, 많이 점령하고, 차지하면 그것이 제일이다. 높은 자리에서 큰소리치며 호령하는 것으로 만족한다. 우리네 사람들이 다 이렇다.

왜곡된 가치관

현대인들이 힘과 권력 그리고 돈이면 무엇이든지 될 것이라는 착각 속에서 살아간다. 정직하면 손해보고, 양보하면 바보로 취급당한다는 세태 속에 쟁취를 최고의 가치로 여기며 거짓된 행동을 밥 먹듯이 일삼는다. 이런 사람들은 하나님의 존재와 권능을 의식하지 못하기 때문이다. 그들은 시대의 조류를 따라 가면서도 자기 생각이 옳다고 주장한다.

한번 생각해 보라. 이 시대의 조류가 힘을 최상의 가치로 여기는 경향 아닌가? 평화조차도 폭력으로 얻으려 한다. 그러나 폭력은 곧 다른 폭력을 낳고, 사람들에게서 악인으로 손가락질 받으며 외면당한다. 시편은 이런 사람들은 향하여 이렇게 말한다. "악인들은 그렇지 아니함이여 오직 바람에 나는 겨와 같도다"(4절)

한 가지 의문 사항이 있다. 르호보암은 다윗의 손자이다. 솔로몬의 아들이다. 어찌 다윗과 솔로몬의 가계에서 르호보암같은 인물이 나온다는 말인가? 참으로 이상한 일이다. 우리는 르호보암이 제대로 된 신앙교육, 인간성 교육, 왕의 성품을 교육받았을 것이라고 추측할 수 있다. 다윗은 신앙의 사람, 솔로몬은 지혜의 사람이었다. 하지만 르호보암은 처음 결정에서 중대한 실수를 범했다.

그렇다면 그에게 주어진 그 동안의 교육은 헛수고요, 물거품이 되었다는 결론이 도출된다. 르호보암이 교육을 잘못 받았던지 혹은 그의 부모가 교육을 제대로 시키지 않았을 것이다. 이것도 저것도 아니면 교육 커리큘럼이 비정상적이었을 것이다. 영성이 잘못된 사회에서 교육이 제대로 될 리 없다. 비뚤어진 영성의 소유자가 스승이 되면 비뚤어진 영성의 소유자들이 나올 수밖에 없다. 그러기에 르호보암같은 경우도 나오게 된다. 이 시대 이 나라에서 교육의 비정상화, 인재를 바르게 키우지 못하는 교육이 영성의 부재 혹은 가치관의 왜곡 현상 때문임을 기억하고 있는가?

르호보암은 실패를 배워본 적이 없다. 실패를 경험한 적도 없었다. 르호보암은 성공 교육만 받았다. 그의 아버지 솔로몬이 하는 것은 언제나 옳은 것처럼 보였다. 심지어 솔로몬이 말년에 우상을 받아들이고 후궁을 맞아들여도 그것이 실패임을 알지 못하였다. 왕궁에 있는 르호보암은 백성들의 원성과 탄식소리도 듣지 못하였다. 그는 탄식소리가 들려도 마음에 담아둘만큼 영성을 소유하지 못하였다. 왜곡된 가치관에 의한 교육은 가장 중요한 시기에 곧 치명적인 실수로 이어진다. 성공이 인간의 이론에 있는 것 같으나, 분명 아니다. 폭력과 힘에 의한 평화가 인간에게 평안을 제공하는 것 같으나 결코 그렇지 않다.

시편의 영성

시편의 영성은 타락한 세속을 배제한다. 시편의 영성은 말씀을 통해 하나님과 교제하는 영성이다. "오직 여호와의 율법을 즐거워하며 그의 율법을 주야로 묵상하는도다"(2절) 이런 영성의 소유자는 어떤 사람일까? 그는 하나님 앞에 자기를 낮추는 사람이다. 세상에서 사는 일이 자기 힘으로 되지 않고 오직 하나님의 힘으로 된다는 것을 아는 사람이다. 그는 자기의 삶 속에서 하나님이 힘이 되어 주시는 것을 경험하였다.

다시 말하여 하나님의 자비와 긍휼 그리고 은혜를 경험한 사람이다. 그는 하나님의 기록된 말씀을 통해 하나님을 묵상한다. 그러므로 오늘도 그는 하나님의 은혜를 늘 경험해가고 있다. 결국 그는 다른 사람들에게도 자비와 긍휼 그리고 은혜를 베풀 수밖에 없다. 받은 만큼 다른 이에게 베푼다. 자기가 베푸는 은혜조차도 자기로부터 나온 것이 아니며, 오직 하나님으로부터 온 것을 알고 있다.

말씀으로 교제하는 영성을 편의상 '관계의 영성' 으로 부르자. 이루어놓은 업적으로 사람의 영성을 모두 평가할 수 없다. 그가 하나님과 가지고 있는 관계로 평가해야 한다. 관계의 영성을 가진 사람을 시편은 의인이라고 평가한다. 의인과 악인은 곧 말씀으로 인하여 하나님과 관계를 맺고 있는 가로 구별된다. 악인 혹은 죄인은 말씀의 영성을 소유하지 못하였다. 그들은 하나님과 교제하지 않는 자들이다.

관계의 영성은 현재시제이다. 과거에 어떤 관계였느냐가 중요하지 않다. 미래에 어떤 관계를 맺을 것인지 예측하는 것도 소용없다. 지금 어떤 관계를 맺고 있는가에 초점을 둔다. 현재는 진행 중이며 동시에 영원하다. 히브리어는 시제가 없다. 단지 상태에 따라 완료와 미완료가 있을 뿐이다. 히브리어 동사의 동작은 언제나 현재이다. 헬라어의 현재는 진행형의 의미를 같이 지닌다. 하나님과 교제는 항상 지금이다. 지금 진행되는 관계이다. 현재가 이어져 영원을 이룬다.

관계에 근거한 형통

시편 1편은 사람의 인생을 형통함이라는 단어와 연관지어 말한다. 이 땅에서 형통함이라는 복을 얻고 싶은 것이 인간의 본능적인 욕구이다. 사람들은 이 욕구를 채우는 일에 혈안이 되어 있다. 어떤 방법을 사용해서라도 사람은 그 방법이 도덕적으로 타당하든지 양심적으로 거리낌이 없든지를 가리지 않고 형통함을 원한다. 형통함을 위해서 자신의 자존심도 내팽개친다. 심지어 가족들마저 희생하는 사람들도 간혹 있다. 형통을 위해 관계를 포기한다. 어리석은 결정이다.

타락한 세속적 영성은 폭력을 사용하는 것도 자신의 형통함을 위한 유용한 수단이라면 주저 없이 선택한다. 양심의 가책, 도덕, 윤리, 가치라는 말은 이상주의자들이 대학의 강단에서나 외치는 말이며, 현실은 그렇지 않다고 고집하면서 말이다. 그들은 신앙, 믿음, 하나님과 같은 단어들은 약한 사람들이 종교에 몰입하여 자기 위안으로 삼으려는 일종의 자기최면의 용어로 치부해 버린다.

형통함에는 조건이 있다. 방법이 옳아야 한다는 것 곧 하나님의 방법이어야 한다는 것이다. 하나님이 인정하시는 형통이어야 한다. 악한 방법으로 일시적인 형통함을 가져도 그것은 영원한 형통함이 아니다. 하나님의 방법은 하나님과 관련된 영성이다. 곧 말씀의 영성을 소유하고 그 영성으로 하나님과 교제하며 살아가야 한다. 형통함이란 하나님과의 관계에 근거한다.

타락한 세속적 영성은 일시적 형통함이 있어도 결과는 망하는 길이다. 마치 돼지가 살찌는 것은 죽기 위한 것에 비유할 수 있다. 어떤 영성을 가지느냐에 따라 결과가 달라진다(6절). 말씀의 영성을 가지고 실천하는 사람들에게 하나님이 인정하시는 형통함의 축복이 있다. 관계의 영성은 존재의 영성으로 발전한다. 하나님과 관계를 가진 존재의 형통은 하나님의 소관이다.

어떤 영성을 가진 사람이든지 하나님은 그의 삶에 개입하신다. 형통함으로 개입하시든지 망하게 하심으로 개입하시든지 하나님은 반드시 참견하신다. 관계의 영성은 하나님의 개입을 믿는다. 하나님의 개입을 확인할 때 비로소 형통함의 열매를 확인하게 된다(3절). 하나님이 그의 존재의 근원이요, 존재의 의미가 되심을 깨닫는다. 존재의 근원이신 하나님은 형통의 근원도 되신다.

붙들림의 영성과 다니엘

히브리 청년

히브리 청년 다니엘은 환경을 개척하는 젊은이였다. 그는 환경에 순응하지 않았다. 왕궁에서 엘리트 교육을 받아도 썩 만족하지 않았다. 미래에 대한 희망보다는 그 속에 다른 아픔을 품고 있기 때문이다. 느부갓네살 왕궁에서 산해진미를 먹어도 달갑지 않았다. 어떤 음식이 그 자신을 더럽게 한다는 믿음 때문이었다. 채식주의자도 아닌데, 채식을 한다. 그의 믿음이 먹는 것까지도 조절한다. 다니엘은 왕이 먹는 것을 먹지 않겠다고 거절한다. 먹는 즐거움까지 거절하다니 혹시 금욕주의자?

아닌 것을 아니라고 말하기란 쉽지 않다. 더구나 권력자 앞에서는 더 어렵다. 그럼에도 다니엘은 거절하였다. 믿음 때문인지, 젊은이다운 패기인지 시간표대로, 훈련계획표에 따르지 않겠다고 제언한다. 감히 피교육생 주제에 무엇을 어떻게 해 달라고 요구하다니! 봉건 사회에서 어디 있을 법이나 한 일인가? 어린 아이의 투정으로 보자니 황당하고, 확신에 찬 표정에, 결연한 의지 표현이 자못 심상치 않다. 어쨌거나 왕의 환관장으로서는 골치 아픈 일이 생겼다. 들어주어야 할 것 같은데, 결과가 자기에게 불리하게 나타날 것이다. 그러나 '뜻이 있는 곳에 길이 있다' 고 하나님이 다니엘을 도와주신다.

환관장이 다니엘의 말에 귀를 기울인 것이다. 다니엘의 제안을 서슴없이 받아들인다. 열흘간 시험하여 채식하는 다니엘과 그의 친구들의 얼굴이 바벨론 청년들보다 더 윤기가 흐른다면 다니엘의 말대로 채식만 시키겠다고…. 과연! 다니엘의 말이 증명되었다. 다니엘이 승리의 깃발을 잡은 것이다. 고기를 먹는 바벨론 청년들보다 채소만 먹는 히브리 청년들의 피부색이 더 뽀얗다. 귀족의 티가 나고 총명해 보인다. 이제 한번 그의 말이 신뢰를 얻었으니 다음부터는 팥으로 메주를 쑨다 해도 믿어줄지 모른다.

히브리 청년들의 외모만 탁월한 것이 아니다. 아무리 건장한 터프가이라도, 잘 생긴 꽃미남이라도 생각이 짧으면 사람 구실하기 어렵다. 히브리 청년들은 그들의 지혜, 학문적 능력, 재능, 판단력, 재치 등등이 바벨론 청년들보다 훨씬 더 탁월하였다. 더구나 다니엘은 기존의 학자들이나 현자들보다 열 배나 뛰어났다. 환경에 순응하지 않았으나 양질의 교육 환경 속에서 자기가 하고 싶은 일을 하였을 뿐이라도 더 멋진 결과를 가져왔다.

히브리 청년들은 포로로 잡혀왔다. 그들은 사회적 지위가 보장되지 않았다. 엘리트 교육을 받고 있으니, 일신의 안위는 거둘 수 있어도 사회적 성공에는 한계가 있을 것이다. 포로 출신이 너무 뛰어나면 본토 출신들이 시비를 걸게 될 것이다. 일단 인간세계에서는 남 잘 되는 것이 곧 나의 자존심 상함이니 내게 허점만 보이면 가차 없이 공격해 올 것이다. 그러니 문제의 발단을 제공하는 일은 자기 미래를 스스로 망치는 일이 될지 모른다.

우리네 젊은이

젊은이들을 염려하는 목소리가 여기저기서 들린다. 유명 연예인에게 정신이 팔려 밤이고 낮이고 따라다니며 환호성을 지르는 10대들이 있다. 이것도 낭만이라면 얼마나 좋을까? 누구는 말한다. '낭만이 밥 먹여주냐?' 청소년들에게 이 다음에 무엇이 되겠느냐고 물으면 연예인이 단연 으뜸이다. 그들에게는 대중 스타가 인생의 보람이다. 대중 스타가 되기 위해서는 무슨 짓이든지 다 할 수 있다. 여자 연예인은 자신의 몸도 아끼지 않는다. 순결은 어른들의 잔소리 정도일 뿐이다.

그러면 대중 스타의 세계는 생각한대로 화려한가? 화려함의 뒤에는 허무함이 따른다. 사람들이 자기를 인정해 주지 않는다 싶으면 걷잡을 수 없는 나락으로 빠져든다. 인기가 떨어지면 허무함을 달랠 방법이 없다. 젊은 연예인들의 마약 복용은 이런 허무함과 관련이 있다. 환각 속에 빠져들면 허무함을 잠시나마 잊는다. 잠잠하다 싶으면 스타들의 마약복용 사건이 터진다. 스포츠신문이 마약 복용기사로 도배된다. 허무함 때문에 마약에 손을 댔다니 측은할 따름이다.

이와 반대된 경우도 있다. 돈 벌고 출세했으니 한번 즐겨보자는 족속들이 있다. 연예인이든 아니든 돈 있으면 마약에 호기심이 생긴다. 하지 말라는 것은 왜 그리 하고 싶은지! 어차피 즐기려고 태어난 인생, 진탕 즐겨나 보자. 들키지만 않으면 될 것 아닌가? 풍요가 가져다 준 기현상이다. 모두가 그렇지는 않겠지만 수많은 젊은이들이 이런 위험에 노출되어 있다. 과연 젊은이들이 풍요가 가져다 준 현상의 피해를 당하도록 내버려두어야 할 것인가? 그들 탓으로 돌리자니 기성세대의 무책임만 더해갈 뿐이다.

한편에서는 낭만을 즐기고 개척 정신을 발휘하는 젊은이들도 있다. 복지시설에 가서 봉사활동을 하고, 야학과 공부방의 자원봉사자로 참여한다. 어떤 젊은이는 배낭을 메고 세계를 누비며 각 나라의 문화와 풍습을 경험한다. 젊은 날의 낭만은 멋들어진 추억을 만들어낸다. 우리네 어른들은 젊은 날 통기타 들고 청바지 입고 낭만을 노래했었다. 어떤 선배들을 민주화

운동에 앞장섰다. 그들의 낭만과 수고가 오늘 아련한 추억으로만 머물지 않는 이유는 무엇 때문일까?

젊은이 정신을 한 마디도 표현하기 어렵다. 단순한 것 같으나 복잡하다. 반항 정신 같으나 도전 정신이다. 환경에 역행하는 개혁 정신 같으나 더 나은 결과를 기대한다. 다른 사람들에게 당혹감을 안겨 주지만 세월이 지나면 옳았음이 증명된다. 시작할 때는 어설프고, 나이 어린 테가 나는데 결과는 어른들의 생각을 앞질렀다. 결과가 좋으니 말이지 만약 결과가 나빴더라면 젊은이 정신이 아니라 젊음이의 무모한 장난이라고 넘겨버리고 말 것이다. 우리네 젊은이들에게서 장난보다 낭만이, 반항보다는 기성세대를 향해 이유 있는 외침이 기대되는 것은 어떤 이유에서일까?

악의 세력

"어찌하여 이방 나라들이 분노하며 민족들이 헛된 일을 꾸미는가"(시 2:1) 사람들이 의도하는 일들이 썩 좋은 인상을 풍기지 못하는 이유가 무엇일까? 강대국은 어떻든지 전쟁의 명분을 만들어낸다. 정치가들은 음흉한 속셈을 가지고 자기 잇속 챙기는데 혈안이 되어 있다. 속이고 다투고 죽인다. 전쟁이라는 합법적인 살인, 비전을 핑계 댄 야욕, 정의를 가장한 부정 등 양의 탈을 쓴 늑대들이 판을 치고 있다. 그러니 평범한 사람들은 이유도 모른 채 고통의 소용돌이 속에 살 수 밖에 없다.

이 세상은 세력 싸움이다. 선한 사람과 악한 사람의 세력 싸움이라면 너무 완곡한 표현일까? 악한 사람들은 힘에 의지한다. 그들은 죽이겠다고 위협하면 무엇이든지 항복을 받아낼 수 있다고 착각한다. "세상의 군왕들이 나서며 관원들이 서로 꾀하여 여호와와 그의 기름 부음 받은 자를 대적하며"(2절) 악한 자들은 무력으로 정적들을 제거하면서 국법을 준수하고 국가의 질서를 바로 세운다는 명분을 제시한다.

악한 세력은 신앙을 거부한다. 신앙은 약한 자들의 자기 위안이라고 생각한다. '나는 약해지기 싫다. 종교는 의무사항이 너무 많다. 나는 종교에 얽매이기 싫다. 자유가 좋다.' 그러니 이렇게 말할 것이다. "우리가 그들의 맨 것을 끊고 그의 결박을 벗어버리자 하는도다"(3절) 정치 권력에 속박되어 양심을 팔아먹는 것은 좋은 일이고, 돈에 얽매여 자기 정체성을 상실한 채 사는 것이 그렇게도 좋으면서 하나님께 잡히는 것은 싫은가? 스스로 자기 모순에 빠져 사는 것이 그리도 행복한가?

한편 신앙을 자기 출세의 수단으로 삼는 이들도 있다. '그래도 믿음 하나쯤은 가져야지. 종교 하나 정도는 갖는 것이 좋은 것 같아!' 신앙을 액세서리로 생각하는 사람들이다. 이들은 이 땅에서 무엇인가를 얻으려고 신앙을 이용한다. 돈을 벌든지, 표를 얻어 권력자가 되든지, 자기 재능을 인정받든지, 무슨 이유에서든지 얻는 일에 관심을 가진다. 순수함이란 세상 물정 모르는 젊은 애들이나 쓰는 말이며 나도 한 때는 그런 적 있었다고 자기를 변호한다.

어떤 이들은 신앙전통이라는 명분에 사로잡혀 있다. 새로운 의견을 가차 없이 공격하는가 하면 전통을 낡고 고루한 것이라 반격한다. 신앙인도 여기 걸려들면 꼼짝 못한다. 신앙이 겸손을 잃으면 폭력으로 변할 가능성은 얼마든지 있다. 누구든지 여기에 걸려들 수 있다. 가해자나 피해자 양편 중에 한 편이 되고 만다. 보수냐 진보냐의 싸움으로 얻어지는 것이 무엇인가? 나의 학문적 실력이 올라가고 인정받는다고 과연 하나님이 영광 받으실까? 이미 피해자는 발생하고 말았다. 보수도 과거에는 진보였다. 오늘날의 진보도 훗날에는 보수가 되지 않는다고 누가 보장하는가? 혹시 다음의 성구가 기독교인들에게 적용된다면, 아! 얼마나 슬픈 일인가! "하늘에 계신 이가 웃으심이여 주께서 그들을 비웃으시리로다"(4절)

악한 자가 판을 치고, 선악을 구분할 수 없는 세상에서 하나님은 무엇하시는가? 하나님은 팔짱만 낀 채 그저 바라만 보고 계실까? 악에 대한 싸움을 사람에게만 일임한 채 방관하고 계시는가? 만약 그렇다면 우리의 인생은 험난함의 연속이다. 우리 인생은 목적도 없이 망망대해를 떠도는 조각배나 다름이 없다. 절망 상태에서 헤어 나올 길이 없다. 암흑의 바다에서 풍랑에 떠밀려 다닐 뿐이다. 등대의 빛도 보이지 않는다. 결국 암초에 걸려 침몰하고 만다. 모두가 파멸의 길을 가고 있을 뿐이다.

아니다. 하나님이 사람을 보고 계신다. 하나님이 선악 간에 심판하신다. 하나님의 시간에 이루어진다. 비록 그것이 내가 원하는 시간이 아니어서 지치고 힘들어도 하나님은 당신의 시간에 판단하신다. "그 때에 분을 발하며 진노하사 그들을 놀라게 하여 이르시기를 내가 나의 왕을 내 거룩한 산 시온에 세웠다 하시리로다"(5~6절) 하나님은 인간의 역사를 반드시 뒤집으신다. 그 방법은 사람을 통해 이루신다. 하나님이 사람을 붙들어 사용하시는 것이다. 때가 되면 하나님께 붙들린 사람이 나타난다.

하나님께 붙들린 사람은 하나님과 특이한 관계로 나타난다. 아들로 나타나는 것이다. "너는 내 아들이라 오늘 내가 너를 낳았도다"(7절b) 왕이 세워지고 아들을 낳았다는데, 떨쳐버릴 수 없는 추측이 생긴다. 그 왕이 곧 아들이라는 등식이다. 하나님이 아들을 보내어 왕으로 세웠다는 유추가 가능해진다. 과연 맞다. 사도행전 13장에서 바울은 이 유추를 사용한다(33절). 그 유추의 대상이 곧 예수 그리스도이다(히 1:5, 5:5). 하나님이 아들을 사람으로 만드셨다. 하나님이 아들을 보내고 낳았으며 세우셨다.

이 아들이 하나님께 붙들려 있다. 아들은 아버지께 붙들려 있기 때문에 말하고 일하며 사랑한다. 아들이 제자들을 보내는 것도 아버지께 붙들려 있기 때문이다. 죽음의 길을 걸어가도 붙들려 있으니 자원하여 간다. 수동적으로 붙들린 것이 아니라 능동적으로 붙들려 산다. 붙들려 있는 것이 좋다. 말이 붙들려 있는 것이지 사실은 아버지 안에 있다. 아버지와 연합하여 사는 것이다(요 14:10~11, 20). 아버지는 아들을 전폭적으로 지지하신다. "그 아들에게 입 맞추라"(12절a) 그럴 수밖에 없다. 붙들려 있는 아들을 아버지가 어찌 사랑하지 않으랴!

대부분의 사람들이 하나님께 붙들려 있지 못하다. 지식인도, 정치가도, 부자도, 군인도, 건강한 사람도 붙들려 있지 못하다. 심지어는 종교인조차도 그렇다. 그러니 불신자들이야 오죽하랴! 붙들려 있는 것처럼 생각하고 행동하지만 실상은 그렇지 못하다. 모두 자아가 살아서 움직이기 때문이다. 자기만 죽으면 그의 영성은 하나님께 붙들리는데, 자기가 죽지 않으니 그의 영성이 제 맘대로이다. 자유가 좋다고 까불지만 방종하는 꼴을 차마 보기 어렵다. 하나님이 사람을 붙들기 원하는데 어찌된 일인지 교만한 족속들이 붙들리지 않으니, 아들을 내세울 수밖에 없다. 붙들린 아들 말이다.

붙들림의 결과

다니엘의 세 친구는 신상에 절하지 않았다. 죽이겠다고 위협하여도 굴하지 않는다. 극렬한 풀무불이 그들을 기다리고 있었다. 그들은 일곱 배나 불이 더 뜨거워져도 겁내지 않는다. 하나님께 붙들린 사람은 죽음이 두렵지 않다. 왕도 두려워하지 않는다. 악한 왕은 깨뜨려질 운명을 가진 사람이다. "네가 철장으로 그들을 깨뜨림이여 질그릇 같이 부수리라"(9절) 실상 붙들린 사람이 진정으로 두려워하고 있는 것은 오직 여호와 하나님이시다.

그러나 풀무불이 그들을 삼키지 못하였다.

다니엘은 왕 외에 다른 신에게 절하면 죽을 수도 있다는 것을 알고 있었다. 그래도 그는 하루 세 번씩 예루살렘을 바라보며 기도하였다. 그를 모함하고 제거하려는 음모가 있음을 알아도 하던 일을 계속한다. 한 번 붙들린 사람은 도대체가 겁이 없다. 인간의 치졸하고 음흉한 흉계 앞에서도 초연하기만 하다. 이런 다니엘에게는 사자 굴에 들어갈 일만 남았다. 그래도 그는 태연하다. 과연 사자가 다니엘을 찢었을까? 어림도 없었다. 하나님께 붙들린 사람을 사자 같은 미물이 어찌 감히 해할 수 있다는 말인가?

영적 세계에서 악령들은 의인들을 넘어뜨리려 시도한다. 의인들을 죽음의 위기에 몰고 간다. '영적 세계는 부정하고 육신의 세계만 인정하거라. 천국은 없으니 이 세상만 신경 쓰고 살아라.' 가장 이기기 어려운 유혹이다. 기도가 막히는 시험이며, 탄식 속에서 신음 소리를 낼 수밖에 없는 위기 상황이다. 다니엘의 기도를 하나님이 들어주시려는데 사단이 가로막고 있었다. 그러나 미가엘의 도움으로 다니엘의 기도가 응답되었다(단 10:13). 아버지가 붙들린 사람의 간구를 어찌 외면하시랴!

일단 붙들리면 모든 관심이 하나님께로 향한다. 하나님의 말씀을 듣는다. 그리고 구한다. "내게 구하라 내가 이방 나라를 네 유업으로 주리니 네 소유가 땅 끝까지 이르리로다"(8절) "여호와를 경외함으로 섬기고 떨며 즐거워할지어다"(11절) 왕도 붙들려야 한다. 관원도 붙들려야 한다. 왕이나 관원이 나를 붙들고 있다고 착각하지 말라. 그들도 하나님께 붙들려야만 살 수 있다. "군왕들아 너희는 지혜를 얻으며 세상의 재판관들아 너희는 교훈을 받을지어다"(10절)

아버지에게 붙들린 사람은 아들에게도 붙들린다. "그의 아들에게 입맞추라 그렇지 아니하면 진노하심으로 너희가 길에서 망하리니 그의 진노가 급하심이라 여호와께 피하는 모든 사람은 다 복이 있도다"(12절) 그러므로 아들에게 붙들리면 아버지에게도 붙들린 것이다(요 10:30). 아버지와 아들에게 붙들려 사는 것이 복이요 생명이다(요 15:4). 거기서 떨어지면 죽음이다(요 15:6). 붙들려 사는 것이 제대로 사는 것이다. 붙들려 있다는 것 자체가 행복이다. 이 삶에서 감격을 맛본다. 승리의 쾌감도 있다.

시편 3편
용서의 영성과 압살롬

귀공자

압살롬은 외모가 출중한 외모를 가지고 있었다. 그는 이스라엘 중에서 가장 멋진 남자라고 칭찬받았다. 발바닥부터 정수리까지 흠이 없었다고 하니 과연 어떤 모습인지 상상이 가지 않는다. 머리털이 얼마나 무거운지 일 년에 한번 머리털을 자르면 그 무게가 이백 세겔씩이나 되었단다. 압살롬은 귀공자의 전형이다. 일단 잘 생겼다. 그리고 왕의 아들이다. 외모와 배경이 그를 받쳐준다. 문제는 외적인 조건만큼 바른 마음을 가지지 못한 데 있다. 압살롬은 마음이 삐뚤어져 있다. 왜 그렇게 되었을까?

그는 사랑하는 누이동생이 성폭행을 당하고 버림받는 아픔을 지켜보았다. 아픔은 악의를 품은 분노로 발전한다. 누이동생에게 아픔을 가져다 준 이복형 암논을 용서할 수 없었다. 2년 동안 가타부타 말하지 않았다. 그러나 그 기간에 암논을 살해할 치밀한 계획을 세웠다. 생일잔치를 열고 형제들을 초청할 계획을 발표한다. 물론 암논도 포함되었다. 아버지로부터 잔치를 허락 받았다. 압살롬은 부하들에게 암논을 살해할 것을 지시하였다. 이 날은 압살롬의 생일날이지만 암논의 제삿날이 되었다. 생일잔치에 참여한 형제들은 끔찍한 광경을 목격하였다. 왕가의 피를 나눈 형제이지만 보통 사람들이 상상할 수 없는 악행을 저지른다. 악의적 분노의 결과는 피 흘림이다. 외모는 귀공자이지만 마음은 결코 귀공자가 아니다.

이 일로 인하여 압살롬은 외가 동네 그술로 피신한다. 이래저래 다윗은 슬픔을 이길 수 없었다. 한 아들은 죽었고, 살아있는 다른 아들은 그의 곁을 떠났다. 3년 후 다윗의 마음을 아는 요압의 중재로 인하여 압살롬이 돌아왔다. 그러나 다윗은 압살롬을 만나지 않는다. 괴로움은 가졌으나 차마 용서한다고 말하기는 싫었다. 2년 동안 부자간에 만남이 없었다. 이번에는 압살롬이 요압을 재촉한다. "나를 그술에서 데려왔으니 아버지도 만나게 해야 하는 것 아닌가?" 일을 시작하였으니 마무리까지 해야 한다는 책임론이다. 책임론의 멍에를 쓴 요압의 제안으로 부자간의 어색한 만남이 성사되었다. 다윗은 압살롬에게 입을 맞춘다. 겉으로는 용서가 성립된 것처럼 보인다. 이로써 부자간의 앙금이 다 해소된 것처럼 보인다.

그러나 압살롬의 마음에 야욕이 숨어있다. 그 날부터 스스로 재판장이 된다. 매일 성문 앞에 일찍 나가 다툼이 있는 사람들의 송사를 해결해 준다. 정당한 판결과 함께 손해 보는 쪽에는 자비를 베푼다. 감사를 표시하는 사람들에게는 압살롬이 먼저 접근하여 그들의 손에 입을 맞춘다. 자연히 민심이 압살롬에게로 향한다. 그러나 그 자비 속에 긍휼은 전혀 없다. 자비는 이기심의 포장일 뿐이다. 지혜를 베풀어도 마음이 비뚤어진 사람에게서 나오는 것은 권모술수일 뿐이다. 공의를 행하지만 그 속에는 불의가 꼬리를 감추고 있다.

우리네 귀공자

가짜 이강석 사건을 기억하고 있는가? 지방의 도시에 대통령 아들이 나타났다. 군수, 경찰서장 등 지역 유지들이 총출동한다. 자칭 이강석이라는 젊은이에게 최대의 호의를 베푼다. 가짜는 지금까지 전혀 경험한 적 없는 호의호식을 누린다. 노인들이 새파란 애송이에게 깍듯이 대우한다. 왜 그랬을까? 일단 잘 보이면 출세할 수 있으니까! 윗사람이 잘 봐주면 자기도 중앙으로 진출할 수 있으니까! 이 젊은이가 진짜인지 판단할 겨를이 없다. 우선은 잘 보이는 것이 중요하다. 호의는 출세를 위한 로비활동으로 격하된다. 출세에 눈이 멀면 사기도 잘 당한다. 사기 당한 사람은 다른 사람에게 사기를 칠 가능성도 있다. 손해 보았으니 손해를 메워야 한다고 생각하기 때문이다.

아들 사건은 예나 지금이나 시끄럽다. 아버지가 대통령인데, 아들도 대통령 노릇을 한다. 대통령 아들을 대통령 모시듯 하는 풍토 속에서 아들이 제대로 처신하기 쉽지 않다. 귀공자로 모시는데, 우쭐하지 않을 사람 누가 있겠는가? 그러다 보니 아들이 장관, 비서관 인사에 관여한다. 아들이 가동하는 팀이 하마평에 오르는 인물들의 리스트를 관리한다. 담당비서관과 장관은 그저 담당자일 뿐이다. 믿을만한 사람은 아들에게서 올라온다. 그러니 일단 아들에게 잘못 보이면 인생사 포기하고 살아야 한다는 소리를 듣는다. 대통령이 통치하는 것이 아니라, 아들이 통치하는 꼴이 되고 말았다. 그래도 할 말은 있다. 아버지를 도와드린 것이라고! 정말 돕고 싶었다면 가만히 있어야 한다. 국민 중에 어느 누가 아들을 대통령 특별보좌관 하라고 시켰단 말인가.

어떤 아들은 아버지가 세운 연구소의 실세이다. 아버지가 물러나면 안착할 곳을 실질적으로 관리하는 역할을 맡았다. 아버지가 물러갈 날을 철저히 준비하는 것이다. 그런데 이 연구소가 게이트에 연루되었다. 벤처기업가들의 로비활동을 도와준 사람들이 간접적으로 연구소와 연관되어 있다. 아들과 관련된 사람의 사업이 갑자기 커지고, 그는 엄청난 자금을 관리하였다. 이것만 가지고도 의혹이 커진다. 참외밭에서 신발 끈 매지 말라는데 아들에게 이사 직책을 준 것 자체가 의혹의 씨를 부풀리기에 충분하다. 보이지 않는 곳에는 잔뜩 웅크리고 매서운 눈으로 노려보는 사람들이 있

다. '꼬투리만 잡혀 봐라! 진돗개처럼 물고 늘어질 것이다.'

아들이 아버지 발목을 잡는다. 소통령 행세로 발목 잡고, 게이트 몸통이라고 오해받아 발목 잡는다. 한쪽에서는 병역기피 의혹으로 발목 잡았다. 정치판에 용서는 없다. 내가 용서한다고 되는 일도 아니니 용서가 성립되지도 않는다. 설사 내게 잘못한 것이라고 용서될까? 어제의 적이 오늘의 동지가 되었다고 용서한 것일까? 여기 용서라는 말은 통하지 않는다. 누가 누구를 용서한다는 말인가? 실상은 타협이다. 뜻이 맞지 않으면 언제든지 갈라질 수 있다. 진정으로 용서를 비는 사람도 없다. 마음속으로 우러나와 용서하겠다고 말하는 사람도 없다. 오로지 정치적 해결만이 있을 뿐이다. 정치적이라는 말만 쓰면 모든 꼬인 것이 풀린다. '정치적'이라는 말이 인간의 감정을 해소시키는 만병통치약도 아닌데 말이다. 국민들에게 자괴감만을 심어줄 뿐이다. 용서라는 말은 종교적 감상을 가진 사람들의 방언이 되고 말았다.

집안 싸움

압살롬은 헤브론으로 간다. 명분은 여호와 하나님께 제사를 드리기 위한 것이다. 압살롬은 다윗으로부터 평안히 가라는 축복까지 받고 떠난다. 그러나 압살롬은 헤브론에서 스스로 왕이 된다. 헤브론이라는 장소를 주목하자. 이곳은 다윗이 왕이 된 곳이었다. 다윗의 정치적 고향인 셈이다. 압살롬이 이곳으로 정한 것은 그가 아버지의 후계자임을 알리기 위함이다. 압살롬의 정통성을 확보하려는 정치적으로 계산된 행동이었다. 압살롬의 소식이 곧 다윗에게 알려졌다. 보고의 내용인즉 절망적이었다. "이스라엘의 인심이 다 압살롬에게로 돌아갔나이다"(삼하 15:13)

압살롬이라는 이름은 '아버지와의 평화'라는 뜻을 가졌다. 그런데 행동하는 것은 이름과 전혀 다르다. 그는 아버지를 향하여 반역을 일으켰다. 아들에게 배신당하는 아픔을 누가 헤아릴 수 있을까? 아들끼리 싸우는 것도 아버지 마음에는 상처이고, 아들끼리 살육을 벌인 것도 괴로워 견딜 수 없는데, 이번에는 아들이 아버지를 배신한다. 용서를 모르는 아들은 아버지마저 원수로 여긴다. 아버지로부터 용서를 배우지 못하였으니 아버지를 용서하지 않고 칼을 들이댄다. 권력이 무엇인지 피도 눈물도 없다. 권력은 마약과도 같다. 경험하고 싶은 유혹을 받으면 가지기 위하여 피 흘리기를 마다 않는다. 그리고 한 번 맛보면 내려놓기 쉽지 않다. 무슨 수단을 동원하던지 권력을 유지하고 싶다. 피 흘림의 악순환이 끊이지 않는다.

어떤 아들은 아버지를 도와준다고 하다가 오히려 아버지의 근심거리가 된다. 또 어떤 아들은 역심을 품어 아버지를 대적한다. 어느 경우든 아버지 마음을 몰라주는 행위이다. 이러나저러나 아버지 마음이 아픈 것은 사실이다. 이런 고통은 아버지만이 당하는 것이다. 자식은 변명할 것이다. '아버지를 위해서 그런 것입니다. 혹은 나라를 위해, 민족을 위해 그런 것입니다.' 그러나 핑계 뒤에 숨은 흑심을 자신이 먼저 알고 있다. 변명해도 통하지 않을 것이다. 우리도 이런 고통을 당할 수 있다. 자식 때문에 속 끓을 수도 있다. 오죽해야 '무자식 상팔자' 라 하지 않는가! 그러나 자식 때문에 고통당하는 것이 어디 우리뿐이랴! 하나님이 우리 때문에 고통당하신다고 생각해 본적은 없는가?

"하나님의 아들들이 사람의 딸들의 아름다움을 보고 자기들이 좋아하는 모든 여자를 아내로 삼는지라"(창 6:2) 하나님의 아들이 누구냐? 사람의 딸은 누구냐? 그 질문보다 더 중요한 것은 아들이 아버지 마음을 아프게 하였다는 사실이다. 왜냐하면 하나님께서 아들들에게 배신 당하셨기 때문이다. 아들이 아들의 자리를 내팽개치고 육체가 되고 말았다. 아들의 타락을 보며 하나님의 마음이 오죽 아프시면 함께 하지 않을 것이라 선언하시겠는가!(창 6:3) 아픈 마음이 분노로 변한 것이다. 성경의 역사를 보라, 하나님을 향한 사람들의 배신의 역사가 끊임없이 일어나고 있지 않은가? 하나님을 위한다고 제멋대로 하여 속 썩이는 사울 왕이 있는가 하면 자기가 하나님이라고 우기는 느부갓네살, 벨사살, 헤롯왕 같은 이들도 있다. 인간의 실체가 이렇다. 인간은 집안싸움을 일으키고도 죄책감이 없다. 화해할 줄도 모른다.

그러나 독생자(단 하나의 아들)는 그렇지 않았다. 그 아들은 완전히 순종하였다. 자신과 아버지가 하나인줄 알면서도 철저히 아버지 뜻에 순종하였다. 아들은 제 멋대로 행동하지도 않았다. 그 아들은 아버지를 향하여 반항도 하지 않았다. 그 아들은 아버지를 배신하지도 않았다. 아들은 보내심을 받아 세상에 왔다는 것을 분명히 알고 있었다. 모름지기 아들이라면 이런 아들이어야 하지 않을까? 그가 아들의 모델이 된다고 생각하지는 않는가? 그 아들이 집안싸움을 화해로 돌이켰다(엡 2:14, 롬 5:1). 그 아들이 희생될 때 아버지 마음은 어떠하였을까? 외면하셨을까? 아니다. 아들의 고통은 곧 아버지의 고통이었다. 아들이 고통당하는 자리에 아버지가 있었다. 아버지는 아들의 고통을 지켜보고 계셨다. 아들이 왜 고통을 당할 수밖에 없었을까? 불순종하는 다른 아들들, 거역하는 다른 아들들을 본래의 아들 위치로 돌리기 위해서였다.

시편의 영성

다윗은 자기의 대적이 너무 많다고 탄식한다. 그를 향하여 공격하는 사람이 허다하다(1절). 아들이 대적의 우두머리요, 그동안 신뢰하던 신하들이 대적의 하수인들이다. 그리고 그 대적들이 자신의 영적 실체마저 부정한다. "그는 하나님께 구원을 받지 못한다 하나이다(셀라)"(2절) 인간적 감정으로 하면 배신에 대한 분노로 치를 떨만한 일이다. 그럼에도 다윗은 격한 목소리, 떨리는 음성, 대적을 향한 저주와 비난의 감정을 드러내지 않는다. 그는 평범한 사람이 이해하지 못할 정도로 감정을 절제한다. 초인적 인내력을 발휘한다. 왜 그랬을까? 자신의 무능력을 알기 때문이다. 자신이 해결할 수 없다는 것을 알고 있기 때문이다.

그는 하나님을 향해 자신의 신뢰를 드러낼 수밖에 없다. "여호와여 주는 나의 방패시요 나의 영광이시요 나의 머리를 드시는 자이시니이다"(3절) 다윗은 하나님을 향해 목소리를 높인다. "내가 나의 목소리로 여호와께 부르짖으니 그의 성산에서 응답하시는도다(셀라)"(4절) 아들이 자신을 체포하고 죽이려 하지만, 자신은 하나님께 붙들려 있음을 알고 있다. "내가 누워 자고 깨었으니 여호와께서 나를 붙드심이로다"(5절) 다윗은 용서하지 못할 일을 당했음에도 뜻밖의 다른 반응을 보인다. 용서라는 말 한마디 없다. 사실상 다윗은 용서를 말할 자격이 없었다. 자신도 압살롬을 용서한 적이 없었으니까 말이다. 내가 용서한다고 하여 다 용서되는 것이 아니다. 하나님이 용서하셔야 한다. 내 감정으로는 용서가 안 되니 하나님이 알아서 하시라고 할 밖에……

다윗은 자기 주변에 아무도 없는 것 같은 착각 속에 빠질 수도 있었다. 천만인이 그를 둘러싸고 공격하는 것 같은 고독한 군주의 모습이 가상 시나리오가 되어 머릿속에 그려진다(6절). 그래도 두렵지 않다. 자신이 원수 갚을 마음도 없다. 자신의 원수는 하나님이 알아서 갚아주실 것이다. 용서는 나의 영역이 아니다. 용서의 권한은 하나님께 있다. 대적을 용서하지 않으셔도 그것은 하나님이 하시는 일이다. 내가 용서하겠다고 나서는 것 자체가 하나님께 용서받지 못할 일이다. 하나님의 권리를 침해하는 주제넘은 짓이다.

아버지의 용서

용서는 받아야 할 사람이 받는다. 아무나 다 받는 것이 아니다. 용서해 달라고 하지 않으면 용서받지 못한다. 용서받았음을 감사하지 못하면 그에게는 용서 자체가 무의미하다. 용서받았다는 것을 모르면 용서받지 못한 사람인 셈이다. 알고 보면 용서받을만한 사람이 용서받았다. 그는 용서가 무엇인지 안다. 그러니 다른 사람을 향하여 악감을 품지 않는다. 적대감을 품은 사람을 향하여 대항하지도 않는다. 패배한 사람처럼 피할 따름이다. 사실 무서워 피하는 것도 아니다. 충분히 대항할 힘도 가졌다. 능히 이길 수도 있다. 그러나 대항하는 것 자체가 무의미하다. 집안싸움을 보고 어느 누가 박수를 칠까? 피하는 것이 이기는 최상의 방법이다.

다윗은 방어하는 군대를 향하여 부탁한다. "젊은 압살롬을 너그러이 대우하라"(삼하 18:5) 군대는 싸우는 것이 임무이다. 적군을 죽여야만 내가 산다. 그런데 반역의 괴수를 너그럽게 대하라니 도대체 싸우라는 것인가? 말라는 것인가? 이겨야 한다는 말인가? 져도 좋다는 말인가? 군인들로서는 이해할 수 없는 말이다. 사기를 팍 꺾어놓는 말이다. 그러나 그 말의 의미를 곱씹어 보라. 너그럽게 대하는 것은 승자의 아량이다. 너그러움을 언급한다는 것 자체가 여유를 가졌다는 증거다. 이미 이겼다는 이야기이다. 용서하는 사람이 이긴다. 이미 싸움에서의 승리를 예측하였으므로 용서하는 마음을 드러낸다. 용서 자체가 기선을 제압하고 들어가는 일이다. 이런 용서는 오직 아버지만이 할 수 있는 일이다. 형제도 이런 용서를 모른다. 아버지로서 이런 용서가 가능하다. 아버지가 되어야 이런 용서를 이해할 수 있다. 이 용서의 근원이 누구인가? 곧 하나님 아버지이시다.

용서를 아는 사람은 하나님의 권능을 믿는다. 나의 의지를 꺾고 하나님께 자초지종을 아뢴다. 하나님께서 해결해 주시기를 기대한다. "여호와여 일어나소서 나의 하나님이여 나를 구원하소서 주께서 나의 모든 원수의 뺨을 치시며 악인의 이를 꺾으셨나이다"(7절) 나는 다만 하나님만을 의지할 뿐이다. 위기 상황을 해결하실 분은 오직 하나님이시다. 하나님이 하시겠다는 대로 가만히 있을 수밖에 없다. "구원은 여호와께 있사오니 주의 복을 주의 백성에게 내리소서(셀라)"(8절) 하나님이 하시면 한동안의 소용돌이가 있었으나 잠잠해질 것이다. 평화가 찾아올 것이다. 구원이 경험된다. 구원받은 사람은 곧 용서받은 사람이다. 하나님이 용서하신 후에 구원하신다. 결국 하나님께 용서의 권한을 내어 놓은 사람이 이것들을 경험한다.

평안의 영성과 사울

불안한 사울 왕

사울 왕은 갑자기 찾아오는 두통 때문에 잠을 못 이룬다. 마치 바늘로 머릿속을 콕콕 찌르는 것 같다. 한 번 두통이 찾아오면 참을 수 없다. 귓속에서 왱왱하는 소리가 들인다. 눈에는 귀신 형상 같은 이상한 것이 보인다. 미친 사람처럼 소리를 지른다. 손에 잡히는 물건은 내동댕이친다. 광기가 일어나면 누구라도 곁에 있기 어렵다. 곁에 있는 사람은 마누라, 자식이라도 해치려든다. 밖에 나가 찬바람을 쐬어도 속에서 천불나는 것 같다. 정신이 들면 왜 그랬는지 자기도 모르겠다고 후회하고, 안되겠다 싶어 주변 사람들에게 나 좀 살려달라고 하소연하지만 대책이 없다. 고통을 잊어보려고 독한 술을 마시지만 그때뿐이다.

무엇이 그에게 이런 아픔을 가져다주었는가? 단순한 두통 때문인가? 단순한 두통이야 약 한 알만 먹으면 될 것이다. 왕이 고통 받는데 당연히 약을 처방하였을 것이다. 그러나 그에게 백약이 무효인 고민이 있는 것 같다. 겉으로 보기에 그에게 고민이 있을 것 같지 않다. 왕의 신분으로 신하들이 그를 떠받들어 준다. 침략자들과의 전쟁에서 승승장구하고 있으니 백성들이 그를 존경한다. 초창기에 왕을 인정하지 않던 불량배들도 그 앞에서 고개를 숙인다. 너그럽게 용서하고 포용하는 왕을 보고 온 백성의 칭송이 자자하다. 괴로울 것이 없어야 당연하다. 그런데 머리 아픈 것을 어쩌란 말인가?

한 가지 고민이 있다. 하나님의 사람 사무엘로부터 책망을 받았다. 이것이 사울에게 충격이었다. 사무엘은 자기에게 기름을 부어 이스라엘의 왕을 삼은 분이다. 사무엘은 백성들로부터 존경과 신뢰를 받고 있다. 더 중요한 것은 그가 하나님과 동행하고 있다는 것이다. "하나님과 동행하는 한 사람은 만인보다 강하다"(서양 속담) 사무엘과 관계가 끊어지면 자기의 왕권도 위태롭다. 불안하다. 고민이 불안으로 발전되었다. 불안이 그에게 두통을 가져다준다.

왜 책망을 받았는가? 사무엘이 요청하는 대로 하지 않았기 때문이다. 사울은 사무엘 대신 번제와 화목제를 드렸다. 그리고 아말렉 사람과 동물을 전멸해야 함에도 동물을 살려 두었다. 사울이 충분히 이유를 설명했는데도 사무엘은 들으려 하지 않는다. 누구든지 이해할만한 상황이었는데 그분만은 이해하려 들지 않는다. 전에는 자기를 아껴주던 분이었는데 이제는 얼굴도 보려하지 않는다. 무엇이 그렇게도 선지자 사무엘을 토라지게 하였을까?

사울은 자기 판단만을 믿었다. 사람들이 이해할 수 있으면 하나님도 좋게 생각하실 거라고 착각하였다. 백성들은 왕이 결정하고 행동하는 일이니 모두 따랐다. 단 한 사람 사무엘만은 그렇지 않았다. 그는 하나님의 생각을 가졌다. 사무엘은 사울에게 하나님의 생각을 전하였다. 거기에 따르도록 촉구했었다. 만인들이 옳다고 하여도 하나님이 안 된다고 하시면 안 되는 일이다. 만인들이 반대하여도 하나님이 좋다고 하시면 되는 일이다. 사울과 사무엘의 관점이 단 하나 다를 뿐이다. 하나가 다르지만 기본이 다르다. 그러므로 하는 일마다 다를 수밖에 없다.

생각이 다르고 행동이 다르니 사무엘과 사울의 관계가 멀어졌다. 사실은 사울과 하나님과의 관계가 단절된 것이다. 여호와 하나님은 사울을 왕으로 삼으신 것을 후회하셨다(삼상 15:11). 왜 그러셨을까? 사울이 제 맘대로 행동하였기 때문이다. 사울은 상식의 바탕에서 사람을 위해 일하였다고 하지만 실상은 자기를 드러내려는 일을 했기 때문이다. 그 결과 여호와의 신이 그를 떠났다. 신이 떠난 자리에 악신이 틈을 탄다. 그리고 악신은 사람을 괴롭힌다. 불안하게 한다. 악신이 사울을 번뇌케 한다(삼상 16:14). 고통이 찾아올 수밖에 없다.

불안한 사람들

소위 높다고 하는 사람일수록 불안 속에 산다. 높아지고 싶은데 쉽게 안 되니 불안하다. 자기는 충분히 능력도 있고 비전도 있다고 생각하는 데 사람들이 쉽사리 동의하지 않고 외면하는 것이 뼈저리게 아프다. 한쪽에서 지지를 받았어도 다른 쪽에서는 비난을 받는다. 이러다가 실패하면 어쩌나 하는 불안이 엄습한다. 불안에 에워싸이면 그 이유를 자기 아닌 다른 사람의 음모로 돌린다. 전말이 밝혀질 때까지 끈질기게 파헤치겠다는 엄포를 곁들이는 것도 빼놓지 않는다.

한편 일단 높아진 후에는 떨어질까 불안한 사람들도 있다. 권력을 놓친 후에 보복을 당할 것을 염려한다. 그러니 권력을 놓지 않으려고 발버둥 친다. 선줄로 생각하는 자 넘어질까 조심하라 했는데(고전 10:12), 겸손의 차원이 아니라 불안의 차원에서 조심하고 있다. 권력을 바로 사용했다면, 치부한 적이 없다면, 겸손한 마음으로 사용했다면, 자비를 베푸는데 이용했다면 불안할 리 없다. 그렇지 않았으니 불안하다. "인생들아 어느 때까지 나의 영광을 바꾸어 욕되게 하며 헛된 일을 좋아하고 거짓을 구하려는가(셀라)"(2절)

불안의 이유는 순전히 자기에게 있다. 욕심을 채우려고 무고한 사람들 핍박한 적도 있다. 자기의 판단이 옳다고 생각했는데, 시간이 흐르고 보니 잘못된 판단임이 드러났다. 거센 비난이 닥쳐올 것이며, 애써 변명해도 통하지 않을 것이다. 잘못했다고 말하자니 뒷감당할 자신이 없다. 자존심이

용납하지도 않는다. 용서받는다는 보장도 없다. 사람들이 모두 나를 미워한다는 생각이 떠나지 않는다. 마음을 비우지 못하는 한 불안은 여전할 뿐이다. "너희는 떨며 범죄하지 말지어다 자리에 누워 심중에 말하고 잠잠할지어다(셀라)"(4절)

불안은 정신세계를 황폐화시킨다. 겉으로 보아 멀쩡한 사람도 불안을 떨쳐버리지 못하면 정신은 건강하지 못하다. 좋은 조건을 다 갖춘 듯한 사람도 불안에 싸이면 정신은 공허할 수 있다. 불안에 떨다 자기도 모르게 증세가 심해진다. 급기야 이상한 증세가 나타나고, 주변 사람들의 염려 대상이 된다. 치료받지 못하면 어느 순간 돌이킬 수 없는 판단 착오를 범한다. 결과는 뻔하다. 주변 사람들이 등을 돌리게 된다. 가까웠던 사람도 그를 떠나고 외톨이가 된다. 가진 것, 이룩한 업적 등 모두 포기해야 한다. 가족으로부터도 외면을 받는다. 역사도 그를 인정하지 않는다. 불안이 치료되지 못하면 걷잡을 수 없는 나락에 빠져든다.

불안 치료

신하들이 사울의 괴로움을 해소하는 방법을 찾았다. 음악 치료를 하자고 제안한다. 왕이 두통으로 괴로워할 때 하프 연주를 들으면 된다는 것이다. 자연히 하프를 잘 타는 사람을 구하게 된다. 하프 연주자로 이새의 아들 다윗을 추천한다. 사울에게 두통이 또 찾아왔다. 이 때 다윗의 연주가 효력을 발휘한다. 하프 연주를 듣는 사울에게 상쾌함이 찾아왔다. 악신이 사울로부터 떠나갔다(삼상 16:23).

일반인들도 불안 증세를 호소한다. 불안을 견디다 못해 병원을 찾는다. 신경정신과 치료를 받아본다. 독한 약을 먹는다. 증세가 심해 통제가 안 되면 격리 치료까지 받는다. 어떤 환자는 상담을 통해 치료한다. 한 사람의 의사가 아닌 여러 의사가 공동으로 치료에 참가한다. 환자에게 문예, 미술, 무용, 원예, 체육, 요리, 수예, 노래방 등의 활동 프로그램에 참여하게 한다. 심리극, 영화 상영, 잡지 편집과 발간 작업 등 활동에도 참여시킨다. 치료 기간은 정해지지 않았다. 증세가 사라질 때까지이다.

귀신이 들렸다며 기도원을 찾아가게 하는 경우도 있다. 열심히 기도에 매달린다. 곁에서 기도로 도와주는 이들도 있다. 낫게 해 달라는 기도가 필사적이다. 이렇게 기도할지도 모른다. "내 의의 하나님이여 내가 부를 때에 응답하소서 곤란 중에 나를 너그럽게 하셨사오니 내게 은혜를 베푸사 나의 기도를 들으소서"(1절) 귀신이 나가려면 안수를 받아야 한다. 그런데 안수가 폭력의 수준이다. 지나치게 얻어맞아 죽음을 당하는 이들도 있다. 귀신을 잡는 것 보니 해병대인가? 예수님 종이라고 자처하니 해병대보다 힘센 것이 당연하다. 정말로 예수님 종인지는 천국에 가서 판가름 날 것이다.

경제가 발전하고, 문화가 발달한 시대일수록 살기도 편하다. 따라서 마음도 편해야 한다. 그런데 불안 증세를 가진 사람들이 늘어난다. 정신병원에 갈만한 상황은 아니라 해도 가정이 파괴되고 정상적인 생활이 되지 않는다. 그러므로 불안도 치유 받아야 할 병적 증세이다. 이런 이들을 위해 치유목회가 시작되었다. 불안 증세 속에 잠재된 영적 문제를 보는 것이다. 영적 문제를 해결하면 정신적 문제가 해결된다. 육체적인 건강도 회복된다. 그리고 생활도 정상적으로 돌아온다. 기독교인이라 해도 불안에서 완전히 자유롭지 못하다.

불안과 고통은 이 땅에 사는 우리들의 일반적인 현상이다. 그런데 특별한 사람들이 있다. 고통이 찾아와도 오히려 평안함을 누리는 사람들이 있다. 왜 그럴까? 도대체 무엇을 먹었기에 저토록 초연하다는 말인가? 남들은 아픈 것 참기도 힘든데 노래까지 부르고 있으니 이해가 안 된다. 그 노래를 들으니 농부들이 추수할 때보다 더 신나는 것 같다. 세상에서 최고 부자보다 얼굴이 더 밝다. 그 마음속에 무엇을 가졌기에 저토록 기뻐할까? 답이 여기 있다. "주께서 내 마음에 두신 기쁨은 그들의 곡식과 새 포도주가 풍성할 때보다 더하니이다"(7절)

재물을 가져서 평안하다면 부자가 왜 자살하는가? 돈이 평안의 열쇠가 아닌 것은 확실하다. 만약 좋은 사람을 만나서 평안하다면 이혼한 사람은 왜 생기는가? 결혼도, 사람을 만나는 것도 완전한 평안을 주지 못한다. 그거야 좋은 사람 아닌 나쁜 사람 만나서 그렇지, 뭐? 맞는 말이다. 진짜 좋은 사람 만나야 한다. "여호와께서 자기를 위하여 경건한 자를 택하신 줄 너희가 알지어다 내가 부를 때에 여호와께서 들으시리로다"(3절) 정말 좋은 사람은 누구인가? 하나님의 사람이다. 이런 사람 만나면 평안하다. 아무런 부담 없이 사무엘을 만났을 때는 평안하다가, 결별한 후 불안에 떠는 사울 왕을 벌써 잊었는가?

경건한 사람은 어디로부터 오는가? 하나님으로부터 온다. 경건한 사람을 만나는 것이 하나님을 만나는 첩경(捷徑)이다. 경건한 사람은 하나님을 소개하는 사람, 하나님의 계획을 말하는 사람, 하나님의 뜻을 몸으로 실천하는 사람 곧 선한 사람이다. 경건한 사람으로부터 하나님을 배운다. 경건한 사람은 불안하지 않다. 그의 얼굴에서 평안이 드러난다. 그 얼굴을 보며 하나님의 얼굴을 본 것 같은 감격을 누린다. 요셉이 형들을 보고 하나님의 얼굴을 본 것 같은 감회를 피력하듯이 말이다(창 33:10). "여러 사람의 말이

우리에게 선을 보일 자 누구뇨 하오니 여호와여 주의 얼굴을 들어 우리에게 비추소서"(6절)
하나님의 얼굴을 뵈오면 평안해진다. 하나님으로부터 평안을 선물 받았다. 불안이 사라졌다. 두통도 말끔해지니 거짓말 같다. 잠도 잘 잔다. 불안한 것 대신 평안한 것이 내 속에 가득하다. 하나님이 자기를 안전하게 지켜주신다고 믿고 있다. "내가 평안히 눕고 자기도 하리니 나를 안전히 살게 하시는 이는 오직 여호와이시니이다"(8절) 왜 평안할까? 하나님을 의지하게 되었기 때문이다. 자신만만하였을 때도 불안한 구석이 있었다. 다른 사람을 의지할 때도 초조했었다. 그러나 이제는 그렇지 않다. 여호와께서 평안의 수여자 되심을 믿는다. "의의 제사를 드리고 여호와를 의지할지어다"(5절)

주의 평안

우리 예수님은 제자들에게 당신의 평안을 주시겠다고 약속하셨다(요 14:27). 그 평안은 세상 것과는 다르다. 사람들이 주는 평안과 다르다. 제자들은 예수님에게서 세상의 평화를 기대했다. 기대가 무너지면 마음속에 실망만이 가득할 것이다. 실망은 근심과 두려움으로 나타난다. 예수님을 따라다녔어도 근심과 두려움을 이기지 못한다. 그러니 평안을 가지지 못하였다. 잘못된 기대는 불안만 가중시킬 뿐이다. 바른 기대, 바른 믿음이 평안을 얻는 길이다. 주님은 제자들의 착각을 바로 잡으신다. 평안을 주시기 위함이다.

주님은 평안을 말씀하시기 직전에 성령의 임재를 말씀하셨다(요 14:26). 주님은 성령 임재와 평안을 이어서 약속하셨다. 평안은 성령이 오셨다는 증거다. 평안은 성령 임재의 열매다(롬 8:6). 성령이 오셔서 제자들에게 예수님의 말씀을 기억나게 하실 것이다. 그 순간 제자들은 평안을 받는다. 말씀 속에서 평안을 찾았다. 이 평안은 성령과 함께 온다. 성령께서 하나님을 체험하게 한다. 예수님이 누구인지 깨닫게 한다. 나의 존재와 가치를 깨닫게 하신다. 나는 하나님의 보호막 안에 있다. 하나님이 나를 경건한 사람, 선한 사람이라고 인정하신다.

성령이 계신 자리에 불안이 자리 잡지 못한다. 불안을 가져다주는 모든 요소들이 사라진다. 성령이 계신 자리에 마귀가 함께 할 수 없다. 악신은 번뇌하게 하지만 성령은 평안하게 한다. 성령이 우리를 치유하신다. 영적 질병 증세를 치유하신다. 불안과 억압으로부터 자유롭게 하신다. 성령께서 귀를 열어주심으로 진리의 말씀을 들었기 때문이다(요 8:32). 이것이 예수님의 목표였다. 하나님의 자비하심을 드러내는 증거다.

성령이 오시면 하나님과의 관계 회복을 확신한다. 성령이 계신 곳에 사람들과의 관계도 새로워진다. 성령이 오시면 영혼이 소생된다. 성령이 오시면 하나님을 신뢰하게 한다. 하나님의 뜻에 순종하게 한다. 헛된 것을 숭상하던 자리에서 돌이킨다. 성령은 진리의 영이기 때문이다(요 14:17). 성령이 이 일을 이루신다. 여기에 진정한 평화가 있다. 성령이 임재한 자리에 주님의 평안을 누린다. 내가 평안을 만드는 것 같으나 실상은 하나님으로부터 선물로 받은 것이다.

탄원의 영성과 히스기야

왕의 엎드림

히스기야는 왕복을 벗어버렸다. 왕이라 하여 화려한 색상과 무늬가 새겨진 옷, 촉감 좋은 비단옷을 입었지만 이까짓 것이 지금 당한 위기에서 탈출하는 데 아무런 도움이 되지 않는다. 나라가 망할 위기에 옷은 한낱 사치에 지나지 않는다. 차라리 옷을 찢어버리자. 나라가 있어야 옷도 있다. 왕의 자리에서 쫓겨나면 옷은 자동적으로 벗겨진다. 망하면 끝난다. 차라리 베옷으로 갈아입자. 지금의 절박한 현실은 베옷이나 입는 것이 나을 것이다. 신하들이 전달하는 랍사게의 말 한 마디 한 마디가 모두 날카로운 비수가 되어 히스기야의 마음을 찔러댔기 때문이다. 히스기야의 마음이 갈기갈기 찢어져 있음이 분명하다.

히스기야는 성전에 들어가 엎드렸다. 하염없이 눈물이 나온다. 서러움이 북받쳐 오른다. 어쩌다 이 나라가 이렇게 되었단 말인가? 어쩌다 하나님의 백성들이 저 이방의 하나님 없이 사는 사람들에게 이토록 무시를 당한다는 말인가? 그럼에도 일국의 왕인 자신에게 적국의 신하 랍사게가 깔보며 무례한 언사를 내뱉어도 아무 말도 못한다(왕하 18:36). 게다가 분개할 일이 있다. 하나님의 권위가 무시당하고 있다(왕하 18:31). 랍사게는 여호와가 구원하실 것이라는 말은 일고의 가치도 없는 말이라며 목청을 높인다

(왕하 18:30~31). 히스기야에게는 그들을 물리칠 힘이 없다. 할 수 있는 일이 무엇인가? 하나님께 아뢰는 방법뿐이다. 먼저는 하나님의 사람 이사야에게 이 사실을 알리고, 자신은 하나님 앞에 통곡할 뿐이다.

히스기야의 몸에 문제가 생겼다. 불치병이 그의 목숨을 빼앗으려 한다. 이사야가 와서 말한다. "왕의 수명이 다했다. 이제 그만 인생을 정리하라. 재산도 정리하고 후계자도 세워라. 죽은 이후 나라를 안정시킬 방법을 찾아라" 히스기야는 절망의 말을 들었다. 죽을 병에 걸린 사람에게 나타나는 최초의 반응은 인정이 안되는 것이다. 도대체 내가 무얼 잘못하였기에 하필이면 나에게 이런 일이 생기는가? 다음은 분노이다. 주변 사람들에게 불같은 화를 표출한다. 조금 지나면 체념한다. 그리고 수용한다. 마지막에는 인생을 정리한다. 그러나 히스기야는 이런 순서대로 반응하지 않았다.

그는 하나님 앞에 죽을 목숨 살려달라고 간구한다. 벽을 향해 엎드려 통곡한다. 그 벽은 통곡의 벽이 되었다. 그의 마음이 슬픔과 비통으로 가득하다. 그동안 하나님으로부터 받은 은혜가 너무 많은데 마무리도 못하고 여기서 끝낸다고 생각하니 아쉽기 그지없다. 히스기야의 개혁이 여기에서 멈추면 하나님의 이름을 조소하는 무리들도 있을 것이다. 그러므로 하나님을 향해 선을 행한 것을 기억해 달라고 탄원할 수밖에 없다. 이미 죽을 목숨인데 탄원은 하나님께서 들으시지 않겠는가? 여기서 인생을 마감할 수 없다. 할 일이 너무 많다. 나라가 걱정이다. 백성들의 신앙과 삶이 걱정이다. 하던 일을 마무리하는 은혜를 달라고 구할 수밖에 없다.

너 때문이야

예나 지금이나 전쟁이 끊이지 않는다. 문명사회가 되면 전쟁이 그치려니 기대하는 낙관도 보기 좋게 어긋난다. 동서 냉전이 종식되면 전쟁의 위험이 사라지려니 하여도 크고 작은 전쟁 이야기를 여전히 듣는다. 이란과 이라크 전쟁, 미국의 이라크 공격, 동티모르 사태, 세르비아와 보스니아 전쟁, 코소보 인종 말살, 체첸 전쟁, 인도와 파키스탄의 분쟁, 미국을 향한 테러, 미국의 아프가니스탄 공격, 이스라엘과 팔레스타인 분쟁 등 잠잠할 날이 없다.

전쟁 당사자들에게는 전쟁 할 만한 나름의 이유가 있다. 모두가 너 때문이다. 네가 먼저 공격했으니까, 네가 먼저 못된 짓을 했으니까 우리도 대응한다. 피로 보복할 수밖에 없다. 그야말로 이에는 이, 눈에는 눈이다. 그러나 한쪽에서 일방적으로 잘못하는 경우는 거의 없다. 사소한 문제를 가지고 서로 네 탓을 하다 급기야 전쟁으로 가는 경우가 대부분이다. 혹은 치밀한 정치적 계산에 의해 상대방에게 책임을 뒤집어 씌울만한 트집을 만들어 내는 음모도 있다. 정보부니 첩보부니 하는 것들이 모두 그런 것을 위해 만들어진 기관이 아닌가?

그런데 이상한 것은 전쟁 당사자들은 대부분 나름대로 도덕성을 갖추었다고 자부하는 사람들이다. 그들은 전쟁의 명분을 질서 회복에 둔다. 한편 전쟁 당사자 중에는 종교성이 강한 사람들도 있다. 그들에게서 전쟁은 신의 뜻이다. 신의 이름으로 전쟁을 치른다. 전쟁은 신이 상대방에게 내리는 징계의 수단이며, 사람은 신의 뜻을 성취하는 도구가 된다. 신의 뜻에 의해 사람이 살인무기가 된다니 어째 떨떠름하다. 신의 뜻은 명분에 불과하고 모두 인간의 치졸한 욕심이 그 속에 담겨있다는 것이 알 만한 사람은 다 알고 있다.

사실상 전쟁에 의한 피해는 누가 당하는가? 명분을 내세우는 정치가들은 아닐 것이다. 그들은 여전히 물샐틈없는 호위를 받아가며 막후에서 전쟁을 지휘한다. 한번 패했어도 이 원수를 반드시 갚아야 한다며 국민들을 현혹시킨다. 이래저래 피해를 보는 것은 힘없는 백성들이다. 그야말로 사는 것이 지옥이다. 국민들은 절규하며 질긴 목숨 이어가기를 전쟁하듯이 살아가고 있다. 과연 누구 때문인가?

이상한 기도

긴박하게 돌아가는 정세를 판단하느라 분주하고, 핵심 참모들이 모여 작전을 세운다. 상황실에서 시시각각 올라오는 보고를 검토하고 분석하며 대책을 세운다. 피곤하여 잠시 눈을 붙이지만 꿈속에서도 전쟁 생각뿐이다. 기도할 생각은 떠오르지도 않는다. 기도하자고 제안하는 사람도 없다. 전쟁전야 중대한 결정을 내려야 할 그 시간에 어느 누구도 하나님 생각이 나지 않는다. 결전을 앞두고 잠을 이룰 수 없고, 아침 일찍 일어나도 비장한 각오만 다져질 뿐 기도할 엄두도 나지 않는다. 그에게서 이런 말씀은 생소할 뿐이다. "여호와여 아침에 주께서 나의 소리를 들으시리니 아침에 내가 주께 기도하고 바라리이다"(3절)

비록 묻는다 하더라도 형식적인 엎드림이요, 가슴속에 원통한 마음이 적개심으로 발전하여 반드시 원수를 갚아야 하겠다는 자기 의지만 내어놓는 일방적인 자기통고에 머무른다. 기독교인이라도 말이다. 오직 원수를 갚아야 하는 일념과, 국민들의 열화와 같은 전쟁지지 시위가 머릿속에 가득하다. 전쟁의 명분은 이미 가졌고 어느 누구도 자신을 비난하지 않을 것이니 하나님도 자기편임이 분명하다. 그러나 하나님을 억지로 자기편으로 끌어들여 놓았다고 생각하지는 않는가?

이제 전쟁을 시작하니 신에게 자비를 구한다. 그 자비의 대상은 오직 자기와 자기편 사람들이다. 인간의 이기심이 하나님마저도 자기편으로 끌어들이고 있다. 정의가 반드시 승리하는 것을 온 세상에 보여 달라고 하지만 사실상 자기도 불의를 행한다는 것을 모르고 있다. 평화를 간절히 원하지만 전쟁으로 평화를 깨뜨리고 있다는 것조차 모른다. 기껏해야 자기만의 평화, 자기 나라의 평화만을 생각할 따름이다. 힘으로 쟁취한 평화는 언제 깨질지 모르는 이상한 평화인줄은 까맣게 잊고 있는 것이다.

탄원의 기도가 드려지지 않는다. 탄원의 기도는 하나님의 이름이 높여지고 하나님이 질서를 세우시고, 하나님이 정의와 평화의 주재임을 인정하는 기도이다. 내 잘못이 없고, 나의 종교적 착각이 심각한 사람에게 탄원의 기도가 있을 리 없다. 탄원의 기도는 나의 약함을 드러내는 기도이다. 나의 힘을 의지하고 있는데 탄원의 기도가 드려질 리 없다. 오히려 내 힘이 더 강해지기를 원하는 기도, 나의 잔꾀가 더 탁월해지기만을 요구하고 있다. 정말 이상한 기도가 이 땅에 난무한다.

시편의 영성

탄원은 가슴속에 맺힌 것이 있을 때 나온다. 자기 마음을 말로써 제대로 표현할 수 없고, 조절할 수 없지만 그 마음을 알아주시는 분은 오직 하나님밖에 없다. "여호와여 나의 말에 귀를 기울이사 나의 심경을 헤아려 주소서"(1절) 맺힌 것은 풀어야 한다. 가장 쉬운 방법은 토설하는 방법이다. 울부짖으면 속이 시원하다. "나의 왕, 나의 하나님이여 나의 부르짖는 소리를 들으소서 내가 주께 기도하나이다"(2절) 히스기야의 심정이 어렴풋이 내 가슴속에 느껴진다. 억울함은 당해본 사람이 공감할 것이다. 곤경에 처해 본 사람이 탄원을 이해할 것이다.

랍사게의 오만과 속임수가 들려온다. 그의 오만과 속임수는 하나님을 대적하는 것이었다. 랍사게의 뒤에는 산헤립이라는 정복자가 있다. 하나님이 과연 랍사게와 산헤립의 오만을 기뻐하실까? "주는 죄악을 기뻐하는 신이 아니시니 악이 주와 함께 머물지 못하며 오만한 자들이 주의 목전에서지 못하리이다 주는 모든 행악자를 미워하시며 거짓말하는 자들을 멸망시키시리이다 여호와께서는 피 흘리기를 즐기는 자와 속이는 자를 싫어하시나이다"(4~6절) 히스기야의 생각도 이와 같다.

전쟁할 힘이 없는 히스기야에게 승리는 상상(想像)에 머무를 뿐이다. 그는 악인을 심판할 수 없다. 아니 심판자가 되어서도 안 된다. 심판자는 나의 왕, 나의 하나님이어야 한다. 히스기야가 할 수 있는 일은 오직 하나님을 의지하는 길이다. 주의 인자하심을 믿고 기다리는 일이다. 성전에 엎드려 기도할 방법 외에 없다. "오직 나는 주의 풍성한 사랑을 힘입어 주의 집에 들어가 주를 경외함으로 성전을 향하여 예배하리이다"(7절)

적개심을 가지고 전쟁을 한다면 하나님을 대적하는 앗수르 왕과 히스기야가 같은 꼴이 될 것이다. 히스기야가 원수 갚음으로 맺힌 것을 풀고자 기도한다면 그의 기도는 탄원이 아니라 자기 생각을 일방적으로 하나님께 통보하는 수준에 머무른다. 시인 역시 위기 중에 범죄하지 않기를 바라는 마음이 간절하다. "여호와여 나의 원수들로 말미암아 주의 의로 나를 인도하시고 주의 길을 내 목전에 곧게 하소서"(8절) 위기는 범죄와 불신앙이 아닌 선함과 신앙의 기회가 되었다. 탄원이란 모름지기 이런 것이다.

대적과 원수에 대해 내가 심판할 수 없어도 하나님이 심판하실 것이다. 나의 판단기준이 잘못될 가능성을 지니고 있다. 그러나 하나님의 판단 기준은 언제나 옳다. 대적의 모양에 대하여 내가 아는 것이 다 아는 것은 아니다. 그러나 하나님은 대적의 속내까지 꿰뚫고 계신다. 하나님은 사람이 아무리 선한 말을 하여도 악한 마음속에서 나오는 말의 진의를 알고 계신다. "그들의 입에 신실함이 없고 그들의 심중이 심히 악하며 그들의 목구멍은 열린 무덤 같고 그들의 혀로는 아첨하나이다"(9절) 탄원은 심판의 권위를 하나님께만 둔다.

탄원의 결과

이사야 선지자로부터 연락이 왔다. 히스기야의 탄원의 기도를 하나님이 들으셨다는 소식을 전한다. 가장 듣고 싶었던 소식이다. 갈증으로 죽어가는 사람에게 생명을 주는 물 한 모금과 같은 소식이다. 3년 후에 포도원 열매를 먹게 될 것인데 그것이 하나님께서 그의 기도를 들으신 징조라고 알려 준다. 그 후 하나님은 하룻밤에 18만 5천의 앗수르 군대를 치셨다. 본국의 분위기가 이상하다는 헛소문을 들은 산헤립은 본국으로 다시 돌아갔지만 부하들에 의해 죽임을 당한다. 하나님을 멸시한 죄의 대가였다. "하나님이여 그들을 정죄하사 자기 꾀에 빠지게 하시고 그 많은 허물로 말미암아 그들을 쫓아내소서 그들이 주를 배역함이니이다"(10절)

히스기야의 통곡이 즉시 응답되었다. 죽을 날이 얼마 남지 않았으니 인생을 정리하라던 이사야 선지자가 하나님으로부터 새로운 지시를 받았다. 히스기야의 죽음도 하나님이 알려 주셨는데, 말한 지 얼마 되지 않아 전혀 다른 내용을 듣는다. 이사야가 성을 나가며 채 중간에 다다르지도 않았는데 말이다. 이사야가 전달한다. "왕의 조상 다윗의 하나님이 여호와의 말씀이 내가 네 기도를 들었고 네 눈물을 보았노라 내가 너를 낫게 하리니 네가 삼 일 만에 여호와의 성전에 올라가겠고 내게 네 날에 십오 년을 더할 것이며"(왕하 20:5~6) 이사야는 무화과 반죽을 히스기야의 상처에 놓으라고 시킨다. 과연 3일 만에 상처가 깨끗하여졌다. 히스기야는 성전에 들어갈 정결함을 가졌고, 그에게 성전에 걸어서 올라갈 건강이 회복되었다. 15년 동안 더 살 징조로 해 그림자가 10도 뒤로 물러갔다.

히스기야의 탄원은 두 번이나 응답되었다. 위기의 상황이니 응답이 뒤로 미루어질 수 없다. 거짓말처럼 응답되는 것을 보고 사람들이 기적이니, 우연이니 의심하며 의아해 할 것이다. 그러나 징조가 있으면 믿게 될 것이다. 두 번의 응답에 모두 징조가 나타났다. 한 번은 3년 만에 포도원 열매를 먹는 것이요, 또 한 번은 해 그림자가 뒤로 물러가는 것이다. 하나님을 피하던 히스가야를 하나님께서 친히 보호하셨다. 하나님이 그를 즐겁게 하셨다. "그러나 주께 피하는 모든 사람은 다 기뻐하며 주의 보호로 말미암아 영원히 기뻐 외치고 주의 이름을 사랑하는 자들은 주를 즐거워하리이다"(11절)

탄원은 하나님의 은혜를 경험하는 길이다. 심령이 메마른 사람은 은혜를 경험하지 못한다. 자칭 도덕적이라고 자부하는 사람, 자기 업적을 자랑하는 사람, 자기의 능력을 과신하는 사람들이 스스로 은혜를 입었으므로 자기 삶에 도덕과 업적, 능력이 나타났다고 생각하지만 만약 그들의 심령이 메말라 있다면 그들의 현실은 은혜가 아니라 유혹에 불과하다. 의인만이 은혜를 경험할 수 있다. 비록 탄원밖에 할 수 없는 고통의 늪에 빠져 있다 할지라도 의인은 은혜를 경험한다. 은혜는 탄원의 상황에 처한 의인들을 보호하고 지키는 하나님의 영적 울타리이다. "여호와여 주는 의인에게 복을 주시고 방패로 함 같이 은혜로 그를 호위하시리이다"(12절)

참회의 영성과 욥

재 위에서

욥은 나름대로 순결하게 산다고 자부한다. 의롭게 사는 한 자신을 따를 자가 없다고 생각한다. 그는 자기 곁에 죄가 둥지를 트는 것을 용납할 수 없다. 죄의 싹이 자랄 것이라고 생각되면 미리 잘라버리기까지 하였다. 죄의 뿌리를 말라 죽게 하는 제초제까지 뿌렸다. 자녀들이 모여 잔치를 하였다면 혹 알지 못하는 죄를 지었을까 하여 다음 날 불러다가 정결 예식을 치르고 자녀수대로 번제까지 드렸다. 욥의 의로움이 소문났다. 오죽하면 성경이 그를 동방의 의인이라고까지 표현하지 않았던가!

그런 욥에게 이상한 일이 벌어졌다. 갑자기 그 많던 재산을 몽땅 잃고, 자식도 다 죽고, 가진 집마저 허물어졌다. 게다가 온 몸에는 생전 듣지도 보지도 못하던 종기가 났다. 성한 곳이 하나도 없다. 발바닥부터 머리끝까지 맨 살은 눈 씻고 찾아도 찾아볼 수 없다. 가려워 견딜 수 없어 기와조각으로 긁어야 조금이라도 견딜 수 있다. 종기를 긁어대니 상처는 더 커진다. 그래도 상처의 아픔보다는 가려움이 가시는 것이 더 낫다. 종기와 상처에서 고름이 흘러내린다. 악취가 나서 아무도 곁에 올 수 없다. 마누라마저 하나님을 욕하고 죽으라며 욥의 피멍든 가슴에 망치질을 하고 사라졌다.

욥의 절친한 친구 3명이 위로 차 찾아왔다. 친구들은 욥의 처참한 모습,

흉한 몰골을 보고 욥인지도 알아채지 못하였다. 친구들이 욥의 고통을 보고 통곡하며 옷을 찢고 재를 자기들 머리 위에 뿌린다. 7일동안 한 마디도 하지 않는다. 7일 후 욥과 친구들이 대화한다. 그런데 대화가 진행되며 점점 이상한 방향으로 흐른다. 비판하고 비난의 수준까지 이르더니 도가 지나쳐 자존심을 깔아뭉갠다. 상대방의 논리적 허점을 파고 들어가 교묘한 말꼬리 붙잡기나 하고 있으니 가히 점입가경이다. 말이 대화이지 이것은 치사한 말싸움 수준이다.

욥은 답답하여 견딜 수 없다. 자기는 잘못이 하나도 없었는데 친구들은 왜 자기를 향하여 비난하는가? 괴로움이 죄 값이라고 공격하고 있지 않은가? 위로하러 왔으면 위로나 할 일이고 그렇지 않으면 가만히 있기라도 할 일이지. 위로하러 온 것이 아니라 더 상처를 덧나게 하고 괴로움을 주기 위해 온 것이 아닌가? 어째서 3명이 합세하여 괴로워 죽을 지경에 있는 사람을 공격한단 말인가? 게다가 말도 안 되는 소리를 지껄이며 스스로 어리석음을 드러내는 저 꼬락서니들이라니! 가만히 있으면 중간이라도 갈 터인데, 입만 열면 자기의 무식과 무지를 자랑하고 있지 않은가?

집착 시대

성공했다는 사람들 보면 어떤 것에 열중한 사람들이다. 꿈과 비전을 세우고 이루고자 하는 열정을 품는다. 그러나 비전과 꿈은 양보할 상황에서는 양보한다. 다른 이에게 넘겨주어야 할 상황에서는 넘겨주기도 한다. 타인에게 업무를 위임하거나 분담해야 할 때는 그렇게 한다. 다른 이와 협력해야 할 때는 과감히 손을 잡는다. 양보도 넘겨줌도 위임도 분담도 협력도 없다면 그것은 이미 꿈과 비전이 아니다. 집착일 뿐이다. 이 시대의 문제는 성공보다는 집착에 있다. 집착을 비전으로 착각하고 사는 데 있다.

권력에 집착한 독재자가 반드시 망하는 것은 경험으로 아는 사실이다. 망할 때 망하더라도 독재자는 권력에 집착한다. 혼자만 가져야 하고, 다른 이가 그것을 넘본다는 눈치만 보여도 가차 없이 제거한다. 권력에 집착하는 사람들로 인해 정치도 경제도 문화도 사고방식도 후퇴한다. 돈에 집착하는 젊은이들은 게이트를 일으킨다. 주가 조작을 하고 로비스트를 고용하여 뇌물을 써서라도 자기의 사업을 확장해 간다. 그러나 그 집착의 결과가 무엇인가? 불법은 반드시 들통 난다. 법의 심판을 받고 공개적으로 수치를 당한다. 그 결과는 파멸이다.

환각에 집착하는 사람들은 마약을 복용한다. 성에 집착하는 사람들이 불륜이니 원조교제니 하는 단어들의 대상이 된다. 사랑에 집착하면서 이혼율은 점점 늘어만 간다. 도박, 스포츠, 복권에 집착하는 사람들, 경마, 경륜, 연예, 학문, 예술, 이념 등 집착하는 것이 수없이 많다. 부정적인 것, 긍정적이라고 평가받는 것 등 셀 수 없이 많은 집착이 우리의 삶 속을 구성하고 있다. 집착이 순간적인 힘을 발휘하는 에너지가 될 수도 있다. 그러나 장기적으로 보아 집착은 자신을 불행하게 만들 뿐이다. 집착이 고통의 원인이라고 누가 말했던가?

욥은 재물에 집착하지 않았다. 재물을 다 잃어도 절망하지 않았다. "내가 모태에서 알몸으로 나왔사온즉 또한 알몸이 그리로 돌아가올지라 주신 이도 여호와시요 거두신 이도 여호와시오니 여호와의 이름이 찬송을 받으실지니이다"(욥 1:21) 아내에게 집착하지도 않았다. 떠나는 아내의 등 뒤에 하는 말은 가히 인간의 수준이 아니다. "그대의 말이 한 어리석은 여자의 말 같도다 우리가 하나님께 복을 받았은즉 화도 받지 아니하겠느냐"(욥 2:10) "욥이 입술로 범죄하지 아니하니라"(욥 2:10) 그러나 한 가지 집착하는 것이 있었다.

선비정신

우리 선조들 중에 선비 정신으로 존경받는 분들이 많다. 나라를 잃은 설움에 어찌할 바를 몰라 스스로 목숨을 끊은 분들이 있다. 선비로서 나라를 지키지 못한 죄책감도 곁들어 있을 것이다. 나라보다는 자신의 안위만을 생각하는 이 시대 선비라고 자부하는 사람들에게 경종을 울려줄 만한 일이다. 어떤 선비는 정의 구현을 위한 개혁에 목숨을 던졌다. 세상 풍조를 따라 손바닥 뒤집듯이 언사를 번복하고 사소한 이익에 눈이 멀어 비리에 연루되는 이 시대 선비들이 배워야 할 뿐이다. 어떤 선비는 한 왕만을 모시겠다고 일편단심을 노래하다 죽임을 당했다. 혹은 불의한 힘으로 권력을 잡은 것에 반발하여 세속을 등지고 외진 산 속에 들어가 일생을 지내기도 한다. 이리저리 말 바꿔 타고 이합집산(離合集散)에 흘러가는 이 시대 선비와는 비교도 안 된다.

선비정신은 깨끗이 포기하는 정신이다. 대의명분을 위해 일신의 영달은 물론이요 가족마저도 희생하는 정신이다. 독립자금을 가족에게 사용하는 것이 못내 죄스러워 페니실린 주사마저 사용하지 못하고 아들을 잃은 선비도 있다. 선비정신은 자존심을 지키는 정신이다. 자존심을 지키기 위해 가진 것 모두 포기하고, 기득권마저 내놓는다. 버리는 것이 자신을 지키는 것이며, 포기하는 것이 곧 자존심을 세우는 것이었다. 의를 지키기 위해 불의에 맞서 목숨을 내어놓을 각오도 한다. 자존심을 지키기 위해 죽음도 두려워하지 않는다.

믿음은 선비정신보다 하나 더 포기한다. 믿음은 선비정신이 지키려했던 자존심마저도 포기한다. 자신의 보잘 것 없음을 철저하게 깨닫는다. 자신의 무가치함을 하나님께 내어놓는다. 그리고 주님이 자신을 세워주기를 바란다. 선비정신은 스스로 자존심을 세우고 타인으로부터 인정받는 것이지만 믿음은 스스로 자존심을 내버리고 하나님으로부터 인정받는 것이다. 하나님이 자존심을 세워주는 것이다. 선비정신은 자존심에 집착하지만, 믿음은 하나님 앞에서 자존심마저도 완전히 공개하는 것이다. 자신도 모르는 숨은 구석에서 도사린 죄악의 씨앗을 주님의 빛 앞에 드러내어 사라지게 하는 일이다. 자신 속에 웅크린 자존심의 실체를 깨닫는 순간 참회가 일어난다.

욥도 자존심만큼은 버리기 어려웠다. 자존심에 집착하고 있었다. 욥의 말속에 천하에 자신만큼 의인은 없다는 강한 자존심이 들어있다. 이 자존심은 고난당하기 전까지 발견되지 않았다. 고난이 닥쳐도 입을 다물고 있을 때에도 드러나지 않았다. 그러나 친구들의 공격이 시작되자 숨은 자존심이 화산이 폭발하듯이 터져 나온다. 욥은 무서운 기세로 친구들을 몰아붙인다. 모두 다 잃었는데, 몸까지 망가졌는데 아직까지 내버릴 것이 남아있다. 버려야 하지만 버려지지 않는 욥의 자존심은 교만이라 말하는 편이 옳다.

시편의 영성

인간은 근본적으로 죄인이다. 죄를 지어 죄인이기 이전에, 죄의 피를 받아 태어났기 때문에 죄인이다. 죄의 피를 가졌으니 죄를 지을 수밖에 없다. 죄인들은 선을 행할 자유를 모른다. 선을 행하고 싶은 마음도 없다. 자신에게 잘못한 사람을 향하여 용서를 베풀고 싶은 마음도 없다. 죄인인 자기가 하나님인양 다른 사람을 판단하려 든다. 심판하려 든다. 비판하고 비웃고 조소하는 것을 좋아한다. 그들에게 있어서 고난은 죄에 대한 대가일 뿐 그 이상도 이하도 아니다. 스스로 의인이라고 판단하고 있으니 회개는 자신들과 전혀 상관없는 말이라며 외면해 버리고 만다.

회개는 스스로 죄인임을 깨달을 때 가능하다. 자기의 죄가 중대하여서 도저히 용서받을 수 없는 지경에 이르렀다고 인식할 때 참회가 나온다. 하나님이 자신을 향하여 화내신다는 두려움이 쌓일 때 비로소 참회의 지경에 이른다. "여호와여 주의 분노로 나를 책망하지 마시오며 주의 진노로 나를 징계하지 마옵소서"(1절) 스스로를 죄인임을 깨달으면 그 때부터 자기에게 아무런 힘과 권한이 없음을 느끼게 된다. 심신이 지쳐 있어 할 수 있는 일은 입술에서 참회의 말이 나오는 것뿐이다. "여호와여 내가 수척하였사오니 내게 은혜를 베푸소서 여호와여 나의 뼈가 떨리오니 나를 고치소서 나의 영혼도 매우 떨리나이다 여호와여 어느 때까지니이까"(2~3절) 참회는 구원을 기대하는 믿음의 표현이다. 주님의 인자한 손길을 기다리는 간구이다. 죄인이 벌을 받아도 마땅한데 염치도 좋게 주님의 간구를 기대한다. 벌 받는 것으로 끝난다면 인생이 너무 허망하다. 주님의 은혜를 누리는 것이 더 좋은 일이다. 그러니 염치 불구하고 간구할 밖에… "여호와여 돌아와 나의 영혼을 건지시며 주의 사랑으로 나를 구원하소서"(4절) 참회 없이 심판받고 나면 나도 손해이지만 주님도 손해시다. 주님께 마땅히 드려져야 할 믿음이 드려지지 않기 때문이요, 당연히 돌아가야 할 감사가 돌아가지 않기 때문이다. "사망 중에서는 주를 기억하는 일이 없사오니 스올에서 주께 감사할 자 누구리이까"(5절)

참회는 자존심마저 포기하는 것이다. 자존심이 살아있을 때는 영적 눈이 어두워져 있다. 잊자고 하면서 눈에 보이는 것은 잊혀지지 않는다. 포기한다 하고서 누가 자존심을 건드리기라도 하면 방어와 싸움에 눈이 멀었다. 겸손은 온데 간데없이 사라지고 폭력에 가까운 공격이 말을 통해 드러났다. 입에서 나오는 말은 목적 없이 떠도는 먼지와 같이 되고 말았다. 비난하고 비난받는 것에 신경을 집중하다가 이성을 잃는다. 근심으로 인해 마음의 평온을 유지하지 못하고 되받아치는 것만 생각했다. 자존심을 지키기 위해 눈이 멀었었다. "내 눈이 근심으로 말미암아 쇠하며 내 모든 대적으로 말미암아 어두워졌나이다"(7절) 참회는 눈이 멀었던 자신의 허물까지 하나님께 드러낸다. 자존심과 허물을 드러내면 새로운 경험이 있을 것이다.

참회의 결과

그토록 방어하던 욥의 자존심이 무너졌다. 자신은 언제나 옳다고 생각하는 자부심도 사라졌다. 자신의 믿음이 최고이며 자신의 믿음생활의 모습이 가장 훌륭하다고 생각하는 영적 자만심이 무참히 깨졌다. 남자의 최후 보루는 자존심이라는 데 욥은 그것마저도 내놓았다. 자기를 지탱하던 자존심을 죽였다. 하나님 앞에서 죽음을 체험하였다. 자신을 향한 집착이 사라졌다. 자녀들을 위한 번제도 사실은 하나님의 권위를 높이기보다 자기의 의로움을 인정받기 위한 것이었다. 그것마저도 회개한다. 체면과 명예를 중요시하던 옛 사고방식으로부터 해방되었다. 그의 선비정신이 겸손으로 바뀌었다.

욥이 회개한다. 재 위에서 몸을 긁고 앉아있던 욥이 무릎을 꿇었다. 친구들의 어리석음을 조롱하는 그 입에서 하나님을 향한 회개가 나온다. 오만으로 가득한 마음이 빈 마음이 되었다. 집착을 쥐고 있던 손이 펴졌다. 가슴속에 숨어 도사리던 분노 때문에 차고 끈적끈적한 눈물이 흐르던 그 눈에서 뜨겁고 부드러운 눈물이 흘러내린다. 그의 곁에 침대와 이불이 있으면 눈물로 적셔질 것이다. "내가 탄식함으로 피곤하여 밤마다 눈물로 내 침상을 띄우며 내 요를 적시나이다"(6절)

하나님이 욥의 사정을 아셨다. 이제 욥에게 남은 일은 회복되는 일 뿐이다. 더 망가질 것이 없고, 더 잃어야 할 것이 없다. 욥이 가진 자존심마저도 무너졌으니 말이다. 그러나 망가진 후에 세워지는 것이 더 귀하다. 망가지기 전에 세워진 것은 내가 선 것이지만 망가진 후에는 주님이 세우시기 때문이다. 하나님으로부터 책망을 듣고 나면 그것이 오히려 하나님의 응답이요 음성임을 깨닫는다. "여호와께서 내 간구를 들으셨음이여 여호와께서 내 기도를 받으시리로다"(9절)

욥을 조롱하던 친구들이 입을 다물고 있다. 그들도 하나님으로부터 무지를 자랑하다가 책망을 들었다. 욥을 괴롭히던 사단이 물러갔다. "악을 행하는 너희는 다 나를 떠나라 여호와께서 내 울음 소리를 들으셨도다"(8절) 사단도 욥 앞에서는 질리고 말았다. 하나님 앞에서 큰 소리 치며 자신만만해 하다가 이제는 꼬리를 내린 강아지 꼴이 되었다. 욥에 관한 말만 나오면 부끄러워 숨을 것이다. "내 모든 원수들이 부끄러움을 당하고 심히 떪이여 갑자기 부끄러워 물러가리로다"(10절)

무반응의 영성과 시므이

시므이와 다윗

시므이는 마음속으로 쾌재를 불렀다. 우리 집안을 망하게 한 원수 다윗이 쫓겨 가고 있다. 원수 갚을 날을 호시탐탐 기다려 왔는데, 드디어 그 날이 왔다. 시므이는 일어섰다. 자! 다윗에게 욕하러 가자. 베냐민 지파 부족들에게 통문을 돌렸다. 종들에게는 행장을 꾸리라고 일렀다. 시므이는 다윗의 피난길에 대기하고 있다. 목에 힘을 주고 큰 소리 칠 시간만을 기다리고 있다. "다윗 너 이 녀석 딱 걸렸다" 그는 다윗이 위기를 당하자 재빠르게 반응하였다. 다윗에게 욕할 기회가 오자 놓치지 않는다. 다윗의 자존심을 무참히 짓밟을 때가 아마도 하나님이 주신 기회라고 생각했다. 이때를 놓치면 평생을 후회할 것이다. 시므이는 서둘러 다윗의 피난길에 그를 기다린다.

만나자마자 입에서 거친 욕부터 먼저 나와 저주를 퍼붓는다. "피를 흘린 놈아, 이 불한당 놈아 꺼져라. 사울의 집이 너 때문에 얼마나 피를 많이 흘렸는지 아느냐? 여호와 하나님이 그 피를 지금 너에게 몽땅 다 갚아주시지 않느냐? 사울의 자리를 빼앗아 왕이 된 이 역적 놈아, 여호와 하나님이 너의 왕 자리를 빼앗아 압살롬에게 주셨다. 왜 그런지 아느냐? 너는 피를 보기 좋아하는 놈이기 때문이다. 너의 그 잔인한 성격이 지금의 화를 자초한 것이다"(삼하 16:7~8) 돌을 던져 자존심에 계속 칼질을 해 댄다. 피난길에 있는 다윗을 시므이가 계속 따라온다. 시므이는 다윗을 향하여 저주의 말을 끊임없이 퍼붓는다. 먼지를 날려 다윗의 일행에 뒤집어씌우며 약을 올린다.

재빨리 반응하는 또 한 무리들이 있다. 다윗의 부하 장수들이다. 전쟁터에서 용맹을 날렸던 장수들이다. 목숨을 아까워하지 않고 다윗을 돕던 그들이었다. 지금 다윗이 곤경을 당해도 죽는 날까지 의리를 지킬, 다윗을 호위하는 사나이 중에 사나이들이다. 시므이의 무례한 행동이 이 사람들의 눈에 곱게 보일 리 없다. 오만함과 오만함이 이들의 성질을 건드린 것이다. 그 중에 아비새가 나선다. "왕을 모욕하는 저 녀석은 죽은 개만도 못한 놈입니다. 제가 가서 목을 베어 오겠습니다. 허락해 주십시오"(삼하 16:9) 다윗의 부하들은 울분을 토해내고 싶다. 지금 누구 하나라도 걸리기만 하면 반드시 피를 보고야 말 것이다. 마침 시므이가 걸려들었다.

그런데 다윗이 아비새를 만류한다. "아마도 하나님이 시므이에게 나를 저주하라고 하신 모양이다. 거기다 대고 왜 그러느냐고 말해 무슨 소용이 있단 말인가? 혹시 하나님이 나의 원통함을 알고 계실지도 모르지 않느냐? 저 사람 저주 때문에 하나님이 내게 선을 행하실 줄 어찌 알겠느냐?"(삼하 16:10) 다윗은 무력을 앞세워 시므이의 욕설을 잠재운다면 하나님의 도움도 없을 것이라 판단하였다. 다윗은 반응하고 싶지 않았다. 만약 다윗이 반응한다면 시므이가 내세우는 심판이론을 자신이 스스로 증명하는 셈이 된다. 다윗은 시므이가 말하는 것과는 다른 하나님을 믿고 있다. 그의 하나님은 즉시 반응하여 심판하시는 하나님이 아니라 참고 용서할 시간을 기다려 주시는 하나님이다.

큰 사람을 찾기 어려워

정치적 경쟁자를 곤경에 빠뜨리자. 나는 그를 공격하는 저격수다. 그가 죽어야 내가 산다. 그에게 흠집을 내는 것이 나의 역사적 사명이다. 만약 그에게 조금이라도 빈틈이 보이면 내가 가만히 있지 않을 것이다. 증거가 불충분하면 만들어내면 될 것 아닌가? 한번 공격이 시작되면 인정사정 볼 것 없다. 내가 불리하면 다른 증거를 만들어낼 것이다. 거짓을 진실로 만들려다 더 큰 거짓을 만들어낸다. 그러다가 궁지에 몰리면 쌍방 합의를 명분으로 돈이 오고가는 뒷거래가 이루어진다.

내가 공격을 받으면 가만히 있을 수 없다. 누가 내게 흠집을 내려해도 묵과할 수 없다. 즉시 반응한다. 반박성명을 내고 사과하지 않으면 고소하겠다고 엄포를 놓는다. 상대방 고위층의 사과가 없으면 기어이 고발장을 접수한다. 그래도 분이 풀리지 않으면 거리에서 규탄대회를 연다. 누가 잘못해놓고 오히려 큰 소리 친다며 맞고소가 이어진다. 서로 물리고 물리는 싸움을 한다. 정치적 생명을 걸고 맞서 싸운다. 흠집 내기로 반응하는 친구도 정치적 생명을 건다. 생명 걸고 싸우는 꼴이다.

잘못을 눈감아 주면 안 된다. 그러나 없는 잘못도 만들어내면 안 된다. 잘못이 있거들랑 솔직히 인정하면 될 것이지만 그것은 나를 불리하게 만드는 일이니 하기 싫은 일이다. 어떻게든지 둘러대야 한다. 없는 잘못을 만들어내 폭탄투하 하듯이 공격해오면 가만히 앉아서 당할 수 없다. 나 역시 핵폭탄을 준비해야 한다. 정국 폭풍은 기상이변이 아니라 사람이변으로 인해 일어나는 조잡한 싸움이다. 느긋하게 생각하고 느긋하게 반응할 줄 아는 큰 사람을 좀처럼 찾아보기 어렵다.

나는 절대로 일선에서 물러서고 싶지 않다. 지금 내가 불리해서 잠시 쉬고 있지만 반드시 재기할 것이다. 가만히 있는 것은 패배를 인정하고 물러간 것이 아니다. 몸을 사리고 있을 뿐 언제라도 전면에 나설 것이다. 이것을 성취하기 위해서 말 바꾸기도 할 것이요, 줄타기도 할 것이다. 소속이 바뀔 수도 있다. 정치적 소신도 접을 수 있다. 정치적 성형수술이라도 불사할 것이다. 스스로 쫌상이 되어 가는 꼴이라니! 이러니 국민들이 지도자를 존중하지 못하는 것 아닌가?

눈을 감고 지그시 생각하지만 그 머릿속에 상대방 공격이 우선이다. 무반응은 생각해본 적도 고려해본 적도 없다. 반응하지 않으면 내 잘못을 인정하는 꼴이니 그것은 절대로 싫다. 즉각 반응하는 것만이 내가 사는 길이다. 강아지는 호랑이를 보고 재빨리 짖어댄다. 그러나 호랑이는 강아지가 짖어도 바라만 보고 있을 뿐이다. 빨리 반응하는 것은 내가 약자라는 증거이다. 반응하지 않는 사람이 강자요, 큰 사람이다. 상대방 비난에 대하여 감각이 느린 사람이 존경받는 세상을 꿈꾼다. 진실처럼 포장한 거짓에 반응하지 않는 목석과 같은 사람이 더 좋다.

자기 꾀에 넘어지기

압살롬의 반란이 진압되었다. 예루살렘으로 돌아가는 길에 시므이가 다윗 앞에 나선다. 시므이의 옆에는 유대 사람 천 명이 도열해 있다. 그리고 사울의 시종도 아들과 하인들을 거느리고 시므이 옆에 있다. 그들은 다윗과 그의 군대가 강을 건너도록 배를 제공한다. 시므이가 다윗 앞에 엎드린다. "원하오니 저를 벌하지 마옵소서. 이전에 저의 허물을 기억하지 마시고 마음에 담아두지 마옵소서. 제가 왕께 잘못할 줄 알기에 요셉의 자녀들 중에서 가장 먼저 와서 왕을 환영합니다"(삼하 19:19~20) 시므이의 말이 다윗에게 상처가 된다. 시므이의 변심도 상처가 된다.

이번에도 아비새가 나선다. "저 놈이 기름부음 받은 분을 향해 저주하였으니 당연히 죄 값을 치러야 합니다"(삼하 19:21) 다윗이 아비새를 제지하고 시므이를 향하여 입을 연다. "나와 너는 아무 상관도 없으니 네가 나의 원수가 될 수 없다. 내가 이스라엘의 왕인 줄 모두 알고 있으니 이스라엘 사람들을 죽일 수야 없지 않느냐?"(삼하 19:22) 다윗은 기소중지를 한다. 다윗은 또다시 섣부른 반응을 삼간다. 아비새를 향하여 반응하지 않도록 제지한다.

다윗이 솔로몬에게 유언한다. "시므이를 죽이지 않은 것은 하나님께 맹세하였기 때문이다. 그러나 시므이의 인간성은 쉽게 변심하고 사소한 일에 생각을 바꾸는 소인배이다. 그는 반드시 죽어야 한다. 그가 죽어야 네가 편할 것이다. 너는 지혜로운 사람이니 그것을 분명히 알고 있을 것이다"(왕상 2:8~9) 그러나 솔로몬은 시므이를 즉시 처단하지 않는다. 다만 그의 행동을 제한할 뿐이다. 예루살렘을 떠나지 말고 어디든지 나가지 마라 만약 나가는 날이면 그 날로 죽음이다. 가택연금에 집행유예이다. 시므이는 그렇게 하겠노라고 대답한다. 그는 삼 년 동안 예루살렘 밖으로 나가지 않고 성 안에서만 지낸다.

시므이는 악으로 반응하는 사람이다. 자기 편의주의로 반응한다. 이것은 사실 제 살 깎기이다. 시므이에 대한 심판이 유보되었어도 그의 악행은 기억되고 있다. 시므이를 예의 주시하여야 한다. 반드시 그의 간사한 마음이 또 다시 고개를 들 것이다. 그에게 조건을 걸어놓으면 제 꾀에 빠져 망하게 될 것이다. 저 좋다고 하는 일이 모두 제 살 깎기가 되고 만다. "그가 웅덩이를 파 만듦이여 제가 만든 함정에 빠졌도다 그의 재앙은 자기 머리로 돌아가고 그의 포악은 자기 정수리에 내리리로다"(15~16절)

나를 미워하는 사람들이 굶주린 사자같이 공격한다. "건져낼 자가 없으면 그들이 사자 같이 나를 찢고 뜯을까 하나이다"(2절) 그들의 눈에 살기가 번뜩인다. 그들은 나를 먹잇감으로 보는 것 같다. 나의 곤경은 그의 공격 기회가 되었다. 하지만 나에게는 그를 대항할 힘이 충분하다. 그를 물리칠만한 명분도 있다. 그런데 웬일인지 그와 맞서고 싶지 않다. 그와 맞선다는 것이 스스로를 더럽게 하는 일이다. 나는 그의 일을 하나님께 아뢸 수밖에 없다. 하나님이 처리하시는 것이 좋겠다. "여호와 내 하나님이여 내가 주께 피하오니 나를 쫓아오는 모든 자들에게서 나를 구원하여 내소서"(1절) 자존심을 짓밟아 놓는 공격에도 아랑곳하고 싶지 않다. 거친 욕설에는 아예 반응조차 하기 싫다. 원수 갚는 것도 내가 할 일이 아니다. 원수 갚는 것이 오히려 스스로 파멸의 길을 자초하는 것이다. 반응하지 않는 것이 나를 보존하는 일이다. 나는 이것을 하나님 앞에 자신 있게 말할 수 있다. "여호와 내 하나님이여 내가 이런 일을 행하였거나 내 손에 죄악이 있거나 화친한 자를 악으로 갚았거나 내 대적에게서 까닭 없이 빼앗았거든 원수가 나의 영혼을 쫓아 잡아 내 생명을 땅에 짓밟게 하고 내 영광을 먼지 속에 살게 하소서 (셀라)"(3~5절)

엄밀히 말해 비난에 대하여 반응하는 것이 내 할 일이 아니다. 나는 하나님께 고할 뿐이다. 하나님이 나 대신 비판에 대하여 반응하실 것이다. 하나님이 나 대신 악을 물리치신다. 하나님이 악한 사람을 책망하시고 징계하신다. 악한 사람들을 막아주시는 분은 오직 하나님이시다. 이것이 하나님이 나를 사랑하시는 방법이요, 나를 지켜주시는 방법이다. "여호와여 진노로 일어나사 내 대적들의 노를 막으시며 나를 위하여 깨소서 주께서 심판을 명령하셨나이다"(6절) 하나님이 선·악간에 심판하실 것이다.

나는 언제나 실수할 가능성을 가지고 있다. 악한 사람의 비난이 나를 향한 유혹일 수 있다. 나를 넘어뜨리려고 시험하는 고도의 속임수일 수도 있다. 성경을 들이대면서 약을 올린다. "눈은 눈으로, 이는 이로, 손은 손으로, 발은 발로"(출 21:24) 이 때 곧바로 반응하면 백이면 백 실패한다. 나와 대적을 심판하시고, 선과 악을 판가름하시는 분은 오직 하나님이시다. 나는 세상의 물결에 따라 반응하지 않는다. 나의 반응 대상은 오직 하나님이시다. "여호와께서 만민에게 심판을 행하시오니 여호와여 나의 의와 나의 성실함을 따라 나를 심판하소서 악인의 악을 끊고 의인을 세우소서 의로우신 하나님이 사람의 마음과 양심을 감찰하시나이다"(8~9절)

나는 악한 자의 비난에 대하여 반응하지 아니한다. 하나님이 반응하실 것이기 때문이다. 하나님이 나의 방패가 되셨다. "나의 방패는 마음이 정직한 자를 구원하시는 하나님께 있도다"(10절) 악함에 대하여 내가 심판하려 들지 않는다. 심판도 하나님의 소관이다. 빠른 반응, 성급한 판단을 유보한다. 성급함이 나를 하나님의 자리에 가져다 놓는 교만이기 때문이다. 나는 오직 하나님께 악한 자들의 모습을 말씀드릴 뿐이다. 이로써 나는 하나님의 권위를 높인다. 하나님을 가장 높은 자리로 올린다. "민족들의 모임이 주를 두르게 하시고 그 위 높은 자리에 돌아오소서"(7절)

반응과 무반응의 차이

시므이가 방심하였다. 가드에 다녀온 것이다. 가드로 도망간 종을 찾는다는 명분이었다. 이 정도면 정상을 참작하여 솔로몬도 이해해 줄 것이다. 시므이가 종을 찾아왔다. 아마도 블레셋 왕과 만나 모종의 타협이 있었을지도 모른다. 그러나 시므이의 행적이 솔로몬에게 알려졌다. 솔로몬이 대노하였다. 솔로몬의 말을 가벼이 들었던 것, 게다가 예전에 다윗에게 행한 악한 일까지 함께 물어서 처벌한다. 아버지가 시소중비하고, 유예한 처벌을 아들이 집행한 것이다. 솔로몬은 브나야로 하여금 시므이를 처단하게 한다.

시므이가 움직인 것은 그의 조급함을 대변한다. 그가 이전에 다윗 앞에 목숨을 부지하기 위해 잘못을 빌었으나 진심으로 회개한 것이 아니었다. 기회주의적으로 반응하여도 회개의 반응은 없었다. 회개로 반응하지 않으면 죽을 일만 더 만들어간다. 그에게는 진노의 칼이 준비되어 있다. "사람이 회개하지 아니하면 그가 그의 칼을 가심이여 그의 활을 이미 당기어 예비하셨도다 죽일 도구를 또한 예비하심이여 그 만든 화살은 불화살들이로다"(12~13절) 시므이처럼 약삭빠른 반응은 죄악만 가중시킬 뿐이었다. "악인이 죄악을 낳음이여 재앙을 배어 거짓을 낳았도다"(14절)

시므이는 3년 동안 성안에서 지냈으나, 연금 상태가 풀리기까지 성 안에 있어야 했다. 연금 상태는 스스로 풀 수 있는 것이 아니다. 왕의 명령이 있어야만 한다. 그런데 왕의 명령과 상관없이 움직였다. 종이 도망한 것에 대한 반응이었다. 3년 동안 성안에 지내라는 왕의 명령을 지켰으니 이제는 왕도 잊었을 터이고, 괜찮을 것이라는 착각이었다. 이 반응이 시므이에게 치명타였다. 섣부른 판단은 전혀 다른 결과를 가져온다. 시므이에게 돌아온 반응은 곧 사형언도였다. 납작 엎드린 채로 반응하지 않고 지내면 죽음은 모면했을 것이다.

시므이는 회개하는 것에 빨리 반응하고 악한 일을 갚는 것에는 반응하지 말아야 했다. 다윗은 반대였다. 회개는 빨리 반응하고 악한 일에는 반응하지 않았다. 악한 일에 반응하면 더 큰 화를 당한다. 지나고 보니 무반응은 고난을 중단하게 하는 힘이다. 무반응은 괴로움을 반전시키고 하나님으로부터 은혜를 얻게 하는 복된 행동이었다. 악한 일을 만날 때 반응하지 않는 것은 하나님이 계시기 때문이었다. 하나님은 의로운 재판장으로서 악한 자에게는 고난당하는 자를 대신하여 반응하신다. "하나님은 의로우신 재판장이심이여 매일 분노하시는 하나님이시로다"(11절)

알고 보니 쉽게 반응한 사람은 불명예스럽게 죽었다. 악에 대하여 반응하지 않은 사람은 죽어도 그 명예가 남았다. 잽싸게 반응한 사람이 하나님으로부터 외면당하였다. 그런 사람은 하나님의 은혜를 일시적인 행복감으로 아는 것에 불과하며 생명을 구하는 영원한 가치인줄 모른다. 쓰라린 가슴을 쓸어내리며 묵묵히 지낸 사람은 하나님의 의와 자비를 경험하였다. 그의 경험에서 나오는 찬양을 들어보자. "내가 여호와께 그의 의를 따라 감사함이여 지존하신 여호와의 이름을 찬양하리로다"(17절) 은혜는 악에 대하여 스스로 분을 내는 반응이 아니다. 하나님이 반응하시기를 기다릴 때 더 큰 은혜를 경험한다.

위임의 영성과 아담

아름답도다

아담은 신이 났다. 눈앞에 보이는 것들의 모양이 어찌나 제 각각인지, 모양도 다르고, 색깔도 다르고, 눈에 띠지 않을 만큼 작은 녀석이 있는가 하면 집채보다 더 커서 한참을 빙빙 돌아야 볼 수 있는 큰 녀석이 있다. 알록달록 형형색색의 무늬를 가진 녀석이 있는가 하면 강렬한 단색만 지닌 녀석도 있다. 엉금엉금 기는 녀석이 있는가 하면, 훨훨 날아다니는 녀석, 유연하게 헤엄치는 녀석, 재빠르게 뛰는 녀석 등 만나는 녀석들마다 신기하기 짝이 없다.

더 신나는 것이 있다. 그 녀석들이 모두 내 앞에 와서 웅크린다. 하나님이 이 모든 동물들을 내 앞에로 데리고 오신다. 웅크린 녀석들 눈을 보니 내게 무얼 요구하는 모양이다. 느낌을 말해달라는 모양이다. 내가 보고 느낀 대로 말을 하면 그것이 바로 이 녀석들의 이름이 된다(창 2:19). 각종 진기한 것들을 보기만 해도 신나는 데, 동물들이 내 앞에 와서 넙죽 엎드리는 것은 더 신나고, 이름 짓는 것은 가장 신나는 일이다. 오늘 아담에게 신나는 일이 계속된다.

보기에 아름답고, 이름도 아름답다. 내 눈앞에 온통 아름다운 것들만 있다. 아름다운 것이 당연하다. 하나님이 온 세상을 지으시고 보시기에 좋다고 하셨기 때문이다. 아름답지 않으면 어찌 보기에 아름답다고 하셨을까? 아름다우니 보기에 좋은 것이다. 하나님이 세상을 창조하시며 어느 날 하루라도 보기에 역겨운 것이 없었다. 매일 보기에 좋다고 하셨다. 모두 아름다웠다. 그것들이 모여서 사는 모습, 있어야 할 곳에 자리 잡고 있는 것, 조화를 이루는 것 모두 말로는 표현할 수 없는 아름다움이다. 이 아름다움이 이들의 이름이 되었다.

그런데 갑자기 아담이 풀이 죽었다. 보기에 신나는 일이 있어도 나와 함께 지낼만한 친구가 없다. 동물들은 짝이 있는데 나만 짝이 없다. 동물들은 자기들끼리 신나도 나는 외롭다. 내 말벗은 어디에도 없다. 아담에게는 상대적인 고독감이 찾아온다. 외로움에 잠이 안 온다. 혼자서 지내는 밤이 너무 길다. 길게 내뱉는 한숨 소리를 하나님이 들으셨다. 하나님이 잠을 못 이루는 아담을 깊은 잠에 빠져들게 하셨다. 그리고 아담의 갈빗대를 빼내 아담의 짝을 지으셨다. 자고 있는 아담 곁에 짝을 데려다 놓았다.

아담이 눈을 떠보니 다른 세상이 열려있다. 나를 보고 방긋 웃는 여인이 서 있다. 서 있는 모습이 피부색이 그동안 본 녀석들과는 다르다. 내 피부색과 똑같다. 가장 내 맘에 든다. 하나님이 이렇게 아름다운 존재를 왜 이제야 데려오셨을까? 본 대로 느낀 대로 말해 본다. "이는 내 뼈 중의 뼈요 살 중의 살이라 이것을 남자에게서 취하였은즉 여자라 부르리라"(창 2:23) 아담이 여자와 한 몸을 이루었다. 하나님이 보시기에 좋았다. 온 세상보다 더 보기 아름다운 것은 두 사람이 한 몸을 이룬 모습이다. 두 사람의 조화가 온 세상의 조화보다 더 신비로운 의미를 담고 있다.

내 것인 양

아담에게는 세상 모든 것이 다 주어졌다. 그에게 그것들을 다스릴 권위가 주어졌다. 하나님의 것을 아담의 의지대로 좌우할 수 있는 권리가 주어졌다. "하나님이 그들에게 복을 주시며 하나님이 그들에게 이르시되 생육하고 번성하여 땅에 충만하라, 땅을 정복하라, 바다의 물고기와 하늘의 새와 땅에 움직이는 모든 생물을 다스리라 하시니라"(창 1:28) 왜 아담에게만 이 모든 것을 다스리는 권리가 주어졌을까? 아담만이 특별하게 창조되었기 때문이다. 아담만이 재료가 있었다. 재료는 흙이다. 아담의 원형은 하나님이시다. 아담은 흙과 하나님 형상의 조화로 지어진 존재이다.

아담에게는 이름을 지을 수 있는 권리가 주어졌다. 자기 눈앞에 있는 것은 무엇이든지 느낌대로 내키는 대로 부르기만 하면 그것이 이름이 된다. 심지어는 자기의 인생 동반자까지 이름을 지었다. 자기 이름에 대하여 불평하는 짐승이 없다. 이름을 지어 붙였다는 것은 존재의 의미를 주었다고도 할 수 있다. 이름을 짓는 권리는 다스릴 권리도 함께 가지고 있다는 표시이다. 아담에게는 다스릴 권리가 주어졌다. 무엇이든지 원하는 대로 할 수 있다. 원하는 것은 무엇이든지 얻을 수 있다. 그가 머무는 곳은 낙원이다. 부족함이나 아쉬운 것이 없다.

그러나 하나님이 아담에게 허락하지 않은 것이 딱 하나 있다. 하나님이 동산 중앙에 있는 선악을 알게 하는 나무의 열매만큼은 먹지 말라고 하신 것이다. 선악을 알게 하는 나무의 주인은 아담이 아니다. 그 나무의 소유주는 하나님이시다. 아담은 하나님의 소유를 건들면 안 된다. 단 한 가지를 금지시키는 것은 모든 만물이 아담의 소유가 아닌 하나님의 소유라는 것을 대변한다. 선악을 알게 하는 나무 하나로 아담에게 주어진 모든 것이 아담 것이 아니라 하나님 것이라고 못을 박아 놓으셨다. 하나님은 아담에게 소유로 주신 것이 아니라 맡기신 것이었다.

그런데 하나님의 것을 내 것으로 착각하게 하는 일이 벌어졌다. 뱀이 하와를 꼬드긴 것이다. 거짓말로 하나님이 먹지 말라고 하신 이유를 둘러대어 뱀이 유혹한다. 하나님과 말씀을 오해하게 만들고 하나님의 것을 빼앗아 보라고 촉구한다. 하나님의 것을 탐내어 가져보게 하는 것이다. 뱀은 하나님이 그들에게 위임한 것을 제 것으로 삼도록 만든다. 하와가 보니 가져볼 만한 가치와 아름다움이 있는 것 같다. 손을 내 밀어 그것을 따먹었다. 혼자만 먹은 것이 아니라 남편에게도 주었다. 남편과 동시에 하나님의 것을 자기들의 것으로 소유하였다. 그러나 일시적 소유는 완전한 소유가 아니다.

알고 보니 하나님의 것을 더 가진 것이 아니라 이미 주어진 것까지 잃어버렸다. 하나를 얻으려 하다 모두를 잃었다. 자기들의 벗은 것을 알았기 때문에 자존감을 잃었다. 하나님이 무서워 숨는 것을 보니 평안을 잃었다. 내 탓이 아니라고 핑계를 대고 권리를 잃었다. 뱀과 원수된 관계로 영적 우위권을 잃었다. 땀을 흘리는 수고와 해산의 고통은 안식을 잃은 것이었다. 땅의 가시덤불과 엉겅퀴로 땅의 질서와 다스리는 권위를 잃었다. 그리고 생명을 잃었다. 에덴동산에서 쫓겨나니 낙원을 잃었다. 하나님과 교제하는 기쁨을 잃었다. 내 것으로 알고 누리던 모든 것들이 다 달아났다. 정말 중요한 것 하나를 잃고 나니 다음 것들은 줄줄이 내 손에서 벗어나게 되었다.

휘두르지마

못된 인간의 습성은 하나님의 것을 여전히 제 것이라고 우겨댄다. 내 주머니에 들어온 것이 다 내 것이다. 내 통장으로 들어온 것도 다 내 것이다. 내 집안에 있는 것도 다 내 것이다. 일단은 내 손을 거치면 모두 내 것이다. 나보고 관리하라고 맡겨준 것도 내 것이다. 구조조정과 법정관리에 들어간 기업의 관리자가 공적 자금을 자기 통장으로 빼돌렸다. 기업을 자기에게 준 것이 아니라 회생시키라고 맡긴 것인데, 오히려 그 중에서 자기 몫을 챙긴다. 그야말로 고양이에게 생선을 맡긴 꼴이다.

내 손에 들어온 것을 내 것으로 착각하는 것은 그나마 다행이다. 내 것 아닌 것을 내 맘대로 하는 것이 문제이다. 내 것이면 알뜰살뜰 잘 가꾸고 관리하겠지만 내 것 아니라고 함부로 여긴다. 자연과 환경을 지배하려든다. 훼손되어도 내 것이 아니며, 파괴되어도 내 것이 아니다. 더러워져도 내 것이 아니니 아무런 상관이 없다. 고속도로 주변의 쓰레기들, 사람들이 모이고 흩어진 자리에 남아 바람에 흩어지는 신문지들과 비닐봉지, 그리고 맨홀 속의 담배꽁초들 그리고 비 온 뒤에 하천으로 흘러가는 시커멓고 거품이 덮인 오폐수 등등 환경에 대한 의식이 전혀 없는 것 같다. 환경은 우리 모두의 것인데 그것은 내 것이 아닌 줄 안다.

사람도 내 맘대로 한다. 약한 사람은 나의 노예이다. 힘세다고 자랑하여도 미련한 사람은 내 수족에 불과하다. 내가 일군 사업체에서 일하는 사람들 모두 나의 말 한마디면 맘대로 할 수 있다. 갑자기 폐업처리하고 근로자들의 임금과 퇴직금을 모아 잠적해버리는 악덕기업주들이 있었다. 요즘에는 외국인 근로자들을 폭행하고, 여성 근로자에게는 성적 희롱을 일삼는 사람들, 정당한 임금에 대하여 경찰에 신고한다고 윽박질러가며 임금을 떼어먹는 사람들, 사고로 다쳐도 치료조차 외면하는 사람들, 죽어도 눈 하나 깜짝 안하며 변사로 처리하는 기업인들도 있다.

이 세상 온통 인간이 지배하고 있는 것 같다. 인간이 무엇이기에 이토록 특권을 누리고 산다는 말인가? 하나님의 것을 빼앗아 조자룡 헌 칼 휘두르듯 제 맘대로 휘둘러가며 살아도 되는가? 귀신들이 무엇하는가? 저런 인간들 안 붙잡아가고? 그런데 귀신은 나쁜 놈은 안 붙잡아 간다. 나쁜 놈은 나쁜 짓 하라고 내버려둔다. 착한 사람 나쁘게 만들려고만 한다. 그러면 천사라도 붙잡아가야 하지 않는가? 천사도 제 맘대로 안 한다. 하나님이 시키시는 일만 순종한다. 나쁜 놈이 세상에 사는 것은 도통 모를 일이다. 오직 하나님만 아시는 일이다. 언젠가는 하나님이 다 거두어 가시는 날이 올 것이다.

하나님이 지으신 세상은 아름답기 그지없다. 우리의 눈으로 보기에 신묘막측할 따름이다. "주의 손가락으로 만드신 주의 하늘과 주께서 베풀어 두신 달과 별들을 내가 보오니"(3절) 창조된 세상 속에 임하여 계시는 하나님이 권위가 놀랍다. 하나님의 충만하심이 온 세상 속에 계시다. "여호와 우리 주여 주의 이름이 온 땅에 어찌 그리 아름다운지요 주의 영광이 하늘을 덮었나이다"(1절)

세상이 하나님의 것이다. 사람이 하나님으로부터 위임받은 것을 자기 것으로 착각하였다. 이제 하나님은 하나님의 것을 되찾으실 것이다. 그것도 하나님의 것을 인정하는 사람들을 통해서 찾으실 것이다. 그리고 하나님 것을 제 것이라고 떠드는 사람들의 입을 다물게 하실 것이다. "주의 대적으로 말미암아 어린 아이들과 젖먹이들의 입으로 권능을 세우심이여 이는 원수들과 보복자들을 잠잠하게 하려 하심이니이다"(2절)

하나님이 사람을 멋지게 창조하셨다. 온 우주 만물 중에 가장 아름다운 존재로 창조하셨다. 멋지다는 것은 외모를 보아서가 아니라 살아가는 모양이 월등하다는 것이다. 사람이 스스로 보기에도 아무 것도 아닌 것 같은데 하나님이 멋지게 살도록 놓으셨다. "사람이 무엇이기에 주께서 그를 생각하시며 인자가 무엇이기에 주께서 그를 돌보시나이까 그를 하나님보다 조금 못하게 하시고 영화와 존귀로 관을 씌우셨나이다"(4~5절) 사람은 하나님에 의해 대우받으며 살고 있다.

하나님으로부터 대우받는 것은 곧 우주만물 모두를 사람에게 맡기시는 것이다. 사람의 상상력이 미치지 못하는 것도 하나님이 알게 하셨다. 사람의 손길이 닿을 수 없는 것도 하나님이 맡기셨다. "주의 손으로 만드신 것을 다스리게 하시고 만물을 그의 발 아래 두셨으니 곧 모든 소와 양과 들짐승이며 공중의 새와 바다의 물고기와 바닷길에 다니는 것이니이다"(6~8절)

하나님이 사람들에게 당신의 창조물들을 맡기셨다. 위임의 영성이다. 하나님이 사람을 믿어주셨다. 믿지 못하는 사람에게 어찌 일을 맡기는가? 차라리 고양이에게 생선을 던져 주지, 못 믿을 사람에게 이 땅을 맡길 수 있을까? 우리에게 이 땅을 맡기신 하나님의 이름이 위대하다. 내게 일을 맡기신 하나님의 일이 위대하다. 내게 사업 터와 가정을 맡기신 하나님의 위대하심에 놀라울 따름이다. 내게 하나님의 교회와 성역을 맡기신 하나님을 찬송할 수밖에 없다. "여호와 우리 주여 주의 이름이 온 땅에 어찌 그리 아름다운지요"(9절)

맡은 사람은 이래

누군가 나에게 일을 일임하는 것은 내가 충분히 잘 할 것이라는 확신과 믿음 때문에 맡기는 것이다. 그 분은 나를 향하여 한없는 신뢰의 시선을 보내어 내게 귀한 일꾼이라는 자존감을 심어주셨다. 내 뒤에는 하나님이 계신다. 나의 결정을 하나님이 지지해 주신다. 나는 나의 판단과 이성에 의해 관리할 자유가 주어졌다. 이것이 내 자신감의 근원이다. 그러므로 나는 자신감을 가지고 일한다. 눈치만 보는 것이 아니요, 복지부동의 자세도 아니다. 자신감 가지고 신나게 일한다.

그러나 언제나 맡기신 분의 뜻대로 산다는 것을 기억하고 있다. 맡기신 분의 의도와 생각을 기억한다. 사역의 대상이 사람과 자연, 내 주변의 잡다한 일이라 할지라도 나의 사역의 폭과 범위는 하나님이시다. 나는 하나님을 축으로 움직이는 관리자이다. 내가 대장이 아니다. 나는 다만 맡아 지키는 사람이다. 나는 위임받은 일을 성실히 수행한다. 나는 아브라함의 뜻을 알고 하나님께 물어보는 나이 많은 종(다메섹 사람 엘리에셀, 창15:2)처럼 일한다(창 24:1~67). 이런 것이 충성이다.

나는 맡겨진 것을 내 맘대로 하지 않는다. 그것들의 필요에 따라 결정한다. 내게 맡겨진 피조물들은 스스로 결정하는 지혜가 부족하다. 스스로 행동할 여력이 짧다. 그것들은 내 손의 도움을 필요로 한다. 그것들이 내게 손을 내밀어 달라고 말한다. 나는 그것들의 요구를 감지할 수 있다. 마치 양의 울음소리를 듣고 양의 상태를 파악하고 양의 요구를 알아 해결해주는 목자와도 같다. 어린 아기의 울음을 듣고 아기의 필요를 채우는 어머니와도 같다. 만약 내 것이라고 착각하고 휘두르는 날에는 하나님이 몽땅 빼앗아 가실 것이다.

맡은 사람은 맡기신 분의 이름을 높여가며 산다. 내가 잘하면 내가 올라가기 이전에 하나님이 올라간다. 나는 하나님의 이름이 올라가는 것이 좋다. 나는 그 일이 잘되었다고 하여 나를 자랑하지 않는다. 내게 일을 위임하신 분이 있기 때문이다. 내게 위임하신 분이 올라간다. 그런데 이상한 것은 하나님을 올려놓았는데 내가 올라갔다. 하나님이 위임의 영성을 가지고 사는 나를 올려주신다. 워크아웃을 졸업시킨 기업인이 칭찬을 받는 것처럼 말이다. 법정관리 기업의 관리인이 성실히 빚을 갚는 당연한 일에 법원이 칭찬하고 격려금을 지급하였다. 위임기관의 뜻대로 하였기 때문이다. 위임을 바로 실천하면 맡은 사람의 이름도 덩달아 올라간다.

보호의 영성과 여호람

비상사태

여호람 왕의 귀에 여인의 찢어지는 음성이 들린다. "우리가 드디어 내 아들을 삶아 먹었더니 이튿날에 내가 그 여인에게 이르되 네 아들을 내놓아라 우리가 먹으리라 하나 그가 그의 아들을 숨겼나이다 하는지라"(왕하 6:29) 왕의 가슴이 미어진다. 아! 약소국의 설움이여! 사마리아 성은 아람에 의해 포위되었고, 성 안에 먹을 것이 말랐다. 양식 값이 천정부지로 뛰었다. 심지어 나귀 머리 하나에 은 팔십이 되었다. 합분태 하나에 은 다섯 세겔을 주어야 살 수 있다. 오죽하면 여인들이 자기 아들들을 삶아먹자고 했을까? 사는 것이 죽기보다 더 힘들다.

왕이 옷을 갈아입었다. 성 위를 지나는 모습을 보니 속에 베옷을 입은 것이 보인다. 그동안 우리를 지켜준 엘리사는 도대체 무엇하고 있는가? 그가 우리를 외면하고 있는 것 같다. "왕이 이르되 사밧의 아들 엘리사의 머리가 오늘 그 몸에 붙어 있으면 하나님이 내게 벌 위에 벌을 내리실지로다 하니라"(왕하 6:31) 왕은 이 난관이 여호와 하나님에 의해 생긴 것으로 보았다. 재앙을 가져다 준 분이 거두어갈 리 없다고 생각한다. 그는 하나님을 기다려도 소용없다고 본다. 재앙을 거두도록 간구하지 아니한 엘리사를 처단하면 속이라도 시원할 것 같다.

왕이 엘리사의 목을 가지고 오라고 사람을 보낸다. 왕도 그 뒤를 따르고 있다. 엘리사 집에 문이 열리면 왕이 따라 들어가 엘리사의 목을 벨 참이었다. 그러나 엘리사는 이미 그것을 알고 있다. 엘리사는 성의 장로들과 담화를 나누다가 왕이 보낸 사람이 들이닥치거든 문을 열어주지 말라고 당부한다. 엘리사는 문 밖을 향하여 말한다. 하나님의 말씀을 들어보아라. "엘리사가 이르되 여호와의 말씀을 들을지어다 여호와께서 이르시되 내일 이맘때에 사마리아 성문에서 고운 밀가루 한 스아를 한 세겔로 매매하고 보리 두 스아를 한 세겔로 매매하리라 하셨느니라"(왕하 7:1) 천정부지로 오른 양식 값이 정상을 찾을 것이다. 하나님이 이것을 해 주실 것이다.

그런데 이 말을 믿지 못하는 사람이 있다. 왕이 매우 신뢰하는 한 장관이었다. 그가 엘리사를 향하여 도저히 못 믿겠다며 못 믿을 이유를 댄다. "여호와께서 하늘에 창을 내신들 어찌 이런 일이 있으리요"(왕하 7:2a) 그는 기적이 일어난다고 생각하지 않는다. 하나님의 말씀이라는데, 하나님도 어쩔 수 없을 거라고 대답한다. 하나님도 이 난관을 타개해 주지 못할 것이라고 코웃음을 친다. 엘리사가 대답한다. "네가 네 눈으로 보리라 그러나 그것을 먹지는 못하리라"(왕하 7:2b) 믿지 못하는 사람은 난관을 타개해도, 재앙이 멈추어도 그것을 누리지 못한다. 회복의 은혜가 있고, 축복이 와도 그것을 즐기지는 못한다. 하나님이 독수리 날개처럼 보호해 주셔도 그 그늘 아래서 쉬지 못한다.

우리네 보호막

비상사태가 나면 우선은 그 사태를 막아야 한다. 국가적 재난 상태가 전쟁의 위기이면 군대에 동원령을 내린다. 우방국에 군사원조를 요청한다. 무기와 병력을 요청한다. 재난이 자연재해로 인한 것이라면 국가 예산을 복구에 우선 투입한다. 군인도 훈련을 쉬고 재난 복구에 투입된다. 학생들도 수업을 잠시 멈추고 복구에 나선다. 전 행정력이 복구에 쏟아진다. 전 국민이 복구를 돕는다며 성금을 기부한다. 심지어 해외에서도 장비와 기술, 자금과 기술진 등을 원조한다. 땀 흘리며 복구에 열중하다보니 재난의 시름이 잊어진다.

우리네 보호자들은 곁에 있는 사람이다. 사람들이 도와주면 위기도 해결할 수 있다. 혼자서 불가능한 것도 주변에서 도와주면 충분히 해 낼 수 있다. 우리네 방패는 돈이다. 돈이 없어서 못하던 일도 돈만 있으면 할 수 있다. 돈만 있으면 사람도 살 수 있고, 돈만 있으면 첨단 장비도 구입할 수 있다. 돈만 주면 사람을 죽이는 무기도 얼마든지 살 수 있다. 돈을 가지면 힘도 키울 수 있다. 돈이 최고로 여겨진다. 돈이 사람의 보호막이다.

돈을 보호막으로 삼고 싶은데 잘 안 된다. 그러면 돈을 보호막으로 삼는 새로운 보호막을 만들어 낸다. 어디에 투자하면 되겠느냐? 어떤 사업이 잘 되겠느냐? 학자들과 연구원의 자문을 구하고 적절한 대안을 찾는다. 그런데 이것도 아니라 육감으로 사업하는 사람이 있다. 육감을 못 믿으면 복술가에게 찾아간다. 도사에게 물어보고 사업을 진행한다. 도사를 기업의 모사(謀士)로 삼는다. 복술가, 점성가를 그들의 든든한 보호막으로 삼아 마음의 안정을 찾는 것이다. 돈으로 보호막을 삼고 싶어 권력자들에게 기댄다. 파란 집과 관련된 사람들과 친하다고 하면 여기저기서 돈을 싸 들고 올 것이다. 그리고 파란 집 사람들과 적당히 나누어 먹는다. 만약 들통 날 기미가 있으면 파란 집의 사람들이 압력을 가하면 유야무야 넘어갈 것이다. 그렇지 않으면 파란 집도 나도 똑같이 창피를 톡톡히 당하게 될 것이다. 파란 집은 결코 찢어지지 않고 사라지지 않는 강력하고 영원한 보호막으로 생각한다.

찢어진 보호막

신앙의 사람에게 있어서 보호막은 단 하나이다. 하나님은 북왕국 이스라엘이나 여호람 왕이나 엘리사에게나 보호자이셨다. 이미 하나님은 여호람 왕을 여러 차례 보호해 주셨다. 모압 군대와의 싸움에서 엘리사가 골짜기를 파서 물을 얻으라고 조언하였다(왕하 3:17). 모압 사람들에게 골짜기에서 흐르는 물을 피로 착각하게 하고 기습공격 해오는 그들을 섬멸한 것도 엘리사 때문이었다(왕하 3:24). 나아만이 방문했을 때도 엘리사 때문에 왕의 근심을 덜었다(왕하 5:1~27). 여호람 왕은 엘리사를 체포하려는 아람 사람들이 갑자기 소경이 되어 사마리아 성안으로 인도된 것도 보았다(왕하 6:18).

그러나 보호자를 보호자로 믿지 않는 사람이 문제이다. 보이지 않는 하나님보다 보이는 사람을 보호막으로 삼으려는 경향이 있다. 요람이 엘리사를 의지했다. 엘리사는 이미 여러 차례 외국의 침략을 분쇄하는데 앞장섰다. 하나님이 그를 보호하시고 이스라엘을 보호하신다. 왕은 오직 엘리사만 의지할 수밖에 없다. 그러나 제 뜻대로 안되고 위기가 심해지면 분노하고 미워한다. 힘을 가지고 있다면 죽이려 든다. 보호를 믿지 못하는 일은 보호막을 스스로 찢어버리는 행위이다.

돈이 없으면 비상사태가 발생한다. 국가의 재정적자가 일어나고 외화가 부족하다보니 국제통화금융의 관리체제에 들어간다. 빚을 얻어 경제를 일으켜야 하고 수익이 생기면 빚을 갚아야 한다. 기업의 활동과 수익성 그리고 자금상환 등을 낱낱이 보고해야 한다. 내 수중에 들어온 돈도 내 맘대로 사용할 수 없다. 내 돈이 아니니 그럴 수밖에 없다. 대기업이 망하였다. 엄청난 빚을 떠안아서 외국 기업에 헐값에 매각되었다. 돈의 보호막이 찢어졌다.

복술가에 돈 가져다주며 거기에서 자문을 받아 기업을 했다. 중요한 사업을 결정할 때마다 점쟁이를 찾아갔다. 복채 듬뿍 주어가며 자세히 물었다. 점쟁이 말이 어찌나 신통력이 있던지 그동안 사업도 일취월장하였다. 점쟁이가 찾아가라는 사람 찾아가서 돈도 뿌렸다. 이상하게 점쟁이가 시키는 대로 하기만 하면 잘 되었고, 점쟁이가 만나라는 사람 만나면 막힌 일이

술술 풀렸다. 그런데 점쟁이도 어쩌지 못하는 일이 일어났다. 기업의 기술
이 뒤떨어진다. 세계경기가 악화되었다. 투자해야 될 돈을 복채로, 뇌물로
써버렸다. 알고 보니 기업이 적자투성이였다. 남에게 넘어가는 일만 남았
다. 복술가 보호벽이 무너졌다.

　권력과 기업 간의 검은 고리가 드러났다. 기업의 뒤를 보아주고 정치 자
금을 얻어 쓰던 권력이 힘을 잃었다. 권력으로부터 비호 받던 기업은 자금
사정이 갑자기 경색되었다. 급기야는 법정관리에 들어가고 경영권을 잃어
버린다. 권력의 보호막이 찢어졌다. 게이트의 몸통으로 파란 집이 거론되
었다. 비밀은 없다. 파란 집에 사는 사람도 거기에 기대고 호언장담하던 사
람도 모두 힘을 잃었다. 같이 죽기 전에 힘 써 놓으라고 애걸하였지만 권력
도 진실 앞에서는 약하기만 한다. 권력의 방호벽도 무너졌다.

시편의 영성

시편에서는 여호와 하나님을 방패로 은유(隱喩)하는 곳이 심심찮게 나온
다(15회 이상). 하나님이 보호자라는 의미이다. 말 그대로 하나님이 보호자
이시다. 하나님이 원수를 물러가게 하였다. 하나님이 원수를 망하게 하였
다. 이스라엘을 패망의 위기에서 구해 주셨다. 한두 번이 아니다. 침략자들
이 물러간 뒤에 그들은 반역에 의해 정권이 바뀌었다. 아람 군대가 하루아
침에 물러갔다. 하나님이 아람 군대로 하여금 착각과 두려움에 빠지게 하
였다. 외국의 대군이 이스라엘을 돕기 위해 온 것으로 착각하였다. 밤중에
급히 자기 나라로 돌아간 아람 왕은 부하 하사엘에 의해 살해되었다(왕하
8:15). 하나님의 보호는 원수의 이름조차 역사 속에 사라져 버리게 하신다.
"내 원수들이 물러갈 때에 주 앞에서 넘어져 망함이니이다"(3절)
하나님의 보호는 그분의 권위를 드러낸다. 그 권위는 영원하다. "여호와께

서 영원히 앉으심이여 심판을 위하여 보좌를 준비하셨도다"(7절) 하나님
은 공의와 정직으로 사람들을 관찰하신다. 나라들을 보고 계신다. "공의로
세계를 심판하심이여 정직으로 만민에게 판결을 내리시리로다"(8절) 하나
님은 보호받아야 할 사람에게 보호막이 되어 주신다. "여호와는 압제를 당
하는 자의 요새이시요 환난 때의 요새이시로다"(9절) 하나님은 당신을 찾
는 사람을 결코 외면하지 않으신다. "여호와여 주의 이름을 아는 자는 주
를 의지하오리니 이는 주를 찾는 자들을 버리지 아니하심이니이다"(10절)
하나님은 약한 자를 보호하신다. 사람은 피 흘림을 주저하지 않는다. 그러
나 하나님은 피 흘리는 일에 대하여 책망하신다. 하나님은 가난한 사람의
부르짖음을 들으신다. "피 흘림을 심문하시는 이가 그들을 기억하심이여
가난한 자의 부르짖음을 잊지 아니하시도다"(12절) 하나님은 궁핍한 사람
을 잊지 않으시고 가난한 사람에게 희망을 주신다. "궁핍한 자가 항상 잊
어버림을 당하지 아니함이여 가난한 자들이 영원히 실망하지 아니하리로
다"(18절) 그분은 긍휼히 여기신다. 우리의 형편을 보고 계시기 때문이다.
"여호와여 내게 은혜를 베푸소서 나를 사망의 문에서 일으키시는 주여 나
를 미워하는 자에게서 받는 나의 고통을 보소서"(13절)
하나님은 당신의 백성을 보호하시기 위해 악인을 죄의 꾀에 빠지게 하신
다. "이방 나라들은 자기가 판 웅덩이에 빠짐이여 자기가 숨긴 그물에 자
기 발이 걸렸도다 여호와께서 자기를 알게 하사 심판을 행하셨음이여 악
인은 자기가 손으로 행한 일에 스스로 얽혔도다(힉가욘, 셀라)"(15~16절) 결
국 악인의 종착역은 멸망이다. "악인들이 스올로 돌아감이여 하나님을 잊
어버린 모든 이방 나라들이 그리하리로다"(17절) 하나님은 약한 사람을 도
우신다. 보호하시고 승리를 맛보게 하신다. 힘이 강하여 큰소리치는 사람
도 결국은 인간 존재의 허약함을 깨닫는다. "여호와여 그들을 두렵게 하시
며 이방 나라들이 자기는 인생일 뿐인 줄 알게 하소서 (셀라)"(20절)

보호받아 사는 우리

성 밖 한적한 곳에 10명의 한센씨병 환자가 먹을 것을 찾아 헤매고 있다. 그들은 죽을 날만 기다리고 있다. 성 밖에서 방랑하지만 성 안에 들어가도 굶어죽고, 성 밖에서 방황해도 굶어죽을 것이다. 이왕 죽을 바에는 먹고 죽자. 먹고 죽은 귀신은 때깔이라도 고울 것 아니냐? 아람 군대에 항복해 보자. 그들이 우리를 살려주면 우리는 배불리 먹을 것이고, 죽이면 죽자. 이래 죽으나 저래 죽으나 죽는 것은 매한가지이니 앉아서 죽을 날만 기다리느니 요행이라도 바라자.

그들이 아람 군대의 진영으로 갔다. 그런데 웬일인지 쥐 죽은 듯이 조용하기 짝이 없다. 무슨 일이 일어났나? 여기 저기 눈뜨고 찾아보아도 아람 군인은 커녕 개미새끼 한 마리도 보이지 않는다. 한센씨병 환자들이 환호를 지른다. 군인들이 두고 간 물건을 마구 약탈한다. 산해진미 음식이 눈에 들어온다. 배고픈 원숭이들처럼 우걱우걱 먹어댄다. 배가 터질 정도로 먹고 트림 한번 꺼억 하고 정신을 차렸다. 이래서는 안 되겠다 싶어 사마리아 성안에 알린다.

처음에 믿지 않던 사람들이 우르르 몰려나온다. 아람 진영의 물건을 닥치는 대로 가지고 돌아온다. 치솟았던 물가가 정상으로 되돌아왔다. 노도처럼 밀려나오는 인파를 가로막고 질서를 지키라고 외치는 한 사람이 있다. 엘리사의 말을 믿지 못하던 장관이었다. 그는 인파 앞에 가로막고 섰다가 오히려 깔려 죽고 말았다. 물가가 안정되는 것은 보았어도 먹어보지는 못했다(왕하 7:20). 하나님의 보호조차도 누리지 못하는 저 어리석은 자가 되었다.

하나님의 보호를 믿는 우리는 보호의 대상자들이다. 보호의 혜택을 받아 살아가고 있다. 가난한 사람, 소외된 불치병자들까지 보호의 혜택을 누린다. 그러므로 우리는 하나님을 향해 감사의 찬송을 드릴 수밖에 없다. 그 이름을 드러낼 수밖에 없다. "내가 전심으로 여호와께 감사하오며 주의 모든 기이한 일들을 전하리이다 내가 주를 기뻐하고 즐거워하며 지존하신 주의 이름을 찬송하리니"(1~2절) 하나님의 보호하시는 그 손길을 형용할 수 없는 감격이다.

하나님의 이 역사를 말하지 않고 견딜 수 없다. "너희는 시온에 계신 여호와를 찬송하며 그의 행사를 백성 중에 선포할지어다"(11절) 할 수만 있으면 주님의 보호를 말하고 싶다. 입만 열면 주님을 찬송하게 된다. "그리하시면 내가 주의 찬송을 다 전할 것이요 딸 시온의 문에서 주의 구원을 기뻐하리이다"(14절) 우리는 주의 구원을 기뻐하며 평생 찬송할 수밖에 없다. 주의 보호가 내 입술로 하여금 하나님의 이름을 찬양하게 한다.

깊으심의 영성과 가말리엘

가말리엘의 의견

가말리엘은 율법을 가르치는 선생이다. 랍비로서 희랍 문학을 연구하였고, 바리새인 중에서 자유파의 한 지도자였다. 가말리엘의 깊은 가르침에 젊은이들이 따른다. 바울도 그의 제자였다(행 22:3). 그의 제자가 많아 학파가 형성되었다. 유대인들에게 그는 일곱 위대한 라반(우수한 랍비) 중 제일인자로 손꼽힌다. 그는 예루살렘에서 존경을 받는다. 가말리엘을 싫어하는 사람을 백성 중에서 찾아볼 수 없다. 가말리엘의 학문과 영향력은 공회원이 되고도 남을만하다. 공회가 소집되어 가말리엘도 참석하였다. 공회 분위기가 살벌하다. 대제사장을 비롯한 사두개인들 대부분이 극심한 분노로 머리끝이 서있다. 사도들이 예수의 죽음에 대한 원인을 자기들에게 돌리기 때문이다. 이스라엘 사람들은 죽이고 싶은 미운 감정이 치솟아 오른다. 공회의 분위기는 사형을 추진하자는 쪽이다. 이미 대세가 기울어져 있다.

가말리엘이 일어난다. 피고인들인 사도들을 잠깐 공회 밖으로 내보내도록 제안한다. 그리고 입을 연다. "말하되 이스라엘 사람들아 너희가 이 사람들에게 대하여 어떻게 하려는지 조심하라"(행 5:35) "쉽게 사형을 언도할 일이 아니다. 전에 드다라는 사람이 제 잘난 척하고 다녔다. 우리는 그 결과를 이미 알고 있지 않은가. 드다가 죽임을 당하자 그를 따르던 400명의 사람들이 모두 흩어졌다. 갈릴리 사람 유다가 혹세무민한 적이 있지만 그 결과도 알고 있다. 그가 망하니 따르던 사람들이 뿔뿔이 흩어졌다. 상관하지 말고 내버려두자. 그들의 말이 사람에게서 나왔다면 얼마 못 가서 실패할 것이다. 만약 그들이 하나님 말씀을 행하고 있는 것이라면 우리가 잘못하는 것이다" 가말리엘은 자신들이 하나님을 대적할만한 존재가 아님을 역설한다.

그의 인지도가 워낙 높았던지라 유대인들이 이의를 제기할 수 없었다. 그의 학문성과 율법에 대한 탁월한 식견 앞에 바리새인, 사두개인, 서기관들 등 아무도 입을 열 수 없다. 그를 따르는 많은 제자들이 있고 세력이 형성되어 있으므로 누구도 그의 의견을 반대하지 않는다. 존경받는 선생에게 이의를 제기하다가 오히려 다칠 지도 모른다. 가말리엘의 말을 듣고 생각해 보니 사도들을 향한 분노와 미움이 여전히 남아 있지만 그것 때문에 하나님을 대적할 수는 없는 노릇이다. 대제사장과 사두개인들은 결국 사도들에게 매질을 하고 예수 이름으로 말하지 말라고 위협하고는 놓아줄 수밖에 없다.

가말리엘은 자기의 이름과 같은 생각을 가졌다. 그리고 이름과 같은 생각을 피력하였다. 가말리엘(Γαμαλιηλ, גמליאל)이란 이름은 '하나님의 보수(報酬)' 곧 하나님이 갚으신다는 의미이다. 사람이 스스로 교만하여 혹세무민하는 것을 하나님이 갚으실 것이다. 하나님이 반드시 실패로 돌아가게 할 것이다. 반면 사람이 하나님의 뜻을 따라 사는 것도 하나님이 갚으실 것이다. 하나님이 왕성하게 하실 것이다. 하나님의 일을 반대하고 대적하는 사람에게도 하나님이 갚으실 것이다. 하나님의 일을 방해한다는 것이야말로 결코 용서받지 못할 일이다.

하나님이 모르신다고?

하나님이 멀리 계신 것처럼 느껴질 때가 있는가? 우리는 악한 사람이 득세하는 것을 보고 그렇게 느낀다. 의인들이 환난을 당하는 모습을 하나님이 외면하시며, 당신을 스스로 드러내시지 않는다고 생각한다. "여호와여 어찌하여 멀리 서시며 어찌하여 환난 때에 숨으시나이까"(1절) 하나님이 분명 알고 계실텐데 왜 가만히 계시는지 모르겠다. "하나님이 알고 계시면서 가만히 계시는 이유가 무엇입니까? 지금 저 악인들을 보십시오. 제가 악인들을 고발하겠습니다"

악인들의 모양이 어떤가? 그들은 욕망을 마음껏 발산한다. 그 욕망을 자랑하고, 하나님을 외면한다. "악인은 그의 마음의 욕심을 자랑하며 탐욕을 부리는 자는 여호와를 배반하여 멸시하나이다"(3절) 그들은 하나님이 없다고 강변한다. 자기들이 악을 행하여도 멀쩡한 것을 보고 그렇게 생각한다. 하나님이 없으니 사람을 보는 눈은 당연히 없다고 생각한다. "악인은 그의 교만한 얼굴로 말하기를 여호와께서 이를 감찰하지 아니하신다 하며 그의 모든 사상에 하나님이 없다 하나이다"(4절) 악인들은 하나님의 원수가 되었다. 스스로 하나님의 원수로 자처하고 다닌다.

악인들의 행태는 어떤가? 마음에는 영원한 평안이 있을 것이라는 착각에 빠져 산다. "그의 마음에 이르기를 나는 흔들리지 아니하며 대대로 환난을 당하지 아니하리라 하나이다"(6절) 입으로는 온갖 더러운 말과 죽이는 말을 내 뱉는다. "그의 입에는 저주와 거짓과 포악이 충만하며 그의 혀 밑에는 잔해와 죄악이 있나이다"(7절) 그의 눈은 의로운 사람을 엿보고 있다. "그가 마을 구석진 곳에 앉으며 그 은밀한 곳에서 무죄한 자를 죽이며 그의 눈은 가련한 자를 엿보나이다"(8절) 악인들은 사람을 원수로 삼는다. 여기 저기 자기의 원수들을 만들어낸다.

그의 머무른 자리는 함정이나 다름없다. "사자가 자기의 굴에 엎드림 같이 그가 은밀한 곳에 엎드려 가련한 자를 잡으려고 기다리며 자기 그물을 끌어당겨 가련한 자를 잡나이다"(9절) 악인이 엎드려 하는 일은 의인을 넘어뜨리고 낚아채는 일이다. "그가 구푸려 엎드리니 그의 포악으로 말미암아 가련한 자들이 넘어지나이다"(10절) 그러면서도 양심의 가책이 없다. 하나님이 없다고 생각하기 때문이다. "그가 그의 마음에 이르기를 하나님이 잊으셨고 그의 얼굴을 가리셨으니 영원히 보지 아니하시리라 하나이다"(11절) 악인들은 하나님의 원수로 사는 것이 자기 운명이라고 생각한다.

누가 갚아야 하나

억울한 일, 악한 일을 만나면 분노가 치밀어 오른다. 사람들이 대부분 그러하니 분노가 당연한 것으로 인식된다. 그 분노를 발산하여 악을 응징하려고 행동하는 사람이 있는가 하면, 자기 일이 아니라고 외면하는 사람도 있다. 응징의 행동은 자기를 정의의 사도로 자처하는 사람에게서 찾을 수 있다. 베드로가 대표적인 사람이다. 그는 군인들이 예수님을 체포하려 하자 칼을 휘둘렀다. 말고의 귀가 잘려 나갔다. 이에 대한 예수님의 말씀을 들어보자. "네 칼을 도로 칼집에 꽂으라 칼을 가지는 자는 다 칼로 망하느니라"(마 26:52b) 원수 갚는 것은 베드로가 할 일이 아니다. 예수님도 할 일이 아니었다. 하나님의 원수를 내가 갚겠다는 것은 하나님의 권한을 찬탈하는 월권행위가 아닌가?

자존심에 상처 입힌 사람을 원수로 여겨 갚으려는 사람이 있다. 아각 사람 하만이다. 그가 왕으로부터 신임을 받는다고 뻐긴다. 호화로운 마차를 타고 지나가면 사람들이 앞 다투어 다가와 절을 한다. 그런데 유독 유대인 모르드개는 꼿꼿이 서 있다. 하만의 기분이 몹시 상했다. 자존심이 상해 수치스러울 지경이다. 반드시 이 원수를 갚고야 말겠다. 원수를 갚기 위해 온갖 계략을 짜낸다. 무고도 일삼고, 없는 잘못도 만들어낸다. 왕의 명령에 복종하지 않았다는 그럴듯한 명분을 만들어낸다. 권력을 가진 사람의 속성이 대체로 그렇다. 권력을 유지하려는 방법이 대체로 원수를 만들어 처단하는 것이다.

역사가 원수 갚음의 악순환이다. 누구도 그 악순환을 끊으려 하는 사람이 없다. 와신상담(臥薪嘗膽)의 주인공 오왕(吳王) 부차(夫差)와 월왕(越王) 구천(勾踐)은 서로 원수를 갚기 위해 고생도 참고 견딘다. 구천은 복수를 위해 볏 섶에서 누워 자고 방 안에는 쓸개를 달아 두어 식사 전에는 쓸개를 핥으며 지냈다. 치욕은 반드시 갚아야 한다는 것이 일반적인 생각이다. 원수를 내 손으로 처단해야 한다. 오직 이에는 이, 눈에는 눈이다. 예수 믿는 사람이라 할지라도 예외는 아니다. 사랑도 사랑받을 사람에게만 한다. 사랑받을 가치가 없다면 사랑하려들지 않는다. 세상은 이러하다.

어쩌다 군계일학(群鷄一鶴)처럼 원수 갚음의 악순환을 끊어보려는 사람도 있다. 이 역시 비난받기는 매한가지이다. 원수를 목전에 두고도 원수 갚지 않음은 자기가 약하니까 현실 도피하는 것이라고…… 적반하장(賊反荷杖)식으로 반격하는 소리도 들린다. '당신만 착한 척하면 우리는 다 무지랭이들인가? 혹시 결벽증 아니야?' 비난의 강도가 높아지며 자신을 비난하는 사람이 새로운 원수로 등장한다. 이전의 원수는 잊고 새로운 타깃이 나타났다. 나는 원수를 향해 반박할 논리와 증거도 가졌다. 응징할 힘도 가지고 있다. 원수를 억지로 무릎을 꿀릴 권력도 가졌다. 그럼에도 하나님께서 갚으시기 원한다면 과연 비난받아야 옳은가? 악이 선을 향하여 비난하고 있는 세상은 구제불능 세상이라고 생각하지 않는가? 내가 나서서 정리해야 하지 않을까?

그럼에도 불구하고 악인의 착각과 맹렬한 무신론의 문제는 내가 갚아야 할 문제가 아니다. 신의 역할 문제도 내가 증명할 문제에 머물지 않는다. 존재를 증명하려다 어지러움만 드러내고, 역할을 설파하려다 자기 책임만 내세워 자기 발에 족쇄를 채운다. 어린 시절에는 따지고 들었다. 지금은 따진다는 것이 부질없음을 안다. 따지고 덤벼드는 것이 사실은 자신의 헛된 야욕의 산물임을 깨달았다. 오직 하나님께 아뢸 뿐이다. 내 말을 들어주실 분은 하나님이시기 때문이다. 남들이 말하는 현실도피가 아니다. 스스로 하나님을 찾아가 안식을 누리는 일이다. 결국 우리는 울분을 참고 하나님을 찾아 하나님의 위로를 경험한다.

시편 기자가 간구한다. 하나님이 갚으시기를 원한다. 그 갚으심의 방법이 특이하다. 하나님이 어떤 방법을 사용하여 직접 갚으시는 것이 아니다. 천사를 보내 칼로 치시지도 않는다. 하나님 대신 누구를 내세우지도 않는다. 악인들을 자기 꾀에 빠지게 하신다. "그들이 자기가 베푼 꾀에 빠지게 하소서"(2절b) 제 꾀에 넘어가면 남의 탓도 못한다. 탓한다 해도 수긍할 사람이 없다. 제 꾀가 실패로 돌아갔으니 이를 갈며 미워하는 원수도 없다. 원수가 없으니 살아갈 목표도 없다. 악인은 처절한 실패로 인한 허탈감만 남을 뿐이다. 수치스러움에 통곡하지만 수치의 원인이 자기에게 있는지도 깨닫지 못한다.

하나님은 살아계신다. 일어나신다. 손을 드신다. 가난한 사람을 잊지 아니하신다. "여호와여 일어나옵소서 하나님이여 손을 드옵소서 가난한 자들을 잊지 마옵소서"(12절) 악인은 하나님의 생각과 반대로 행한다. 하나님을 고의로 부정한다. 힘없는 하나님, 눈 먼 하나님으로 인식한다. 시인은 악인의 이런 행태에 울분이 치솟는다. "어찌하여 악인이 하나님을 멸시하여 그의 마음에 이르기를 주는 감찰하지 아니하리라 하나이까"(13절) 하나님은 반드시 악인의 말이 거짓임을 증명하셔야 한다. 하나님은 보고 계신다. 그리고 도와 주신다. 하나님이 붙들어 주신다. "주께서는 보셨나이다 주는 재앙과 원한을 감찰하시고 주의 손으로 갚으려 하시오니 외로운 자가 주를 의지하나이다 주는 벌써부터 고아를 도우시는 이시니이다"(14절) 하나님이 악한 자를 끝까지 추적하신다면 얼마나 좋을까? 하나님이 이 땅에서 악을 뿌리 채 뽑아내신다면 살맛이 날 것이다. "악인의 팔을 꺾으소서 악한 자의 악을 더 이상 찾아낼 수 없을 때까지 찾으소서"(15절) 뿌리가 뽑혔으니 다시는 악한 자의 자리가 없다. 의인을 무시하지도 가난한 사람을 멸시하거나 위협할 근거가 사라졌다. "세상에 속한 자가 다시는 위협하지 못하게 하시리이다"(18절b) 이로써 하나님은 악인을 깎아 내리고 당신의 영광을 만 천하에 알리신다. 하나님의 왕 되심을 스스로 드러내신다. "여호와께서는 영원무궁하도록 왕이시니 이방 나라들이 주의 땅에서 멸망하였나이다"(16절)

시인은 하나님이 겸손한 사람의 소원을 들으신다고 믿는다. 하나님이 겸손한 사람들의 말에 귀를 기울여 주시는 것은 당연하다. 하나님이 그들을 격려하신다. 용기를 주신다. "여호와여 주는 겸손한 자의 소원을 들으셨사오니 그들의 마음을 준비하시며 귀를 기울여 들으시고"(17절) 약자들은 자신들이 하나님의 보호를 받는다고 느낄 것이다. 그들은 하나님으로 인해 위로를 받을 것이다. 힘이 솟아나며 인생은 살만한 가치가 있다고 다시 생각하게 될 것이다. 하나님이 보호의 방법으로 악인의 악함을 갚으시기 때문이다. "고아와 압제 당하는 자를 위하여 심판하사"(18절a) 시인은 하나님이 인간 세상을 보고 계시며, 세상이 하나님의 뜻대로 행하실 것이라 믿는다.

심은 대로 거둔다

하만이 망했다. 모르드개를 매달려고 했던 그 장대에 자신이 매달렸다. 유대인들을 한 날 한 시에 몰살하려 했다가 오히려 열두 아들을 비롯한 자기의 모든 가족이 당했다. 자기가 만들어 놓은 그 덫에 자기가 걸려들었다. 제 꾀에 제가 빠진 것이다. 죽음을 심으려 하였으나 자기의 목숨을 열매로 거두었다. 하나님이 하만에게 갚으시되 철저히 죄를 갚으셨다. 그를 뿌리채 뽑아버리셨다. 하만의 후예는 이후로 역사의 무대에서 자취를 감춘다. 종족이 사라지고 말았다. 아말렉 사람들과 더불어 대대로 싸우시겠다는 하나님의 약속(출 17:16)이 성취되었다. 하나님이 아말렉의 씨앗을 말리셨고 승리하셨다.

하나님의 영원한 승리는 하만과 아말렉에게 갚으시는 것과 다르게 나타났다. 하나님은 원수 갚음의 악순환을 끊으시고 영원한 승리를 이루셨다. 예수님을 통해 끊으셨다. "또 네 이웃을 사랑하고 네 원수를 미워하라 하였다는 것을 너희가 들었으나 나는 너희에게 이르노니 너희 원수를 사랑하며 너희를 박해하는 자를 위하여 기도하라 이같이 한즉 하늘에 계신 너희 아버지의 아들이 되리니"(마 5:43~45a) 사랑할 가치 있는 사람만 사랑하는 것은 누구든지 할 수 있다. 사랑받을 가치가 없는 사람이라 할지라도 사랑해야 진짜 사랑하는 것이 아니겠는가? 하나님의 승리는 원수에게도 은혜를 비추셨다. "이는 하나님이 그 해를 악인과 선인에게 비추시며 비를 의로운 자와 불의한 자에게 내려주심이라"(마 5:45b)

목사가 성도들로부터 비난받을 수 있다. 목사가 잘못해서 비난받을 수도 있고, 성도가 오해하여 비난할 수도 있다. 게다가 자격 운운하는 시비까지 걸면 그 고통은 당해본 사람만이 알정도로 심히 아프다. 목사에게도 대응할만한 조건들이 있다. 말에나, 글에서나 밀리지 않는다. 얼마든지 누를 수 있는 권위도 있다. 스스로 치리하려고 속단할 수도 있다. 그러나 여기서 꼭 기억할 것이 있다. 단 한 번의 속 시원함이 목사를 영원토록 근심하게 할 수 있다. 하나 물리치려다 줄줄이 빼앗길 수 있다. 최선의 방법을 찾다가 주님 앞에 가서 "주님이 갚으세요. 갚으시려거든 용서로 갚아주세요"라고 기도한다. 스데반처럼, 예수님처럼.

하만은 자기 원수 만들어 제가 갚으려 했다. 가말리엘은 하나님이 갚을 것이라 했다. 스데반은 내 원수를 하나님이 용서로 갚아주시기를 기도했다. 이것이 세상 사람, 지식의 사람, 복음의 사람의 차이이다. 복음의 사람은 선으로 악을 이기는 힘을 구한다(롬 12:21). 하나님은 영원한 승리로 그를 용서하신다. 간악한 꾀보 사단도 여기에 맥을 못춘다. 원수를 용서하는 사랑 앞에 사단의 영역은 줄어드는 것이 당연하다. 용서의 갚으심을 보이신 하나님 앞에 원수 갚음을 조장하는 마귀는 꼬리를 내린 강아지 꼴이 된다.

피난의 영성과 롯

피난민 신세

롯이 다급해졌다. "이 성에 불이 떨어진단다. 서둘러라. 그렇지 않으면 다 죽는다. 죽기 싫으면 피하자" 그는 이미 천사의 예고를 들었다. 천사의 예고가 틀리지 않았다. 천사가 롯을 끌어낸다. 롯의 가족은 가재도구도 제대로 챙기지 못하고 급하게 피한다. 사윗감들은 롯의 말에 콧방귀만 뀔 뿐이다. 그들도 소돔 성 남자들이라 죄악에 오염되어 있었다. 마누라와 딸들은 가장이 피하니 어쩔 수 없이 따라온다.

"어이구 저 아까운 것들! 이제 우리 여기를 떠나면 어디로 간단 말이야? 무얼 먹고, 무얼 입고 살아. 이제 사는 재미가 없을 거야! 피땀 흘려 모은 돈, 아기자기 장식해 놓은 우리 집은 어찌될까? 불이 내려도 우리 집은 무사했으면 좋을 텐데. 아이고! 아까운 우리 살림!" 롯의 아내는 무의식적으로 고개를 돌렸다. 소돔 성을 바라보는 순간 그녀의 몸이 굳었다. 그녀는 소금기둥이 되고 말았다.

롯의 피난처는 급한 불만 피하면 되는 곳이었다. 불똥이 떨어지는 곳에서 되도록 멀리 떨어진 곳, 위험지역에서 벗어난 곳이면 된다. 롯의 피난처는 오직 자신의 몸을 위한 곳 작은 성 소알이었다. 소알에서 롯은 심각한 외로움을 겪는다. 딸들이 있지만 그의 외로움을 해소해주지 못한다. 오히려 딸들은 아버지를 술에 취하게 하고, 아버지와 성관계를 가졌다. 딸들이 낳은 아들은 모두 오염된 자손이요, 이스라엘 민족의 영원한 괴로움이 되었다.

몸이 안전하다고 정말 안전한 것은 아니다. 마음의 피난처가 있어야 안전하다. 영혼의 피난처가 있어야 안전하다. 롯은 마음의 피난처, 영적 피난처를 잘못 정했다. 애초에 롯에게는 소돔 성이 그의 피난처였다. 그러나 화려한 도시, 무엇이든 부족함이 없어 보이던 그 도시는 궁극적인 피난처가 아니었다. 소돔 성을 버리고 나올 수밖에 없었으니 말이다. 소알도 완전한 피난처가 아니었다. 그곳에서 딸들의 잔꾀로 치욕의 집안이 되고 말았으니 말이다.

무너지는 군상

무너지지 않을 것 같은 국제무역센터 쌍둥이 빌딩이 여객기를 이용한 테러로 무너졌다. 절대로 침몰하지 않는다던 타이타닉 호가 침몰했다. 절대로 흩어지지 말자고 다짐하며 바벨탑을 쌓는 인간들의 언어가 혼란해지고 탑을 쌓는 일이 중단되었다. 강대한 제국들이 줄줄이 무너졌다. 애굽, 앗수르, 바벨론 그리고 로마가 무너졌다. 흔적이 남아있으면 그나마 다행이다. 지금은 땅 속 깊은 곳으로 그들은 묻혀버렸고 이름만 뇌리에 남아있다.

사람이 세운 것들이 아무리 화려해도 영원하지 않다. 사람은 그것을 영원히 누릴 수 없다. 사람은 가고 흔적만 남는다. 그 옛날 어떻게 저토록 신비한 건축물을 만들 수 있었을까? 의아해하고, 입 벌려 놀라고 이리 저리 추측해도 그 신비함을 헤아리기 어렵다. 현대과학을 이용하여 과거의 사람들의 지혜를 정리하고, 그들의 혜안에 감탄하여도 분명한 사실 하나는 남는다. 그것을 만든 사람이 영원토록 누리지 못했다는 것이다.

천재지변 앞에는 인간의 온갖 업적이 물거품에 불과하다. 수백 수천 년을 걸쳐 세운 건축물도, 감히 신의 경지라고 자랑하는 건축물도 한 번의 회오리 앞에 흔적만 남긴 채 원형이 사라진다. 자연현상을 이겨보려는 모든 노력도 쉽지 않다. 여전히 남아있는 것 자체가 인류에게 행운이다. 앗수르는 쌓이는 먼지로 땅 속에 묻혔고, 폼페이는 화산폭발로 인해 묻혔다. 인간의 업적이 어쩌면 무너지라고 세우는 모양이다. 세상에 영원한 피난처가 없다.

월드컵 축구 개막전에서 이변이 일어났다. 전 대회 우승국에 세계최강이라고 자부하는 프랑스가 월드컵 처녀 출전국 세네갈에게 패배하였다. 비록 한 선수가 빠졌다고는 하지만 최강 프랑스가 무너졌다는 사실에 세계가 놀랐다. 프랑스의 아성도 영원할 수 없다. 이미 주전선수는 노쇠해가고, 선수들은 자만심에 빠졌었다. 그 결과는 개막전의 치욕이다. 그 어느 것도 영원한 것이 없다.

떠나는 사람들

전쟁이 있는 곳에 피난민이 생긴다. 기근과 한발로 인하여 피난민이 생긴다. 집을 떠났으니 고생이 이만 저만이 아니다. 먹을 것 걱정이 가장 앞선다. 위생상태가 안 좋으니 전염병도 돈다. 죄 없이 피난민 대열에 들어서서 고생하는 사람들을 보니 안쓰럽기가 한이 없다. 극심한 추위를 피해보고 싶으나 칼바람을 막아줄 피난처가 없다. 배고픔을 해결하려 하지만 양식을 찾을 수 없다.

죄짓고 피난하는 사람도 있다. 고문수사관은 5년 동안 도피행각을 벌였다. 수사관들의 손길이 닿지 않는 안전한 곳을 찾아 하루에도 몇 번씩 피난처를 옮겨야 한다. 동작 빠른 사람들은 외국으로 도망한다. 범죄인 인도조약만 없으면 영원토록 안전하다고 생각한다. 국내에서 돈을 보내주는 사람, 죄를 감추어주는 권력층들이 있으니 어떻게든 도망만 하면 된다. 남은 가족들을 보살펴 줄 사람이 있으니 걱정 안 해도 된다. 이 경우는 피난민이 아니라 도망자이다. 핸드폰을 열 개씩 사용해가며 도피행각을 해도 안전한 곳이 없다. 죄지은 사람이 숨을 곳은 어디에도 없다. 숨으려고 도망해도 언젠가는 발견된다.

전쟁도, 천재지변도 아닌데 집을 떠나는 사람이 있다. 죄를 짓고 도망하는 사람도 아닌데 집을 떠나는 사람이 있다. 무언가 새로운 인생을 설계하고 떠나는 사람이다. 스스로 인생을 설계하고 떠나는 탕자가 있다면 하나님 말씀에 무조건 순종하여 여행하는 아브라함도 있다. 탕자는 새로운 세계가 피난처였으나, 그 피난처는 실패를 경험하게 할 뿐이다. 아브라함이 가야할 미지의 세계는 영원한 피난처가 아니다. 미지의 세계로 인도하시는 여호와 하나님이 그의 피난처이시다.

사람의 피난처는 공간만이 아니다. 공간은 무너질 수 있다. 폐쇄될 수도 있다. 적으로부터 습격당할 수도 있다. 아무리 안전한 공간도 영원한 피난처는 아니다. 사람의 피난처는 마음의 쉼을 얻는 곳이어야 한다. 영적인 곳이어야 한다. 공간의 피난처에 연연하면 영적 피난처를 만나지 못한다. 난공불락의 요새를 지어놓고 피난처라고 하지만 하나님이 치시면 무너진다. 에돔 족속의 난공불락도 무너졌다. 지상에 피난처가 있을 것이라는 고정관념에서 떠나야 한다. 영적인 순례자가 되었을 때 비로소 영적인 피난처에 다다를 수 있다.

시편의 기자는 여호와 하나님이 자신의 피난처라고 믿는다. 그런데 사람들은 자신을 향하여 피난하라고 촉구한다. 시인은 이것이 이해되지 않는다. 이미 피난한 사람을 향하여 또 피하라고 하니 답답할 노릇이다. "내가 여호와께 피하였거늘 너희가 내 영혼에게 새 같이 네 산으로 도망하라 함은 어찌함인가"(1절) 사람들은 깊은 산을 피난처라고 생각한다. 그곳으로 숨으면 아무도 발견하지 못할 것이라 한다. 그렇다 사람은 못 찾는다. 그러나 하나님 눈에는 발견된다.

피난할 이유가 있다. 악인들이 존재하고, 악인들이 공격하기 때문이다. 악인들이란 다름 아닌 마음에 하나님을 두지 못한 사람들이다(롬 1:28). 악인들의 공격 루트가 다양하다. 육체적인 위협을 가해온다. 활과 화살을 쏘아댄다. 한 번만 맞아도 죽는다. 마음을 요란하게 만든다. 말로, 비난으로 의인의 마음을 어지럽힌다. "악인이 활을 당기고 화살을 시위에 먹임이여 마음이 바른 자를 어두운 데서 쏘려 하는도다"(2절) 하다 하다 안되면 의인의 터전을 파괴시킨다. 집을 잃고 땅을 잃으면 양심이고, 신앙이고, 하나님이고 다 내버리겠다고 타락선언하기를 기대하고서 말이다. "터가 무너지면 의인이 무엇을 하랴"(3절)

그러나 믿음은 여호와 하나님을 피난처로 삼는 것이다. 하나님이 피난처이신 이유가 있다. 하늘의 영광을 가지고 사람들과 성전에서 만나고 싶어 하시기 때문이다. "여호와께서는 그의 성전에 계시고 여호와의 보좌는 하늘에 있음이여"(4절 a) 하나님은 하늘 높은 곳에서 땅 아래 사는 사람들을 보고 계신다. 의인을 공격하는 악인도 보고 계시며, 공격당하는 의인도 보고 계신다. "그의 눈이 인생을 통촉하시고 그의 안목이 그들을 감찰하시도다"(4절 b) 그리고 하나님이 판단하신다. 하나님의 마음이 의인과 악인에게 다르게 나타난다. 의인에게는 살피시고 위로하셔도, 악인은 미워하신다. "여호와는 의인을 감찰하시고 악인과 폭력을 좋아하는 자를 마음에 미워하시도다"(5절) 시인은 하나님의 눈에 든 것을 기뻐하며 하나님이 피난처라고 자랑하고 다닌다.

악인을 향한 미움은 어떤 결과로 나타날까? 그것은 심판이다. 하나님이 악인이 가는 길에 비를 만나게 하신다. 길을 질퍽거리게 하시고 걷기에 힘들게 하신다. 불과 유황이 내리고 맹렬한 바람은 악인들의 거처를 통째로 태워버린다. 악인의 소득은 하루아침에 파괴시키는 현상들이다. "악인에게 그물을 던지시리니 불과 유황과 태우는 바람이 그들의 잔의 소득이 되리로다"(6절) 롯이 경험했던 심판이 사실은 악인들에게 주는 하나님의 선물이다.

악인에 대한 심판을 경험한 사람은 여호와 하나님이 피난처이심도 함께 경험한다. 악인의 행태를 따르는 것이 결국은 심판을 향한 길을 재촉하는 것이라면, 의를 따르는 것이야말로 하나님을 피난처로 삼는 일이다. 하나님은 당신을 피난처로 삼는 일을 향하여 좋아하신다. 그 자체가 의로운 일이다. 하나님이 의를 좋아하시고 복을 주시는 것이 당연하다. 하나님이 그를 향하여 하나님의 얼굴을 보여주신다. 하나님 품안에서만 하나님 얼굴을 뵈온다. 이것이 가장 큰 복이다. "여호와는 의로우사 의로운 일을 좋아하시나니 정직한 자는 그의 얼굴을 뵈오리로다"(7절) 시인은 주를 보는 것이 즐겁다.

피난처 있으니

구약성경의 곳곳에서 하나님을 피난처라고 노래한다. 시편을 보니 하나님을 피난처라고 직접적으로 표현하는 것이 15회 이상이나 된다. 이사야는 하나님을 피난처라고 믿는다. "폭풍 중에 피난처시며"(사 25:4) 예레미야가 하나님을 환난날의 피난처(렘 16:19), 재앙의 날에 피난처(렘 17:17)라고 선포한다. 요엘은 하나님을 백성의 피난처라고 믿는다(욜 3:16). 신앙의 사람 모두 하나님을 피난처라고 믿는다. 위기를 타개할 방법도, 고난을 극복하는 방법도, 압박에서의 해방도, 종이 자유를 얻는 것도 모두 하나님을 피난처로 삼을 때 가능하다.

찬송가에서도 하나님을 피난처라고 노래한다.

> 피난처 있으니 환난을 당한 자 이리 오라(1절)
> 만유 주 하나님 우리를 도우니 피난처요.(3절)
> 환난이 극하나 피난처 되시는 주 하나님(4절)
>
> (70장, 통일 79장)

> 험한 풍파 지나도록 순풍으로 도우사 평화로운 피난처에 길이 살게 하소서 만세 반석 열린 곳에 내가 편히 쉬리니 나의 반석 구주 예수 나를 숨겨 주소서 아멘(4절)
>
> (386장, 만세 반석 열린 곳에, 통일 439장)

> 피난처인 예수여 세상 물결 험할 때 크신 은혜 베푸사 나를 숨겨 주소서 주여 주여 나를 인도하소서 빠른 세상 살 동안 주여 인도하소서(2절)
>
> (401장, 주의 곁에 있을 때, 통일 457장)

이 외에도 419장(주 날개 밑 내가 편히 쉬네, 2절, 통일 478장), 369장(죄짐 맡은 우리 구주, 3절, 통일 487장) 등 하나님을 피난처로 노래하는 곳이 여러 곳 있다.

하나님은 우리를 향하여 당신이 피난처되심을 알리신다(시 48:3). 우리에게 하나님이 피난처되심을 믿게 하신다. 우리가 피난처이신 하나님을 믿는다면 어떻게 할까? 하나님께 피할 수밖에 없다. 그것이 믿음이요, 믿음에 따른 행동이다. 피난처이신 하나님 앞에 가서 나의 사정을 아뢰어야 한다. 나의 고통을 토로하고, 억울한 일은 호소하고, 기쁜 일일랑 자랑하게 된다. 어린 아이가 엄마에게 말하듯 피난처 하나님 앞에 어린 아이의 모습이 된다. 하나님 앞에서 감추는 것이 하나도 없이 마음에 있는 것을 모두 아뢸 수 있다. 피난처 하나님이 다 알고 계시는데 말하지 못할 것이 무엇이 있을까?

다윗이 사울의 위협을 피해 놉의 제사장 아히멜렉에게 피하였다(삼상 21:1). 제사장에게 피한다는 것은 제사장을 세우신 하나님에게 피한다는 것이다. 제사장이 머무는 장소 곧 성소로 피하는 것이다. 다윗의 피난은 단순히 안전한 장소만 찾아간 것이 아니다. 몸만 피하는 것이 아니라 마음도 함께 피하는 것이다. 하나님을 피난처로 삼고 하나님께 자신의 목숨을 의탁하는 절대적인 의존이었다. 롯의 피난과 대조되는 일이다.

위기가 찾아오면 도와줄 사람을 찾는가? 사람을 피난처로 만든다. 경제적 파탄의 위기에서 은행을 찾는가? 은행이 피난처인 셈이다. 천둥 번개가 치면, 안전한 건물로 피한다. 건물이 피난처이다. 지진이 나면 건물 밖으로 도망한다. 건물 밖이 피난처이다. 포탄이 비오듯 쏟아지는 전쟁터에서 방공호로 피한다. 방공호가 피난처이다. 사람도 돈도 필요하다. 안전한 장소도 필요하다. 그러나 그것은 궁극적인 피난처가 아니다. 여전히 불안에 떨고 있는데 과연 피난처일까? 불안해하지 않는 곳, 두려워하지 않는 곳 그곳이 곧 영원한 하나님의 품 안이다. 그곳에서 하나님의 보호를 경험한다. "하나님이여 나를 지켜 주소서 내가 주께 피하나이다"(시 16:1)

조언의 영성과 미가야

할 말은 하자

미가야는 듣기 싫은 말만 골라서 하는 사람이다. 특히 권력을 잡은 사람들에게 굽히지 않는다. 권력자의 오만과 편견 그리고 잘못을 과감히 지적한다. 물론 권력자에게 임할 심판을 예고하는 말도 거침없이 한다. 당연히 왕이 싫어할 수밖에 없다. 듣기 싫은 말을 하는 사람을 좋아할 사람이 없기 때문이다. 게다가 악한 것으로 치자면 타의 추종을 불허할 아합 왕이 미가야를 싫어하는 것은 당연하다. "그는 내게 대하여 길한 일은 예언하지 아니하고 흉한 일만 예언하기로 내가 그를 미워하나이다"(왕상 22:8)

북왕국 이스라엘과 남왕국 유다가 오랜만에 동맹을 맺었다. 두 나라가 아람을 상대로 전쟁을 일으켰다. 전쟁의 목적은 길르앗 라못이 본래 이스라엘의 영토이니 되찾자는 것이었다. 전쟁에 앞서서 두 나라 왕 – 이스라엘의 아합과 유다의 여호사밧은 과연 이 전쟁이 하나님의 뜻에 합당한지 알고 싶었다. 아합이 선지자 400명 가량을 모았다. 우리가 과연 길르앗 라못으로 가서 싸우는 것이 옳은지를 말해달라는 것이다. 400명이 무어라고 대답했을까? 이구동성으로 아합을 지지한다. "올라가소서 주께서 그 성읍을 왕의 손에 붙이시리이다"(왕상 22:6b)

그런데 유다왕 여호사밧은 왠지 신경이 쓰인다. 어째 400명이 똑같이 말하는 것을 보니 충신은 없는 것 같고, 간신배들만 득시글대는 것 같다. 아무도 왕 앞에 400명의 말을 의심할 수 없어도 여호사밧은 의심해 볼 수 있다. 그 역시 동족이요, 동맹국의 왕이기 때문이다. 여호사밧이 제안한다. "400명 외에 우리가 물을 만한 여호와의 선지자가 더 없습니까?" 물론 한 사람이 남았다. 그가 미가야이다. 그런데 미가야는 듣기 싫은 말만 골라서 하니 왕이 싫어하여 부르지도 않았다는 것이다. 그러나 여호사밧은 미가야 의 말도 듣고 싶으니 한 번 들어나 보기 원했다. 즉시 미가야가 호출되었다.

처음에 미가야는 400명과 똑같은 소리를 한다. 그동안의 행각과 전혀 다른 말을 하고 있다. 어안이 벙벙해진 아합은 진실을 말하라고 다그친다. 비로소 미가야는 속에 있는 생각을 털어놓는다. "내가 보니 온 이스라엘이 목자 없는 양같이 산에 흩어졌는데 여호와의 말씀이 이 무리가 주인이 없 으니 각각 평안히 그 집으로 돌아갈 것이니라 하셨나이다" 이 말을 듣고 아 합이 여호사밧에게 짜증을 낸다. "저것 보시오. 저 사람은 우리가 성공할 것이라는 말은 쏙 빼 놓고, 우리가 싫어하는 말로 실패한다고 말하지 않았 습니까?"

이어서 미가야가 천상회의가 열렸다고 말한다. 여호와 하나님이 아합을 길르앗 라못에서 죽게 하고 싶은데 어찌하면 좋겠느냐고 제안하셨다. 한 영이 나와서 스스로 아합을 꼬여보겠노라고 자청한다. 다른 영은 스스로 거짓말하는 영이 되어 선지자들의 입 속에 들어가 있겠다고 청한다. 하나 님이 허락하셨고, 그 결과가 지금 나타나고 있다. 미가야는 보는 대로 말한 다. 조언을 하려면 듣기 좋은 말만 하는 것이 아니라 하나님의 의도를 정확 히 전달해야 한다. 여호사밧은 이것을 듣고 싶다. 물론 말대로 행동하는 것 을 결코 아닐테지만 그래도 신앙인이라면 하나님의 뜻을 알고 싶어하는 것 이 당연하다.

조언하는 사람

거짓 선지자 중에 한 사람 시드기야는 미가야의 뺨을 때려가며 "하나님의 영이 나를 떠나 어디로 갔겠느냐?"고 호통친다. 시드기야의 말의 의미는 '너만 하나님의 뜻을 말하는 것이 아니라 나도 하나님의 뜻을 말하고, 너만 하나님으로부터 들은 것이 아니라 나도 하나님으로부터 들었다' 는 의미이다. 시드기야는 하나님의 뜻을, 하나님의 말씀을 빙자하여 아합 왕이 듣고자 하는 말을 한다. 시드기야에게 있어서 중요한 것은 하나님의 의도가 아니다. 왕이 듣고 좋아하느냐 아니냐였다. 미가야가 시드기야에게 말한다. "네가 골방에 들어가서 숨는 그 날에 보리라"(왕상 22:25b)

대통령이 신임하는 한 사람이 있다. 대통령은 그의 말만을 믿고 그의 조언을 듣는다. 그가 어떤 폭언과 난동을 일으켰어도, 대통령의 신뢰가 사라지지 않는다. 이 사람 저 사람 곁에 두었어도 그만 못하다는 생각을 하게 된다. 대통령의 의중을 정확히 짚어내고, 대통령이 듣고 싶은 말을 하는데 뛰어나기 때문이다. 한 사람 때문에 대통령의 판단이 흐려진다고 주변에서 아우성이다. 이상한 일들이 벌어지면 그에 대한 원인이 모두 측근이라는 한 사람에게만 쏠린다. 측근의 조언이 잘못되었기 때문이라고 몰아세운다.

측근 한 사람이 미가야같은 사람인지, 400명의 선지자와 같은 사람인지의 판단은 여기서 할 일이 아니다. 다만 조언자에 대한 대통령의 신뢰와 주변인들의 신뢰가 다르게 나타날 수 있다. 대통령이 신뢰하여도 주변 사람이 신뢰하지 않을 수 있다. 대통령은 싫지만 주변 사람들이 좋아하고 추천하니 어쩔 수 없이 곁에 가까이 둘 수도 있다. 대통령이나 주변 사람이나 다같이 좋아하면 금상첨화일테지만. 그러나 조언자의 조언에 대하여 하나님께서 어떻게 보실까 생각한다면 지나친 논리비약일까?

아합 왕은 미가야를 옥에 가두라고 명한다. 내가 평안히 돌아올 때까지 고생시키라고 한다. 미가야가 먹을 양식은 고생의 떡이요, 그가 마실 물은 고생의 물이다(왕상 22:27). 아합 왕이야 돌아올 줄로 생각하지만 그것은 자신의 희망사항일 뿐이다. 전쟁터에서 돌아온다는 보장은 누구에게도 없다. 전쟁터에 나가려면 유서 써 놓고, 집안 살림 정리하고 나가는 것이 더 합당하다. 하나님의 뜻과는 상관없이 자기가 전쟁에서 승리하고 돌아온다고 착각하는 것은 떡 줄 사람 생각도 않는데 김칫국부터 마시는 것 아닐까? "너는 내일 일을 자랑하지 말라 하루 동안에 무슨 일이 일어날는지 네가 알 수 없음이니라"(잠 27:1)

말속에 담긴 마음

사람의 조언은 항상 진실이라고 생각할 수 없다. 항상 진실은 오직 하나님의 조언, 하나님의 사람의 조언이다. 언제나 진실하지 않다. 시드기야를 비롯한 사백 명의 말이 진실이 아니다. 그것은 그들의 희망사항일 뿐이다. 희망사항이 언제나 진실이 아니다. 왕이 좋아할 만한 말도 언제나 진실이 아니다. 그럼에도 듣기 좋은 말만 한다. 어떻게든 왕의 신임을 얻어 보고자 하는 치졸한 야욕 때문이다. 자신의 야욕이 국가의 운명의 좌우할 수 있다.

오히려 한 사람 미가야의 말이 진실이다. 미가야가 감옥에 갇히면서도 아합 왕에게 조언한다. "왕이 참으로 평안히 돌아오시게 될진대 여호와께서 나를 통하여 말씀하지 아니하셨으리이다"(왕상 22:28a) 미가야는 자신의 야욕보다 하나님의 생각이 더 중요하다. 미가야가 핍박받을 각오로 감옥에 갇히는 순간에도 자신에게 당할 육신의 고통이 뻔히 보임에도 양보하지 않았다. 왕과 온 백성의 희망사항이나 자신의 안위보다 더 중요한 것은 하나님이 의도하신 바이다.

미가야가 한 번 더 못 밖아 놓는다. "너희 백성들아 다 들을지어다" 멸망을 예언하면서 이렇듯 자신감으로 똘똘 뭉쳐 있는 사람 보기 어렵다. 불행을 예고하면서도 당당하게 말하는 사람을 찾기 어렵다. 조언은 나를 위한 것이 아니라. 상대방을 위한 것이다. 진정으로 상대방을 위할진대 위축될 것이 없다. 상대방의 안전을 염려하는 것이므로 비굴해 보이지도 않는다. 자신을 위한 조언, 자신에게 눈도장이 돌아오게 하는 조언은 잠시 권력을 가질 수도 있다. 그러나 불의한 조언은 반드시 역사의 심판을 받을 것이다.

왕이 자신을 위하여, 백성들을 위하여 진실로 조언할 사람을 두지 못하였다면 매우 불행한 사태이다. 이미 왕의 판단력이 흐려졌으므로, 이미 왕에게 편경(偏傾)이 생겼으므로 그런 사람이 모여든다. 난세에 간신배가 득시글대는 것이 틀린 말이 아니다. 난세를 평정하는 것은 수많은 간신배가 아니라 정의와 평화를 사랑하는 소수 혹은 한 사람이다. 자신의 진실한 마음을 말로 드러낼 수 있다면 그것이 비록 핍박을 받는다 할지라도 그 용기와 진실을 칭찬 받아야하지 않을까?

시편의 영성

다윗은 듣고 싶은 말보다는 바른 말을 듣고 싶다. 바른 말을 한다 할지라도 백성을 위한 의도보다는 자신의 영달을 위한 의도대로 말하는 사람도 있다. 내 말이 왕에게 통하면 백성들이 나를 인정하고 내게 와서 줄을 대려 할 것 아닌가 하는 흑심을 품고서 바른 말을 한다. 요압이 대표적인 사람이다. 권력이 강해질수록 주변에 경건한 사람, 충실한 사람이 점점 사라져 간다. 사람이 오염되기도 하고, 진실한 사람은 떠나기도 한다. "여호와여 도우소서 경건한 자가 끊어지며 충실한 자들이 인생 중에 없어지나이다"(1절) 왕의 귀에 들리는 말이 진실과는 거리가 멀다. "그들이 이웃에게 각기 거짓을 말함이여 아첨하는 입술과 두 마음으로 말하는도다"(2절)

조언을 한다지만 조언 받는 사람의 입장이나 백성의 입장이 아닌 자신의 입장만 내세운다면 그것은 조언이 아니라 압력이다. 그런 사람은 상대방의 마음을 이해하기 보다 자신의 주장만 일방적으로 몰아세운다. 그들은 자신이 하고 싶은 말을 하는데 무슨 상관이냐는 식으로 자신을 합리화한다. "그들이 말하기를 우리의 혀가 이기리라 우리 입술은 우리 것이니 우리를 주관할 자 누구리요 함이로다"(4절) 듣는 사람이 그들의 말을 일일이 반박할 수 없다. 피곤하기만 할 뿐이고 쓸데없는 논쟁에 휩싸일 뿐이다. 이 일을 정리하실 분은 오직 하나님이시다. 하나님이 그들의 입을 닫아주시기만을 간구할 뿐이다. "여호와께서 모든 아첨하는 입술과 자랑하는 혀를 끊으시리니"(3절) 사람을 다 믿을 수 없다. 사람의 말도 다 믿을 수 없다. 엉큼한 속셈을 어찌다 알 수 있을까? 주변에 있는 사람, 오랫동안 사귄 사람, 함께 고생하고 함께 영화를 누리는 사람을 믿을 수 없으니, 꼭 믿어야 할 것을 찾게 된다. 그것이 무엇일까? 주님의 말씀뿐이다. 사람은 거짓이 섞여 있으나 주님께는 거짓이 전혀 없다. 주님의 말씀은 순결함 그 자체이다. 이 세상 어디에서도 주님의 말씀처럼 순결한 말씀을 들을 수 없다. 순결한 말씀이라 해서 아무도 변화시킬 수 없는 약한 말씀이 아니다. 그 말씀은 강하다. 그 말씀에 사람이 변한다. 악인이 변하여 의인이 되고, 약한 자가 변하여 강한 자가 된다. "여호와의 말씀은 순결함이여 흙 도가니에 일곱 번 단련한 은 같도다"(6절) 욕심과 아집으로 가득한 사람은 말로 다른 이에게 상처를 준다. 친구라며 위해주는 척 하지만 실제로 마음속에는 원수로 생각하며 상처를 줄 궁리를 한다. 상처받은 마음을 토로하면 오히려 상처받은 것 자체를 죄악시하는 사람도 있다. "비열함이 인생 중에 높임을 받는 때에 악인들이 곳곳에서 날뛰는도다"(8절) 이 세상의 모양이 도움 받는 사람은 비굴해지고 도움을 준다는 사람은 어깨와 목에 잔뜩 힘을 주는 세상이지 않는가? 조언한답시고 하는 말이 위로보다는 아픔을 가져다 주는 것이 현실이다. 위로는 주님으로부터 온다. "여호와의 말씀에 가련한 자들의 눌림과 궁핍한 자들의 탄식으로 말미암아 내가 이제 일어나 그를 그가 원하는 안전한 지대에 두리라 하시도다"(5절)

바른 조언을 들으면

길르앗 라못으로 전진하는 두 나라 군대는 어떤 결과를 얻었을까? 아합과 여호사밧은 나름대로 전략을 세웠다. 이스라엘 왕은 병사로 변장하고, 유다 왕은 왕복을 입었다. 둘이 똑같이 병사들 속에 섞였다. 그러나 그들의 전략은 허를 찔렸다. 아람 왕의 전쟁의 전술이 더 뛰어 났다. 병사들을 공격하지 말고 이스라엘 왕만 집중적으로 공격하라고 명령을 내린다. 당연히 왕복을 입은 여호사밧이 표적이 되었다. 두려움에 사로잡힌 여호사밧이 악을 쓰며 도망한다. 대상이 이스라엘 왕이 아님을 알게 된 아람 군대가 공격을 그친다. 아람 병사가 이스라엘을 향해 쏘는 화살이 이스라엘 왕이 맞았다. 왕은 병사들 틈에서 아람 군대를 막다가 많은 출혈로 인해 사망한다. 유다 왕은 패전의 멍에를 쓴 채 자기 나라로 돌아갔다.

미가야를 가둔 아합은 길에서 죽었고, 미가야의 말을 외면한 여호사밧은 패전하였다. 둘 다 들어야 할 말을 듣지 않았기 때문이다. 한 가지 의문이 생긴다. 여호사밧이 살았다는 것이 이상하다. 혹시 400명의 거짓 선지자들의 말을 의심했다는 것이 그에게 목숨이라도 보존할 수 있었던 이유가 아닐까? 아합 왕이 싫어함에도 불구하고 구태여 미가야의 말을 들어보고자 했던 여호사밧의 됨됨이가 하나님이 그의 목숨이라도 부지시키신 이유라고 생각하면 결정론적인 생각이라고 지탄이나 받지는 않을까? 그렇다고 결정론 외에 달리 여호사밧의 생존 이유를 설명할 다른 방법을 찾을 수 없을 것 같다.

왕의 선함과 악함이 자신의 운명으로 결정난 것으로 이 일은 끝나지 않는다. 그 일은 백성들의 운명도 결정한다. 나라의 운명도 결정한다. 역사도 결정한다. 그러므로 왕의 곁에 선한 자가 필요하다. 선한 자가 많을수록 왕은 선을 행하게 된다. 반대로 왕은 선하면 그 곁에 선한 사람들이 모인다. 왕이 악하면 그 곁에 악한 자들이 모인다. 악한 자들은 왕을 더 악하게 만

든다. 왕의 악함으로 인해 수많은 사람이 고통당하며 상처받아 눈물 흘린
다. "왕 앞에서 악한 자를 제하라 그리하면 그의 왕위가 의로 말미암아 견
고히 서리라"(잠 25:5) 그래서 왕이 중요하고, 그 옆에서 조언하는 사람들이
중요하다.

　조언은 나를 위한 것이 아니라 상대방을 위한 것이다. 조언으로 인해 좋
아지는 쪽은 상대방이다. 나는 덩달아 올라갈 뿐이다. 조언의 자원은 하나
님의 말씀이다. 비록 조언의 내용이 사람에게 쓴 소리요, 조언을 받는 사람
의 감정과 비위를 거스리는 경우라 할지라도 그것이 하나님의 말씀이면 거
침없이 나와야 한다. 조언하는 사람은 조언으로 인해 고난 당해도 하나님
말씀 때문에 굽히지 않는다. 시편 기자는 이런 사람을 만나고 싶다. 이런
사람에게 영원한 축복이 있을 것이다. 조언 받는 사람이나 조언하는 사람
이나 동일한 축복이 나타날 것이다. "여호와여 그들을 지키사 이 세대로부
터 영원까지 보존하시리이다"(7절)

시편 13편
뷈의 영성과 야곱

절박함

야곱이 혼자 남았다. 가족들과 가축 떼들을 먼저 강 건너로 보내고 적막 감 속에 혼자 비지땀을 흘리고 있다. 형님과의 해묵은 원한을 풀기는 풀어야 할텐데 도대체 풀 방법이 생각나지 않는다. 내가 푼다고 해봤자 형이 풀지 않으면 소용이 없다. 내가 잘못했다고 무릎 꿇고 빌어도 형이 용서해주지 않는다면 그동안의 모든 수고가 허사로 돌아간다. 해 묵은 감정 때문에 형이 자신의 물건도 빼앗고, 자신의 목숨마저도 빼앗는다면 그동안의 모든 수고와 집착이 모두 물거품이 될 것이다.

야곱이 얼마나 소유에 집착했던가? 팥죽 한 그릇에 장자권을 빼앗다시피 하였고, 눈먼 아버지를 속여 형에게 돌아갈 축복을 가로챘었다. 형의 분노를 피해 밧단아람에 가서도 평안하지 못했다. 외삼촌 눈치를 봐가며 일에만 매달렸다. 야곱은 외삼촌의 억지를 참아가며 14년 동안이나 일했다. 사랑하는 여인을 얻기 위해 7년을 수일같이 여기며 일했다. 야곱의 재산이 늘어날 때 외사촌들의 질시가 대단했다. 하나님이 야곱을 외면하시는 것 같은 생각이 들 수밖에 없다. 그도 그럴 것이 하는 일마다 고난의 연속이기 때문이다.

외삼촌 집을 천신만고 끝에 빠져나오기는 했으나 지금 얍복 나루에서 또 한 번의 위기를 만난다. 이제 해 묶은 감정을 풀어야 할 때가 왔다. 감정을 푸는 것이 그의 인생에 있어서 최대 고비 같다. 이 고비만 넘기면 된다. 이 고비를 넘기는 일에 사랑하는 아내도, 10명의 아들들도 아무런 도움이 되지 않는다. 야곱이 스스로 자초했던 일이니 야곱이 스스로 풀어야 한다. 결자해지의 심정으로 임할 수밖에 없다. 야곱은 자신과의 싸움을 시작한다. 내면에서 꿈틀거리는 분노와 억울함, 두려움을 몰아내고 싶다. 그런데 이상한 것은 자신과의 싸움이 어느 새 하나님과의 씨름으로 바뀌어 있었다.

야곱은 밧단아람으로 가면서 하나님을 만난다. 꿈속에서 하늘로부터 사다리가 땅에 잇대어 있고, 천사들이 사다리를 타고 오르락 내리락하는 꿈을 꾸었다. 꿈에서 깬 야곱은 단을 쌓고 감사의 서원을 한다. 평안히 돌아오게 되면 십일조를 드리겠노라고 말이다. 20년이 지난 후 외삼촌 집을 나오며 그는 하나님을 만났다. 고향으로 돌아가는 길을 지켜주실 것이라는 약속이다. 지금 얍복 나루에서도 하나님을 만나야 한다. 고향 길을 지켜주시는 하나님이시니 이 고비를 넘기게도 해 주실 것이다.

쓴 뿌리

해 묵은 감정이 사람의 인생을 결정할 수 없다. 그럼에도 사람은 해 묵은 감정에 의해 지배를 받는다. 사람은 해 묵은 감정을 끄집어내어 다른 사람들의 잔잔한 마음에 돌팔매질을 할 뿐이다. 포틀랜드 전쟁을 했으면 그것으로 끝난 것이지, 왜 축구하는 일에 가져다 붙이는지 모를 노릇이다. 과거의 전쟁을 들먹이면 축구선수들이 전의를 불태우고, 응원단도 죽을힘을 다해 목청을 돋운다. 축구가 영토 확장 싸움의 연장이라도 된다는 말인가? 기자라는 친구들은 악연만 골라서 알려주고, 싸움 붙인다. 기자의 보도를 아무렇지도 않게 받아들이는 우리는 어떤가? 제 삼자나 당사자나 모두 기사에 아무런 비판도 없이 동의하고 있을 뿐이다.

반드시 이겨야 한다. 이긴 팀의 선수들과 감독은 온 국민으로부터 영웅 대접을 받는다. 이기는 것이 온 국민들에게 삶의 즐거움을 주기 때문이다. 그런데 이겨야 하는 것이 과거의 감정 때문이라는데 문제가 있다. 승리로 인해 쓴 뿌리가 제거될 것이라 착각한다. 우리 선수들은 어떤가? 국민들이 이구동성으로 말한다. "다른 나라에게는 다 져도 일본에게만은 지면 안 된다. 일본 놈들은 모조리 쓸어버려야 한다." 이런 표현은 적개심이 지나쳐 살기(殺氣)까지 느끼게 한다. 선수들도 덩달아 역적이 되기 싫어 죽을 각오로 뛴다. 물론 승리는 좋은 것이다. 선수들의 승리가 국민들을 살맛나게 한다. 그런데 왜 하필이면 특정국가에게 만이라는 단서가 붙는가? 해 묵은 감정을 쓸어내 보고 싶기 때문이다. 그러나 한번 이겼다고 감정이 해소되지 않는다. 앞으로도 계속 이겨야 한다. 이기고 또 이겨도 마음속에 감정이 남아있다.

축구 경기에 조커로 뛰는 한국선수가 미국과의 경기에서 헤딩슛으로 골을 넣었다. 골 세레모니는 자못 세계의 이목을 자아낸다. 스케이팅을 하는 모습이다. 뒤에 있는 선수는 오노의 할리우드 액션을 보여준다. 많은 국민들이 시원하다고 생각한다. 매스컴과 외신은 한국과 미국에 동계올림픽 때의 금메달 감정 때문이라고 평가한다. 정작 골 세레머니 당사자는 전혀 다른 말을 한다. "이 세레머니로 인해 양국의 해묵은 감정이 사라졌으면 좋겠다" 이런 의도와는 달리 대부분의 사람들은 우리가 빼앗겼으니 너희도 창피 당해보라는 식으로 대처한다. 쓴 뿌리를 캐내기 싫은 모양이다. 통쾌하게 이겨도 과거에 당한 기억은 여전히 남을 것이다. 나만 남는가? 내게서 아픔을 당한 사람도 남을 것이다. 어느 한 쪽에서 캐내지 않으면 양쪽 모두 쓴 뿌리가 남는다.

그런데 쓴 뿌리를 캐내는 것은 전혀 예상하지 못했던 곳에서 나온다. 우리의 포르투갈 전 승리로 인해 미국이 어부지리를 얻었다. 한국이 우승후보 포르투갈을 격침시킬 때, 미국은 폴란드에게 어이없이 무너졌다. 미국은 경기에서 지며 조마조마하고 있었다. 한국의 승리로 인해 미국이 뒷문으로 월드컵 16강에 올랐다. 미국 사람들은 한국 사람들에게 고마워해야 한다고 입을 모아 말한다. 쓴 뿌리는 받은 대로 갚아주어 뽑히는 것이 아니라, 받은 것과 전혀 다른 이득을 나누어줄 때 뽑힌다. 이처럼 쓴 뿌리를 캐내는 나눔이 어디서 나올까? 바로 하나님을 뵈옵는 경험에서부터 나온다.

과연 하나님이 모르실까

고통은 당해본 사람만이 안다. 남들이 위로하면 당신은 이런 고통 안 당하니까 내 심정을 모를 것이라며 위로하는 사람에게 반격을 가한다. 너도 한번 나처럼 당해봐라 입에서 욕이 나오지 않으려나. 너나 나나 다른 것 없다는 식으로 공격을 가한다. 그렇다 사람 마음을 어찌 사람이 다 알아주는가? 아무리 똑같은 경험을 했다고 한들 생각이 다르고, 현재의 처지가 다른데 남의 심정을 다 알아줄 수 있을까? 어렴풋이 짐작하는 것이고, 고통당하는 사람은 위로하는 사람의 고통스러운 과거로 인하여 힘을 얻을 뿐이다.

사실 내가 당하는 고통을 남이 모르는 것이 사실이다. 심지어는 가족들도 모른다. 살을 맞대고 사는 부부도 알지 못한다. 그러나 부모도 심정을 몰라주고, 자식도 그 심정 몰라준다면 그야말로 절망이다. 살이라도 떼어줄 것 같은 친구도 내 심정 몰라주면 죽고 싶은 심정일 것이다. 말해 주어도 모른다면 말하지 않고 침묵할 때는 더 몰라준다. 과거에 잘 나가던 시절이 모두 소용이 없다. 지금 이 고통당하자고 지난 시절 그렇게 아등바등 살았는지 후회스럽다. 지금 야곱이 바로 그런 심정이다.

사람이 알아준다고 다 위로가 될까? 그렇지 않다. 그럼에도 사람은 남들이 알아주기를 바라고 있다. 뾰족한 대책도 없는데, 사람이 알아주면 될 것이라고 착각한다. 물론 그렇다. 나와 감정이 있는 사람이 알아주고, 풀어주면 된다. 그러나 그것은 상상도 할 수 없는 일이다. 쓴 뿌리를 가진 사람이 먼저 그 뿌리를 캐낸다는 것이 얼마나 어려운 일인가? 자기 심장을 도려내는 아픔을 먼저 겪으려 하지 않는다. 내가 하기 싫은 것을 남에게 하라는 것 자체가 이기적인 발상일 뿐이다. 결국 나의 당하는 고통을 하나님이 알아주셔야 한다. 하나님이 알아주시면 나에게 쓴 뿌리를 가진 사람의 마음을 하나님이 녹이신다.

지금 야곱은 이런 과정을 겪고있다. 얍복 나루에 혼자 남은 야곱에게 하나님이 찾아오셨다. 하나님이 야곱의 절망을 잘 알고 계시기 때문이다. 야곱이 하나님을 놓지 않는다. 환도뼈가 부러지는 고통을 겪어도 하나님을 놓지 않는다. 그에게 환도뼈가 부러지는 아픔보다 쓴 뿌리를 캐내는 아픔이 더하다. 결국 야곱은 하나님으로부터 이스라엘이라는 축복을 얻어냈다. 하나님과 겨루어 이겼다는 것이다. 하나님으로부터 축복을 받은 야곱은 하나님을 깊이 체험하였다. 그리고 그곳 이름을 브니엘(פְּנוּאֵל)이라 불렀다. 하나님을 대면하여 뵈었고 비록 환도뼈가 부러졌어도 이제 살아났다는 것이다. 하나님을 뵈는 것이 절망으로부터 희망을 건져내는 단 한가지의 방법이다.

시편의 영성

다윗을 괴롭히는 사람들이 많다. 괴롭히는 도구는 다름 아닌 말이다. 하나님의 형상들과 선한 대화의 도구로 쓰이라고 주어진 입이 사람을 괴롭히고 상처를 주는 도구로 전락했다. 다윗의 귀에 들리는 소리가 대부분 마음에 아픔을 가져다주는 소리이다. 이런 소리를 자주 듣다 보니 다윗의 중심이 흔들린다. 그의 믿음마저도 흔들린다. 마치 하나님이 자기를 모르고 계시는 듯한 착각 속에 빠진다. 하나님이 자기를 외면하시는 것 같다. "여호

와여 어느 때까지니이까 나를 영원히 잊으시나이까 주의 얼굴을 나에게서 어느 때까지 숨기시겠나이까"(1절)

다윗은 영적 침체에 빠졌다. 하루 종일 근심이 떠나지 않는다. 그의 근심이 끝이 있다면 그래도 희망을 가질 텐데 끝이 없어 보인다. 절망의 바다에서 허우적거리는 것 같고, 흑암의 나락에 빠진 것 같은 느낌이다. 다윗을 미워하는 사람들, 다윗의 원수들이 다윗을 공격하는 것이 마치 하나님이 시키신 것이 아닌가 하는 착각도 든다. 자신이 무엇인가 해결해 보려 하지만 상황은 점점 더 꼬여만 가고 어려워져 간다. "나의 영혼이 번민하고 종일토록 마음에 근심하기를 어느 때까지 하오며 내 원수가 나를 치며 자랑하기를 어느 때까지 하리이까"(2절)

다윗이 두려움에 빠졌다. 이대로 가다가는 영영 회복 불능의 상태로 빠질지도 모른다. 자신의 회복 불능이 자신만의 불행이라면 다행이련만, 불의한 사람이 득세하고 큰 소리 치게 될까 조바심이 난다. 한 번 이러고 나면 악한 사람들이 얼마나 큰소리치며 살까? '거봐라 믿는다고 살아도 별 볼 일 없다. 정의롭게 살아도 저렇게 빌어먹고 사는 것을 봐라. 세상은 이렇게 사는 거야. 대충 둥글게 살아도 돼!' "두렵건대 내가 사망의 잠을 잘까 하오며 두렵건대 나의 원수가 이르기를 내가 그를 이겼다 할까 하오며 내가 흔들릴 때에 나의 대적들이 기뻐할까 하나이다"(3b~4절)

이런 이상한 사태가 벌어지지 않기 위해서 하나님이 응답하셔야 한다. "여호와 내 하나님이여 나를 생각하사 응답하시고 나의 눈을 밝히소서"(3절 a) 하나님의 응답이란 다름 아니라 하나님의 얼굴을 믿는 자에게 보여주는 것이다. 반대로 말하면 믿는 자가 하나님의 얼굴을 보는 것이다. 신앙인은 이것을 믿는다. 주님이 당신의 얼굴을 보여주시는 것은 그분의 인자하심 때문이다. 주님의 얼굴을 뵈옵는 것 자체가 구원이다. 이것이 신앙인의 기쁨이다. "나는 오직 주의 사랑을 의지하였사오니 나의 마음은 주의 구원을 기뻐하리이다"(5절)

뵘의 축복

야곱이 하나님을 만났다. 사실은 하나님이 그에게 내려오신 것이었다. 하나님이 야곱의 절박함을 아셨고, 그의 목마름을 시원하게 풀어주셨다. 야곱은 하나님의 군대를 만났고(창 32:2) 씨름하여 이겼다. 하나님이 힘이 약해서 야곱에게 져 주셨을까? 그것이 아니다. 하나님이 능력이 없어서 야곱의 소원을 다 들어주시는가? 그것도 아니다. 하나님이 야곱의 심정을 알고 계셨기 때문이다. 지렁이처럼 약아빠진 야곱을 하나님께서 덕을 베푸셨기 때문이다. "내가 여호와를 찬송하리니 이는 주께서 내게 은덕을 베푸심이로다"(6절)

하나님이 야곱같은 얌체도 대우해 주셨다는 것이 놀랍다. 겉으로는 깨끗하고 거룩한 척 하지만 내면의 불신과 의심, 분노와 염려로 가득한 사람도 대우하셨다는 것이 놀랍다. 하나님이 대우하시는 것이 곧 하나님의 모습을 드러내시는 것이다. 하나님이 얼굴로 우리를 마주하셨다. 감히 우러러 뵐 수 없는 그 얼굴을 하나님이 보여 주셨다. 누구든지 하나님의 얼굴만 뵈면 죽는다고 생각했는데, 죽지 않고 영원히 사는 방법으로 당신의 얼굴을 보여주셨다. 뵘이 축복이다.

하나님이 야곱의 해묵은 감정을 해소시켜 주셨다. 아니 하나님이 먼저 에서에게 해묵은 감정을 잊어버리게 하셨다. 괴롭힌 사람은 잊지 못해도 당한 사람은 잊는다고 했던가? 괴롭힌 사람은 언젠가 자기가 행한 것처럼 당할 것이라는 불안이 있다. 그러나 당한 사람은 또 다시 당할 것보다는 차라리 용서하자는 생각을 가진다. 에서가 야곱을 보자마자 친밀감을 표시한다. 야곱을 포옹하고 운다. 정신을 차린 후에는 야곱을 안내하겠다고 제안한다. 이미 하나님이 다 해결해 놓으셨는데, 야곱이 공연히 떨고 있었는지도 모른다.

괴롭힌 사람이나 당한 사람이나 해묵은 감정을 해소시키는 방법은 단한가지이다. 하나님을 뵈는 것이다. 하나님을 뵈면 이미 해묵은 감정까지 사라지게 하신 하나님을 경험한다. 괴롭히는 소리, 영적 침체에 빠진 자기 감정, 두려움에 떨고 있는 심령, 절망에서 헤매는 영혼이 치유된다. 배신당한 아픔, 죽이고야 말겠다는 분노, 받은 대로 갚아주겠다는 혹은 받은 것보다 일곱 배로 되돌려주겠다는 앙갚음도 사라진다. 그 모든 고통을 알아주시는 하나님의 얼굴을 보았기 때문이다. 이처럼 하나님의 얼굴을 뵈면 모든 것이 해결된다.

명철의 영성과 엘리의 두 아들

두 아들

제사장 엘리에게는 골칫거리가 있다. 두 아들 홉니와 비느하스이다. 제사장의 아들로서 몸가짐을 조심해야 할 것이 당연한데, 그들은 그렇지 못하다. 늘 방종과 만용을 일삼는다. 두 아들이 악한 일을 골라가며 즐긴다. 그들은 여호와 하나님께 드리는 제사를 멸시한다(삼상 2:17). 하나님께 드리는 것보다 자기들의 배불리는 것을 우선으로 한다. 제사 음식 중에 좋은 것을 자기들이 먼저 골라 취한다. 심지어는 하나님은 삶은 고기를 싫어하신다고 우겨대며 날고기를 내놓으라고 사람들에게 억지를 부린다. 내놓지 않으면 빼앗겠다는 위협도 서슴지 않는다. 그야말로 제사장이 아니라 폭력배요, 협잡꾼이다.

게다가 그들은 성소를 중요하게 여기지 않는다. 회막문에서 봉사하는 여인들을 범하였다. 두 아들은 제사에 관심이 있는 것이 아니라 욕망을 채우는 일에 더 큰 관심이 있었다. 물건을 빼돌리는 것만으로도 모자라 정욕을 채운다. 시쳇말로 염불보다 잿밥에 관심을 두고 있는 꼴이다. 두 아들의 성적(性的) 비행은 당시 가나안 토속문화에서나 볼 수 있던 것들이었다. 가나안 토속종교에서 이런 일은 비일비재하며 정당하다고 인정받았다. 가나안은 남성 우위의 사회로 남성 중심의 폭력이 정당화되는 사회였다. 두 아들은 지금 하나님께 드리는 제사와 우상종교를 혼동하고 있다.

이런 두 아들을 향하여 성경은 불량자요, 하나님을 알지 못하는 자라고 평가한다(삼상 2:12). 하나님의 제사의 시중을 들어도 그들은 하나님을 알지 못한다. 그들이 제사를 드리는 자리에 있어도 하나님은 알지 못한다. 어린 시절부터 제사장 가문에서 자랐어도 하나님을 알지 못한다. 제사를 돕도록 교육을 받았어도 경건한 사람이 아니라 불량자가 되었다. 아버지의 교훈 혹은 율법을 따르기보다 세속을 따른다. 자기를 즐겁게 하는 문화를 따라간다. 그러고도 할 말이 있다. '종교는 다 같은 것이다.'

두 아들의 행적이 아버지의 귀에 들어가는 것이 당연하다. 백성들의 원망과 한숨 소리까지 함께 들어간다. 아버지가 아들들을 향하여 충고한다. "내가 듣자니 너희들의 비행이 백성들의 원망을 사고 있다. 원망을 심는 것도 악한 일이다. 사람과 사람 사이의 잘못을 하나님이 가리실 터인데, 하나님께 잘못하면 기도해 줄 사람, 탄원해 줄 사람도 없다." 그래도 아들들은 아버지의 충고를 듣지 않는다. 아버지에게는 이미 장성하여 결혼한 아들을 제어할 힘이 없다. 나이가 들어 총기가 흐려지고, 비만으로 인해 자신의 몸도 스스로 추스르지 못하는 아버지의 말을 아들들은 잔소리로 듣고 만다.

폭력 문화

한동안 조폭 신드롬이라는 것이 한국 땅을 강타하였다. 영화마다 소재가 조직 폭력이고, 배우들은 조직 폭력배로 변신한다. 조직 폭력을 미화하는 듯한 내용이다. 그러다 보니 젊은이들이 조폭 문화를 무비판적으로 받아들이고, 조폭을 동경하게 되었다. 너도 나도 조폭이 되고 싶어한다. 영화와 현실을 구분하지 못하는 증세도 나타난다. 영화처럼 말하고, 영화처럼 주먹을 휘두른다. 영화처럼 상대방을 제압하고 빼앗으려 든다. 그렇게 하지 않는 사람도 용기가 없어 못되었을 뿐이지, 하기 싫어 못된 것은 아니라는 비웃음 섞인 말도 나온다.

인내, 자비, 사랑보다는 폭력이 미화되고, 정당화되는 것이 이 사회이다. 가정에서도 폭력이 정당화된다. 전혀 비판이 없이 받아들여지는 말이 하나 있다. "아이들은 때려야 말을 듣는다" 정말 그런가? 사랑과 관용을 제쳐두고, 때리기만 하는 부모에게서 과연 아이가 제대로 자랄까? 부모의 뜻대로 이루어지지 않는 것에 대한 분풀이로 자녀를 때리는 경우를 동정할 수는 있으나, 그렇다고 자녀를 향한 폭력이 정당해질 수 없다. 속 썩이는 자녀를 향하여 사용하는 말이 가히 살인에 가깝다. "다리몽둥이를 분질러 놓는다"

심지어는 종교집단조차도 폭력을 정당화한다. 주도권을 잡기 위해, 산사에 폭력배들이 등장한다. 수도를 하는 분들이 각목을 들고 싸운다. 마음의 평화를 찾아야 할 분들이 때리고 맞아 피를 흘리며 분노한다. 폭력 사용의 이유는 질서를 지키기 위한 것이요, 원칙을 지키기 위한 것이라고 내 세운다. 상대방이 먼저 그랬으니 나도 그렇게 한다는 말을 빼놓지 않는다. 그러나 더 많이 가지기 위해, 더 좋은 것을 차지하기 위해 폭력을 사용하는 것을 아는 사람은 다 안다. 종교에서도 용서를 찾아볼 수 없고, 베풂을 발견할 수 없다.

종교가 이렇다면 정치판에서야 당연하지 않을까? 종교에서 신의 존재를 찾지 못한다면 정치에서 신의 존재는 개념조차 없다. 폭력은 현실만 생각하는 것이다. 조금이라도 피안의 세계를 염두에 둔다면 어느 누가 그렇게 하겠는가? 하나님 없는 세계에 폭력이 만연한다. 그래도 이 땅의 백성들이 모두 조폭이 되지 않은 것이 천만다행이다. 그래도 우리 민족의 정신건강이 믿을만하다는 증거이다. 한편으로 우리 민족에게서 일하시는 하나님을 찾아볼 수 있다. 보이지 않는 곳에서 하나님을 신뢰하는 의인이 있다는 증거는 아닐까?

성경의 지혜

힘을 가진 자가 최고라면 힘없는 사람은 이 땅에 어찌 발붙이고 살 수 있겠는가? 사람이 힘으로만 산다면 짐승과 다를 것이 무엇인가? 약육강식의 사회에서 사람이라고 자부할 수 있는가? 그렇다면 한 번 더 생각해보자. 힘센 육식동물이 더 오래 사는가? 잡혀 먹히는 초식동물이 더 오래 사는가? 육식동물이 멸종해 가는가? 초식동물이 멸종해 가는가? 약해서 잡혀 먹히면 점점 개체수가 줄어들어야 하는데, 그렇지 않다.

동물이 그렇다면 사람인들 그렇지 않겠는가? 한치 앞만 보고 사람을 억압하려 든다면 그것이 과연 오래 가겠는가? 한치만 보는 것에서 누구도 지혜를 찾을 수 없다. 인생은 수학공식처럼 들어맞는 것이 아니다. 검산도, 증명하기도 어렵다. 지혜는 이것을 아는 것이다. 사람이 아무리 옳다고 우겨대도 하나님이 아니라고 하신다면 그것은 아니다. 사람이 아무리 부정해도 하나님이 옳다고 하시면 그것은 옳은 것이다. 지혜는 사람의 생각을 뒤집으시는 하나님을 아는 것이다.

역사는 어리석음이 반복되는 듯이 보인다. 어느 시대 어느 지역이든 폭력으로 사람을 억압하고, 자기의 야욕을 채우는 사람들이 있다. 이런 사람일수록 강한 확신을 가지고 있고, 논리가 정연하여 다른 사람을 설득하는 재주가 있다. 대부분의 사람들이 설득당하고 거기에 편승해서 폭력을 확산시킨다. 반면에 절대로 그러면 안 된다고 평화를 주장하다 죽음을 당하는 소수의 사람들도 있다. 역사가 이를 증명한다. 그럼에도 어리석은 일들이 반복되고 있으니 안타깝기 그지없다.

어리석은 사람일수록 용감하다. 그들은 세상에 두려운 것이 없다. 오직 두려운 것은 자기의 야욕을 꺾어버릴 만한 힘을 가진 집단이다. 눈에 보이는 것은 두려워하여도 보이지 않는 것은 두렵지 않다. 그러나 성경은 그렇지 않다. "몸은 죽여도 영혼은 능히 죽이지 못하는 자들을 두려워하지 말고 오직 몸과 영혼을 능히 지옥에 멸하실 수 있는 이를 두려워하라"(마 10:28) 눈에 보이지 않으나 전능한 힘을 가진 분을 향해 존경과 두려움을 함께 표하는 것이 지혜이다. 성경은 이런 지혜를 가르친다.

시편의 영성

이방인들은에게 있어 하나님의 존재를 부정하는 것이 쉽지 않다. 본적 없으니 존재도 믿지 않는다. 그들은 본 것만을 믿는다. 믿음을 가진 사람은 입으로 하나님의 존재를 부정하지 않는다. 그러면 자기 행동의 위선과 모순을 드러내는 꼴이다. 그것은 안 되겠고, 위선을 정당화하기 위해 마음속으로 하나님의 존재를 부정한다. 시편은 이런 사람들을 향해 어리석은 사람이라고 평가한다. "어리석은 자는 그의 마음에 이르기를 하나님이 없다 하는도다"(1절a) 하나님이 없다고 생각하니 제 맘대로 행동한다. 온갖 나쁜 일을 골라가며 저지른다. "그들은 부패하고 그 행실이 가증하니 선을 행하는 자가 없도다"(1절b)

제대로 배우지 못해 어리석은 사람이 생긴다. 최고학부를 나왔어도, 믿음에 대하여 제대로 들어본 적이 없어 영적인 어리석음에 빠진다. 귀로 들리는 말을 못 들어서가 아니라 마음속에 들리는 영적 음성과 신호를 듣지 못했기 때문이다. 마음 문을 닫아놓고, 생각하게 하는 것을 무시해 버린다. 오직 관심은 이 땅에서의 쾌락이다. 자기가 하고 싶은 일은 다 한다. 악한 일인 줄 알면서도 행한다. 자기의 일로 인해 사람들이 고통을 당해도 저지른다. 하나님이 없는데 무슨 상관이냐는 식이다. "죄악을 행하는 자는 다 무지하냐 그들이 떡 먹듯이 내 백성을 먹으면서 여호와를 부르지 아니하는도다"(4절)

이런 현실을 하나님이 알고 계실까? 답은 '그렇다'이다. 우리의 느낌이 비록 하나님이 외면하시는 것 같고, 하나님이 모르시는 것 같으나 사실은 아니다. 하나님이 이 세상을 바라보고 계신다. 하나님은 믿음의 사람을 찾으신다. 의인을 찾고 계신다. "여호와께서 하늘에서 인생을 굽어살피사 지각이 있어 하나님을 찾는 자가 있는가 보려 하신즉"(2절) 그런데 웬일인지 하나님 마음에 드는 사람이 없다. 소돔과 고모라는 의인 10명이 없어 망했다. 사실 그 성에는 롯 외에 의인 한 명도 찾을 수 없었을 것이다. 하나님이 의인을 찾으려 하시는데 한 사람도 찾을 수 없다. "다 치우쳐 함께 더러운 자가 되고 선을 행하는 자가 없으니 하나도 없도다"(3절)

하나님은 어리석은 자를 깨우치시는 방법을 갖고 계시다. 어리석은 자의 계획을 실패하게 하시는 것이다. 어리석은 사람의 생각과는 전혀 다른 결과와 현상이 나타나게 하시는 것이다. 하나님이 어리석은 사람의 삶 속에 개입하셔서 전능자에 대한 두려움을 가지게 하는 것이다. 하나님은 힘을 내세우는 사람들이 아니라 의인과 함께 하심을 알게 하신다. "그러나 거기서 그들은 두려워하고 두려워하였으니 하나님이 의인의 세대에 계심이로다"(5절) 업신여김 당하는 사람들이 곧 하나님의 보호의 대상이다. "너희가 가난한 자의 계획을 부끄럽게 하나 오직 여호와는 그의 피난처가 되시도다"(6절) 깨우치지 못하면 그것은 심판이다. 명철을 가지지 못하면 그것이 곧 멸망을 향해 고속도로를 달려가는 것이다.

명철한 자를 찾아서

하나님이 엘리의 두 아들을 죽이기로 작정하셨다(삼상 2:25). 그들의 하는 일을 하나님이 막으신다. 그들은 블레셋과 전쟁에 나섰다. 법궤를 가지고 나가면 이길 것으로 생각하지만 그렇지 않다. 법궤가 가면 하나님도 함께 할 것이라 착각하지만, 전혀 그렇지 않았다. 하나님이 두 아들을 버리셨다. 두 아들은 전쟁에서 참패하여 죽임을 당한다. 이때 비느하스의 아내는 만삭의 몸이었다. 남편이 죽었다는 비보를 듣자, 갑자기 산기가 있게 되었다. 아들을 낳고 죽으며 아들의 이름을 이가봇이라 불렀다. 하나님의 영광이 이스라엘을 떠났다는 의미이다. 엘리도 비보를 듣자마자 의자에서 넘어졌고 목이 부러져 죽었다.

그러나 엘리와 그의 두 아들에 뒤따라 나타난 사무엘은 이전의 사람들과 달랐다. 홉니와 비느하스는 제사를 멸시하였으나 사무엘은 제사를 귀하게 여겼다. 사울 왕의 실수까지도 용서하지 않았다. 홉니와 비느하스는 블레셋과의 전쟁에서 패하고 죽었다. 하나님이 그들을 그렇게 내버려두셨다. 그러나 사무엘은 전쟁에서 승리하였다. 하나님이 이스라엘을 강하게 만들었고, 감히 이스라엘 땅을 넘볼 수 없도록 만들었다(삼상 7:13). 명철함의 기준이 다른 곳에 있지 않다. 하나님과의 관계가 곧 명철의 기준이다. 명철은 하나님으로부터 받는 선물이다. "대저 여호와는 지혜를 주시며 지식과 명철을 그 입에서 내심이며"(잠 2:6)

이상한 것은 사무엘에게서도 엘리와 같은 현상이 나타난다. 사무엘의 두 아들은 사사가 되었다. 그런데 그들이 아버지의 길을 따르지 않았다. 재판할 때 뇌물받는 것을 좋아하고, 뇌물을 바치는 사람에게 유리한 판결을 내린다(삼상 8:3). 그들 주변에 반드시 뇌물을 바치는 사람들이 들끓게 될 것이다. "왕은 정의로 나라를 견고하게 하나 뇌물을 억지로 내게 하는 자는 나라를 멸망시키느니라"(잠 29:4) 아들은 백성들의 원성을 사게 되고, 나라를 혼란에 빠트리게 할 것이다. 아들들이 문제이다. 아들들이 아버지의 명철을 배우지 못한다. 진정으로 명철한 사람은 자신 뿐 아니라 아들에게도 하나님 경외하는 것을 가르쳐야 한다.

명철한 사람은 하나님이 어떤 분이신지를 알고 있다. 하나님이 어떤 사람을 좋아하고 계시는지도 안다. 명철한 사람은 하나님의 계획과 섭리도 안다. 그렇다면 당연히 하나님이 좋아할 만한 일을 한다. 자기의 생각과 욕심대로 일하는 것이 아니라 하나님의 계획에 자기를 맞춘다. 하나님의 계획과 뜻이 이루어지는 것을 보면 자기 일처럼 기뻐한다. 하나님의 일이 자기의 일이 된다. 이런 기쁨의 경험을 하는 사람을 하나님이 그 영혼의 자유를 허락하신다. 하나님이 사람을 어리석음의 포로에서 명철의 자유로 바꾸신다. 이것이 곧 명철한 사람에게 임하는 구원이다. "이스라엘의 구원이 시온에서 나오기를 원하도다 여호와께서 그의 백성을 포로된 곳에서 돌이키실 때에 야곱이 즐거워하고 이스라엘이 기뻐하리로다"(7절)

시편 15편
경건의 영성과 디모데

경건한 목회자

디모데의 아버지는 헬라인이고, 어머니는 유대인이다. 디모데는 가정환경을 보아 어려서부터 자연스럽게 성경을 가까이 하였다(딤후 3:15). 바울이 제1차 전도여행 당시 루스드라에 갔을 때, 디모데는 복음을 듣게 되었다. 청년 디모데는 루스드라와 이고니온에 있는 그리스도인들에게 칭찬받는 자가 되었다(행 16:2). 그리고 디모데는 바울의 선교 동역자가 되었다. 그는 바울의 영적 아들이 되어 바울의 목회를 이어받게 되었다. 바울은 디모데의 목회를 격려하며 두 차례 편지를 띄운다. 우리는 이 편지를 디모데전후서라 부르며 목회서신이라는 장르 속에 둔다.

바울은 첫 번째 편지에서 에베소 교회를 비롯해 이미 개척된 교회를 향해 교회 조직하는 일, 직분자를 세우는 일을 조언한다. 두 번째 편지는 순교를 예견한 바울의 심정이 기록되어 있다. 디모데를 보고 싶어 빨리 로마로 와 달라는 부탁이 담겨있다. 특히 디모데서에서 바울은 목회자의 신앙과 인격에 관심을 둔다. 신앙과 인격을 한 단어로 표현하자면 경건이다. 경건이라는 단어는 한글 성경의 디모데서에 13번이나 사용된다. 경건이라는 뜻의 '유세베이아(εὐσέβεια)'는 하나님을 예배한다는 의미를 가졌다. 디모데는 그 이름의 뜻이 '하나님을 공경함'이다. 디모데는 이름 속에 경건함이 배어 있다. 특히 목회서신에 있어서 경건은 바울이 사용한 특별한 단어로서, 생활이 뒷받침된 신앙을 말한다. 하나님을 기쁘시게 하려는 생활이 곧 경건이다.

디모데는 바울로부터 경건을 부탁받는다. "망령되고 허탄한 신화를 버리고 경건에 이르도록 네 자신을 연단하라 육체의 연단은 약간의 유익이 있으나 경건은 범사에 유익하니 금생과 내생에 약속이 있느니라"(딤전 4:7~8) 이는 경건이 신앙인의 기본자세이기 때문이다. 경건은 신앙인의 삶의 모양이다. 경건으로 가득 채워지면 법 없이도 사는 사람이라고 들을만하다. "알 것은 이것이니 율법은 옳은 사람을 위하여 세운 것이 아니요 오직 불법한 자와 복종하지 아니하는 자와 경건하지 아니한 자와 죄인과 거룩하지 아니한 자와 망령된 자와 아버지를 죽이는 자와 어머니를 죽이는 자와 살인하는 자며"(딤전 1:9) 여기서 경건은 불법, 불순종, 죄, 망령, 불효, 살인 등과 반대되는 개념이다.

당시에 껍데기 경건을 가진 사람들이 있었다. 바울은 디모데에게 껍데기 경건을 경계한다. "경건의 모양은 있으나 경건의 능력은 부인하니 이같은 자들에게서 네가 돌아서라"(딤후 3:5) 경건을 갖추고 있는 것 같으나 실제는 욕심쟁이, 허풍쟁이, 교만, 욕쟁이, 불순종, 불결함, 더러움, 불효, 원망, 잔인함, 배신, 조급함, 변덕스러움, 쾌락 등을 더 좋아하고 가까이 하는 사람들이다. 이런 사람들이 시간이 가면 갈수록 더 많아질 것이다. 사회가 깨끗해지고, 밝아져야 하는데 웬일인지 점점 더 악해져간다. 기도하며 깨끗한 사회를 만들고자 성소들이 노력함에도 사회는 악한 일들이 더 많아질 뿐이다. 그렇기에 경건을 지키려면 세속과는 구별되어야 한다.

믿음과 현실의 괴리

신앙인이라 할지라도 여전히 욕심은 있다. 윤리적으로 혹은 법적으로 분명한 잘못이라면 경계하고 멀리할 터이지만, 도덕적으로 아무런 문제가 없다면 욕심을 부리는 것이 하나도 흠될 것이 없다고 생각한다. 더 가지고 싶고, 높아지고 싶으며, 이름을 날리고 싶은 욕망이 없는 사람이 없다. 이 욕망을 접으면 자신의 살 목표가 없어지고 만다. 신앙인들도 이런 욕망이 없는 것 자체가 바보로 취급되는 사회 속에 살고 있다. 믿음으로 살아보려 하지만 마음속에 남아있는 욕망은 어떻게 처리해야 할지 모른다.

신자들도 사는 모양은 불신자들이나 매한가지이다. 의식주 문제, 자녀교육, 가정, 사업, 인간관계 등 거의 비슷한 경험을 한다. 단 한 가지 다른 것이 있다면 교회생활을 하느냐 하지 않느냐 하는 문제이다. 그러니 신자들도 불신자들과 거의 비슷한 고민을 한다. 신자들도 불신자들이 가진 만큼 가져야 하고, 아니 불신자보다 외형적으로 더 뛰어나야 한다는 강박관념을 가지고 있다. 게다가 신자들은 교회라는 한 가지 고민을 더 안고 살아간다. 신자들은 생각이 더 복잡하고 판단이 흐려지기 쉬운 환경에서 살고 있다.

불신자들은 신앙인을 완벽하고 흠이 없는 사람이기를 기대하고 바라본다. 어떤 경우는 신앙이라는 명분으로 자기들의 생각과 구미에 맞는 사람이기를 원한다. 신자들이 경건이라는 명분에 어수룩해 보이면 불신자들은 신자들을 이용하려 든다. 존경보다는 자기의 욕심을 채우는 수단으로 본다. 반대로 신자들이 너무 영악하면 존경보다 미움으로 발전된다. 그러니 신자들이 어수룩할 수도, 너무 잘난 체 할 수도 없다. "그러므로 너희는 뱀 같이 지혜롭고 비둘기 같이 순결하라"(마 10:16b) 하신 우리 예수님의 말씀을 들어 알고는 있으나, 두 가지를 동시에 만족시키기보다는 어느 한 쪽으로 치우치고 있는 것이 우리의 현실이요, 고민이다.

한편 신앙인들이 사회로부터 지탄받고 있다. 불신자들이 개종하며 가장

가고 싶은 곳에서 개신교는 언제나 후순위로 밀리고 있다. 왜 그럴까? 신앙인들의 말과 행동이 다르게 나타나고 있다. 한 마디로 말하여 경건하지 못하다는 것이다. 뱀같이 지혜로움은 보았으나 비둘기같은 순결함은 못 보았다는 것이다. 똑똑한 현대인들이 이것을 모를 리 없다. 신문과 잡지에 자성의 목소리가 실린다. 책을 내어 안타까운 현실을 고발하며, 고쳐지기를 호소하는 이들도 있다. 하지만 고쳐지는 기미가 보이지 않는다. 비록 신앙인이지만 그 마음 속에 있는 욕망을 절제한다는 것이 얼마나 어려운지 모른다. 아니 자신을 망칠만한 욕망이 자기 속에 있다는 사실조차도 모르고 있다.

잃어버린 경건

교회 안에 경건을 이익의 재료로 생각하는 사람들도 있다(딤전 6:3). 정치를 하는 사람도 선거철이 되면 교회를 방문한다. 감사헌금을 한다. 주요한 교회행사에 빠짐없이 참여한다. 자신의 믿음이나 영적 깊이와 상관없이 참여한다. 평소에는 거들떠본 적도 없는데, 선거철이 되면 더 그렇다. 교인들을 표로 보기 때문이다. 사업이나 장사를 하려 하면 먼저 교회에 등록하라는 권고를 받는다. 일단 교인들이 주요 고객이 되면 장사가 잘 될 것 아닌가? 심지어는 다단계 판매망까지도 교회 안에 침투한다. 교인들을 자기 배를 불려주는 소비자요, 자신의 성공을 뒷받침하는 배경으로 보고 있다. 다단계 판매망은 그럴듯한 논리로 성도들을 유혹한다. 그 유혹의 당사자와 피해자 모두 성도들이다.

경건을 회복하고자 하는 바람이 교회 안에 있다. 어떻게 하면 경건해질 수 있을까? 이것은 신자들의 일반적인 고민일 것이다. 성경공부를 하면 경건해질 것이라고 생각한다. 그런데 성경의 지식은 많이 알게 되었지만 웬일인지 믿음의 열정이 식어 있다. 아는 것만큼 행동할 수 없다. 기도하면 경건해질 것이라고 생각한다. 기도의 환상에만 집중하고 그것만 옳다고 여기는 신비주의자들도 있다. 자신을 절제하면 될 것이라고 생각한다. 삶에 필요한 최소한의 것조차도 죄악으로 여기고 금기한다. 어느 새 금욕주의자가 되어 있다.

성공주의가 이 땅에 팽배해져 있다. 성공이 곧 선한 일이요, 성공만 하면 어떤 잘못이든지 모두 묻혀진다. 성공 앞에서는 양심도, 종교도, 도덕도 뒤로 제쳐 둔다. 이미 이 땅에는 성공의 치적을 가지고, 잘못을 용서하는 사례가 얼마든지 있다. 무엇을 위한 성공인가? 말로는 하나님의 영광과 사업을 위해서 한다. 그러기 위해서 지금 하나님과의 관계를 잠시 소홀히 하는 것이야 어떻겠느냐고 타협안을 제시한다. 미래의 성공을 위해 지금의 믿음을 묶어두는 것이다. 성공의 개념이나, 방법 그리고 과정을 이 세상 논리에 의해 진행한다. 목적을 이루기 위해 모든 신경을 집중하는 곳에서는 경건을 찾을 수 없다. 경건과 성공의 둘 중 하나를 선택하라면 아마도 성공을 선택할 사람이 더 많을 것이다.

목회자들이 존경받는 것은 당연하다. 그들은 생업을 포기하고, 성도들의 영적 도움을 주기 위해 전력을 다하고 있다. 목회자들은 믿음에 있어서도 앞서 간다. 남들보다 더 많이 노력하고 더 많이 일하며 더 많이 사랑하며 살아간다. 그런데 목회자들이 사회로부터 받는 존경이 점점 식어가고 있다. 목회자에게서 목회자다운 경건을 찾지 못하기 때문이다. 물론 목회자를 슈퍼맨이나 완전무결한 인간으로 알고, 그렇게 요구하는 사람들에게도 문제가 있다. 기대가 무너지면 존경도 사라진다. 불신자나 평신도보다 목회자가 신앙과 인격적인 면에서 앞서기를 바라는 기대심리 때문일 수도 있다. 목회자들에게도 성공의 스트레스가 있다. 목회 성공을 이루지 못하면 무능력자, 믿음이 부족한 사람으로 오해받는다. 그런 환경에서 목회자가 내적 경건을 지킨다는 어려운 것이 사실이다. 그럼에도 목회자는 내적 경건을 지킬 수밖에 없다.

시편의 영성

다윗은 경건한 사람을 만나고 싶다. 왜냐하면 그 자신이 경건을 추구하고 있기 때문이다. 주변에는 온통 권력을 탐내는 사람들이 가득하다. 어려운 시절을 함께 지낸 부하들은 왕권이 확립되자 논공행상에 매달린다. 처음에는 충성을 다하는 동지였으나, 이제는 다윗에게 붙어있는 권력의 기생충이다. 심지어 그들은 다윗의 아들들을 권력쟁탈에 이용한다. 이용당하는 아들은 반역까지 일으킨다. 그들은 나처럼 신앙을 가지고는 있으나, 신앙인 같지 않다. 그들의 관심은 온통 세속적인 것들뿐이다. 그들에게서 경건을 찾아보기 어렵다.

다윗은 의문을 가졌다. 경건한 사람이 누구인가? 경건함을 유지하는 사람이 과연 누구일까? 하나님과의 관계를 끝까지 유지하는 사람은 어떤 사람일까? "여호와여 주의 장막에 머무를 자 누구오며 주의 성산에 사는 자 누구오니이까"(1절)

경건은 믿음에서 출발한다. 경건한 사람이란 믿음이 생활 속에 배어있는 사람이다. 믿음이 마음을 움직인다. 믿음이 삶의 원칙이다. 믿음이 얼굴과 신체기관을 다스린다. 믿음이 인간관계를 형성한다. 심지어 경건은 돈을 관리하는 것에서까지 나타난다. 경건이란 고립된 수도자의 영성이 아니다. 경건은 현실을 믿음으로 다스려 가는 적극적인 영성이다.

경건은 내적 인격의 정체성이다. 동시에 경건은 인격의 외적인 드러냄이다. 경건은 정직, 정의, 진실로 나타난다. "정직하게 행하며 공의를 실천하며 그의 마음에 진실을 말하며"(2절) 경건한 사람은 마음에 정한 것을 지킨다. 자신과의 약속을 지켜나간다. 비록 손해를 본다 할지라도 선한 것은 반드시 지킨다. "그의 마음에 서원한 것은 해로울지라도 변하지 아니하며"(4절c) 외적으로 드러나는 것 중에 가장 먼저 나타나는 것이 입이다. 경건은 말로 나타난다. 말은 인격의 표현이다. 입을 사용하는 모양이 그의 경건을 가늠하게 한다. "그의 혀로 남을 허물하지 아니하고 그의 이웃에게 악을 행하지 아니하며 그의 이웃을 비방하지 아니하며"(3절)

경건은 이웃을 향하여서도 나타난다. 이웃의 것을 빼앗거나, 억울한 일을 만들지 않는다. "이자를 받으려고 돈을 꾸어 주지 아니하며 뇌물을 받고 무죄한 자를 해하지 아니하는 자이니"(5절a) 경건한 사람은 이웃을 향하여 진실하게 행한다. 스스로 진실한 사람과는 함께 하지만, 비열한 사람과는 같이 하지 않는다. "그의 눈은 망령된 자를 멸시하며"(4절a) 경건한 사람이 존경하는 사람은 하나님의 사람이다. 하나님을 신실하게 신뢰하는 사람을 좋아한다. 왜냐하면 하나님이 함께 하시기 때문이다. 하나님이 힘의 원천이기 때문이며 자신도 하나님을 신뢰하기 때문이다. "여호와를 두려워하는 자들을 존대하며"(4절b)

경건의 능력

경건이란 하나님을 믿는 사람의 신앙과 생활이다. 그의 믿음이 곧 경건이요, 그의 삶의 모양이 경건이다. 하나님을 의지하고 신뢰하는 것이 경건이다. 경건은 개인적인 신비 체험이나, 금욕주의와는 다르다. 경건은 하나님이 그리스도를 통해 우리에게 주시는 놀라운 구원을 체험하는 것이요, 그 구원이 온 세상에 전파됨을 기뻐함이다. 이런 경건의 모범이 예수 그리스도이시다. 그분이 이 땅에 오셨고, 우리를 위하여 죽으심으로 우리에게 의를 이루셨다. 그리스도는 다시 영광의 자리로 올라가셨다. 경건은 예수 그리스도의 인격의 정체성이며, 신앙인에게 있어서도 인격의 정체성이다. 경건이라는 측면에서 신앙인들은 예수 그리스도를 닮는다.

경건한 사람은 약한 것 같으나 강하다. 모세는 형제들에게서 비난을 받아도 입을 다물고 있었다. 하나님이 모세의 편을 들어주셨다. 비록 경건에

해가 되는 실수가 있었어도 경건한 사람은 입으로 죄를 범하지 않는다. 경건한 사람은 핍박을 받아도 선을 행한다. 디모데는 고향에 이고니온과 루스드라에서 바울이 이처럼 행한 것을 보았다. 어쩌면 그렇게 할 수 있을까? 경건의 능력이 그 안에 있기 때문일까? 그렇다 낮은 곳에 오신 예수님을 모시고 있기 때문이다. 높아지신 예수님을 바라보며 함께 높아짐을 경험하기 때문이다. 우리는 낮아질수록 높아짐을 경험한다. 이것이 경건의 비밀이다. "크도다 경건의 비밀이여"(딤전 3:16 a)

경건한 사람에게는 능력이 나타난다. 그 능력은 마술을 보이는 것과 같은 초인적인 힘이 아니다. 오히려 경건의 능력은 동요하지 않는 신앙으로 나타난다. 마음의 혼란이 찾아오고, 주변의 환경과 상황이 악화되고, 비난이 가중되며, 분노할 일이 생겨도 마음의 평상심을 유지한다. 의를 위하여 핍박을 받는다 할지라도 원망하지 않는다. 당연하다고 생각하기 때문이다. 고난뿐만 아니라 형통케 되어도 자기를 드러내지 않는다. 우월주의에 빠지지 않는다. 어떤 환경에서도 그의 신앙이 견고하게 서 있다. 흔들리지 않는다. "이런 일을 행하는 자는 영원히 흔들리지 아니하리이다"(5 절 b)

월드컵에 출전한 대표선수들이 경기를 마치고 함께 기도하는 모습을 보았다. 승리를 만끽하느라 정신이 없는 상황에서 운동장 한 가운데 무릎을 꿇고 둘러앉아 기도하는 모습이 TV를 통해 온 국민에게 보였다. 이 모습이 전 세계 사람들에게도 보였을 것이다. 매일 기도회를 가지는 선수들이 운동장에서도 함께 기도하였다. 월드컵 5회 우승을 이루어낸 브라질 선수들이 운동장에 무릎을 꿇고 기도한다. 그들의 속옷에는 예수 그리스도를 드러내는 문구로 가득하다. 그들의 경건이 자랑스럽다. 경건이란 주님을 드러냄이다. 주님을 나타내려는 열망으로 가득찬 사람을 하나님이 응답하신다. 그리고 하나님이 그 사람의 경건을 드러내신다. 다만 사람은 경건의 열정을 놓지 않아야 한다.

지킴의 영성과 기드온

기드온의 소명

기드온은 분통이 터질 지경이다. 1년 동안 죽어라고 농사를 지어서 이제 수확하려 하는데 난데없이 미디안 사람들이 와서 모두 약탈해 간다.

이스라엘 사람들에게 먹을 것이라곤 하나도 남지 않았다. 미디안 사람들은 집에서 키우는 가축들 마저 다 빼앗기고 남아있는 것이 하나도 없다. 한두 번도 아니고 해마다 약탈을 당한다. 마음속에는 미디안에 대한 분노가 가득하지만 대항할 만한 힘이 없다. 기드온만이 아니다. 이스라엘 사람들이 힘이 없으니 미디안에 대항할 수 없다. 7년 동안이나 빼앗기고 이제는 절망만 남았다. 할 수 있는 일이라고는 하나님께 부르짖는 방법 외에 없다.

기드온이 미디안 사람들 몰래 밀을 포도주 틀에서 타작하고 있다. 여호와의 사자가 기드온을 찾아오셨다. 기드온을 향하여 말씀하신다. "여호와께서 너와 함께 계시도다"(삿 6:12b) 기드온이 들었으나 의심스럽다. 왜냐하면 지금의 상황이 도저히 하나님이 함께 계신다고 믿기 어렵기 때문이다. "옛날 애굽에서 나올 때 우리에게 보이셨던 이적들은 어디 가고 보이지도 않습니다. 지금 미디안에게 괴롭힘을 받는 것이 하나님이 우리를 버리신 것이 아닙니까?" 기드온이 답답해서 하소연하는 것이지만 실상은 이스라엘의 범죄에 대한 대가였음을 알만한 사람은 다 알고 있다(삿 6:10).

하나님이 기드온에게 말씀하신다. "내가 반드시 너와 함께 하리니 네가 미디안 사람 치기를 한 사람을 치듯 하리라"(삿6:16b) 그러나 기드온은 믿지 않는다. 분명한 증거를 보여주시기 전에는 믿지 않겠다고 한다. 지금까지 7년 동안 고난당하는 것으로 보아 믿지 않는 것이 당연하다. 믿을만한 증거가 나타나야 믿는다. 고난당하다 보면 하나님 말씀도 믿어지지 않는다. "제가 얼른 예물을 가지고 올 테니 여기를 떠나지 말고 기다려 주실 수 있습니까?" 기드온에게 드리는 예물에 국을 쏟으라고 하신 여호와의 사자는 지팡이 끝에서 불을 내어 제물을 태운다. 하나님이 기드온에게 증거를 보여 주셨다.

기드온은 두려웠다. 하나님을 만났으니 이제 나는 죽은 목숨이다. 게다가 말씀을 듣고도 의심까지 했었다. 젊은 나이에 이대로 죽는다는 것이 얼마나 아쉬울까? 그러나 하나님이 말씀하신다. "너는 안심하라 두려워하지 말라 죽지 아니하리라"(삿 6:23 b) 기드온이 다시 제단을 쌓았다. 이름을 '여호와 샬롬' 이라고 지었다. 그 날 밤에 여호와 하나님이 기드온에게 바알과 아세라 제단과 신상들을 파괴하라고 말씀하신다. 기드온이 10명의 종과 함께 나선다. 혹시 들키면 곤경을 겪을지 몰라 살금살금 일을 처리한다. 그러나 아니 할 수 없는 노릇이다. 표징을 보여주신 하나님이 하라는데 그리고 함께 하시겠다는데 두려워도 순종해야 한다. 뒷 책임은 하나님이 알아서 져 주실 것이다.

암흑 시대

역사의 암흑기들이 있다. 중세 천년을 암흑기라고 부르는 사람도 있다. 우리의 경우 일제 강점기를 암흑기라고 부르기도 한다. 왜 암흑기라고 부를까? 주권이 없던 시대였기 때문이다. 주권이 무엇인가? 주인의 권리, 주인이 누릴 자유이다. 백성이 주인이지만 주인 행세를 할 수 없다. 소유의 자유를 잃었다. 내 것을 내 것이라고 주장할 수 없다. 힘에 밀려 문화와 창작의 자유를 잃었다. 힘은 정신마저도 지배하려 든다. 힘 있는 자의 요구대로 창작활동을 해야 한다. 마음속에 불만이 있어도 그것을 쉽게 표현하지 못한다. 후환이 두렵기 때문이다.

자유는 소유와 관련된다. 자유가 없는 사람들은 빼앗기는 일을 당한다. 이스라엘 사람들처럼, 식량을 빼앗기고 수고한 것에 대한 결과를 빼앗긴다. 심지어 애굽에서는 아들까지도 빼앗겼다. 생각하는 자유마저 빼앗긴다. 조금이라도 비판적인 생각을 표현하면 그에 대한 혹독한 대가를 치러야 한다. 평생 모아온 재산도, 자신의 명예도 심지어는 가족도, 생명도 잃어야 한다. 소유의 자유가 없다. 소유의 기쁨은 오직 힘있는 자가 나누어줄 때 가능하다. 힘 있는 자가 빼앗으면 자유가 없는 사람들은 고스란히 빼앗긴다.

"자유가 아니면 죽음을 달라!(Give me liberty or give me death!)" 많이 들어본 이야기이다. 이 말은 1775년 3월 28일 29세의 약관 패트릭 헨리가 식민지 버지니아 주의 의원들 앞에서 연설한 내용 중 하나이다. 그의 말에는 영국 식민으로부터 독립하려는 자유의 의지가 담겨 있다. 일설에 의하면 이 말은 1956년 헝가리 봉기와 1968년 체코 사태 때에도 등장했다고 한다. 자유 없는 삶은 불편하다. 자유 없이 사는 것은 사는 것이 아니다. 자유는 권력보다 더 위대한 가치를 지니고 있다.

기드온 시대는 암흑기였다. 영적 자유가 있었으나, 그 자유를 우상숭배에 팔아 넘겼다. 그것은 영적 방종이었다. 정치적 자유는 있으나 민족을 이끌 지도자가 없다. 소유의 자유가 있으나, 미디안에 약탈당하니 없는 것이나 마찬가지이다. 마음속에 울분이 있으나 그 울분을 토로할 수 없다. 비뚤어진 풍습과 사고방식, 고정관념들을 개혁하려 하여도 반대하는 사람들이 있었다. 그들은 사고의 자유마저 빼앗겼다. 그것을 당연하게 여기고 산다.

길들여진 짐승처럼 조금의 소유만 주어져도 그것을 자유로 착각하고 더 큰
자유를 포기한 채 살아간다.

주권 회복

바알과 아세라 신전이 파괴된 것에 놀란 이웃 사람들이 기드온을 추궁
한다. 기드온은 꼼짝도 못하고 이웃 사람들에게 돌에 맞을 것이다. 그런데
이게 웬일인가? 기드온의 아버지가 나섰다. 아들을 구하기 위해 기지를 발
휘한다. 바알이 과연 신이라면 기드온을 가만히 두겠느냐? 너희가 내버려
두어도 바알이 싸우자고 달려들 것이다. 기드온이 무슨 힘이 있느냐? 기드
온은 바알에게 죽을 것이다(삿 6:31). 말이야 맞는 말이다. 그러나 결과는
다르다. 기드온이 바알에게 죽을 것이지만 죽지는 않는다. 사람들이 기드
온에게 별명을 붙인다. "그 날에 기드온을 여룹바알이라 불렀으니 이는 그
가 바알의 제단을 파괴하였으므로 바알이 그와 더불어 다툴 것이라 함이었
더라"(삿 6:32)

하나님의 백성들이 영적 정체성을 잃고 바알의 노예로 타락하였다. 스
스로 영적 주권을 포기한 채 살았다. 영적인 주권을 잃으면 정치적인 주
권도 잃는다. 영적인 주권을 지키지 못하면 정치적인 자유도 지키지 못한
다. 자유가 없는 곳에서는 빼앗기는 일, 억울한 일을 당해 눈물 흘릴 일만
생긴다. 기드온과 그의 아버지는 영적 주권을 찾고자 하였다. 하나님이
찾으라고 하시는 일에 찾겠다고 나선다. 하나님은 영적 주권을 회복하는
일에 함께 하신다. 한 개인과 가장이 찾은 영적 주권은 온 나라로 확대된
다. 바알의 종이 되었던 민족이 하나님의 보호와 지키심을 받는 민족으로
변화된다.

영적 주권회복은 곧 정치적 주권회복으로 확대된다. 기드온이 미디안과

의 싸움에 나서게 된다. 나라를 되찾자는 것, 자신의 삶을 자유와 안정으로 가꾸기 원하는 사람들이 전쟁에 자원한다. 그러나 자기의 일과 가족들을 먼저 생각하는 사람들은 일차로 돌아간다. 그들은 영적 주권을 원하고 있으나 주인공이 되지는 않는다. 경계심이 풀렸거나, 기습을 예견하지 못하는 사람들도 집으로 돌아갔다. 그들은 나라를 지킬만한 준비가 되어 있지 못했다. 300명만이 미디안과의 전투에 참여하였다. 그들은 정치적 주권 회복의 주인공이 될 것이다. 하나님이 그들을 지키시고 이스라엘을 지키심을 직접 체험할 것이다. 지키심은 회복을 가져온다.

하나님은 기드온의 주권회복에 증거를 보여주신다. 밤에 이슬이 내리는 것을 두 차례나 기드온의 요구대로 하신다. 양털에만 이슬이 내려달라면 그렇게 하시고, 양털을 그대로 두고 주변 땅에 이슬이 내리게 해 달라면 그렇게 하셨다(삿 6:36~40). 기드온이 미디안 적진을 정탐하다가 미디안 병사 두 사람의 꿈 이야기하는 것을 들었다. 이야기를 듣자 하니 이미 이스라엘의 승리가 예견되어 있었다(삿 7:13~14). 기드온이 자신만만해졌다. 큰 소리를 치며 이렇게 말한다. "일어나라 여호와께서 미디안과 그 모든 진영을 너희 손에 넘겨 주셨느니라"(삿 7:15b) 하나님이 이스라엘의 승리를 주도하실 것이다. 이로써 이스라엘은 정치적 자유를 찾는다.

시편의 영성

위기의 상황에 있는 사람은 누군가에게 도움을 받아야 한다. 누군가에게 도움을 청하는 것은 창피한 일이 아니다. 자존심 내 버리고 도와달라고 해야 한다. 사람에게 도움을 청하든지 하나님에게 도움을 청하든지 해야 한다. 사람에게 청하면 부끄러울지 모르지만, 하나님께 요청하는 것은 부끄럽지 않다. 하나님을 향한 요청은 하나님을 피난처로 삼는 것이다. "하나님이여 나를 지켜 주소서 내가 주께 피하나이다"(1절) 자기의 문제를 해결해 주실 분은 오직 하나님이시다. 이것을 믿는 것이 복이다. 그 하나님을 복의 근원으로 고백해야 한다. "내가 여호와께 아뢰되 주는 나의 주님이시오니 주 밖에는 나의 복이 없다 하였나이다"(2절)

사람은 자신의 실수나 잘못 때문에 위기를 당할 수 있다. 가장 큰 잘못이 곧 하나님을 배신하는 것이다. 우상 섬김이 가장 큰 죄이며, 곤경에 빠지는 지름길이다. 이것을 안다면 속히 회개할 것이다. 하나님 떠나는 일은 절대로 하지 않겠다고 다짐할 것이다. "다른 신에게 예물을 드리는 자는 괴로움이 더할 것이라 나는 그들이 드리는 피의 전제를 드리지 아니하며 내 입술로 그 이름도 부르지 아니하리로다"(4절) 신앙인은 오직 하나님만이 자신을 보호하고, 자신의 삶을 지키시리라 믿는다. "여호와는 나의 산업과 나의 잔의 소득이시니 나의 분깃을 지키시나이다"(5절)

내 소유가 남에게 넘어가면 분통터질 노릇이다. 내 소유는 빼앗길 수 있다. 남이 나의 것을 빼앗을 수 있을지도 모르기 때문이다. 그러나 절대 빼앗기지 않는 것이 있다. 하나님이 주신 것은 절대 빼앗기지 않는다. 누가 내 것을 빼앗으려 하여도 뜻대로 되지 않을 것이다. 내가 얻는 것이야 찌꺼기나 쓰레기가 있을 테지만 하나님이 주신 것은 내가 감히 상상할 수도 없는 최고의 것이다. 내가 얻는 쓰레기를 빼앗기고 슬퍼하는 우리에게 하나님의 주신 아름다운 것이 여전히 보존되어 있다면 이 얼마나 위로가 되는 것인가? "내게 줄로 재어 준 구역은 아름다운 곳에 있음이여 나의 기업이 실로 아름답도다"(6절)

하나님은 내 소유만 지키시는 것에 머물지 않으신다. 내 소유만 지키는 하나님이라면 이방의 우상과 구별되지 않는다. 나의 하나님 여호와께서는 내 마음과 영혼을 지키신다. 내 몸도 지켜주신다. 하나님이 내게 평안을 주신다. 하나님이 나의 전인을 치유하신다. 이것을 믿는다면 소유의 문제로 인하여 스스로 낙담하지 않는다. 건강의 문제로 인하여 절망하지도 않는다. 오히려 기쁨과 즐거움으로 가득하다. "이러므로 나의 마음이 기쁘고 나의 영도 즐거워하며 내 육체도 안전히 살리니 이는 주께서 내 영혼을 스올에 버리지 아니하시며 주의 거룩한 자를 멸망시키지 않으실 것임이니이다"(9~10절)

손이 닿는 곳

주의 복이 누구에게 임하는가? 하나님이 누구를 지키시는가? 성도들이다. 성도들에게 하나님의 복이 나타난다. 성도란 다름 아닌 주님만을 복의 근원으로 삼는 사람들이다. 주님은 그들을 존귀한 사람이라고 일컬어 주신다. "땅에 있는 성도들은 존귀한 자들이니"(3절a) 성도들을 만나는 것을 즐겁다. 복 받은 사람 곁에 있으면 자기도 복을 받는다. 성도들을 보는 것은 기쁘다. 성도들을 생각하면 나에게 즐거움이 넘친다. 성도는 나의 모든 즐거움의 원인이며 결과이다. "나의 모든 즐거움이 그들에게 있도다"(3절b) 그들과 복을 나누어 함께 소유한다. 나누면 나눌수록 더 즐거움이 커진다.

성도가 하는 일은 여호와 하나님을 향하여 축복의 말을 돌리는 것이다. 이미 성도는 지키심을 체험하였다. 하나님의 말씀으로 훈계를 받았다. 하나님이 나와 상담해 주셨다. 나 역시 하나님과 상담한다. 하나님과 나는 같은 대화가 오고 갔다. 말씀의 훈계는 잠시 필요할 때만 받는 것이 아니다. 매일 받는다. 매일 밤 하나님을 만나고, 매일 밤 깊은 대화중에 하나님의 지도하심을 받는다. 내 심장 속에 하나님의 말씀이 박혀 있다. 나는 귀로 말씀을 듣는 것 같으나 실제로는 심장으로 듣고 있다. "나를 훈계하신 여호와를 송축할지라 밤마다 내 양심이 나를 교훈하도다"(7절)

지켜주시는 하나님을 모시는 것이 얼마나 좋은지 모른다. 나는 하나님을 내 앞에 둔다. 하나님이 먼저 걸어가시면 나는 그 뒤를 따른다. 하나님께 내 생각과 행동에 있어서 우선권을 드린다. "내가 여호와를 항상 내 앞에 모심이여"(8절a) 하나님이 항상 내 앞에만 가시지 않는다. 약한 나를 끌고도 가신다. 내 오른편에서 나와 어깨동무를 하신다. 하나님은 나의 오른손이 닿을 정도에 계신다. 언제나 손을 내밀기만 하면 하나님이 닿는다. 하나님이 내 손을 잡아 주신다. 그러므로 나는 염려 없다. 하나님이 지키시는데 무슨 염려가 있겠는가? "그가 나의 오른쪽에 계시므로 내가 흔들리지 아니하리로다"(8절b)

주와 함께 걸어가는 길이 즐겁다. 왜냐하면 생명의 길이기 때문이다. 주님이 걷는 그 생명의 길에 내가 초대되었다. 주님께서 생명의 길을 지키심이 당연하지 않겠는가? "주께서 생명의 길을 내게 보이시리니"(11절a) 생명의 길을 가는 나는 주의 면전에 있다. 주님의 눈이 나를 향한다. 그것이 나에게는 안심이요, 즐거움이다. "주의 앞에는 충만한 기쁨이 있고"(11절b) 주님이 뻗으시는 오른편에 즐거움이 있다. 잠시의 즐거움이 아니라 영원한 즐거움이 있다. "주의 오른쪽에는 영원한 즐거움이 있나이다"(11절c) 내 오른편에 주님이 계시고 주님의 오른편에 내가 있다. 지키심이란 주님과 오른손을 맞잡고 있는 것이다.

살퍼심의 영성과 엘리야

배고픔 해결

엘리야가 요단강 동편 작은 시냇가에 몸을 숨겼다. 엘리야는 우상을 숭배하는 왕과 왕비를 향하여 그들의 죄에 대가로 삼년 반 동안 비가 오지 않을 것이라 예언했다. 엘리야는 바른 말을 했다는 죄로 죽음의 위협을 당한다. 두려웠던 엘리야는 목숨을 부지하려고 숨었다. 혼자서는 먹을 것을 구하기 어렵다. 어찌 어찌하여 구한다 한들 혼자 먹는 외로움에 눈물날 것 같다. 그러나 매일 즐겁게 먹을 수 있다. 까마귀가 아침, 저녁으로 떡과 고기를 날라다 주기 때문이다. 하나님이 엘리야의 사정을 아시고 까마귀를 시켜 엘리야를 먹여 살리셨다(왕상 17:4~6). 지내다 보면 까마귀와 함께 먹는 것도 할 만한 일일지 모르겠다.

엘리야가 예언한 대로 비가 오지 않는다. 시내가 말라버렸다. 하나님이 엘리야더러 사르밧으로 가라고 하신다. 거기서 한 여인의 집에 들어간다. 남편은 없고, 아들과 단 둘이 사는 가난한 여인이었다. 엘리야가 염치도 좋게 빵과 물을 달라고 한다. 그런데 여인이 군말 없이 빵을 만들어 대접한다. 마지막 남은 것으로 한 끼 식사를 하고 죽으려다가 마지막 남은 것으로 엘리야를 대접한다. 다른 사람 같으면 나 먹을 것도 없는데 당신 줄 것이 어디 있느냐고 거절할테지만, 이 여인은 이왕 굶어죽을 지경이니 대접이나 하고 죽자는 심정이었는가 보다.

그런데 이게 웬일인가? 사르밧 여인에게 매일 먹을 것이 생기는 것이 아닌가? 엘리야같은 군식구가 있는데도 먹을 것이 떨어지지 않는다. 여인의 집에 있는 가루 통에 가루가 사라지지 않는다. 바닥이 드러나도록 퍼내도 다음 끼니에는 어김없이 가루가 있다. 기름병에 기름이 없어지지 않는다. 분명히 빵을 굽느라고 기름을 부어 썼는데, 다음 식사 때는 병에 기름이 있다. 매일 배부르게 먹을 수 있다(왕상 17:16). 기근의 시대, 굶주림의 시대에 하나님이 엘리야를 먹여 살리셨다. 엘리야를 대접한 사르밧 여인을 먹여 살리셨다. 뿐만이 아니다. 여인의 아들이 죽었지만 엘리야가 기도하자 아이가 살아났다(왕상 17:22).

엘리야는 나라 안에 있는 우상을 타파하려다 고난을 당한다. 왕과 왕비의 불편부당한 행동에 대해 바른 소리를 하다가 생명의 위협을 받는다. 피신의 길은 외롭기만 하다. 당연히 엘리야에게 현상금이 붙었을 것이다. 누구든지 자기를 보면 왕에게 신고할 것이다. 엘리야의 목숨을 이용하여 왕으로부터 푸짐한 상을 받으려고 덤빌 것이다. 그러나 엘리야는 체포되지 않는다. 온 나라 안에 굶주림이 있어도 엘리야는 굶주리지 않는다. 왜 그럴까? 하나님이 엘리야를 알고 계셨기 때문이다. 엘리야를 보호해 주셨기 때문이다. 의로운 사람은 고난을 당해도 하나님께서 살펴 주신다.

정직한 사람의 고난

엘리야는 하나님 앞에 정직하다. 하나님을 섬기는 것만이 이스라엘의 번영을 꾀하는 길임을 믿고 있다. 그런데 나라 안에 자기의 믿음과는 정반대의 현상이 나타난다. 왕과 왕비가 몸의 사욕을 따르고 있다(롬 6:12). 참고 있자니 하나님이 진노하실 것이 분명하다. 엘리야는 자신이 참고 있으면 자기도 하나님의 진노를 받을 것이요, 이스라엘은 이유도 모르고 고통을 당할 것이라 생각했다. 왕과 왕비만 고통당하는 것이 아니라 백성들도 고통당할 것이다. 왕은 백성의 고통에 대하여 책임을 져야 한다. 왕이 솔선수범하여 회개하고 바른 길로 가야 한다. 그러나 자기의 잘못을 지적하는 말을 듣고, 솔직하게 인정하는 왕을 찾기 어렵다.

오히려 정적이라 생각하고 제거하려 든다. 엘리야의 진실은 통하지 않는다. 오직 왕과 왕비의 욕심을 채우는 것이 통치의 기본이념이며, 관리들의 행동지침이다. 백성들 역시 권력의 위협 앞에서는 꼼짝 못하고 우상을 섬긴다. 자기들의 지체를 불의의 병기로 드리고 있다(롬 6:13). 엘리야가 따돌림을 당할 수밖에 없다. 너만 정직하고 너만 믿음이 좋으냐며 비난을 받는다. 믿었던 친구조차도 세상 둥글게 사는 것이라며 회유한다. 모난 돌이 정 맞으니 그렇게 튀지 말라고 충고한다. 그 정도로 끝나지 않는다. 그렇게 피곤하게 살지 말고 우리처럼 편하게 살자는 회유까지 들어온다.

회유를 이겨내는 것은 어렵다. 회유와 함께 신체에 압박을 가한다. 정신적 고통까지 함께 찾아온다. 자신의 고난은 그런 대로 참겠으나 가족까지 함께 고난을 당하면 더 참기 어렵다. 과연 이렇게까지 해야 하는가에 대한 양심의 고민도 참기 어렵다. 거짓으로부터 벗어나고자 하는 노력 자체가 고난이다. 고난의 끝이 보이지 않는다. 이제나저제나 끝나기를 기다려도 고난은 점점 더 심해진다. 희망을 접을 수도 있다. 회유하는 사람은 희망을 접기를 기다린다. "희망을 접으면 우리 친구가 될 수 있다. 고생은 끝이며, 온 가족이 편하게 살 수 있다"

거짓과 회유를 이기려는 사람을 응원하는 목소리를 듣기 어렵다. 공격의 화살이 퍼붓는 사람이 훨씬 더 많다. "우리의 의견을 무시하는 너는 더 이상 우리 친구가 아니다. 너는 우리의 적이다" 한 두 사람이 그러는 것이 아니라 거의 모든 사람들이 벌떼처럼 달려들어서 나를 적대시한다. 어느 샌가 나는 공공의 적이 되었다. 너 같은 사람은 이 땅에 살면 안 된다. 이 땅에서 사라지는 것이 모두를 위해 유익이 된다. 다수의 힘으로 횡포를 부리고 있다. 다수의 힘이라면 부정한 것도 정직한 것이 된다. 다수의 힘이라면 거짓도 진실이 된다.

시대의 조류

한 사람이 정당의 최고위원에 출마하였다가 계파의 수장으로부터 개인적인 후원금을 받았다. 아무래도 꺼림칙하여 양심선언을 하였다. 혼자 받은 것도 아니고 여러 사람 함께 받은 것이니 양심선언을 한들 무엇이 잘못되었을까? 모두 잘못한 것이라면 용서받을지도 모른다. 그런데 이게 웬일인가? 주변의 눈총이 심상치 않다. 들리는 말로는 "너만 깨끗하냐? 너만 양심적이냐?" 잘했다고 박수를 쳐줄 줄로 기대했는데 기대와는 다르다. 양심선언 이후 지지도가 현저히 떨어진다. 대선 경선에 나섰으나 지지도가 최하위권이다.

정직한 방법, 진실을 외면하는 시대가 되었다. 일하려면 로비스트라도 고용해야 한다. 관계자들과 잘 사귀어 놓아야 한다. 성실과 능력이 아니라 줄을 맺어 일하는 것이다. 물론 인간관계는 좋은 것이다. 그러나 진실을 제쳐두고 인간관계로만 일한다면 그 일이 잘 될 것이라는 희망을 가질 수 없다. 이 땅에 고정관념의 틀 속에서 다수의 힘으로 정직한 사람을 판단하고 넘어뜨리는 일이 비일비재하다. "그들의 마음은 기름에 잠겼으며 그들의 입은 교만하게 말하나이다 이제 우리가 걸어가는 것을 그들이 에워싸서 노려보고 땅에 넘어뜨리려 하나이다"(10~11절)

누구든지 자신의 정직과 진실을 드러내고 싶다. 그런데 막는 사람이 생긴다. 진실을 드러내면 권리를 잃을 수 있다는 협박성 충고도 빼놓지 않는다. 사실은 나를 위한 것이라기보다는 자신들의 거짓을 감추기 위한 것일 수 있다. 나를 도와주는 것이 아니라 나를 해치려 하고 있다. 그들의 모양이 우는 사자와 같다. "그는 그 움킨 것을 찢으려 하는 사자 같으며 은밀한 곳에 엎드린 젊은 사자 같으니이다"(12절) 사자같은 사람이 이처럼 변명할 것이다. "나도 한 때는 그랬다. 사람들과 환경이 나를 이렇게 만들어 놓았다"

자녀의 성적이 낮으면 화를 내도, 국가의 윤리 지수가 낮음을 애석해 하는 사람이 없다. 자녀의 성적을 높이기 위해 엄청난 학원비를 대도, 정직한 사람을 향한 후원에는 인색하다. 그들의 가지고 싶은 것은 오직 재물밖에 없다. 불의한 재물도 사양하지 않는다. 그리고 자녀들에게 물려준다. 자녀들 역시 불의한 사람으로 살아갈 것이다. "여호와여 이 세상에 살아 있는 동안 그들의 분깃을 받은 사람들에게서 주의 손으로 나를 구하소서 그들은 주의 재물로 배를 채우고 자녀로 만족하고 그들의 남은 산업을 그들의 어린 아이들에게 물려 주는 자니이다"(14절)

시편의 영성

않을까? "주께서 나를 판단하시며 주의 눈으로 공평함을 살피소서"(2절) 하나님이 나를 살펴보셨으나 흠을 찾을 수 없다. 그것은 내가 선하기 때문이 아니라 하나님이 나를 선하게 보셨기 때문이다. "주께서 내 마음을 시험하시고 밤에 내게 오시어서 나를 감찰하셨으나 흠을 찾지 못하셨사오니"(3절a) 왜냐하면 하나님을 최고로 여기기 때문이다. "나는 의로운 중에 주의 얼굴을 뵈오리니 깰 때에 주의 형상으로 만족하리이다"(15절)

하나님이 나를 그렇게 살펴보시는 데 내가 어찌 악인들과 똑같이 죄를 지을 수 있을까? 은혜 아래 있는 사람은 죄를 지을 수 없다(롬 6:15). "내가 결심하고 입으로 범죄하지 아니하리이다"(3절b) 사람들 사이에 눈에는 눈, 이에는 이라는 논리가 팽배해도 자칫하면 그 논리에 휩쓸려 나의 판단이 흐려지고 말의 실수가 나올지 모른다. 각별히 조심했던 자기를 하나님 앞에 아뢴다. "사람의 행사로 논하면 나는 주의 입술의 말씀을 따라 스스로 삼가서 포악한 자의 길을 가지 아니하였사오며 나의 걸음이 주의 길을 굳게 지키고 실족하지 아니하였나이다"(4~5절)

살피시는 하나님은 나의 사정을 듣고 계신다. 하나님은 나의 입으로 나오는 하소연 속에서 내 마음을 찾아내신다. 내 마음 깊은 곳에 감추어 둔 오만을 캐내신다. 나의 원통함도 들으시고, 진실도 밝혀 내신다. 하나님 앞에 내 허물이 드러나도 상관이 없다. 하나님이 듣기만 하시면 부르짖음을 먼저 들으실 것이다. 나의 허물 때문에 나의 부르짖음을 외면하시지는 않을 것이다. 하나님께서는 의를 위해 고난당하는 사람의 탄식과 호소에 귀를 기울이신다. "하나님이여 내게 응답하시겠으므로 내가 불렀사오니 내게 귀를 기울여 내 말을 들으소서"(6절)

하나님이 살피신다

모난 돌이 정 맞는 시대도 있었다. 그런데 시대가 바뀌었다. 튀는 말, 튀는 행동이 관심을 끌고 인기를 얻는다. 물론 진실이 담겨야 한다. 거짓은 금방 드러나고 식상하다. 진실이 담겨 있다면 그것이 튀는 말이라 할지라도 대중으로부터 인기를 얻는다. 월드컵에 뛴 선수 하나가 이런 경우이다. 그동안 인기를 얻었던 선배들을 제치고 젊은이들 말로 짱이 되었다. 신드롬이라고 표현하는 편이 낫다. 대중들은 말속에 거짓이 담겼는지, 진실이 있는지를 알아챈다. 거짓임이 판명되면 돌아선다. 언제 가까이 했는지 기억조차 하려들지 않는다.

멀리하는 경우가 한 가지 더 있다. 비록 진실이 보여도 자기들의 양심을 찌르는 말을 하면 또 멀리한다. 소수의 사람들 소위 양심이 있다고 하는 사람들이야 가까이 하고 지지하겠지만, 대부분의 사람들은 가까이하려 들지 않는다. 그 곁에 가면 가시에 찔릴까 염려하기 때문이다. 아무리 자기 잘못을 안다 할지라도 양심을 찔러대면 그 앞에 서기 두렵다. 품어주어야, 관대함을 보여주어야 가까이하려 든다. 잘못하는 것이라 할지라도 모른 척 눈감아주어야 그 곁에 다가갈 수 있다. 일단은 마음을 편하게 해 주기 때문이다.

대중들은 한두 번 모른 척 눈감아 주면 몽땅 눈감아 달라고 요구한다. 타협해 주기를 요구한다. 잘못한 것을 은근히 잘한 것으로 치켜 세워주기를 원한다. 권력자도 그렇다. 잘못한 것을 눈감아 주면 우리의 친구라고 치켜 세워준다. 그러나 예언자는 권력자일수록 더 정확하게 잘못을 지적한다. 돌려서 말하지도 않는다. 비유를 들어도 분명히 깨닫기 위한 방편으로 사용한다. 자신의 목숨까지 내 놓고 바른 말을 한다. 왜 그럴까? 하나님이 보고 계시기 때문이다. 사람의 의견보다 더 중요한 것이 하나님의 뜻이므로 하나님의 뜻을 따라야 한다.

사람에게서 실망하여도 믿음의 사람은 하나님을 찾는다. 하나님이 살피고 계심을 알기 때문이다. 하나님이 도와주셔야 한다. 그래야 핍박을 견딜 수 있다. "주께 피하는 자들을 그 일어나 치는 자들에게서 오른손으로 구원하시는 주여 주의 기이한 사랑을 나타내소서 나를 눈동자 같이 지키시고 주의 날개 그늘 아래에 감추사 내 앞에서 나를 압제하는 악인들과 나의 목숨을 노리는 원수들에게서 벗어나게 하소서"(7~9절) 하나님께서는 의인의 편이다. 하나님이 살피시고 의인을 구원하신다. "여호와여 일어나 그를 대항하여 넘어뜨리시고 주의 칼로 악인에게서 나의 영혼을 구원하소서"(13절)

유일의 영성과 요아스

변심

요아스 왕이 아세라 목상을 섬기고 있다. 전에는 여호와 하나님을 신실하게 섬겼었는데, 변심한 것 같다. 왕은 자신을 왕위에 올려주고, 신앙을 지도하던 대제사장 여호야다가 죽은 이후로 방종하기 시작하였다. 대제사장은 요아스의 목숨을 살려 준 사람이었다. 요아스를 왕위에 올려 주었다. 왕을 도와 영적 부흥을 주도한 인물이었다. 여호야다가 살았을 때의 왕의 믿음과 죽은 이후의 믿음이 다르다.

초창기 요아스는 여호와 앞에 정직히 행하였었다. 성전을 수리하였다. 악한 여인 아달랴가 통치할 당시 그녀의 아들들이 성전을 파괴하였기 때문이었다. 그녀는 성전의 기물들을 가져다가 바알 신전에 두었다. 하나님 앞에 정직한 사람이 성전을 그대로 둘 수 없었다. 레위 사람들에게 성전을 수리할 자금을 마련하라고 명령한다. 모금을 지시하였다. 그러나 레위 사람들이 빨리 진행하지 않는다. 요아스는 자신의 스승에게 빨리 진행할 것을 재촉한다. 왕의 명령으로 성전 문 밖에 함이 놓여진다. 모세의 법대로 세금을 함에 넣는다. 이 돈이 성전 수리에 사용된다.

그러던 왕이었는데, 이처럼 변심한 것이 믿어지지 않는다. 여호야다가 죽은 후 왕의 넋이 나갔다. 유다 방백들이 와서 왕에게 절하고 간 적이 있었는데, 그 이후로 왕의 태도가 바뀌었다. 방백들이 왕에게 뭐라고 소곤거렸기에 그런지 쉽게 이해가 되지 않는다. 요아스가 그처럼 줏대가 없는 사람이었는지조차도 이해되지 않는다. 당연히 요아스를 향한 경계가 있었다. 하나님이 선지자들을 보내셨다. 선지자들은 요아스에게 하나님께로 돌아갈 것을 촉구한다. 그러나 요아스가 듣지 않는다. 당연히 들어야 할 사람이 듣지 않는다. 이 때 여호야다의 아들 스가랴가 나서서 하나님의 심판을 예언한다.

왕이 화가 치민다. 그래도 내가 왕인데, 아무리 제사장이라도 선지자 노릇을 하며 내게 이렇게 무안을 줄 수 있다는 말인가? 참기 어려운 모욕이다. 옆에 있는 사람들도 왕을 부추긴다. 스가랴를 제거해야만 한다. 그래야 왕권이 확립될 것이다. 왕의 마음을 아는 몇몇 사람들이 스가랴를 죽일 모의를 한다. 킬러로 나선다. 성전 뜰에 들어선 스가랴에게 돌을 들어 던진다. 성전 뜰 안에서 살인을 저지른다. 요아스는 여호야다의 은혜를 까맣게 잊어버리고 그의 아들 스가랴를 죽도록 내버려둔다. 스가랴가 죽으며 하나님께 부르짖는다. "여호와는 감찰하시고 신원하여 주옵소서"(대하 24:22b)

혼합주의

이것도 좋고 저것도 좋다. 이런 신도 있을 수 있고, 저런 신도 있을 수 있다. 종교란 다 똑같은 것 아니냐? 이럴 수도 있고 저럴 수도 있지, 무엇을 믿든지 믿음은 다 같은 것 아니냐? 제법 그럴듯한 말이다. 그러나 그 마음 속에는 하나님 의식이 없다. 자신의 이성만 존재할 뿐이다. 사실상 이것저것 다 믿겠다는 것은 하나도 안 믿겠다는 것이다. 들리는 것이나 소개받는 것 모두 인정하겠다는 것은 하나도 인정하지 않겠다는 것이다. 언제든지 상황이 바뀌고, 생각이 바뀌면 종교도 믿음도 바꾸겠다는 태세이니 그는 아무 것도 믿지 않는 것이 타당할 것이다.

　장로가 불당에 가서 합장을 하고 있다. 표를 얻으려니 그런 것이려니 하고 치부하지만, 왠지 뒤가 찜찜하다. 불신자도 통일기도회 때는 강단에 올라온다. 축사한답시고, 사용하는 용어들이 교회에서는 한 번도 들어본 적 없는 어색한 말이다. 대우해 준다고 그렇겠지만 앉아있는 사람들에게서 어쩐지 불편한 느낌이 역력하다. 섞여 살 수 밖에 없는 세상이지만, 나와 다르면 인정해 주지 않으니 어쩔 수 없다. 짬뽕이 되자. 분명한 입장이 없어도 비슷하면 받아들여 주겠지. 실제로 비슷하면 받아들여주는 세상이다. 구태여 다르다고 원수질 일은 없지 않은가?

　무엇을 믿든지, 무엇을 행하든지 분명한 입장이 없다. 되는 대로 살아갈 뿐이다. 자신의 인생을 위해서는 분명한 확신이나 비전이 있다고 자랑하여도, 영적인 문제에 대하여는 도대체가 아는 것이 없다. 책 몇 권 읽고 교회당 몇 번 간 것으로 다 안다고 생각하고 떠들어도 다 아는 것이 아니다. 자기가 하는 말도 자기가 모른 채 주절거릴 정도이다. 그러니 이익이 있다 싶으면, 가까이 하고 믿는 체하다가 이익이 없다 싶으면 언제 그랬느냐 싶어 도망한다. 신앙 바꾸기를 손바닥 뒤집듯이 쉽게 생각한다. 말 바꾸기도 예사일 것이다.

　이중, 삼중의 하나님을 섬기고 있다. 입으로는 하나님이요, 머릿속으로는 돈이, 마음속으로는 권력 그리고 행함으로는 쾌락을 섬긴다. 신자들의 생각 속에 있는 복잡함은 좀처럼 치유하기 어렵다. 삶은 더 혼란스러울 뿐이다. 만사가 불통되는 것 같으니 신앙은 더 의기소침해지고 우울해진다. 영적 혼란 속에 사로잡혀 살기 때문이다. 혼합은 변심의 기회를 제공한다. 신자들이 이런 모양으로 산다면 불신자들의 혼합을 향해 뭐라 말할 수 없다. 뭐 묻은 개가 뭐 묻은 개를 나무란다고 아무도 들으려 하지 않을 것이다. 불신자들의 혼합을 그러려니 하고 치부하려하지만 그들의 영혼을 내버려 둘 수 없는데도 말이다.

영적 공격

다윗이 영적 공격을 받고 있다. 그에게서 사랑할 것이 수 없이 많다. 자기를 위해 목숨을 바쳐 준 부하 장수들이 사랑스럽다. 왕궁 안에 있는 여인들이 사랑스럽다. 여인들에게서 얻은 자기 자식들이 사랑스럽다. 자기를 믿고 따라주는 백성들이 사랑스럽다. 그렇다. 사랑해야 당연하다. 그런데 그들을 사랑하는 것이 시험거리가 될 수 있다. 그들이 나를 사랑하는 것은 인간으로서가 아니라 내가 권력을 쥐고 있기 때문이다. 권력을 잃으면 그들은 나를 대적할 것이다. 나를 "원수와 미워하는 자"(17절)로 대하고 환난과 사망의 날을 가져올 것이다. 그러므로 그 사랑의 대상이 완전하지도 영원하지도 않다.

백성들 역시 무지하기 짝이 없다. 배부르고 등 따스울 때는 왕을 존경한답시고 웃으며 대한다. 자기들끼리도 그럭저럭 잘 살아가는 것 같다. 그런데 조금이라도 불편하다 싶으면 불편한 심기를 드러낸다. 왕을 향해 원망하고, 자기들끼리 다툰다. 그들은 조금의 참을성도 없다. 자기들끼리 다툰 것에 대한 원인조차 왕에게 돌린다. 자기들의 잘못과 다툼에 대한 화살을 왕에게 돌린다. 서로 치고 받고 싸우다가 왕을 향하여 공격한다. 내 백성도 내가 믿을 수 없다니 이처럼 한심할 데가 또 어디 있을까?

내가 힘이 약해지기를 이제나저제나 기다리는 사람들이 있다. 이방인들이다. 나와 국적이 다른 사람들, 배경이 다른 사람들, 신앙이 다른 사람들이다. 혈통이 다른 사람들이다. 그들은 호시탐탐 나를 노리고 있다. 내가 약해지면 그들은 강해질 것이다. 내가 약해지면 나로부터 받은 은혜나 호의는 모두 잊어버릴 것이다. 반드시 나를 향해 대적할 것이다. 내 나라와 백성들을 점령하려 들것이다. 그러나 내가 강할 때 그들은 목숨을 부지하려고 약한 척 할 것이다. 내가 강하다는 소문만 들어도 벌벌 떨고 와서 엎드릴 것이다. 내게 충성을 맹세할 것이다(44~45절).

가족도, 백성도 이방인도 내 친구가 되지 않는다. 압살롬도, 아히도벨도 나를 대적하였다. 원수가 먼데 있는 것이 아니었다. 집안 사람도 원수가 될 수 있다. 그러니 이방인이 나를 경계하는 것이 당연하다. 가드 왕 아기스가 다윗을 친구로 받아들여 주지 않는다(삼상 21:14~15). 결별하면 그때부터 원수가 될 것이다. 온통 대적하는 자들이다. 대적에게 대하여 인정이니 사랑이니 하는 말은 어쭙잖은 휴머니즘이라는 조롱을 듣는다. 강포(強暴)해질 수밖에 없다. 강포해야 산다는 생존론이 등장한다. 상대방이 죽지 않으면 내가 죽는 생사를 건 싸움으로 발전한다.

시편의 영성

사람은 진정한 사랑의 대상이 아니다. 오직 하나님만이 나의 사랑의 대상이다. "나의 힘이신 여호와여 내가 주를 사랑하나이다"(1절) 사람은 나를 곤경에 빠뜨린 적이 많았다. 그러나 그때마다 하나님은 나를 건져 주셨다. 사람은 나를 배반한 적이 수 없이 많아도 하나님은 나를 향해 한결같이 대해 주셨다. 그 하나님은 내게 있어서, 내 인생의 의미이시다. "여호와는 나의 반석이시요 나의 요새시요 나를 건지시는 이시요 나의 하나님이시요 내가 그 안에 피할 나의 바위시요 나의 방패시요 나의 구원의 뿔이시요 나의 산성이시로다"(2절)

하나님은 내게 있어서 유일한 하나님이시다. 수많은 민족들이 제각기 우상을 자기 하나님으로 삼지만 헛고생을 할 뿐이다. 우상들이야 사람이 만든 것이고, 사람들에 의해 개념이 정해졌을 뿐이다. 그러나 우리 여호와는 스스로 계신 분이다(출 3:14). 그 분이 사람을 만드셨다. 그 분이 천지를 지으시고, 기초를 세우셨다. 그분이 온 세상을 움직이고 계신다. 내 영혼 속에는 오직 여호와 하나님 밖에 없다. 그분을 배제하고서는 내가 살아가는 의

미가 없다. "여호와 외에 누가 하나님이며 우리 하나님 외에 누가 반석이
냐"(31절)

나는 유일한 하나님을 알고 있다. 유일한 하나님을 신뢰하고 있다. 유일
한 하나님 여호와께 경배한다. 나는 그분과 함께 하는 것이, 그분 앞에 있
는 것이 즐겁다. "이는 내가 여호와의 도를 지키고 악하게 내 하나님을 떠
나지 아니하였으며"(21절) 그분이 말씀하신 것은 무엇이든지 지킨다. 어
려워도 지킨다. 그분의 말씀이 내 인생의 기준이다. "그의 모든 규례가 내
앞에 있고 내게서 그의 율례를 버리지 아니하였음이로다"(22절) 이것이
나 자신을 여호와 하나님 앞에서 성결하게 하는 길이다. "또한 나는 그의
앞에 완전하여 나의 죄악에서 스스로 자신을 지켰나니"(23절)

유일한 하나님 앞에서 할 수 있는 것은 유일하심을 믿고 따르는 것이다.
그런데 그 하나님이 내게 권능으로 행하셨다. 가족과의 갈등도 이기게 하
셨다. 백성의 다툼에서 건지셨다(43절). 이방인을 내 앞에 무릎을 꿇게하
고 나를 이방의 으뜸으로 삼으셨다. 내가 들어본 적이 없는 사람들도 나
를 찾아와서 엎드린다. 내가 할 수 없는 것을 하나님이 하셨다. 하나님의
권능이 내게서 드러났다. 하나님만이 불가능한 것이 없으신 유일한 권능
의 하나님이시다. 혼합과 영적 공격에서 의를 행하는 사람들에게 권능으
로 갚아주셨다. "그러므로 여호와께서 내 의를 따라 갚으시되 그의 목전
에서 내 손이 깨끗한 만큼 내게 갚으셨도다"(24절)

일편단심

성전 뜰에서 돌에 맞아 죽어가는 스가랴의 절규를 하나님께서 들으셨다. 일 년이 지난 후 아람 군대의 침략 앞에 요아스 왕이 대패하고 부상을 당한다. 성경은 하나님이 그를 버리셨다고 증언한다. 반역이 일어났고 스가랴의 죽음을 침통하게 생각하던 신하들이 침상에 누운 요아스를 죽였다. 왕권을 지키려고 선지자를 죽였는데 오히려 그것을 빌미로 왕권을 잃었다. 심지어 요아스는 왕들이 묻힌 묘지에도 묻히지 못했다. 혼합과 변심이 당시에는 좋았어도, 결과적으로 손해였다. 죽은 후에 아무도 애통해 하지 않는다.

우리는 일편단심(一片丹心)을 노래한 선비를 기억하고 있다. 그의 노래 단심가(丹心歌)를 외우는 사람이 많다. 그럼에도 단심이 아닌 복합 심리를 가진 사람이 많은 시대이다. 단심가는 봉건주의 시대에나 맞는 노래였다. 주장을 제기할 수 있다. 하기야 선택의 자유를 존중하는 민주주의 시대에 단심을 가지고 충성할 대상을 찾기 어렵다. 아무리 그렇더라도 복합 심리를 좋아할 사람은 없을 것 같다. 만나는 사람과의 관계에서도 단심이라면 칭찬받을 것이 당연하다. 이익을 따지지 않고, 처음부터 끝까지 일관성을 가지면 신뢰받을 것이다.

그러나 사람과의 관계만 아니라, 하나님과의 관계에서는 더욱 단심이어야 하지 않을까? 요아스의 변심보다는 스가랴의 단심이 더 존경받지만 따라하지는 않는다. 변심하고 영화를 누리는 것이 단심으로 순교하는 것보다는 편한 일이니 말이다. 신앙은 일편단심이다. 그것은 하나님의 유일성 때문이다. 하나님을 향하여 두 마음을 품을 수야 없지 않은가? 하나님이 우리의 두 마음을 모르실 리 없는데도 우리는 여전히 두 마음, 세 마음을 품은 채 산다. 교만한 인간은 하나님을 향해 선택하려 든다. 자기를 하나님 자리에 놓는 교만이다. 단심이 곧 겸손이요, 단심이 곧 신앙의 모양이다.

여호와 하나님 그분은 찬송의 대상이다. "내가 찬송 받으실 여호와께 아뢰리니 내 원수들에게서 구원을 얻으리로다"(3절) 하나님은 기도의 대상이시다. "내가 환난 중에서 여호와께 아뢰며 나의 하나님께 부르짖었더니"(6절a) 여러 대상이 다 받을 수 있는 찬송과 기도가 아니다. 유일한 하나님만이 받아야 할 찬송과 기도이다. 유일한 하나님 앞에 마음으로 찬송과 기도를 드릴 수 없다. 오직 한 마음만 있어야 한다. 유일한 하나님을 향해서는 단 하나의 깨끗한 마음만이 필요하다. "깨끗한 자에게는 주의 깨끗하심을 보이시며 사악한 자에게는 주의 거스르심을 보이시리니 주께서 곤고한 백성은 구원하시고 교만한 눈은 낮추시리이다"(26~27절)

계시의 영성과 노아

의인 노아

노아는 의인이라 불렸다. 그는 당대의 사람들과는 달리 하나님과 동행하였다(창 6:9). 사람들은 하나님을 떠나 있었다. 심지어는 하나님의 아들이라 불리던 사람들마저도 하나님보다는 먹고 마시고 장가가는 일에 더 많은 관심을 가졌다. 관심은 곧 행동으로 나타난다. 하나님의 아들들이 사람의 딸들과 결혼하였다. 사람들의 계획은 항상 악하였고, 땅에는 포악함만 가득하였다. 선한 모양을 찾기 어렵다. 하나님께서 눈을 씻고 선한 모양을 찾으려 하신다. 그럼에도 단 한 사람 외에는 보이지 않는다. 노아 외에는 그 누구도 선한 사람이 없다.

오죽하였으면 하나님이 사람 지으신 것을 후회하셨을까? 하나님은 악한 세상을 뒤엎을 계획을 세우셨다. 세상이 새로워져야 한다. 새로워지기 위해서 기존의 것들은 사라져야 한다. 사람뿐만 아니라 동물들까지도 – 들짐승, 날짐승, 곤충들이 악한 사람들과 함께 사라질 것이다. 사람은 타락의 주체요, 선두주자였다. 사람의 타락과 함께 온 세상이 타락했다. 악을 조장하는 사람이 희생당하는 것이 당연하다. 그런데 타락의 땅에 사는 동물들까지 함께 희생당한다. 왜 그럴까? 악한 것들이 사라지고 선한 씨앗이 남아야 한다. 선한 씨앗으로 하여금 선한 열매를 맺도록 해야 한다. 선한 씨앗이 누군가? 노아와 그의 가족들이다. 그리고 동물들은 종족 보존을 위한 최소한의 숫자만 남을 것이다.

하나님은 세상을 새롭게 하실 구체적인 계획을 세우셨다. 그리고 그 계획을 노아에게 알리신다. "방주를 지어라. 방주 안으로 들어가라. 짐승들도 암수 한 쌍씩 방주로 들어갈 것이다" 노아는 말씀을 받았다. 방주를 지으라는 명령에 순종한다. 아이들 찬송도 있지 않은가? "노아 할아버지 배를 짓는다" 120년 동안 방주를 짓는다. 120년이라는 세월이 말이 쉽지 상상만 해도 엄청나다. 100년 걸려 건설한 하버 브리지(호주 시드니 소재)를 두고 놀라운 일이라고 찬사를 보내는데, 120년 걸려 지은 방주를 두고 놀라지 않는다면 상상력의 부족하거나, 감성이 부족한 사람임에 틀림없다.

방주 안으로 온갖 짐승들이 들어온다. 짐승들이 스스로 찾아온다. 그리고 노아가 배정하는 자리를 찾아가 들어간다. 짐승이 움직이는 것을 무엇으로 설명할 수 있을까? 짐승들만이 가진 독특한 감각이라고 표현하면 적절할까? 홍수가 올 것이라는 직감을 가지고 움직였을까? 그렇다면 그 직감은 누가 주셨을까? 하나님이 주신 것 아닌가? 짐승들이 움직이는 것은 하나님의 다스리심이 아니고서는 설명할 길이 없다. 짐승들이 찾아오는 것을 보고 노아의 느낌이 어떠했을까? 신기하다고 생각할까? 혹은 당연하다고 생각할까? 어떤 느낌이든지 복합적으로 가지고 있었을 것이다.

전도사

월드컵 성공 요인 중에 IT 산업이 중요한 요인이었단다. 거리마다 응원단에게 대형 화면을 보일 수 있었던 것, 인터넷으로 축구 소식을 세계 곳곳에 신속히 전달하는 것 등 IT 산업의 위력이 대단하였다. 이 산업은 젊은이를 중심으로 폭발적인 관심을 받고 발전하였다. 그러나 이러한 발전 뒤에는 숨은 공로자가 있게 마련이다. 산업의 발전을 위해 비전을 세우고 끈덕지게 노력한 사람들이다. 이 산업이 장차 한국을 살릴 것이라고 역설하고 다니는 사람들이다. 사람들은 이런 선각자들을 향해 전도사라고 부른다. 일명 IT 전도사 혹은 정보화 전도사이다.

교회 안에만 전도사가 있는 것이 아니라, 바깥세상에도 전도사가 있다. 복음만 전하는 전도사가 있는 줄로 알았는데, 복음 외의 것에 전도사를 붙이는 경우를 보았다. 정보화 전도사, 축구 전도사, 문화 전도사, 예절 전도사, 통신 전도사, 건강 전도사, 식생활 전도사 등 전도사 타이틀을 붙인 사람이 수없이 많다. 스스로 자기를 전도사라고 부르지는 않는다. 다른 사람이 그의 열정을 높이 사서 전도사라고 붙여주는 것이다. 그의 열정이 남다르고, 열정이 머물러 있는 것이 아니라 전염되고 확산되어 다른 사람을 움직이고 있기 때문이다.

노아는 의의 전도사이다(벧후 2:5). 그는 의인이었다. 의로운 성품을 가졌고, 의로운 행동을 하였다. 노아는 홍수가 있을 것이라는 하나님의 말씀을 믿었다. 이 믿음이 그로 하여금 순종하여 방주를 짓게 한다(히 11:7). 믿음도 의로움이요, 순종도 의로움이다. 방주를 짓는 수고도 의로운 일이다. 왜 방주를 짓는지 그 이유를 설명하는 것도 의로운 일이다. 노아 혼자만 살려고 하지는 않았을 것이다. 어떻게든 홍수를 모면하고 싶다. 나름대로 홍수를 모면할 길, 혹은 홍수가 와도 살길을 모색하고 사람들에게 알려주었을 것이다. 알리는 일은 의를 전파함이다. 노아는 의의 후사가 되었다(히 11:7).

노아는 하나님이 하시는 일을 여러 가지로 경험하였다. 하나님의 계획을 들었다. 하나님의 뜻에 의해 자연이 움직이는 것을 보았다. 짐승들이 움직이는 것을 보았다. 그 짐승들과 함께 방주에서 지냈다. 대 홍수를 경험하였다. 홍수 후에는 하나님의 축복과 약속을 모두 경험하였다. 하나님이 우리에게 알리시는 방법이 무엇인가? 계시이다. 계시는 감추어진 하나님의 뜻을 사람들에게 알리는 것이다. 계시가 점점 드러나며 자연만물을 통해

나타난다. 하나님의 직접적인 말씀을 통해서도 나타난다. 노아는 하나님의
다양한 계시를 경험하였다. 의의 전도사는 다름 아닌 계시에 의해 생각하
고 움직이는 사람이다.

계시

계시에는 두 가지 유형이 있다. 자연계시와 초자연 계시이다. 자연계시
가 있느냐 없느냐의 논쟁도 있었으나 거기에 연연하지 않겠다. 다만 성경
이 무엇을 말하고 있느냐가 중요하다. 초자연 계시가 과연 유효한가의 의
문도 있으나 그것도 논의할 필요가 없다. 그런 논의는 곁가지로 나갈 뿐이
다. 노아는 자연계시를 보았다. 짐승이 움직이는 것, 홍수로 세상이 바뀌는
것을 보았다. 그리고 초자연 계시도 경험하였다. 하나님의 말씀을 들었고,
축복도 받았다. 그는 말씀에 의거해서 살았다. 초자연 계시에 대한 믿음이
그의 삶을 움직이는 동기였다.

자연계시는 하나님이 허락하신 계시의 방법이다. 우주공간이 계시의 방
법이다. 그것들이 하나님의 위대하심을 드러내고 있다. "하늘이 하나님의
영광을 선포하고 궁창이 그의 손으로 하신 일을 나타내는도다"(1절) 눈으로
보이지 않는 무한대의 공간도 계시의 방법이다. "창세로부터 그의 보이지
아니하는 것들 곧 그의 영원하신 능력과 신성이 그가 만드신 만물에 분명
히 보여 알려졌나니"(롬 1:20a) 우리의 육신이 머물고 있는 공간, 우리의 상
상력을 펼칠 수 있는 공간이 계시로 주어졌다. 그 공간은 하나님의 것이다.
하나님의 마음대로 움직이실 수 있다. "하나님이 해를 위하여 하늘에 장막
을 베푸셨도다"(4절b)

시간도 하나님의 계시이다. 시간은 손으로 만질 수도 없고, 모양과 형상

을 만들어낼 수 없는 관념이다. 그럼에도 시간은 우리 삶에서 떼어낼 수 없다. 산 사람뿐만 아니라 죽은 사람까지도 시간과 관련이 있다. 죽은 사람이 산 사람에게 잊히는 것도 시간이 지나면 판가름 난다. 시간이 하나님의 계시의 방법이다. "날은 날에게 말하고 밤은 밤에게 지식을 전하니"(2절) 시간이 연결되는 역사가 계시이다. 사람만이 역사를 평가하는 혜안을 가졌다. 과거를 보고 현재를 진단하고 미래를 예측한다.

우주를 이루는 자연이 계시이다. 하늘에 떠 있는 태양은 어떤가? 그것이 하나님의 계시와 상관이 없는가? 전혀 그렇지 않다. 태양이 하나님에 의해 계획된 대로 움직인다. 계시에 의한 움직임이다. "해는 그의 신방에서 나오는 신랑과 같고 그 길을 달리기 기뻐하는 장사 같아서 하늘 이 끝에서 나와서 하늘 저 끝까지 운행함이여 그의 열기에 피할 자가 없도다"(5~6절) 인간의 삶에 영향을 주는 자연현상이 곧 하나님의 계시이다. 구약성경을 보라 하나님이 이스라엘을 위해 자연현상을 동원하신 것이 수 없이 많지 않은가? 도와주신 적도 있고, 벌하신 적도 있다. 어느 경우이든 하나님의 계시임을 부정할 수 없다.

시편의 영성

시편은 자연계시 곧 일반계시를 인정한다. 나아가 초자연의 영성, 초자연의 계시를 강조한다. 그것은 하나님이 사람에게 주신 말씀과 관련이 있다. 자연계시인 우주 공간 속에 초자연의 계시가 가득하다. 볼 수 없는 것들이 있으나 소리로 들릴 수는 있다. 들리는 소리만 있어도 인정할 수 있다. 그런데 들리는 것이 없다. 계시가 없는 듯이 보인다. 그러나 한 가지가 들린다. 그것은 하나님의 말씀이다. "언어가 없고 말씀도 없으며 들리는 소리도 없으나 그의 소리가 온 땅에 통하고 그 말씀이 세계 끝까지 이르도다"

(3~4절 a) 들리는 하나님의 말씀이 계시이다. 아주 특별한 계시이며, 사람의 관념과 상상력을 뛰어넘는 초자연의 계시이다.

초자연 계시는 하나님으로부터 나온, 하나님에 의한, 하나님의 표현이다. 초자연 계시가 다양하게 표현된다. 그리고 형용사를 사용하여 계시를 묘사한다. 동시에 계시는 그 자체로 고정되어 있지 않다. 계시는 반드시 계시를 받는 사람을 움직인다. 계시를 받는 사람에게 어떤 변화를 일으킨다. 하나님의 초자연 계시라면 계시를 받는 사람이 변화하는 것이 당연하다. "여호와의 율법은 완전하여 영혼을 소성시키며 여호와의 증거는 확실하여 우둔한 자를 지혜롭게 하며 여호와의 교훈은 정직하여 마음을 기쁘게 하고 여호와의 계명은 순결하여 눈을 밝게 하시도다"(7~8절)

계시는 시간의 제약을 받지도 않는다. 그 계시는 사람의 판단도 받지 않는다. "여호와를 경외하는 도는 정결하여 영원까지 이르고 여호와의 법도 진실하여 다 의로우니"(9절) 계시의 시간을 정하려는 시도는 계시의 성격을 오해하기 때문이다. 계시를 제약하고 옳고 그름을 판단하려 드는 시도는 교만이다. 하나님이 하신 일을 사람이 어찌 따질 수 있다는 말인가? 하나님 앞에서 자신의 판단과 정립한 이론이 옳다고 끝까지 고집할 수 있는가? 나와 다른 사람을 정죄하는 실수는 범하지 않을까? 원칙을 알고 있으면 될 것을 욕심부려 자세히 설명하려다가 계시를 오해하게 만들지는 않을까? 하나님이 내게 주는 것을 기쁘게 받으면 된다. 그렇다고 하나님은 사람에게 계시를 전혀 모르거나, 어렴풋이 아는 것을 원하시지 않는다. 몽롱한 사람, 무지한 사람에게서 하나님이 무엇을 기대하실까? 계시를 알되 자신의 생각을 접고 하나님의 것으로 받아들여야 한다. 계시 속에 담긴 비밀을 금을 캐내듯이 탐구하는 열정도 필요하다. 그것은 사모함이다. 사모하는 사람은 계시를 받는 재미가 곶감을 먹는 재미보다 더 짜릿할 것이다. 계시의 가치를 금보다 더 귀하게 여기고, 계시를 받는 재미가 꿀을 먹는 것보다 더 즐겁다. "금 곧 많은 순금보다 더 사모할 것이며 꿀과 송이꿀보다 더 달도다"(10절)

새 인생

계시는 그 자체로 가치가 있다. 하나님의 뜻이 그 속에 담겨있기 때문이다. 그러나 계시는 사람에게 영향을 끼치며 그 진가를 발휘한다. 단어의 뜻처럼 드러나야 한다. 계시를 받은 사람은 그 계시에 의해 말과 행동을 절제한다. 계시가 자신의 삶과 생활을 훈계한다. 잘못한 것에 대하여 경고한다. 계시를 마음의 귀로 듣는다. 그리고 계시를 지킨다. 지키는 사람에게 상이 있을 것이라는 희망을 가지고 있다. "또 주의 종이 이것으로 경고를 받고 이것을 지킴으로 상이 크니이다"(11절) 주의 종은 삶의 기준을 계시로 바꾸었다. 자신 안에서 놀라운 변화 곧 회개가 일어났다. 주의 종은 자기도 모르게 계시의 전도사가 된다.

회개한 사람은 과거와의 새로운 관계가 형성된다. 과거가 자신을 지배하지 못하게 한다. 죄악된 과거가 자신을 지배한다면 그는 여전히 죄의 영향에서 벗어나지 못하고 있는 것이다. 우리는 죄악의 연속성 속에서 살아가고 있다. 그러나 계시는 죄악을 끊는 힘을 가진다. 계시를 주신 하나님이 그것들을 끊게 해 주신다. "자기 허물을 능히 깨달을 자 누구리요 나를 숨은 허물에서 벗어나게 하소서"(12절) 계시를 받은 사람은 죄악이 자신에게 영향을 끼치지 못하도록 간구한다. "또 주의 종에게 고의로 죄를 짓지 말게 하사 그 죄가 나를 주장하지 못하게 하소서 그리하면 내가 정직하여 큰 죄과에서 벗어나겠나이다"(13절)

죄인은 죄에 파묻혀 옳고 그름도 분별하지 못한다. 그러니 죄에서 떠나기를 간구할 수도 없다. 죄의 영향에서 벗어나고자 하는 사람이 누구인가? 그가 의인이 아닌가? 의인이기에 이렇게 간구할 수 있다. 의인은 자신 혼자만 고결한 채 살아가는 사람이 아니다. 사람들과 어울려 적극적으로 의를 행한다. 회개를 촉구한다. 산 속에 있는 의인은 의인의 삶을 포기한 셈이다. 세상에서 의를 행하는 의인이 의의 영향을 끼친다. 계시를 받은 사람

164

은 자신과 다른 사람에게 의의 영향이 미치기를 간구한다. 의의 전도사가
되어 있다.

의인의 기준은 하나님과의 관계이다. 계시의 수용여부가 의인을 판가름
한다. 계시를 받은 사람은 계시를 계속 수용하기 원한다. 하나님과의 관계
를 지속하기 원한다. 그 지속은 말씀을 통해 이루어진다. 의인은 말씀에 의
해 말하고, 말씀을 묵상한다. 그의 말과 묵상이 혼자 만의 것이 아니다. 하
나님이 듣고 알고 계신다. 하나님 앞에서 살고 있기 때문이다. 말과 묵상은
하나님 앞에서 하는 것이다. 그러므로 하나님이 자신의 말과 묵상을 들어
주시기 원한다. "나의 반석이시요 나의 구속자이신 여호와여 내 입의 말과
마음의 묵상이 주님 앞에 열납되기를 원하나이다"(14절). 의인은 어느 새
말씀의 전도사가 되어 있다.

축복의 영성과 레위

저주에서 축복으로

레위는 화가 치밀어 올랐다. 분해서 견딜 수 없다. 하나밖에 없는 여동생이 불한당 놈에게 성폭행을 당했다. 여동생의 상처보다는 여동생을 지키지 못했다는 죄책감이 가세하여 분노가 폭발할 지경이다. 당장에 어떻게 해 보고 싶지만 방법이 없다. 세겜 성의 사람들보다는 수적 열세이기 때문이다. 그런데 기회가 왔다. 세겜 성의 남자들이 할례를 받은 직후 끙끙 앓고 있다. 남자들이 활동하기 어려운 기회에 세겜 성을 쓸어버렸다. 레위는 바로 위의 형 시므온과 함께 세겜 성을 기습하였다. 남자들을 모두 죽이고, 여자와 아이들을 포로로 잡아왔다. 세겜 성의 재산을 전리품 삼아 가지고 돌아왔다.

이전에 세겜 성의 추장 하몰이 아들을 위해 야곱에게 통혼을 제의했었다. 야곱의 아들들은 세겜 성 남자들이 할례를 받아야만 허락하겠노라고 대답한다. 하몰은 남자들을 설득한다. 야곱의 재산이 모두 우리들 것이 되려면 이 정도 고통은 참을 수 있지 않느냐고 말이다. 그러나 그것이 함정인 줄 몰랐다. 야곱의 아들들의 계략에 세겜 성 남자들이 말려들었다. 야곱의 아들들은 제안을 수락하는 척 하고는 세겜 성 남자들을 향해 원수를 갚는다. 세겜 성 남자들은 야곱의 재산을 얻으려다 목숨을 잃었다. 불량배 아들 하나 때문에 성 하나가 통째로 없어진다.

레아는 레위를 낳으면서 남편과 연합하였다는 의미로 이 이름을 붙여주었다. 그의 이름 자체가 축복이다. 부부간의 친밀함이 증명되는 이름이다. 부모의 친밀함이 자녀에게는 축복이다. 그런데 레위가 저주를 받았다. 아버지 야곱이 세겜 성 노략에 대하여 시므온과 레위를 강하게 책망한다. 두 아들은 여동생이 수모를 당했으니 원수를 갚는 것이 당연하다고 항변한다. 아버지 야곱의 말문이 막힌다. 잘못을 깨닫지는 못하고 오히려 잘했다고 우기고 있으니 말이다. 문제는 야곱이 죽으면서 레위를 향해 하는 말이다. 그 말의 내용이 저주였다. "그 노여움이 혹독하니 저주를 받을 것이요 분기가 맹렬하니 저주를 받을 것이라 내가 그들을 야곱 중에서 나누며 이스라엘 중에서 흩으리로다"(창 49:7)

레위가 저주를 받았으면 그 후손들은 어떨까? 후손들은 저주의 자식들이 아닌가? 영원토록 저주의 구렁텅이에 빠져 살 것이 아닌가? 그런데 레위의 후손들은 저주가 아닌 축복의 자녀로 바뀌었다. 남을 축복할 수 있는 사람이 되었다. 왜 그랬을까? 온 민족이 우상을 숭배하여도 레위 자손은 그렇지 않았다. 사람들이 금송아지를 만들어 그 앞에서 웃고 떠들지만 오직 레위 자손만은 여호와의 편이었다(출 32:26). 레위 자손들이 하나님께 헌신하였고, 모세로부터 축복의 말을 들었다(출 32:29). 그리고 레위는 축복하는 직책을 받았다(신 10:8, 21:5). 야곱의 저주가 레위 자손에게서 끊어졌다. 축복이 레위 자손의 미래가 되었다.

누구를 위함인가

외형적으로 볼 때 레위의 세겜 성 기습은 자기를 위한 것이 아니었다. 여동생의 원수를 갚는 것이요, 가문의 치욕을 회복하는 것이었다. 그러나 내면적으로 보면 자기를 위한 것이었다. 자기의 감정을 해소하기 위한 방편이었다. 분노와 억울함, 미움과 살기를 세겜 성 공략으로 해소하였다. 남자들을 몰살시키고, 포로를 잡으며, 노략물을 취하는 것은 잃었던 자존심을 회복시키는 것이었다. 그들에게 원수를 갚는 것은 당연하다고 생각했다. 동시에 자기들의 이런 호전적인 성격을 주변 부족들이 알면 함부로 대하지 못할 것이라는 포석도 생각한다. 따지고 보면 자기를 위한 기습이었다.

그러나 그 기습의 결과는 무엇인가? 아버지의 책망 뿐이었다. 책망에 대하여 잘못을 깨닫지도 않고, 용서를 구하지 않는 아들들의 호전적인 성격이 두고두고 아버지의 마음에 상처를 주었다. 오죽하면 죽을 때 가서 아들에게 저주를 퍼부었을까? 가족은 거기서 머물지 못하고 다시 여행을 해야 했다. 물론 야곱의 아들들의 용맹이 주변에 알려지면서 주변의 부족국가들이 야곱의 가족들을 넘볼 수 없었다. 그러나 그것은 레위와 시므온의 용맹 때문에 아니다. 주변의 고을들에게 겁을 집어먹게 한 것은 하나님이 하신 일이었다. 하나님이 약속을 지키려고 벧엘로 올라가는 것을 야곱을 보시고 도와주시고 있기 때문이었다(창 35:5).

공동체를 위한다는 명분은 세우지만 실상 자기들의 고집대로 하는 사람들이 이 땅에 너무 많다. 정치가들이 중요한 결정을 앞에 두고 하는 말은 "국민의 뜻"이다. 국민의 뜻 때문에 그렇게 결정했다는 것이다. 자기 욕심이 담긴 것이 명백함에도 불구하고, 그 욕심의 불합리함에 대하여 공격을 당해도 자기의 뜻을 전혀 굽히지 않는다. 요지부동이다. 물론 반대자들을 향하여 저주에 가까운 비난을 퍼붓는 것도 빼놓지 않는다. 이유는 오직 하나 국민들의 뜻이기 때문이란다. 사실 그것은 국민의 뜻이 아니다. 국민의 뜻은 제대로 전달되지 않았다. 자칭 국민의 뜻을 대변한다는 몇몇 사람이 달콤한 말을 국민의 뜻으로 받아들였을 뿐이다.

개헌을 하는 것도, 대통령 선거에 출마하는 것도, 정당을 헤쳐 모여 하는 것도 모두 국민의 뜻이란다. 실패할 때는 실패하더라도 끝까지 밀어붙여 본다. 중도에 포기하는 것은 없다. 당장에 환호하는 사람들이 있으니 국민의 뜻이 분명한 것 같다. 반대하는 사람, 모략하는 사람은 일부분이고 대부분의 국민은 지지할 것이라고 착각하고 있다. 표 대결을 벌인 이후에야 국민의 뜻이 명백하게 드러난다. 실패가 사실로 확인되면 비로소 국민의 뜻을 겸허하게 수용하겠단다. 정치적 반대자들, 승자들에 대한 축복은 전혀 언급하지 않고서 말이다. 웬 국민의 뜻이 그렇게도 자주 변하는가? 사실 그들에게 있어 국민의 뜻을 판단하는 기준이 변하는 것이다.

너의 철학

마틴 부버는 『나와 너』라는 책에서 두 가지 인간관계의 유형 곧 인격적인 인간관계와 비인격적 인간관계를 말하고 있다. 인격적 인간관계란 서로 상대방의 인격을 인정해 주고 사랑과 신뢰를 가지는 '나와 너'의 관계이다. 이것은 아름다운 관계로 만나는 것이다. 한편 비인격적 관계는 상대방을 이용가치나 상품가치로 취급하는 '나와 그것'의 관계이다. 이 관계는 서로에 대해 필요성이 사라질 때 즉시 헤어질 수 있다. 누구나 깨어질 가능성을 가진 비인격적 인간관계를 경험한다. 그만큼 인간은 연약하다.

비인격적 인간관계를 인격적 인간관계로 승화시키려면 어떻게 해야 할까? 제3의 중재자 곧 하나님이 계셔야 한다. 마틴 부버의 이 제안은 시편 20편의 빛 아래서 보면 전적으로 옳다. 인간은 하나님을 통해 '나와 그것'의 관계가 아닌 '나와 너'의 관계를 경험한다. 정치판에서는 '나와 너'가 없다. '나와 그것'만 존재할 뿐이다. 하나님을 도외시한 인간, 하나님을 배제한 집단에서의 인간관계는 인격적 관계를 기대할 수 없다. 비인격적 인간관계만 있을 뿐이다. 특히 정치를 사기술의 수준으로 격하시키는 사람에게는 더욱 그렇다.

일본 아이들은 어려서부터 남에게 피해를 입히지 말라는 말을 귀에 못이 박히도록 듣는다. 그들의 미덕은 남에게 피해를 입히지 않는 것이다. 남의 기분을 상하게 하는 것도 일종의 피해이다. 그래서 그런지 기분이 나빠도 웃으면서 허리를 굽혀 '하이(네)'를 남발한다. 미국은 이웃을 도와주라는 말을 자주 듣는다. 그들의 미덕은 이웃을 돕는 것이다. 봉사활동이 미덕이다. 이웃을 돕는 일이라면 조금씩 자주 기부한다. 우리는 어떤가? 나만 잘되면 된다. 부모는 자녀에게 양보와 봉사를 가르치지 않는다. 어떻게든 경쟁에서 이기기를 바란다. 봉사조차도 점수로 평가하는 세상이니 이 땅의 이웃은 영원히 '그것'의 수준에 머무른다.

학생들의 학교 성적 등급이 상급학교 입시에 영향을 미친다. 친구 성적은 떨어져도 내 성적은 올라야 한다. 친구를 인생의 동반자가 아닌 경쟁자로 생각하게 하는 정책당국자들이 문제이다. 풍토를 개선하려는 생각은 없고, 뒤따라갈 뿐이다. 학생들이 그렇게 생각하지 않아도, 당국자들이 미처 생각하지 못했어도, 의식구조 속에 경쟁자 의식이 담겨있다. 이런 의식 속에 친구는 '너'가 아니라 '그것'이 된다. 직장 동료도 '너'가 아닌 '그것', 이웃도 '너'가 아닌 '그것'이다. '나와 그것'의 관계가 압도적으로 많다. '나와 그것'에는 영원한 에너지가 없다. '나와 너'에게는 보이지 않는 에너지, 신비한 에너지, 영원한 에너지가 존재한다.

시편의 영성

시편 20편은 유독 2인칭 표현이 많이 등장한다. 한글 개역에서는 9번, 개역개정에서는 10번, NIV에서는 12번이나 나타난다. 70인역은 10번, 히브리어 성서는 10번이 등장한다. (70인역에는 2인칭 대명사의 소유격이 8회, 여격이 2회이다. 히브리어 성서는 2인칭 접미어가 붙은 동사가 3회, 명사가 7회이다) 여기 등장하는 '너'는 어떤 사람인가? 환난을 당할 수 있는 약한 인간이다. 그러나 하나님의 도우심을 받는 사람이다. "환난 날에 여호와께서 네게 응답하시고,

야곱의 하나님이 너를 높이 드시며"(1절) 하나님 안에서 강할 수 있는 사람이다. 이것이 '너'를 향한 하나님의 은혜이다. '내 아들아 그러므로 너는 그리스도 예수 안에 있는 은혜 가운데서 강하고"(딤후 2:1)

'너'는 하나님 곁에 있는 사람이다. 하나님의 자리에 찾아가 하나님으로부터 도우심의 은혜, 붙들림의 은혜를 받는 사람이다. "성소에서 너를 도와 주시고 시온에서 너를 붙드시며"(2절) 하나님께 예배드리는 사람이다. 예배드림이 받아들여지는 사람이다. "네 모든 소제를 기억하시며 네 번제를 받아 주시기를 원하노라(셀라)"(3절) '너'는 마음의 소원이 하나님께 보여진 사람이며, 계획한 것에 대한 하나님의 이루심을 보는 사람이다. "네 마음의 소원대로 허락하시고 네 모든 계획을 이루어 주시기를 원하노라"(4절) 그러므로 '너'는 하나님과의 관계가 정상인 사람이다.

'너'의 축복을 보는 '나'는 즐겁기 한량없다. '나'의 공동체 곧 '우리'는 '너'의 축복을 기뻐한다. '너'의 성공은 '우리'의 노래 주제이다. '우리'는 모두 '너'의 잘됨을 하나님의 이름으로 축하하는 사람들이다. "우리가 너의 승리로 말미암아 개가를 부르며 우리 하나님의 이름으로 우리의 깃발을 세우리니"(5절a) '우리'는 여전히 '너'를 축복한다. '너'의 기도를 하나님이 이루실 것이다. 이것이 '너'에게 복이다. "여호와께서 네 모든 기도를 이루어 주시기를 원하노라"(5절b) '너'를 향한 축복의 주체는 하나님이시다. '너와 나' 사이에 중재자 하나님이 계신다. '너'는 나에게 있어서 진정한 너이다.

여기 '너'는 하나님의 기름부음을 받은 사람이다. 하나님의 부름을 받은 사람이요, 하나님에 의해 선택된 사람이다. '너'는 하나님께 소속된 사람이다. 하나님이 세우신 사람이요, 하나님이 특별한 능력을 허락하심으로 사용하시는 사람이다. "여호와께서 자기에게 기름 부음 받은 자를 구원하시는 줄 이제 내가 아노니"(6절a) '기름 부음 받은 자'는 곧 왕을 말한다. 기름 부음은 왕으로 선택되었다는 공식적이고 공개적인 절차이다. 왕은

축복의 삶

'너'는 '나' 자신이며, 자아이다. '너'는 '나'의 거울이다. 거울보고 말하는 것은 모두 자기를 향하여 말하는 것이다. 거울에 비친 너에게 저주를 퍼부을 수 없다. 축복하는 것이 당연하다. 너는 타인일 수 있다. 그러나 그 타인은 나와 같은 타인이다. 너와 나는 마음이 통해 있다. '너와 나'는 같은 공동체를 이루고 있다. 타인을 향한 언행이 내게 돌아올 수 있다. 똑같이 돌아온다. 자비를 베풀면 자비로 돌아오고, 원수를 갚으면 원수 갚음으로 돌아온다. 심는 대로 거두는 원리가 인간 관계에서도 나타난다. 하나님이 '너와 나'의 관계, 우리 공동체 안에 계시다.

시편 20편은 전쟁에 나가는 왕을 위하는 예배 시편이다. 전쟁에 임하는 왕을 위한 축복의 기도이다. 보이는 왕은 인간 다윗이다. 그러나 왕 뒤에 보이지 않는 왕 곧 하나님이 계시다. 보이지 않는 왕이 보이는 왕을 지배한다. 그리고 대신 싸우신다. 보이는 왕을 승리하게 하신다. 보이지 않는 왕은 복 주시는 일을 좋아하신다. 보이는 왕에게 또는 '나와 너'에게 복 주시기 원하신다. 그 왕을 모신 우리 공동체의 성격은 축복이다. 서로를 축복하는 공동체, 축복하는 것을 즐거움으로 삼는 공동체이다. '나와 너'는 왕을 모신 공동체의 일부이다. 공동체 속에 있는 타인은 나의 형제요, 가족이다.

공동체의 일원인 내가 공동체의 형제들을 향해 무엇을 할 수 있을까? 형제를 '너'로 삼는 축복 기도이다. 하나님이 그 형제를 구원하시기를, 하나님이 승리하게 하시기를 기도한다. "그의 오른손의 구원하는 힘으로 그의 거룩한 하늘에서 그에게 응답하시리로다"(6절b) 여기서 구원이란 승리를 말한다. 승리는 전쟁의 목표이다. 승리의 노래를 부르는 것이 공동체의 바람이다. 공동체가 배우는 것은 서로 '너'를 향해 축복하는 일이다. 만약 공동체 안에 있는 사람을 향해 축복하지 않는다면, '나와 너'의 관계가 깨질 위험이 있다. 공동체의 왕을 배제하는 일이다. '너'를 '그것'으로 삼는 일이 생길 수 있다.

공동체 밖에 '너'가 아닌 '그것'도 있다. 누구일까? 하나님을 모르는 이방 민족이다. 오직 힘과 무력을 의지하고 자랑하는 사람들이다. 반면 우리는 하나님을 의지하고 하나님을 자랑한다. "어떤 사람은 병거, 어떤 사람은 말을 의지하나 우리는 여호와 우리 하나님의 이름을 자랑하리로다"(7절) 이방 민족은 '너'의 개념을 가지지 못하고 '그것'의 개념만 가지고 사는 사람들이다. 축복은 모르고 저주만 알고 사는 사람들이다. 그들은 서로 넘어뜨리고, 스스로를 저주의 대상으로 전락시킨다. 반면에 '나와 너'는 서로 축복을 주고받는 일이서야 할 사람들이다. "그들은 비틀거리며 엎드러지고 우리는 일어나 바로 서도다"(8절)

대왕의 영성과 벨사살

예언의 소리

벨사살 왕의 얼굴이 사색이 되었다. 온몸이 사시나무 떨 듯이 떨고, 사지가 마비된 것 같다. 흥겨운 파티가 진행되는 동안에 이게 무슨 변고란 말인가? 왕궁 벽에 사람의 손가락이 나타나 글씨를 쓰고 있다. 뭐라고 쓰기는 했는데, 무슨 뜻인지는 모른다. 왕이 놀라 소리를 지른다. "누구든지 이 말을 해석하는 사람은 자주 옷을 입히고 금목걸이를 걸어주며 이 나라 서열 3위에 오르게 할 것이다" 그러나 아무도 해석할 수 있는 사람이 없다. 읽을 수도 없다. 읽을 수 없으니 해석을 못하는 것이 당연하다.

이 때 왕비가 나선다. "왕비가 왕과 그 귀족들의 말로 말미암아 잔치하는 궁에 들어왔더니 이에 말하여 이르되 왕이여 만수무강 하옵소서 왕의 생각을 번민하게 하지 말며 얼굴빛을 변할 것도 아니니이다 왕의 나라에 거룩한 신들의 영이 있는 사람이 있으니 곧 왕의 부친 때에 있던 자로서 명철과 총명과 지혜가 신들의 지혜와 같은 자니이다 왕의 부친 느부갓네살 왕이 그를 세워 박수와 술객과 갈대아 술사와 점쟁이의 어른을 삼으셨으니 왕이 벨드사살이라 이름하는 이 다니엘은 마음이 민첩하고 지식과 총명이 있어 능히 꿈을 해석하며 은밀한 말을 밝히며 의문을 풀 수 있었나이다 이제 다니엘을 부르소서 그리하시면 그가 그 해석을 알려 드리리이다 하니

라"(단 5:10~12)

이윽고 다니엘이 불려온다. 왕이 질문한다. "당신의 소문은 이미 들었소. 왕궁 벽에 이상한 글자가 새겨졌는데, 이 글자를 아무도 해석하는 자가 없소. 만약 당신이 이 글자를 읽고 내게 해석해 준다면 나는 당신에게 자주 옷을 입히고, 금목걸이를 하게 하여 이 나라의 셋째 치리자로 삼겠소" 다니엘이 대답한다. "저의 지위를 높여 주시지 않아도 됩니다. 그래도 저는 이 글자를 읽고 해석해 드리겠습니다"

"이 글자는 '메네 메네 데겔 우바르신' 이라고 읽습니다. '메네' 는 '세어 보니 끝났다' 이며, '데겔' 은 '달아보니 부족하다' 는 뜻입니다. 그리고 '베레스' 란 '나라가 둘로 갈려 남에게 넘어갈 것' 이라는 뜻입니다." 왕은 불길한 예언을 들었지만 아무렇지도 않다는 듯 약속대로 다니엘에게 자주 옷을 입히고, 금목걸이를 걸어주었다. 그리고 세 번째 지위를 주었다. 그러나 다니엘의 지위는 그 날 하루였다. 왜냐하면 그 날 밤 벨사살이 피살 당하였고 나라는 메대의 다리오 왕에게 넘어갔기 때문이다.

벨사살에게 이런 일이 왜 일어났을까? 그것은 그가 스스로 자기를 높였기 때문이다. 그의 아버지 느부갓네살도 교만하여 높아졌다가 어느 날 갑자기 정신을 잃고 들짐승처럼 산 적이 있었다. 왕권은 자기가 만든 것이 아니라 지극히 높으신 하나님이 주는 것임을 알게 되었다. 벨사살은 아버지에게 있었던 일들을 모두 알고 있다. 그렇다면 당연히 겸손해야 했다. 그러나 그는 예루살렘 성전에서 가져온 도구들을 인간의 파티 도구로 사용하였다. 그리고 파티 석상에서 자기들의 우상을 찬양하고 있었다.

내가 최고야

최고가 된다는 것은 좋은 일이다. 남들이 인정해 주니 좋다. 남들 앞에서 으스댈 수 있어서 좋다. 남들이 내 앞에서 고개를 숙일 수 있어서 좋다. 무엇이든지 내 맘대로 할 수 있어서 좋다. 그 방면에서는 내가 최고이니 누가 나를 건들겠는가? 누가 나의 하는 일을 막을 수 있을까? 최고가 좋은 것은 사실이다. 그러나 최고가 되어서 무소불위(無所不爲)의 권력을 휘두른다면 이미 자기가 왕이 되어 있는 것이다. 왕처럼 대우받기 원한다. 자기 외에는 다른 사람을 인정하지 않는다. 그러나 그 최고는 얼마 가지 않아 무가치한 것으로 전락한다.

내가 최고가 되기 위해서 얼마나 많은 노력을 기울였는가? 먹을 것을 먹지 않았다. 잠자는 시간도 아까워 밤새워 일한 적도 있었다. 나를 무시하고, 따돌리는 사람이 많아도 모두 무시하고 악착같이 달라붙어 배웠다. 자수성가의 모델이 되었다. 그러니 최고가 되어서 만용을 부려보는 것도 괜찮은 것 아닌가? 아니꼬우면 출세하면 될 것 아닌가? 그의 곁에 견제 장치가 없다. 곁에 있는 사람이라도 견제한다 싶으면 관계를 끊어버린다. 자기를 견제해 주는 사람이 도와주는 사람인데 관계를 끊으면 누가 도와준다는 말인가?

나는 최고가 되어도 만용을 부리지는 않을 것이다. 남들은 다 그랬어도 나만큼은 그렇지 않을 자신이 있다. 나를 도와준 사람들을 잊지 않을 것이다. 도움을 주신 분들에게 그 은혜를 갚을 것이다. 사람들이 비웃는다. 너도 한번 해 봐라. 그런데 막상 최고가 되어 보니 사정이 다르다. 사람이 변한 것 같다. 화장실 갈 때 마음과 나올 때 마음이 다르다. 상황이 변해서 그런 것이라고 변명해도 아무도 동의하지 않는다. 사람들이 말한다. "봐라. 너도 똑같지?" 민주주의 사회의 정당에서 이런 일들이 자주 일어난다. 정책 정당은 구호에 불과하다. 그러니 보스 정치니, 패거리 정치라는 말을 들을 수 밖에 없다.

총재의 말 한마디가 당론을 결정한다. 의원들은 본인 의사를 무시하고, 총재의 의중과 결정에 따라 투표한다. 그러면 반드시 거수기(擧手機)라는 소리가 들린다. 그럼에도 金心이니 李心이니 웬 心자가 그러디 많을지 모른다. 그 성씨를 가진 사람을 왕처럼 생각하고 있는 것은 아닌지? 기업의 최고경영자의 말 한마디에 기업의 자금이 이리 저리 왔다 간다. 무리한 사업 확장으로 기업의 자금사정이 경색되고, 무너져 가는 자회사를 도우려다 모회사도 무너질 수 있다. 기업 자금을 로비자금과 개인 활동비로 전용하다 보니 기업이 망할 밖에 없다. 최고 경영자요, 지분을 가장 많이 가지고 있다고 해서 자기가 정말 왕이란 말인가?

왕을 만들려는 부모

부모들은 자녀를 왕으로 만들고 싶다. '내 아이만큼은 최고로 키워야지! 다른 아이에게 뒤떨어지는 것은 자존심이 상해서 견딜 수 없어! 이웃집 아이는 12개월에 한글도 줄줄 읽는다는데, 입만 열면 영어가 나온다는데, 공부는 기본이고 취미도 몇 가지해야 하고, 운동도 조금은 해야 해. 피아노도 잘하고, 미술도 잘하고, 국어, 수학, 영어, 태권도, 바둑, 컴퓨터도 잘 해야 해.' 이러니 아이들이 잠시라도 놀 틈이 없다. 경쟁 사회에서는 오직 이겨야 한다. 이기기 위해서 아이에게 피나는 훈련을 시켜야 한다. 아이의 정서는 전혀 고려하지 않고, 아이의 건강이나 능력은 안중에도 없고, 무슨 지식을 그렇게 넣어 주기만 하는지.

나야 하기 싫지만 남들도 다 하는 것인데 우리 아이라고 뒤쳐질 수는 없지 않는가? 도대체 문제가 어디 있는지 모르겠다. 부모에게 있는지, 정책 당국자들에게 있는지, 사회 분위기에 있는지, 혹은 부모의 경쟁 심리와 대리만족을 부추기는 교육 장사들에게 있는지 모르겠다. 어쨌든 분명한 사실은 악순환이 계속되고 있는 것이며, 아이들만 불쌍하다는 것이다. 심지어는 영어 발음 좋아지라고 혀 수술까지 한다니 의사들까지 돈벌이를 위해 이상한 짓을 하지 않는가? 이 사회가 한 통속이 되어 아이들에게 남보다 앞서가라고 이러는 것 아닌가? 어디서부터 매듭을 풀어야 할지 뾰족한 대안이 나오지 않는다.

아이를 위해서는 아까운 것이 없다. 부부관계가 조금 멀어져도 괜찮고, 그 동안 피땀 흘리고, 안 먹고, 안 입어가며 모아 놓은 재산 다 쓴다 해도 조금도 아깝지 않다. 심지어 자녀 교육을 위해서라면 몸도 팔고 웃음도 팔 수 있다. 내 아이만 잘 된다면, 나는 어떤 희생이든지 괜찮다. 부모의 지극한 마음이 과연 아이들에게 얼마나 전달될까? '나는 아이에게 효도는 바라지도 않아. 부모니까 의무를 하는 거지. 다 저 잘되라고 이러는 거야.' 아이가 잘 따라주면 입에 침이 마르도록 자랑한다. 반대로 아이가 따라주지 않으면 서운하다. 서운함을 보면 부모의 의무로 끝내겠지만 의무는 아닌 것 같다.

아이는 어려서부터 왕이었다. 부모가 아이를 왕으로 떠받들어 주었기 때문이다. 이렇게 교육받은 아이가 자기를 왕으로 착각하지 않겠는가? 성인이 되어서도 여전히 왕으로 살려고 하지는 않는가? 부모는 신하가 되어도 그 외에 어느 누구도 신하가 되려 하지 않는다. 성인이 되어서도 여전히 왕처럼 살려한다면 주변에 사람들이 머물지 않는다. 왕따를 당하고, 마음의 상처를 받기 밖에 더 있겠는가? 그나마 특별한 재주라도 있으면 왕처럼 모셔주는 사람이 더러 있겠으나, 아이가 주변 사람 무시하고 제 잘났다고 살면 아무도 그를 도와주지 않을 것이다. 자세는 가르치지 않고, 경쟁과 기술만 가르쳐 과연 왕으로 살 수 있을까?

시편의 영성

시편 21편은 20편의 속편이다. 왕이 전쟁에 출전할 때 왕을 축복하는 노래이다. 출전을 앞에 둔 왕에게 백성이 무어라고 말할까? 당연히 승리를 기원한다. 왕은 승리할 만한 충분한 능력이 있다고 칭찬할 것이다. 그런데 이게 웬 일인가? 왕을 칭송하지 않는다. 시인인 왕은 자기 왕의 뒤에 계시는 하나님을 높이고 있다. 스스로 지은 시라면 자기를 칭송하지 않는 것이 마땅하다. 자기가 자기를 높이는 것이 자랑이요, 보기에 따라서는 닭살 돋는 행위이다. 하지만 스스로 자기가 하나님인척 태양의 아들로 행동하는 왕이 역사 속에 얼마나 많았던가?

자기를 낮추고 하나님을 높이는 이유가 따로 있다. 왕의 뒤에 더 크신 왕이 계시다는 것을 알기 때문이다. 왕의 뒤에 대왕이 계시다. 만왕의 왕이 왕을 도와주어야 한다. 대왕은 왕의 감정과 의지를 움직이신다. "여호와여 왕이 주의 힘으로 말미암아 기뻐하며 주의 구원으로 말미암아 크게 즐거워하리이다 그의 마음의 소원을 들어 주셨으며 그의 입술의 요구를 거절하지 아니하셨나이다 (셀라)"(1~2절)

왕을 세우신 분은 대왕 여호와이시다. 다윗이 왕으로 세워진 것은 순전히 하나님에 의해서이다. 하나님께서 목동 다윗을 어여쁘게 보셨다. 선지자 사무엘을 시켜 어린 목동 다윗의 머리에 기름을 붓게 하셨다. 어린 시절부터 왕이 될 때까지 도와주셨다. 왕이 된 이후에도 도와주셨다. 하나님을 향한 순수한 열정을 가진 다윗을 마음에 합당하게 보셨다. "주의 아름다운 복으로 그를 영접하시고 순금 관을 그의 머리에 씌우셨나이다"(3절)

대왕은 왕에게 생명을 주었다. 왕이 살고 죽는 것도 대왕께 달렸다. 전쟁의 승패도 대왕에게 달렸다. "그가 생명을 구하매 주께서 그에게 주셨으니 곧 영원한 장수로소이다"(4절) 대왕은 왕에게 자신의 권위를 나누어 주셨다. 왕이 가진 위엄조차도 스스로 쌓은 것이 아니라 대왕에 의해 받은 것이다. "주의 구원이 그의 영광을 크게 하시고 존귀와 위엄을 그에게 입히시나이다"(5절) 왕이 된 것은 복이다. 기쁜 일을 만난다. 대왕은 왕에게 행복한 감정도 허락하신다. "그가 영원토록 지극한 복을 받게 하시며 주 앞에서 기쁘고 즐겁게 하시나이다"(6절)

시편의 대왕은 인간 역사에 나타나는 왕과는 질적으로 다르다. 강력한 중앙권력을 가진 천자도, 세계 역사를 뒤바꾸어 놓은 대왕들도, 대륙을 통일한 대왕들도 영원한 대왕은 아니다. 그들도 이 땅에서 죽어갔다. 질병에 의해, 대적들에 의해, 가까운 친구나 부하에 의해, 심지어는 가족들에 의해 죽었다. 대왕은 누구에게도 당하지 않는 전능한 대왕이시다. 영원한 대왕, 전능한 대왕은 오직 한 분 여호와이시다. 그러므로 왕은 대왕을 의지한다. "왕이 여호와를 의지하오니 지존하신 이의 인자함으로 흔들리지 아니하리이다"(7절)

대왕 앞에서

대왕(大王)되신 여호와께서 왕을 도우신다. 대왕은 왕의 감정을 용납하신다. 왕의 편이 되어 주신다. 원수도 왕만의 원수가 아니다. 왕의 원수는 곧 대왕의 원수이다. "왕의 손이 왕의 모든 원수들을 찾아냄이여 왕의 오른손이 왕을 미워하는 자들을 찾아내리로다"(8절) 대왕께서 왕과 동일한 감정을 가져 주신다. 왕이 미워하는 민족은 대왕도 미워하신다. 왕에게 미움 당하는 민족은 대왕에 의해 멸망당할 것이다. "왕이 노하실 때에 그들을 풀무 불 같게 할 것이라 여호와께서 진노하사 그들을 삼키시리니 불이 그들을 소멸하리로다"(9절) 대왕은 원수의 생명을 끊으신다. 원수의 가계가 문을 닫게 하신다. 원수의 후손이 이 땅에서 사라질 것이다. "왕이 그들의 후손을 땅에서 멸함이여 그들의 자손을 사람 중에서 끊으리로다"(10절)

하나님은 원수의 계략을 알고 계신다. 선민(選民)을 압박하고, 약속의 땅에서 몰아내려는 원수의 계략은 수포로 돌아갈 것이다. 하나님이 개입하시기 때문이다. "비록 그들이 왕을 해하려 하여 음모를 꾸몄으나 이루지 못하도다"(11절) 하나님은 왕을 사용하여 원수에게 실패를 안긴다. 하나님이 왕의 손을 잡아 원수에게 활시위를 당기게 하신다. 원수는 그 활시위 앞에서 얼굴을 돌려 퇴각할 것이다. "왕이 그들로 돌아서게 함이여 그들의 얼굴을 향하여 활시위를 당기리로다"(12절) 이런 권능을 목격한 사람은 하나님을 높일 수밖에 없다. "여호와여 주의 능력으로 높임을 받으소서 우리가 주의 권능을 노래하고 찬송하게 하소서"(13절)

정권이 바뀌면 과거 정권에서 권세자들은 대부분 퇴출된다. 국가의 분위기를 새롭게 하기 위한 방편일수도 있다. 새로운 권력자의 권력 강화를 위한 방법일 수도 있다. 그런데 다니엘은 다리오 왕이 정권을 잡아도 여전히 자리를 유지하고 있다. 느부갓네살, 벨사살 왕 때 가졌던 위치를 나라가 바뀌어도 여전히 유지한다. 왜 그럴까? 다니엘은 사람을 대왕으로 생각하지 않았기 때문이다. 그에게는 하나님이라는 대왕이 있다. 그는 왕보다는 대왕께 충성한다. 왕에게 충성이 한 세대의 안위를 보장한다면, 대왕께 충성은 영원한 행복을 보장한다.

벨사살은 대왕이 아니다. 느부갓네살은 대왕이 아니다. 다리오도 대왕이 아니다. 그들은 대왕이 되려고 했고, 사람들이 불러주어도 대왕은 될 수 없었다. 다윗 역시 대왕이 아니다. 왕관만 썼다고 왕이 되는 것이 아니다. 진정한 대왕되신 여호와 하나님을 의지하고 지배받기 원해야 한다. 내가 왕이 아니다. 내가 이룬 업적이 아무리 대단해도, 내 위치가 중요해도, 나 없으면 일이 안 되어도 나는 결코 왕이 아니다. 내 삶의 보람인 자녀도 나의 왕이 아니다. 내 뒤에는 대왕되신 하나님이 계시다. 나는 대왕의 지배를 받는다. 대왕 앞에 엎드려 그 분의 시키심을 따라 일한다. 이런 사람이 대왕이 인정하는 왕이다.

살리심의 영성과
수넴 여인

모두를 살리는 일

엘리사가 자기 방, 자기 침대에 누운 아이를 보았다. 아이는 이미 죽어 있다. 문을 닫은 엘리사가 기도한다. 그리고 침대 위에 올라가 아이 위에 엎드려 입을 맞춘다. 자기 눈을 아이 눈에 맞춘다. 자기 손을 아이 손에 올려놓는다. 아이의 몸이 차차 따뜻해진다. 엘리사가 잠시 숨을 고른다. 방안을 이리 저리 돌아다니더니 다시 아이 위에 엎드린다. 갑자기 아이가 재채기를 한다. 일곱 번 재채기를 하더니 눈을 뜬다. 아이가 소생하였다.

엘리사가 게하시를 부른다. "수넴 여인을 불러오너라." 여인이 부름을 듣고 왔다. 여인의 마음속에는 어떤 감정이 들어있을까? 아들이 살았을 것이라는 희망일까? 살리지 못하여도 이젠 더 이상의 방법이 없을 것이라는 체념일까? 어떤 감정이 있어도 한 가지 공통점이 있다. 나를 부르는 것을 보니 이제 다 끝났다. 가서 결과만 보면 될 것이다. 여인이 오자 엘리사가 말한다. "아들을 데리고 가시오" 여인은 엘리사의 발 앞에 엎드렸다. 절하고 아들을 데리고 밖으로 나간다.

여인이 하나님의 종에게 하소연한 것이 이루어졌다. 죽은 아들이 살아난 것이다. 여인은 죽은 아들 때문에 엘리사의 기분을 상하게 할 정도로 하소연할 만한 사람이었다. 그만큼 엘리사에게 지극 정성이었다. 엘리사가 지나는 길이면 어김없이 초대하여 음식을 대접하였고, 쉴 곳과 잠잘 곳을 정성스럽게 마련하여 제공하였다. 오죽 정성이었으면 엘리사가 소원이 무엇이냐고 물을 정도였다. 엘리사가 빽을 써서라도 여인의 소원을 들어주고 싶었을 것이다.

엘리사는 여인의 하소연을 외면하지 않았다. 괴로운 심정에 대하여 책망하지 않았다. 오히려 여인의 마음속에 아픔이 있다는 것을 직감하였다. 감정 섞인 하소연은 그 속에 반드시 아픔과 상처가 있다는 증거이다. 이런 사람에게는 들어주는 것이 약이다. 말이라도 해야 속이 시원할 것이다. 펑펑 울기라도 해야 풀릴 것이다. 엘리사가 여인의 말을 들어준 것이 여인의 과거 선행 때문일까? 그렇게 생각할 수 있다. 보다 더 중요한 것이 있다. 아픈 심정과 괴로운 사정을 들어주는 것은 선지자의 할 일이다.

아이의 죽음은 부모에게 절망이다. 세상이 끝난 것처럼 여긴다. 늘그막에 얻은 아들이 죽었으니, 이제는 소망도 없다. 차라리 아이가 생기지나 말았으면 이런 절망은 겪지 않을 것이다. 잠시 즐거웠다가 그 즐거움이 모두 사라졌다. 입맛도 없고 살맛도 없을 것이다. 울다가 지쳐서 쓰러진다. 여러 차례 까무라치고 탈진상태에 이른다. 그러나 죽은 아이가 소생하였다. 아이만 소생하는가? 부모는 절망으로부터 벗어난다. 먹은 것이 없어도 힘이 난다. 살맛을 찾았기 때문이다. 아이의 소생은 부모를 다시 살게 하는 맛을 준다.

이유 없는 불행

수넴 여인은 엘리사 선지자를 잘 대접하는 신실한 사람이었다. 아무런 대가를 바라지 않고 대접했다. 아들을 달라고 하는 것도 자신이 원한 것이 아니었다. 엘리사 선지자가 알아서 축복을 말해 준 것이다. 상식적으로 생각해서 자기들 형편에 아이를 가질 수 없으니 자기를 속이지 말라고 말했다. 남편이 나이가 많기 때문이다. 그럼에도 아이가 생겼다. 아이가 자라며 재롱 피는 것을 보니 이게 웬 행복인지 허벅지를 꼬집어가며 꿈은 아니라는 것을 확인한다. 그런데 청천벽력같은 일이 벌어졌다. 아이가 갑자기 두통을 호소하더니, 엄마 품에서 죽은 것이다. 이 노릇을 어찌 하랴?

수넴 여인이 이유 없는 불행을 당한 것처럼 보인다. 부모는 죽으면 땅에 묻고 자식은 죽으면 가슴에 묻는다는데, 앞으로 무슨 희망으로 산다 말인가? 주변 사람들이 혀를 끌끌 차며 자기 아픔인양 한숨 쉰다. 혹은 잘난 척하다가 잘 되었다며 속으로 고소해 하는 사람이 있을지도 모른다. 여인이 엘리사 선지자를 찾아간다. 그리고 괴로움을 호소한다. 옆에서 제지하는 사람이 있어도 여인의 호소를 말릴 수 없다. 여인의 아픈 마음을 누가 알랴! 한 치 건너 두 치라고 불행을 당하지 않은 사람은 다른 사람의 불행을 이해하지 못한다. 다만 한 사람 선지자 엘리사는 불행을 공감하는 것 같다. 그러기에 여인을 따라 나선다.

이 땅에 애꿎은 불행을 당하는 사람이 한 둘인가? 열심히 살다가 이제는 웬만큼 살만하니 세상과 하직하는 사람이 수 없이 많다. 다른 사람을 돕다가 불행을 당한 사람도 많다. 지하철에 떨어진 일본인을 구하려다 죽은 한국 청년 이수현씨, 소매치기를 쫓다가 교통사고를 당해 죽은 예비역 장교 장세환씨 등 불행을 당할만한 죄를 지은 것 같지 않은데 불행을 당한다. 멀쩡한 사람들이 빌딩이 무너지고 다리가 내려앉아 죽었다. 아침에 집에서 나온 사람이 다시 들어가지 못한다. 악한 사회를 개탄하자니 어쩐지 미흡한 것 같다. 사람들이 한탄한다. 도대체 하나님이 어디 계시는가? 하나님이 계시다면 이런 불행을 막아 주셔야 할 것 아닌가? 하나님이 천사를 보내 의인을 보호해 주셔야 하는 것이 아닌가?

무슨 말로 대답하고, 어떻게 설명해야 이 한탄에 대하여 속 시원한 해답을 줄 수 있을까? 불행 당한 사람이 불신자이기 때문일까? 그렇다면 신자가 이처럼 불행을 당하는 것도 보았는데 무어라고 대답할까? 기도 후원자가 없어서 그렇다고? 예수님이 우리 기도후원자라는 것을 안다면 그렇게 말할 수 있을까? 그런데 이상한 일이 하나 있다. 주변 사람이 안타까워하고, 울분을 터트리는 데 반해 불행을 당한 당사자나 가족들은 더 침착하다. 냉정함을 찾고 의연하게 대처한다. 이런 현상을 무엇으로 설명할 수 있을까? 사람들의 위로 때문인가? 그렇지는 않은 것 같다. 분명히 그들의 마음 속에 어떤 위로가 찾아 왔을 것이다.

탈진 상태

시편 기자는 이유 없는 불행을 당하고 있다. 이 불행으로 인해 하나님이 자기를 버린 것 같은 절망에 빠져들게 한다. 하나님이 자신의 신음소리도 듣지 않으시고, 밤낮 부르짖는 소리에도 응답하지 않으시는 것 같다. "내 하나님이여 내 하나님이여 어찌 나를 버리셨나이까 어찌 나를 멀리 하여 돕지 아니하시오며 내 신음 소리를 듣지 아니하시나이까 내 하나님이여 내가 낮에도 부르짖고 밤에도 잠잠하지 아니하오나 응답하지 아니하시나이다"(1, 2절) 왜 그런 생각을 가질까? 사람으로부터 조롱당하고 있기 때문이다. 자신의 모양을 보니 벌레만도 못한 것 같다. "나는 벌레요 사람이 아니라 사람의 비방 거리요 백성의 조롱 거리니이다"(6절)

조롱이 곧 끝나려니 생각했는데 여전히 계속되고 있다. 조롱이 점점 더 심해진다. 외모를 조롱하는 것이 자존심 상해도 참을 만하고, 인격을 깎아 내리는 것에 상처를 받아도 꾹꾹 새기고 있는데, 이번에는 신앙까지 비웃음을 당한다. 조롱이 갈수록 심해진다. 게다가 한두 명이 아니다. 주변 사람들이 합세하여 자신을 공격한다. "나를 보는 자는 다 나를 비웃으며 입술을 비쭉거리고 머리를 흔들며 말하되 그가 여호와께 의탁하니 구원하실 걸, 그를 기뻐하시니 건지실 걸 하나이다"(7~8절) 사람들이 멀리하는 데 하나님마저 자기를 멀리한다면 자신에게는 소망이 없다. "나를 멀리 하지 마옵소서 환난이 가까우나 도울 자 없나이다"(11절)

시인은 자신의 탄생부터 자라는 과정에 하나님이 개입하고 계심을 알고 있다. 자신이 이 땅에 태어나는 순간부터 하나님과의 관계가 시작되었다. 자기가 선택한 것이 아니다. 갓난쟁이가 무엇을 안다고 선택하겠는가? 하나님이 먼저 나를 선택해 주셔야 한다. 어머니 젖을 먹는 것도 영적 의미를 담고 있다. 그것은 하나님을 의지하는 사람의 모습이다. 이런 사람이 지금 하나님이 버리신 것 같은 착각에 빠져 있다. 자기는 한다고 하는데, 믿음을 가졌다고 하는 데 불행을 만난다. 분명히 자신은 잘못한 것이 없는 것 같은데, 사람들이 자기를 비난한다. 이 비난 때문에 견딜 수 없다. 마치 하나님이 자기를 버린 것 같다. 하나님이 외면하시는 것 같다. 하나님이 자기와 관계를 끊으신 것 같다.

시인은 자신을 향해 공격하는 사람들이 사람으로 보이지 않는다. 짐승으로 보인다. 짐승이 아니면 사람을 이처럼 곤란하게 하지 않을 것이다. 인격을 갖추었다면 사람을 이처럼 비참하게 만들지 않을 것이다. 극심한 탈진을 겪고 있다. 침체상태에 빠진 것 같다. 자신을 돌아보니 정상적인 것이 하나도 없는 것 같다. 자신의 상태가 엄청난 질병의 상태이다. 맥이 빠지고, 뼈는 으스러졌다. 마음은 촛농처럼 녹아 내렸고, 힘이 빠져 깨진 질그릇처럼 아무 짝에도 쓸모없다. 혓바닥은 입천장에 붙어버려 말도 할 수 없다. 자신을 보니 마치 산송장과도 같다. 그러나 그것이 끝인가? 결코 아니다. 다시 살길을 찾아야 한다. 이대로 생을 마감할 수 없다. 억울해서 안 된다.

시편 기자는 심한 홍역과 몸살에서 헤어 나왔다. 죽을 것만 같은 절망감에서 소망을 찾았다. 괴로운 일이 있어도 하나님이 나를 알고 계신다는 것으로 위로를 받았다. 탈진했던 몸이 힘을 찾았다. 누가 뭐라고 해도 하나님이 내 편임을 알았을 때는 새 힘을 얻었다. 침체된 사람에게 힘이 생겼다. 하나님이 힘이 되어 도우시기 때문이다. "여호와여 멀리 하지 마옵소서 나의 힘이시여 속히 나를 도우소서"(19절) 시인은 살고 싶다. 그래서 삶의 의지를 드러낸다. 하나님이 삶의 의지에 응답하셔야 한다. 하나님이 죽을 것만 같은 사람을 살리신다.

하나님의 도우심을 알고 나니 그동안의 모든 문제가 다 해결된 것 같다. 하나님이 짐승처럼 포악한 사람의 손으로부터 자기를 건져내었다. 하나님은 보이지 않고 짐승과 같은 사람만 보였을 때는 괴로워했다. 그러나 이제는 하나님이 자기를 구출하셨음을 믿는다. 하나님이 칼의 위협에서 그리고 짐승으로부터 위협받는 자리에서 자기를 옮겨 주셨다. 하나님이 자기의 부르짖음을 들으신 것을 확인하였다. "그는 곤고한 자의 곤고를 멸시하거나 싫어하지 아니하시며 그의 얼굴을 그에게서 숨기지 아니하시고 그가 울부짖을 때에 들으셨도다"(24절) 하나님이 자신을 살리신 것을 그는 믿게 되었다.

이제 시인이 할 일은 하나님을 찬송하는 일이다. 다른 사람들에게 하나님을 찬송하라고 권고하는 일이다. 자신이 다시 살아났는데, 하나님이 자신을 살려 주셨는데, 어찌 찬송하지 않고 가만히 있을 것인가? 자기도 살았으니 남도 살기 원하는 것이다. "내가 주의 이름을 형제에게 선포하고 회중 가운데에서 주를 찬송하리이다 여호와를 두려워하는 너희여 그를 찬송할지어다 야곱의 모든 자손이여 그에게 영광을 돌릴지어다 너희 이스라엘 모든 자손이여 그를 경외할지어다"(22~23절) 살아난 사람은 사는 모양이 다른 사람과 다르다. 다른 사람은 자신을 죽이려 하였으나 그는 다른 사람을 살리고 싶다. 살아있는 사람이니 다른 사람을 살리고 싶은 것이 당연하다.

살아난 사람에게서 찬송이 갱신되었다. "겸손한 자는 먹고 배부를 것이며 여호와를 찾는 자는 그를 찬송할 것이라 너희 마음은 영원히 살지어다"(26절) 하나님을 아는 것도 새로워졌다. 나만의 하나님이 아니라 온 세상의 하나님이요, 온 세계를 다스리시는 하나님을 알게 되었다. "나라는 여호와의 것이요 여호와는 모든 나라의 주재심이로다"(28절) 회복하고 보니 온 세상이 하나님께 돌아올 것을 알게 되었다. 후손들까지도 대대로 하나님을 섬기고 하나님의 다스리심을 선포할 것이다. 살리심을 받고 보니 자신의 어리석음이 보인다. 절망이 영원한 것이 아니었다. 절망적인 생각은 진실이 아니었다. 하나님께 따지고, 절망적 생각에 사로잡혀도 하나님의 다스리는 영역이 줄어들지 않고, 하나님의 권능이 제한받지 않는다.

절망 속에 피는 소망

남쪽 지방에 홍수 피해가 대단하다. 지금까지 이런 물난리를 본 적이 없는 것 같다. 물이 들어 피난해도 사나흘 지나면 돌아왔는데, 이번에는 보름 이상이나 피난살이를 했다. 집 안에는 남은 것이 없다. 쓸 만한 것이 없다. 모두 내버려야 할 것들이 되었다. 들녘에도, 과수원에도, 농장에도 심지어는 바다에도 남는 것이 없다. 죽음의 들판, 죽음의 바다가 되었다. 완전히 망해 버렸다. 한 두 사람이 아니고, 전 시민과 군민이 모두 망연자실이다. 수해에 대한 책임을 누가 지려 하지 않는다. 책임회피에 떠넘기기가 난무한다. 절망 중에서 자살하는 이도 있다. 매일 매일 우는 사람도 있다.

그래도 살아야 하지 않는가? 다시 일어나 팔 걷고 정리해야 하지 않는가? 하지만 끝없는 일이 한숨 나오게 한다. 쓰레기는 계속 나오고, 동물의 사체, 썩어 들어가는 농산물 등 치우고 청소해도 끝이 없다. 전국 각지에서 자원봉사자들이 몰려든다. 저대로 고생하도록 내버려 둘 수는 없기 때문이다. 그들의 수고가 힘이 된다. 살아야 한다는 소망이 된다. 수재의연금이 답지한다. 하루에 수백억이 걷힌다. 물론 수재의연금이 제 때 충분히 전달되는 것이 관건이지만 말이다. 의연금으로 인해 수재민의 아픈 마음을 더 아프게 하지는 말아야 할 텐데!

서해 교전으로 인하여 꽃다운 대한의 아들들이 죽었다. 장례식장에서 아내와 부모를 비롯한 가족들이 오열한다. 남편과 아들을 다시 못 보는 슬픔도 슬픔이지만, 멀쩡한 사람을 잃었다는 슬픔을 무엇으로 보상받는가? 남은 가족은 어떻게 한숨 쉬며 살아야 하는가? 살 길이 막막하다. 억 만금을 준들 보상이 될 수 있을까? 죽은 사람이 다시 살아 돌아오지 않는 한 어떤 보상이라도 적절하지 않다. 그러나 죽은 사람 다시 살아 돌아온다는 것은 꿈에 불과하다. 그러므로 가족들에게는 절망의 날이 계속된다.

보상금이라고 아주 조금 나왔다. 그런데 보상금을 가로챈 철면피도 있다. 아픈 사람 한 대 더 때려주는 것이요, 절망한 사람 죽으라는 꼴이다. 그러나 죽으라는 법은 없나보다. 안타까운 사연을 듣고 익명의 독지가들이 나선다. 사기 당한 돈을 채워준다. 나쁜 사람보다는 착한 사람이 더 많다는 것이 보인다. 이 땅에 양심이 살아있는 것 같다. 못 박힌 가슴은 살아있는 양심 때문에 위로를 받는다. 절망의 나락에서도 살아야 하겠다고 다짐하며 주먹을 쥔다. 그들의 재기와 살려는 의지에 박수를 보내야 하지 않을까? 하나님이 살리심이 그들에게 먼저 적용되어야 하지 않을까?

시편 23편
목자의 영성과 에스겔

새 목자의 도래

에스겔은 포로생활 중에 있는 이스라엘 민족을 향하여 예언한다. 그는 환상을 보았고, 하나님의 말씀을 들었다. 하나님은 에스겔을 향하여 인자라고 호칭하신다. 사람의 아들이지만 하나님의 사람이다. 하나님으로부터 들려진 말씀의 권위를 가진 사람이다. 그는 예언의 권위를 자신이 아닌 여호와 하나님께 둔다. "여호와의 말씀이 내게 임하여 가라사대" 에스겔이 독특하게 사용한 이 표현은 25번이나 반복된다. 그리고 "여호와의 말씀을 들을지어다"라는 표현도 7번 반복된다. 에스겔의 말을 듣는 대상은 이스라엘 백성들이다. 특히 34장은 말씀을 들어야 할 대상이 좁혀진다. 좁혀진 대상은 이스라엘의 목자들이다.

목자들이란 단순히 직업적인 목동만을 의미하지 않는다. 백성을 이끌어야 할 지도자의 위치에 있는 사람들이다. 목자들이 책망을 받고 있다. 그 이유는 목자들이 직무를 유기하고 있기 때문이다. 양을 먹이기보다는 잡아먹을 궁리만 하고 있다. 양을 돌보고 감싸주려 하지 않고 모른 척 내버려두고 있다. 이런 상황에서 양들은 어떻게 될까? 양들이 목자를 잃고 방황하고 있다. 들짐승의 밥이 되었다. 양이 곤경을 겪는 것은 모두 목자의 책임이다. 하나님이 목자를 책망하신다. 하나님이 직분을 망각하고 방종 하는 목자들의 직분을 빼앗아버릴 것이다. 그리고 하나님이 목자로 나설 것이다.

선지자는 하나님과 이스라엘의 관계를 목자와 양의 관계로 표현한다. 지금 이스라엘의 모양이 마치 목자 없는 양처럼 흩어져 있다. 그러나 진정한 목자라면 양이 흩어져 있는 모양을 보고만 있지 않을 것이다. 양을 모으고, 양을 안전한 곳으로 이끌 것이다. "목자가 양 가운데에 있는 날에 양이 흩어졌으면 그 떼를 찾는 것 같이 내가 내 양을 찾아서 흐리고 캄캄한 날에 그 흩어진 모든 곳에서 그것들을 건져낼지라"(겔 34:12) 하나님이 이스라엘 민족의 목자가 되셨다. "내가 친히 내 양의 목자가 되어 그것들을 누워 있게 할지라 주 여호와의 말씀이니라"(겔 34:15) 하나님이 목자로서 양같은 백성들에게 희망을 제시하신다.

그런데 이스라엘은 보이지 않는 하나님을 목자로 인식하지 않는다. 하나님의 이끄심도 느끼지 못한다. 여전히 제 갈길로 가며 어두운 길을 방황한다. 이스라엘을 밝은 곳으로 인도하려면 보이는 목자가 필요하다. 그 목자가 바로 다윗이다. "내가 한 목자를 그들 위에 세워 먹이게 하리니 그는 내 종 다윗이라 그가 그들을 먹이고 그들의 목자가 될지라"(겔 34:23) 목자 되신 하나님이 다윗을 이스라엘의 목자로 그리고 왕으로 세우신다. 하나님이 세우신 목자 때문에 비로소 백성들이 하나님을 따르게 될 것이다. "내 종 다윗이 그들의 왕이 되리니 그들 모두에게 한 목자가 있을 것이라 그들이 내 규례를 준수하고 내 율례를 지켜 행하며"(겔 37:24) 새 목자를 세우시는 하나님 그분은 목자장이시다.

목자가 그리운 시대

교권이 땅에 떨어졌다고 한숨짓는 소리가 들린다. 학생들이 학교 선생님을 신뢰하지 않는다. 존경하지도 않는다. 인생의 진로에 관하여 의논하지도 않는다. 오히려 학원 선생님들을 더 신뢰한단다. 선생님을 학생의 성적을 올릴 수 있는 수단으로만 인식한다. 학교선생님이 학원선생님에 비해 그렇지 못하니 당연한 사회현상이다. 부모 역시 선생님들을 함부로 대하는 경향이 있다. 아이를 꾸중이라도 하는 날에는 귀한 자식 기죽인다며 선생님을 향해 독설을 퍼붓는 부모가 있다. 이것을 보는 자녀들이 선생님을 무시하는 일은 당연하다. 작은 꾸중도 폭력이라고 경찰에 신고하고, 경찰은 교단에 선 선생님을 체포한다.

과거의 선생님은 화장실에도 안 가는 분으로 알았다. 신비한 분이었다. 학생들에게 다정다감한 분, 별명을 붙여 놀림의 대상을 만들어도 그림자를 밟을 수 없는 분이었다. 왜 그랬을까? 말 그대로 그분은 먼저 산 분이었다. 인생을 이끌어주는 분이기 때문이다. 학생들의 목자 노릇을 하셨기 때문이다. 실제로 그런 선생님들이 계셨다. 씨랜드 화재 현장에서 아이를 구출하려고 이리 저리 뛰어 다닌 김영재 선생님, 구출작업이 끝난 뒤 탈진하여 막상 자신은 빠져나오지 못하고 죽음을 맞이하신 선생님은 목자의 표상이다. 선생님은 자신의 목숨보다 학생들의 목숨이 우선이었고 그것을 목숨 걸고 실천한 목자이다.

정치인도 목자이다. 정약용이 목민심서에서 고을 수령들을 향해 외치는 말을 들어보자. "요즈음의 사목(司牧)이란 자들은 이익을 추구하는 데만 급급하고 어떻게 목민(牧民)해야 할 것인가를 모르고 있다. 이 때문에 백성들은 곤궁하고 병들어 줄을 지어 진구렁에 떨어져 죽는데도 사목된 자들은 바야흐로 고운 옷과 맛있는 음식에 자기만 살찌고 있으니 어찌 슬픈 일이 아니겠는가" 200년이 지난 오늘 시대는 어떠한가? 그때나 지금이나 다르지 않다는 생각을 떨칠 수 없다. 수해와 태풍으로 국민들은 시름에 잠겨 있는데, 정치인들은 서로 상대방에 흠집을 내어가며 싸우고 으르렁대지 않는가? 이런 과정에서 목민관도 덩달아 정치에만 관심을 두고 백성에 대하여는 무관심하고 살 가능성이 농후하다.

부모는 목자가 아닌가? 건강한 아이로 키워 사회로 진출시키는 것이 부모의 할 일이다. 그러나 많은 부모가 아이의 건강을 염두에 두지 않는다. 오직 실력과 재능만 중요할 뿐이다. 이 일을 위해 온 힘을 다한다. 아이를 위해 재산도 털고, 비윤리적인 일도 서슴치 않는다. 내면에 도사리고 있는 자기 욕망을 아이를 통해 채우려 하기 때문이다. 아이를 통한 대리만족, 혹은 아이를 통해 자신을 뽐내려는 과시욕이 잠재되어 있다. 어느 부모나 당연한 일이겠으나, 부모는 자신이 목자임을 기억하지 못한다. 부모가 자식을 양육하는 것이 당연하지만 진정으로 아이의 입장에서 아이를 위한 교육을 외면하고 있다. 그러니 이런 소리가 나오는 것이 아닌가? "어른들은 몰라요"

목자를 분별하라

겉으로 보기에 이스라엘의 목자는 왕들이었다. 그러나 참 목자다운 왕을 찾기 어렵다. 왕의 지위에 오르게 된 것이 하나님의 은혜이지만 왕들은 그것을 모른다. 다윗의 후손으로 태어난 것이 자기의 공이 아니다. 하나님이 주신 특별한 은혜였다. 그럼에도 불구하고 왕들이 하나님을 외면한다. 하나님을 외면한 왕들은 백성들마저도 외면한다. 백성들의 원망소리를 듣지 않는다. 오히려 백성들의 재산을 탈취하는 데 혈안일 것이다. "그들의 신은 배요"(빌 3:19b) 성경에 자세한 기록이 없어서 그렇지 하나님을 외면한 왕들의 악행은 뻔한 일이다. 목자이기를 포기하는 행위이다. 이스라엘이 멸망하고 포로가 된 것이 누구 때문이겠는가? 오죽했으면 하나님이 다윗같은 목자를 보내리라고 했을까?

왕이 아니라면 선지자들이라도 목자여야 한다. 그러나 선지자들도 목자의 노릇을 못하고 있다. 왕에게 아부하고, 백성들로부터 재물을 얻기 원하는 거짓 선지자들은 목자라고 할 수 없다. 명분은 목자여도, 실상은 늑대의 심중을 가진 도적이다. 선지자들의 마음에도 하나님은 없다. 이방인처럼 마음에 하나님 두기를 싫어한다(롬 1:28). 그들의 마음에는 오직 세속에서 얻을 수 있는 것만 자리 잡고 있다. 세속적 욕망에 대한 관심만 있을 뿐이다. 그러니 자기 마음에서 나는 것을 말한다(겔 13:2). 그러므로 거짓 선지자를 경계하라고 이를 수밖에 없다(요일 4:1). 그리고 엘리야같은 선지자를 보내겠다고 약속할 수밖에 없다(말 4:5, 마 11:14).

오만한 왕들과 거짓 선지자들을 향하여 하나님은 그들을 삯꾼 목자라고 부른다. 양에 대한 관심은 없고 오직 물질에 대한 관심만 있기 때문이다. 이상한 것은 참 목자의 말을 듣지 않고 거짓 목자의 말을 듣고 따르는 이들이 있다는 것이다. 하나님이 선지자들을 부지런히 보내었어도 백성들이 듣지 않았다(렘 25:4) 오히려 거짓 선지자의 말에 귀를 기울이고 그 말을 지지했다. 이것이 하나님의 고민이었다. "나와 너 이전의 선지자들이 예로부터 많은 땅들과 큰 나라들에 대하여 전쟁과 재앙과 전염병을 예언하였느니라 평화를 예언하는 선지자는 그 예언자의 말이 응한 후에야 그가 진실로 여호와께서 보내신 선지자로 인정 받게 되리라"(렘 28:8~9)

거짓 목자를 따르는 양에게 도대체 조금의 유익이라도 있을까? 전혀 그렇지 않다. 그래도 어떤 유익이 있을까 하여 유혹에 넘어간다. 백성들이 듣고자 하는 말, 잠시 동안 즐기는 쾌락을 거짓 선지자들이 제공해 주기 때문이다. 거짓 선지자들은 듣는 사람의 입맛에 맞는 말만을 골라서 한다. 진리인 듯하여 따라가지만 이내 가진 것을 다 빼앗아간다. 후회해야 소용없다. 가진 것은 되돌아오지 않고, 지나간 시간을 되돌릴 방법도 없다. 재물만 빼앗기면 다행이련만 영혼까지 빼앗기면 돌이킬 방법이 없다. 멸망의 백성이 된다. 영원한 지옥 자식이 될지도 모른다. 이것은 거짓 목자가 판을 치기 때문이요, 목자를 분별하지 못하는 아둔한 판단력 때문이다.

시편의 영성

시인은 여호와 하나님을 목자로 선언한다. "여호와는 나의 목자시니" (1절a) 하나님과 자기의 관계를 가장 멋지게 설정해 놓은 은유이다. 이 은유는 자신의 어린 시절 경험을 담고 있다. 그가 어린 시절 목동 생활을 하였기 때문이다. 자기가 목동 노릇을 하며 양을 대했던 것들, 양이 목동 때문에 가지는 행복감을 시적 상상력으로 표현한다. "내게 부족함이 없으리로다" (1절b) 외형적인 일이나 내면의 일이나 부족하지 않다. 이는 배워서 주장하는 것이나 상상력으로 주장하는 것이 아니다. 이것들은 설득력이 약하다. 그러나 경험에서 우러나온 것은 설득력이 강하다. 동시에 독자에게 생생한 감동을 준다.

목자는 양을 인도한다. 목자는 양의 생명을 책임지고 있다. 목자의 책임은 양이 제대로 먹고, 시원한 물을 마시고, 편히 누워 쉬게 하는 것이다. 그래야 양이 잘 자란다. 털도 잘 자랄 것이며, 젖도 잘 나올 것이다. 양으로부터 얻을 수 있는 것을 얻는다. 이 일을 위해 푸른 풀밭을 찾아, 시원한 물가를 향해 양들을 이끌고 다닌다. 양들을 바른 길로 이끄는 것이다. "그가 나를 푸른 풀밭에 누이시며 쉴 만한 물 가로 인도하시는도다" (2절) 양들이 풀을 뜯는 동안 목자의 눈이 번뜩인다. 물을 마시는 동안 목자의 눈이 쉬지 않고 움직인다. 양들 중 어느 한 마리라도 이상이 있으면 즉시 조치를 취한다. "내 영혼을 소생시키시고 자기 이름을 위하여 의의 길로 인도하시는도다" (3절) 양이 어두운 길을 갈 수 있다. 목자가 푸른 풀밭으로 인도하려면 어쩔 수 없이 험한 길을 지날 수 있다. 맹수의 울부짖음 소리가 들리는 곳, 여기 저기 맹수들이 도사리고 있는 곳, 두려움 때문에 한 발자국 앞으로 나아가기를 주저하는 곳, 죽음의 길일 수 있다. 그러나 두렵지 않다. 왜 그럴까? 목자가 함께 하기 때문이다. 목자가 양을 지켜준다. 맹수들이 공격해도 목자는 가지고 있는 지팡이로, 막대기로 맹수들을 물리친다. 양이 이 사실을 안다면 두려울 것이 하나도 없다. "내가 사망의 음침한 골짜기로 다닐지라도 해를 두려워하지 않을 것은 주께서 나와 함께 하심이라 주의 지팡이와 막대기가 나를 안위하시나이다"(4절)

저만치 맹수들이 바라보고 있어도 목자는 양에게 풀을 뜯게 한다. 양의 몸에 상처가 있다면 약을 발라준다. 목자의 관심은 맹수가 아니다. 양이 일차적인 관심이다. 목자는 양에게 가장 필요한 것을 공급한다. 맹수들이 보고 약이 오를 정도로 말이다. "주께서 내 원수의 목전에서 내게 상을 차려 주시고 기름을 내 머리에 부으셨으니 내 잔이 넘치나이다"(5절) 목자의 선함과 인자함이 양에게 있다. "내 평생에 선하심과 인자하심이 반드시 나를 따르리니"(6절a) 이것을 알고 있는 시인은 하나님 안에서 살겠노라고 선언한다. 하나님의 안에 사는 것이 평안이요, 안전이기 때문이다. "내가 여호와의 집에 영원히 살리로다"(6절b)

선한 목자

하나님의 아들이신 예수 그리스도는 자신이 목자임을 알고 계셨다. 아버지가 목자이시듯 자신도 목자이다. 예수 그리스도는 목자의 사명을 가지고 이 땅으로 오셨다. 예수는 스스로를 선한 목자라고 선언하셨다. "나는 선한 목자라"(요 10:14a) 이 목자는 예언의 성취였다. 다윗을 목자로 보내리라는 예언이 다윗의 아들이 오심으로 성취되었다. 하나님이 친히 목자가 되리라는 예언이 하나님의 아들이 오심으로 성취되었다. 예수는 곧 하나님의 아들이요, 다윗의 아들이기 때문이다.

선한 목자는 양의 사정을 아는 목자이다. "내가 내 양을 알고 양도 나를 아는 것이"(요 10:14b) 목자와 양 사이에 교감이 형성되었다. 목자는 양의 특성을 안다. 양의 생각도 안다. 동시에 양도 목자의 따뜻한 마음을 알고 있다. 안다는 것은 단순히 외모만을 아는 것이 아니다. 속마음까지 아는 것이다. 이는 경험에서 우러나온다. 목자와 양은 눈빛만 보아도 서로 상대의 마음을 읽는다. 양과 목자는 개념만 구분되어있을 뿐이다. 목자와 양 사이에 연합이 이루어졌다.

선한 목자는 양을 위해 목숨을 버리는 목자이다. 삯꾼 목자는 양이 위험을 당해도 이러다 말겠지 하며 안심해 한다. 정작 양이 죽을 위기에 처하면 자기는 살겠노라고 도망하였다. 그러나 선한 목자는 양위 위험을 감지한다. 미리 대비한다. 짐승의 공격에는 자기의 목숨을 걸고 양의 생명을 지킨다. 양의 생명이 곧 목자의 생명이기 때문이다. 목자와 양 사이에 생명의 일체감이 생겼다. 목사님이 성도와 일체감이 생기고, 공무원이 국민과 일체감이 생기고, 교사가 학생과 일체감이 생겼다면 그야말로 선한 목자가 아니겠는가?

목자이신 예수는 우리에 들지 않은 다른 양까지도 인도하기 원하신다. 그 양들도 한 무리가 되어 한 목자에게 지도받기 원하신다(요 10:16). 선한 목자는 단순히 자기 우리 안에 들어있는 것에만 신경 쓰는 것에 머물지 않는다. 선한 목자는 양에 대해 제한을 두지 않는다. 우리 밖에 있는 양까지도 관심의 대상이다. 우리 밖에 있는 양이 목자를 알고, 목자와 생명의 교감이 있길 원한다. 목자는 우리 밖에 양과도 일체감을 가지고 싶다. 목자의 눈에는 오직 양이 보인다. 이리의 탈을 쓴 양은 용케도 골라낸다. 그 눈은 양을 찾아내는 족집게다.

선한 목자는 여호와 하나님을 자신의 목자로 삼았다. 그리고 자신도 다른 이의 목자가 된다. 그들은 하나님을 목자장으로 삼았다. 다윗이 목자였으나 하나님은 그의 목자였다. 다윗은 양의 목동이었으나 후에는 사람을 치는 목동이 되었다. 마치 고기를 잡는 어부가 사람 낚는 어부가 되었듯이 말이다. 내가 하나님을 목자로 모시고, 예수 그리스도를 목자로 모시면 나도 역시 목자가 된다. 선한 목자를 목자장으로 모시면 우리도 선한 목자가 된다.

세움의 영성과 학개

성전을 재건하라

하나님의 성전을 재건하는 일이 중단되었음을 보고 안타까워하는 사람이 있다. 그가 곧 학개 선지자이다. 바벨론 포로에서 돌아온 이후 이스라엘에게 시급한 일은 성전 재건이었다. 그러나 성전 건축에 배제된 사마리아 사람들은 조직적으로 성전 재건을 방해한다. 방해 공작을 펴고, 페르시아 제국에 뇌물을 써서 이스라엘을 음해한다. 당연히 성전 재건이 중단되었다. 그러나 더 큰 문제는 내부에 있다. 이스라엘 백성들은 성전 재건보다 자기 집을 짓는 일에 더 많은 관심을 가지고 있다. 이 일을 학개 선지자가 책망한다. "이 성전이 황폐하였거늘 너희가 이 때에 판벽한 집에 거주하는 것이 옳으냐"(학 1:4)

성전 재건을 중단한 백성들에게도 나름대로의 이유가 있다. 사마리아 사람들의 방해를 생각해보니 어떤 의미가 있는 것 같았다. 자신들의 물자가 부족한 것을 보니 시기적으로 적절하지 않은 것 같다. 그들은 아직 성전을 지을 때가 아니라고 생각하였다. "이 백성이 말하기를 여호와의 전을 건축할 시기가 이르지 아니하였다 하느니라"(학 1:2b) 시기가 아니라면 지금은 하나님의 뜻이 다른 데 있을 것이라고 생각한다. 하나님의 일에 하나님의 뜻을 먼저 생각하는 것이 당연하다. 그럼에도 일하지 않으려고 하나님의 뜻을 들이댄다면 과연 그것이 합당할까?

하지만 정작 원인을 찾아야 할 것은 그들에게 일어난 일상생활이다. 그들은 자기들의 삶을 돌이켜 보아야 한다. "너희는 너희의 행위를 살필지니라"(학 1:5b) 백성들은 씨를 뿌려도 제대로 거두지 못한다. 많이 뿌려도 적게 거두어 수입이 적다. 먹어도 배부르지 못하고, 마셔도 만족함이 없다. 입어도 따뜻하지 않다. 일하고 삯을 받아도 바로 사라진다. 마치 구멍이 뚫어진 전대에 넣은 동전처럼 없어진다. 왜 그럴까? 하나님의 뜻을 아전인수로 해석하고, 하나님의 뜻과 반대로 살기 때문이다. 하기 싫으면 하기 싫다고 할 일이지 왜 하나님을 들이대는가?

하나님의 성전에는 하나님의 영광이 임한다. 백성들 중에는 그것을 기억하는 이들이 있다. 대부분 노인 세대일 것이다. 그렇다면 지금의 성전은 이전의 성전과 비교하여 보잘 것이 없다. 그래도 백성들은 앞으로 그 영광을 보아야 한다. 이것이 백성들의 소망이 되어야 한다. "이 성전의 나중 영광이 이전 영광보다 크리라"(학 2:9a) 백성들은 성전의 영광을 보기 위하여 매진해야 한다. 자신의 소유를 드려야 한다. 그들이 소유하여도 본래 주인은 하나님이시다. "은도 내 것이요 금도 내 것이니라"(학 2:8a) 성전을 세우자. 이것이 하나님의 복을 받는 길이다. "오늘부터는 내가 너희에게 복을 주리라"(학 2:19b)

무너지는 영광

찬란한 문화를 자랑하던 제국들이 쓰러졌다. 당시의 문화를 현대 과학으로 추측하여도 신비할 따름이다. 피라미드를 세운 이집트 제국, 고원 지대에 찬란한 건축물을 세운 잉카와 마야 문명, 만리장성을 쌓은 고대 중국 등 사람은 가고 흔적만 남아 후세들의 벌린 입을 다물지 못하게 한다. 세계를 평정하고, 호령했던 제국들이 역사의 뒤안길로 사라졌다. 앗수르 제국,

로마 제국, 몽고 제국 등 강력한 군사력이 쇠퇴하고 드넓은 영토가 축소되었다. 게 중에는 찬란했던 거리가 폐허로 변하기도 하고, 땅 속에 묻혀 있기도 하다. 사람의 영광은 언젠가는 무너지게 되어있다.

사람은 가고 역사의 기록만 남아있다. 사람은 없어지고 그들이 세운 흔적만 남았다. 그들이 사용하던 문화적 예술품만 남았다. 남은 것을 보고 과거의 영광을 상상할 수 있다. 그 시절 그들의 살아가는 모양을 추측할 수 있다. 과거 문화에 대하여 자랑할 수도 있다. 지역마다, 세대마다 모습이 다르고, 문화와 풍습 그리고 세계관이 다르다 할지라도 동일하게 적용되는 것들이 있다. 사람의 영광은 영원하지 않다. 영광을 계획한 사람이 다 누리는 것은 아니다. 어느 시대, 어느 제국이든 반드시 무너질 때가 온다.

그동안 국토개발에 열을 올렸다. 강줄기를 반듯하게 하고, 둑을 쌓아 생기는 땅을 농토로 만들었다. 강줄기 한 가운데로 다리를 건설하고, 자동차와 기차를 지나다니게 했다. 잘 살기 위해서 땅을 이용하는 것이 당연하였다. 아무도 반대하는 사람이 없었다. 게 중에 위험성을 제시하는 사람이 있어도 괜찮을 것이라는 다수의 의견에 눌려 묻혔었다. 사람은 세우는 것에 열중했다. 그러나 사람이 세운다고 다 세워지는가? 그것들은 하나님이 쓸어 내시면 한 순간에 사라진다. 태풍 루사로 인해 강줄기는 원래 자리로 돌아갔다. 사람의 계획이 실패로 돌아갔다. 이전에 없었던 폭우를 경험하고 나니 사람의 세운 것이 소용없음을 알았다.

그럼에도 이 땅에서의 영광을 위해 발버둥치는 것이 인간이다. 다 소용없다며 허무주의로 살수도 없다. 당장에 먹고사는 일이나, 자존심의 문제가 걸리기 때문이다. 한번 사는 인생 멋지게 살아보자고 다짐하고 영광을 계획하고 추진한다. 좋은 일이다. 문제는 영원토록 내 것이 될 것이라는 착각과 과욕이다. 이것들이 자기 영광을 빼앗기는 원인이다.

영광의 흔적만이 후세들을 즐겁게 한다. 이태리 사람들은 선조들의 문화재를 구경시켜 주고 살아간다. 이집트는 옛날 사람들의 무덤을 파서 보여주고 산다. 죽은 사람들이 산 사람 살게 한다. 조상들은 그런 생각이 없었겠지만 후세들에게는 돈벌이가 되고 있지 않은가? 그럴 바에야 후세를 생각하며 영광을 계획하는 것이 가치 있지 않을까?

재건의 신앙

무너진 것을 다시 세우기를 원하는 것이 사람의 욕심이다. 한 가지 조건이 있다. 하나님이 세우라는 것을 세워야 한다. 그러나 인간의 어리석은 욕망은 세우지 말라는 것을 세운다. 무너진 여리고 성을 다시 세우지 말라는 엄명이 있었다. 하나님이 무너뜨렸으니 사람이 세우려 하면 안 된다. 대표적인 케이스가 여리고이다. 여리고를 정복한 여호수아가 선언한다. "누구든지 일어나서 이 여리고 성을 건축하는 자는 여호와 앞에서 저주를 받을 것이라 그 기초를 쌓을 때에 그의 맏아들을 잃을 것이요 그 문을 세울 때에 그의 막내아들을 잃으리라 하였더라"(수 6:26b)

무모하게 여리고를 재건한 사람이 있었다. 북왕국 이스라엘의 아합왕 시대 히엘이라는 사람이었다. "그 시대에 벧엘 사람 히엘이 여리고를 건축하였는데 그가 그 터를 쌓을 때에 맏아들 아비람을 잃었고 그 성문을 세울 때에 막내 아들 스굽을 잃었으니 여호와께서 눈의 아들 여호수아를 통하여 하신 말씀과 같이 되었더라"(왕상 16:34) 아합은 그의 아버지 오므리의 뒤를 이어 북왕국을 강력한 제국으로 만들고 싶었다. 그래서 상아궁을 짓고, 각종 건축물을 지었다(왕상 22:39). 히엘도 한 몫 하고 싶었다. 그러나 상아궁이 아합의 것이 아니듯이 여리고도 히엘의 것이 아니었다. 성을 재건하면 무슨 소용이 있는가? 같이 누릴 아들을 둘씩이나 잃지 않았는가?

하나님도 다시 세워지는 것을 원하신다. 그러나 하나님의 생각과 사람의 생각이 다르다. 하나님은 성전이 다시 세워지기를 원하신다. 성전을 세우는 것은 사람이 할 일이다. 중단한 것도 사람이 하였으니, 세우는 것도 사람이 세워야 한다. 성전을 세우라고 외치는 사람이 있다. 그는 학개 선지자이다. 성전 공사를 진두지휘해야 할 사람이 있다. 총독 스룹바벨과 대제사장 여호수아이다. 백성들은 성전 공사에 참여해야 한다. 사람의 협력이 있을 때 성전이 재건된다. 하나님은 사람이 무너뜨린 것을 다시 세우신다. 성전은 반드시 재건된다. 하나님이 영광을 재건하고 싶어하시기 때문이다.

하나님이 무너뜨리신 것을 사람이 세울 수 없다. 사람의 영광은 한 세대에 국한된다. 똑같은 영광이 재현되지 않는다. 바벨탑은 결코 재건되지 않는다. 하나님은 당신의 영광을 향한 도전을 묵과하시지 않는다. 언어의 혼란으로 중단된 바벨탑이 언어가 통일된 들 다시 쌓아질까? 세계 공용어가 생겨나도 불가능하다. 기본적인 의사소통은 가능할지 모른다. 그러나 생각의 통일은 불가능하다. 언어 통일, 생각의 통일을 계획하는 이상한 무리들도 나올지 모른다. 그들이 하나님의 영광을 향하여 도전할 것이다. 하나님은 그 도전을 물리치신다. 완전히 실패하게 하실 것이다.

시편의 영성

하나님의 성전만이 하나님의 것인가? 하나님이 지정하신 거룩한 물건만 하나님의 것인가? 아니다. 온 세상이 다 하나님의 것이다. 목회자만 하나님의 사람인가? 성전에서 봉사하는 사람만 하나님의 사람인가? 아니다. 호흡하는 모든 사람이 다 하나님의 사람이다. "땅과 거기에 충만한 것과 세계와 그 가운데에 사는 자들은 다 여호와의 것이로다"(1절) 단지 하나님의 소유임을 알고 사는 사람과 모르고 사는 사람의 차이만 있을 뿐이다. 하나님의 것을 하나님께 돌려 드리는 사람과, 하나님의 것을 내 것으로 착각하고 사는 사람의 차이만 있을 뿐이다.

성전을 세우려는 사람의 계획이 과연 하나님의 뜻에 합당한가? 아니면 때가 아니라고 중단한 것이 합당한가? 둘 다 합당할 때가 있으나, 둘 다 아닐 때도 있다. 다윗은 자기가 사는 궁궐과 비교하여 초라한 성전이 자못 마음이 아프다. 성전을 멋지게 세우려는 다윗의 계획은 하나님의 뜻에 합당하다. 그러나 하나님은 때가 될 때까지 기다리라고 하셨다. 한참 계획을 세우다가 아직 때가 아니니 하나님의 뜻이 아닌 것 같다고 말하고, 공사를 중단하는 것은 합당한가? 자기는 좋은 집에 살면서 성전에 대하여 전혀 염두에 두지 않는다면 그것은 하나님의 뜻과는 거리가 멀다. 하나님께 좋은 쪽으로 드리는 것이 하나님 뜻에 맞다.

사람이 세우려 한다면 하나님의 뜻과 다른 방향으로 정해질 가능성이 있다. 하나님이 세우신다고 믿어라. 이미 하나님이 세우신 것이 있다. "여호와께서 그 터를 바다 위에 세우심이여 강들 위에 건설하셨도다"(2절) 하나님이 산과 거룩한 곳을 세우셨다. 우리가 할 일은 하나님의 터, 산 그리고 거룩한 곳에 서는 것이다. 그것은 하나님을 대면함이다. "여호와의 산에 오를 자가 누구며 그의 거룩한 곳에 설 자가 누구인가"(3절) 하나님이 세우시는 것은 공간이나 건축물만이 아니다. 그 건축물에 어울릴만한 사람, 합당한 사람도 세우신다. 두 가지 세움의 개념이 다르나 모두 하나님이 하시는 일이다.

과연 누가 하나님 앞에 맞설 만한가? 자기 집 짓는 일에만 열중하고 하나님의 성전을 짓는 일을 일부러 무시하는 사람들인가? 아니다. 그들의 손은 이미 더러워졌다. 그렇다면 하나님의 뜻을 자기들 편리한 대로 해석하는 사람들일까? 더욱 아니다. 그들은 이미 순수성을 잃었다. 지금은 하나님이 함께 하시지 않는 것이 분명하다고 단정하는 사람인가? 더더욱 그럴 수 없다. 그들은 거짓을 증명하려고 맹세까지 하는 사람이다. 하나님 앞에 설 사람이 여기 제시되었다. "곧 손이 깨끗하며 마음이 청결하며 뜻을 허탄한 데에 두지 아니하며 거짓 맹세하지 아니하는 자로다"(4절)

세워지는 영광

하나님이 세상을 세우실진데, 당연히 교회도 세우시지 않겠는가? 하나님이 세상 위에서 영광을 받으신다면, 당연히 교회를 통해서도 영광을 받으시지 않겠는가? 하나님이 누구를 통해 영광을 받으시겠는가? 교회를 구성하는 사람들이다. 하나님이 사람을 세우신다. 사람을 통해 다른 사람을 세우시고, 사람을 통해 교회와 당신의 영광을 세우신다. 하나님의 세움을 의식하지 못하면 자기가 세우려 든다. 거기에 하나님의 세움은 없다. 하나님의 역할을 빼앗으려 드니 하나님이 내버려두실 뿐이다. 지금 하나님은 당신의 세움을 아는 사람을 찾으신다.

하나님이 세우시는 사람 곧 하나님의 일을 세우는 사람이 이런 사람이다. "그는 여호와께 복을 받고 구원의 하나님께 의를 얻으리니"(5절) 하나님의 일을 위해 세움을 받은 사람이 복된 사람이다. 하나님이 그 사람을 의인이라고 칭하신다. 일을 위해 의인이 된 것이 아니라, 의인이기 때문에 일꾼으로 세움을 받았다. "이는 여호와를 찾는 족속이요 야곱의 하나님의 얼굴을 구하는 자로다(셀라)"(6절) 하나님의 일, 하나님의 성전을 세우는 것은 하나님의 방법으로 해야 한다. 평소에 하나님을 찾는 사람이 가장 중요한 시점에서 하나님의 방법을 찾아낸다. 그리고 그 방법대로 행한다.

하나님이 성전의 영광을 세우신다. 사람을 통해 세우지만 하나님이 직접 세우시는 것이다. 왜 성전의 영광을 세우시는가? 하나님이 임하기 위해서이다. 하나님이 성전에서 사람들과 만나기 위해서이다. 하나님이 영광을 드러내시기 위함이다. "문들아 너희 머리를 들지어다 영원한 문들아 들릴지어다 영광의 왕이 들어가시리로다"(7절, 9절) 그러기에 하나님은 무너진 성전을 안타까워하신다. 중단된 성전을 보고 아파하신다. 하나님의 심정을 이해하는 사람이 있다. 그가 하나님으로부터 격려와 위로를 받는다. "만군의 여호와가 말하노라 스알디엘의 아들 내 종 스룹바벨아 여호와가 말하노라 그 날에 내가 너를 세우고 너를 인장으로 삼으리니 이는 내가 너를 택하였음이니라 만군의 여호와의 말이니라 하시니라”(학 2:23)

성전을 통해 영광을 드러내실 분이 계시다. 지도자와 백성들이 그분을 알아야 한다. “영광의 왕이 누구시냐”(8절a) “영광의 왕이 누구시냐”(10절 a), 두 번이나 연거푸 묻는다. 그분을 알아야 하기 때문이다. 그분은 여호와 하나님이시다. “강하고 능한 여호와시요 전쟁에 능한 여호와시로다”(8절b) 사람을 세우시고 성전을 세우실 능력의 하나님이시다. “만군의 여호와께서 곧 영광의 왕이시로다(셀라)”(10절b) 훼방꾼들을 물리치시는 하나님이시다. 하나님이 당신의 영광을 세우신다. 우리가 할 일은 하나님의 세우시는 영광에 기쁨으로 참여하는 것이다. 때와 시기를 말하지도 말고, 환경도 탓하지 않는 것이다. 그저 참여하면 그것만으로 하나님이 영광을 세우신다.

앙망의 영성과 모르드개

사느냐, 죽느냐

모르드개는 고개를 숙이지 않는다. 다른 사람은 다 엎드려 절하여도 그의 허리와 고개는 여전히 빳빳하게 세운다. 대궐 문을 지키는 사람이 타이른다. "여보게! 그러다 큰일 나네. 왕이 하만에게 모두 절하라고 했어. 왕의 명령을 어길 텐가?" 모르드개의 대답이 비장하다. "나는 유대인이다." 그게 어쨌다는 말인가? 유대인이면 왕의 명령을 무시해도 되는가? 유대인은 목숨이 열 개라도 된다는 말인가? 이런 모습을 보고 즐기는 사람도 있다. "그것 참 재미있군! 어찌 되나 볼까?" 모르드개의 행실을 하만에게 일러바치는 사람이 있다.

하만이 대노하였다. "감히 내 앞에서 무릎을 꿇어 절하지 않다니, 이런 건방진 놈이 있는가? 도대체 그 놈이 어떤 놈인가?" 하만의 부하들이 모르드개의 뒤를 조사한다. 모르드개가 유대인임이 밝혀진다. 하만이 생각한다. "모르드개만 죽인다고 될 일이 아니다. 그건 너무 가벼운 일이다. 게다가 다른 유대인 중에도 모르드개 같은 놈이 또 있을 것이다. 이 기회에 유대 민족을 싹쓸이하자." 죽일 날짜를 정하였다. 12월 13일이다. 전국에 공문을 내린다. 요즘으로 하자면 포스터까지 붙었을 것이다. "12월 13일은 유대인을 처형하는 날" 공문과 포스터에 왕의 도장이 찍혀 있다.

모르드개가 이 사실을 알았다. 혼자 죽는 것도 억울한데 자기 때문에 민족이 몰살당할 처지에 있다. 불안과 초조함에 견딜 수 없다. 대성통곡할 일이다. 모르드개가 베옷을 입고 재를 뒤집어쓴다. 거리에 나가 통곡한다. 지나가는 사람의 구경거리가 된다. 그것 참 안 되었노라고 혀를 차는 사람이 있을까? 대부분 "그것 봐라. 목이 곧아 남의 말 무시하더니 자업자득이야." 모르드개가 사촌동생 – 왕비 에스더가 있는 궁궐로 들어가려 한다. 그러나 베옷을 입은 사람은 들어갈 수 없으니 이 노릇을 어쩌며, 누구에게 하소연할까? 전국적으로 공문이 도착한 시간부터 유대인들은 일제히 금식한다. 그들에게 피를 말리는 시간이다.

모르드개가 왜 왕의 명령을 거절하면서까지 하만에게 절하지 않았을까? 하만이 밉거나, 그를 시기해서일까? 꼭 그렇다고 볼 수는 없다. 아마도 해묵은 민족 감정이 있었을 것이다. 하만은 아강 사람이다. 그는 아말렉 자손의 후손이다. 아말렉은 출애굽한 이스라엘을 가로막고 괴롭혔던 민족이었다. 당시 여호수아는 군대의 대장이었고, 모세는 기도 후견자였다. 모세의 기도에 따라 이스라엘이 승리를 맛보았다. 이후 하나님이 말씀하신다. "여호와가 아말렉과 더불어 대대로 싸우리라 하셨다"(출 17:16) 모르드개와 하만의 갈등은 하나님 말씀의 연장이다. 모르드개는 지금 하만에게 굴복하기보다 하나님의 말씀을 따르고 있다.

생존 경쟁

너의 불행은 곧 나의 행복이다. 너의 아픔은 나의 웃음이다. 너의 슬픔은 나의 기쁨이다. 너의 괴로움은 나의 즐거움이다. 너의 실패는 나의 성공이다. 그렇다. 나의 경쟁자 – 너는 죽어야 한다. 나는 어떻게든 너를 밟고 올라설 것이다. 너는 나의 영원한 원수다. 나는 너를 반드시 제압하고 말

것이다. 절대로 재기하지 못할 것이다. 너와 나의 공생이란 있을 수 없다. 상생(相生)이라는 말은 정치가들의 입에 발린 소리일 뿐이다. 공정한 경쟁이란 환상일 뿐이다. 어깨를 나란히 하고 걸으면 내 자존심이 상한다. 걷는다는 것은 꿈속에서나 하는 소리이다. 네가 내 앞에 가는 것은 단 한 번이라도 지켜볼 수 없다. 너는 영원히 내 뒤에 서야 한다.

무시무시한 말들이다. 혹시 이런 생각들이 이 시대를 지배하고 있지는 않은가? 시대의 조류에 대하여 비판하는 눈은 없고 그대로 따라 하지는 않는가? 땅은 좁고, 인구는 많으니 경쟁해야 산다. 공정한 경쟁이란 배부른 사람들이나 하는 소리다. 어떻게든지 이기면 된다. 방법은 중요하지 않다. 이기기만 하면 방법은 묻혀버릴 것이다. 민주주의 국가에서 이런 말이 통하면 안 된다. 백성들보다 지도층으로 갈수록 더 그래야 한다. 하지만 어떤가? 윗물이 더 더럽지는 않은가? 그러니 아랫물이야 두 말할 나위도 없다.

젊은 운전자가 나이 지긋한 택시 기사님에게 손가락질을 하며 욕설을 퍼붓는다. 자기가 가는 길을 비켜주지 않았기 때문이란다. 택시 기사님도 뛰쳐나가 멱살이라도 잡고 싶지만 손님 때문에 참고 있다. 이 땅에 성질나면 뭐는 못하냐는 식의 막가파 인생이 수없이 많다. 외부로부터 자극이 오면 조금도 참지 않는다. 바로 반응하고 만다. 그 반응이라는 것이 대부분 말과 손으로 나오는 폭력이다. 법은 멀고 주먹은 가깝다 하지 않던가?

내 앞에는 자동차 한 대도 지나가면 안 된다. 행여 한 대라도 추월하면 그냥 두고 볼 수 없다. 곧 바로 엑셀레이터를 밟는다. 반드시 나도 추월해야 한다. 내 앞에 차가 천천히 가면 견딜 수 없다. 경음기를 울려야 한다. "빨리 가란 말이야. 왜 안가고 있어? 다른 사람 지나가는 것 방해하려면 아예 운전을 하지 말던지!" 평소에 차분한 사람도 운전석에 앉으면 조급해진다. 무던한 사람도 핸들만 잡으면 성질 급한 강아지처럼 마음에도 없는 소리를 짖어댄다.

운전자들이 횡단보도 앞 정지선을 마치 자동차 경주의 스타트 라인으로 알고 있는 것 같다. 녹색 불로 바뀌자마자 출발한다. 다른 자동차가 먼저 나가면 자존심이 상한다. 자신들을 자동차 경주하는 카 레이서로 착각하는 모양이다. 웬 반응이 그렇게도 빠른지 모른다. 돌발 상황에서 빨리 반응한다면, 황색 신호등이 들어올 때 빨리 반응하여 멈춘다면 좋을 것을……. 빨리 반응해야 할 것과 천천히 반응해야 할 것을 구분하지 못하는 저 인생들이 안타깝지 않은가?

의인의 고난

사람들이 온통 앞과 옆을 바라보고 사는 것 같다. 하늘 위를 바라보는 사람이 드물어 보인다. 나름대로는 위를 바라본다 하지만 실상은 윗자리를 바라보고 있다. 윗자리를 바라보는 것이 인간의 본능일진대 그것을 나무랄 수는 없다. 다만 윗자리가 인생의 모든 것으로 착각하고 사는 것이 문제이다. 이처럼 착각하는 사람이 많으면 많을수록 사회는 점점 더 썩어간다. 썩은 사회일수록 의인이 고난을 당한다. 정직하게 살려는 사람이 손해를 본다. 정직하게 살면 손해 본다는 생각이 지배적이다. 이런 사회에서 정직한 사람을 찾기가 갈수록 어렵다.

모르드개와 하만의 차이가 여기에 있다. 모르드개는 하늘을 바라본다. 그러니 하늘 아래 사람에게 무릎 꿇지 않는다. 반면에 하만은 윗자리를 보고 있다. 윗자리에 오르면 아랫자리의 사람들을 깔본다. 안하무인(眼下無人)이 되는 것이다. 위를 바라보는 사람에게 윗자리를 보라고 압력을 넣는다. 거절하면 죽이겠다는 위협도 빼놓지 않는다. 많은 사람이 하만의 편을 든다. 모르드개의 편을 드는 사람은 소수이며, 드러내놓고 지지할 수도 없다. 모르드개와 똑같은 고난과 위험을 당하기 때문이다.

고난의 원인에는 두 가지 허물이 있다. 먼저는, 자신의 허물 때문에 고난당할 수 있다. 허물이 많으면 고난을 피할 수 없다. 반면에 자신에게 허물이 있음을 알고 나면 심각한 자존심의 상처를 입는다. 회개할 수밖에 없다. "여호와여 내 젊은 시절의 죄와 허물을 기억하지 마시고 주의 인자하심을 따라 주께서 나를 기억하시되 주의 선하심으로 하옵소서"(7절) 다음은 다른 사람의 허물 때문이다. 사악한 인성, 무자비함의 허물이다. 이들은 의인의 원수를 자처한다. 역시 하나님을 향해 탄원할 수밖에 없다. "나의 하나님이여 내가 주께 의지하였사오니 나를 부끄럽지 않게 하시고 나의 원수들이 나를 이겨 개가를 부르지 못하게 하소서"(2절)

고난 당하는 의인이 할 일이 있다면 무엇인가? 고난을 타개하기 위하여 방법을 모색한다. 가장 좋은 방법은 핍박하는 사람 앞에 무릎을 꿇는 일이다. 그러나 그것은 안 된다. 신앙을 양보하는 일이다. 그들이 해야 할 일은 하나님 앞에 무릎 꿇는 것이다. 모르드개와 왕비 에스더 사이에 연락이 닿았다. 모르드개가 제안한다. "왕후의 자리를 얻은 것이 이 때를 위함이 아닌지 누가 알겠느냐"(에 4:14b) 에스더의 회답이 의미심장하다. "당신은 가서 수산에 있는 유다인을 다 모으고 나를 위하여 금식하되 밤낮 삼 일을 먹지도 말고 마시지도 마소서 나도 나의 시녀와 더불어 이렇게 금식한 후에 규례를 어기고 왕에게 나아가리니 죽으면 죽으리이다 하니라"(에 4:16) 그들은 민족의 생존을 하나님께 아뢴다. 민족의 생존을 결정하시는 분이 하나님임을 알고 있다. 그러니 하나님을 바라보는 것이 당연하다.

시편의 영성

고난 받아도 하늘을 바라보는 사람이 있다. 끝까지 하늘을 고수하는 것이다. 시선을 하늘에 고정시킨다. 하늘에 계신 하나님, 사람을 내려다보시는 하나님을 보는 것이다. "내 눈이 항상 여호와를 바라봄은 내 발을 그물에서 벗어나게 하실 것임이로다"(15절) 눈만 하나님을 보는 것이 아니다. 영혼까지도 하나님을 본다. "여호와여 나의 영혼이 주를 우러러보나이다"(1절) 영혼을 하나님께로 들어올렸다. 하나님을 소망으로 삼고 있는 것이다. "내가 종일 주를 기다리나이다"(5절b) 소망은 오직 하나님이다. "내가 주를 바라오니"(21절a) 주를 바라보는 사람은 수치를 당하지 아니한다. 지금 수치를 당하는 것 같아도 영원한 수치는 없다. 이는 하나님의 정의가 살아있기 때문이다. "주를 바라는 자는 수치를 당하지 아니하려니와 까닭 없이 속이는 자는 수치를 당하리이다"(3절) 사람에게 당하는 수치보다 하나님께 당하는 수치를 기억하라. 사람에게 당하는 수치는 잠깐이나, 하나님께 당하는 수치는 영원하다. 비록 사람에게 수치를 당한다 하여도 하나님께만은 수치를 당할 수 없다. 하나님은 죄인에게까지도 수치가 아닌 은혜의 문을 여셨다. "여호와는 선하시고 정직하시니 그러므로 그의 도로 죄인들을 교훈하시리로다"(8절) 주를 바라보는 사람은 주께서 축복하심을 안다. 주님은 당신을 바라보는 사람을 가르치시고, 이끌어 주신다. "온유한 자를 정의로 지도하심이여 온유한 자에게 그의 도를 가르치시리로다"(9절) 하나님이 바라보는 자에게 길을 제시하신다. 고난을 지나는 길이요, 하나님의 은혜를 경험하는 길이다. "여호와의 모든 길은 그의 언약과 증거를 지키는 자에게 인자와 진리로다"(10절) 믿으면 믿을수록 하나님이 제시하시는 길이 보인다. "여호와를 경외하는 자 누구냐 그가 택할 길을 그에게 가르치시리로다"(12절) 비록 죄가 있어도 주를 바라보아야 한다. 죄를 가진 사람이 감히 주를 보는 것이 가당치 않다고 비난하여도, 주를 바라보아야 한다. 죄가 주를 바라보는 장애물이 되어서는 안 된다. 주를 외면하는 것 자체가 죄이다. 이는 행실의 죄보다 더 크다. 과거에 가졌던 죄라도 지금 주를 바라보는 것으로 해결되어야 한다. "여호와여 나의 죄악이 크오니 주의 이름으로 말미암아 사하소서"(11절) 죄 때문에 수치를 당해도, 고난을 당해도, 생명의 위협을 받아도 주를 바라보아야 한다. "내 눈이 항상 여호와를 바라봄은 내 발을 그물에서 벗어나게 하실 것임이로다"(15절)

소망의 삶

지금 주를 앙망(仰望)하는 사람이라도 이전에 그렇지 못한 적도 있었다. 어거스틴도 그런 적이 있었다. 지금 시편 기자도 그렇다. 그렇지 않았던 적의 일들을 생생히 기억하고 있다. 혼자 살아보겠다고 발버둥 칠 때의 고독과 외로움을 알고 있다. "주여 나는 외롭고 괴로우니 내게 돌이키사 나에게 은혜를 베푸소서"(16절) 지금 주를 앙망하는 것은 과거의 삶을 돌이킴이다. 하나님을 소망으로 삼아 사는 인생의 새로운 결단이다. 왜냐하면 하나님께 돌이키면 과거도 용서받기 때문이다. "나의 곤고와 환난을 보시고 내 모든 죄를 사하소서"(18절)

의인이 고난을 당하는 모양을 보고 원수가 조롱한다. 죄를 들추어내고, 없는 죄를 만들어낸다. 죄가 아닌 것을 죄라고 고집하여 의인을 곤경에 빠드린다. 조롱하고 핍박하면서도 만족할 줄 모른다. "내 원수를 보소서 그들의 수가 많고 나를 심히 미워하나이다"(19절) 모르드개가 이런 상황에 처했다. 이런 상황에서 사람은 소망이 아니다. 사람을 만나려 해도 같은 소망을 품은 사람을 만나야 한다. 오직 하나님을 소망으로 삼는다. 그러니 하나님께 아뢸 수밖에 없다. "내 영혼을 지켜 나를 구원하소서 내가 주께 피하오니 수치를 당하지 않게 하소서"(20절)

하나님께 오면 삶의 소망이 보인다. 한 사람의 위기가 민족의 위기로 확대되었다. 민족의 위기를 생각하면 한숨과 눈물로 밤을 세울 수밖에 없다. 길은 오직 하나님께 있다. 구원의 은혜를 베풀 분은 오직 하나님 밖에 없다. "내 마음의 근심이 많사오니 나를 고난에서 끌어내소서"(17절) 민족의 살길은 하나님께 구하는 것이다. 민족 전체가 하나님께 구하는 것이다. 모르드개와 에스더는 이것을 알고 있었다. 그리고 금식하며 하나님께 구한다. "하나님이여 이스라엘을 그 모든 환난에서 속량하소서"(22절)

앙망하는 사람은 단순히 말로만 주를 찾는 것이 아니다. 마음속에 소망을 품고 있다. 하나님이 당신을 앙망하는 사람의 소망을 이루신다. "여호와의 친밀하심이 그를 경외하는 자들에게 있음이여 그의 언약을 그들에게 보이시리로다"(14절) 이 소망이 이루어졌다. 극적인 반전이 일어났다. 하나님이 아하수에로 왕을 통해 유대인들에게 은혜를 베푸셨다. 모르드개를 매달려던 장대에 오히려 하만이 매달렸다. 유대인들을 죽이려던 그 날이 하만과 일가족의 제삿날이 되었다. 모르드개가 영광을 얻었고 유대인들의 지도자가 되었다. 이 일이 책에 기록되었고, 부림절이라는 기념절기가 생겨났다. 소망이 성취되었다. 하나님은 소망을 실현하시는 분이시다.

완전의 영성과 느헤미야

느헤미야의 개혁

느헤미야는 예루살렘 성에 대한 관심이 지극하였다. 그는 이전에 페르시아 아닥사스다 왕의 관원으로 있을 때 예루살렘 형편을 잘 알고 있었다. 성이 무너지고, 성문이 불에 탔다는 말을 듣고 가슴이 찢어질듯이 아팠다. 하나님이 선택하신 성이 수치를 당하는 것을 보고 어느 누가 맨송맨송하게 지낼까? 오죽하면 느헤미야가 며칠 동안 울며 금식하며 기도했을까? 왕이 근심 가득한 느헤미야의 얼굴을 보고 어찌된 것이지 이유를 물었다. 대답을 들은 왕은 일정기간이 지난 후 돌아오겠다는 약속을 듣고 느헤미야를 예루살렘으로 보낸다.

느헤미야는 이스라엘의 총독이다. 느헤미야는 바로 고향으로 귀환하였다. 그는 돌아오자마자 예루살렘의 성을 다시 쌓기 위하여 분주하다. 밤에 예루살렘을 파괴된 모습을 확인하였다. 지도자들을 모아 성을 쌓자는 의견을 제시하고, 모두에게 승낙을 얻었다. 그리고 곧 공사가 시작되었다. 동서남북으로 나누어 문과 성벽을 쌓은 일을 분담시키고, 각각 자기 맡은 일을 수행하게 하였다. 그러나 느헤미야 앞에 수많은 난관이 있다. 외부적인 공격, 내부적인 불협화음 등 한두 가지가 아니다. 그러나 느헤미야는 이 난관을 슬기롭게 헤쳐 나간다.

외부적인 공격이란 사마리아 사람 산발랏과 암몬 사람 도비야의 위협이다. 그들은 군대를 동원하여 성 쌓는 일을 중단시키려 하였다. 그러나 백성들이 둘로 나뉘어 역할을 분담하였다. 반은 산발랏과 도비야를 경계하고, 나머지 반은 성 쌓는 일을 계속하였다. 외부적 공격보다 내부적인 불협화음이 더 위험하다. 불협화음은 팀워크를 깨뜨리고 목표달성을 포기하게 만든다. 부자들의 고리대금으로 인해 가난한 사람들이 탄식한다. 빚을 갚지 못하면 토지를 뺏기거나 자녀를 노예로 팔아야 한다. 느헤미야는 부자들을 책망하며 이자와 토지를 반환하도록 촉구한다.

느헤미야는 내외적인 위협과 공격 앞에 지도력을 발휘한다. 그리고 성 쌓은 일을 완성한다. 그러나 문제는 느헤미야가 바벨론으로 돌아간 뒤 발생한다. 이후에 각종 부조리가 난무하였다. 도비야가 성전에 방을 얻어 거주하고, 레위인들에게 월급을 주지 않았다. 안식일을 범하고, 남자들은 이방 여인과 결혼하였다. 느헤미야가 다시 돌아와 보니 기가 막힐 지경이다. 느헤미야는 다시 개혁 작업에 착수한다. 도비야를 성전에서 추방하고 레위인에게 주는 월급을 조정하였다. 안식일을 엄수시키고, 이방 여인을 추방한다. 그리고 초막절에 축제를 열어 말씀을 듣게 하였다.

선구자

지도자란 다름 아닌 선구자이다. 선구자는 세상을 다른 사람보다 앞서 본다. 현실을 보는 눈이 보통 사람과 다르다. 보통 사람들은 아무런 문제가 없다고 생각해도, 선구자는 문제의식을 가지고 본다. 사람들이 낙관적으로 보는 일도 선구자는 어떤 문제가 일어날 것이라고 예상한다. 그리고 미리 대비해 둔다. 선구자는 시대를 앞서가는 사람이다. 생각이 앞서가고 말과 행동이 앞서간다. 앞서가는 사람들이 다른 이들을 이끈다. 지도자란 다른 이들을 이끄는 사람이기에 선구자적인 혜안을 가진다.

선구자는 고정관념에 사로잡혀 살지 않는다. 시각이 편향적이지 않다. 사고방식이 편협하지도 않다. 고정관념은 언제나 남의 뒤만 따라갈 뿐이다. 고정관념은 뒷북치는 북채가 될 수 있다. 남이 걸어간 길이라도 그 길이 바른 길이라면 떡고물이라도 있을 것이다. 반대로 그 길이 불의의 길이라면 쪽박을 차는 일이 발생할지도 모른다. 남들이 잘된다니 나도 잘 될 것으로 생각한다면 실패만 거듭할 뿐이다. 성공하려면 남이 생각하지 못하는 것을 생각해야 한다. 고정관념을 접어두고 생각해야 신선한 발상이 나올 것이다.

선구자는 예언자이다. 문제를 지적하고 개선할 것을 촉구한다. 선구자는 문제의식을 가진 사람이다. 당연히 부패한 사람의 가슴이 찔릴 것이다. 이 때문에 사람들로부터 비난을 받을 수도 있다. 따돌림을 당할 수도 있다. 그러나 선구자는 이에 굴복하지 않는다. 꿋꿋이 자기 길을 간다. 그 길이 고난의 길이라도 걸어간다. 오히려 선구자는 고난의 상황에서 빛을 발한다. 함께 고난의 길을 걷는 사람들이 있다. 선구자의 비전을 인정하기 때문이다. 함께 고난을 받을 수 없다면 뒤에서 후원하는 사람도 있을 것이다. 선구자를 당대에서 가장 완전한 사람으로 인정하기 때문이다.

선구자는 개혁자이다. 고인 물이 썩듯이, 공동체도 그 자리에 멈추어 있으면 부패한다. 고정관념에 사로잡히면 불의도 상식으로 받아들인다. 지도자의 생각이 신선하지 못하고, 중간 관리들이 부정을 저지르고, 덩달아 국민들도 부패한다. 이 때 선구자가 나타난다. 선구자는 개혁을 촉구한다. 선구자의 외침을 듣고 공동체의 개혁이 일어난다. 의식개혁이 일어나고, 삶의 개선이 이루어진다. 역사가 이런 방식으로 반복된다. 반복을 통해 역사는 전진한다. 전진을 이끄는 사람은 곧 지도자요, 선구자이다. 선구자를 따라 전진하는 공동체가 발전한다. 느헤미야는 곧 선구자였다.

개혁이 성공하려면

부조리가 만연한 세상에는 반드시 개혁을 요구하는 목소리가 울린다. 지도자가 먼저 불의를 행하고, 공동체 전체가 부패할 수도 있다. 혹은 중간 관리자들이 지도자를 따돌림 시키는 경우도 있다. 지도자가 잠시 자리를 비운 틈에 중간 관리자들이 타성에 젖거나, 자기 이익을 위해 불의를 저지른다. 이것도 따돌림의 일종이라 할 수 있다.

반드시 개혁의 성향을 가진 선구자가 지도자로 등장하여야 한다. 새로이 등장한 지도자는 의식구조의 개혁을 부르짖는다. 의식이 바뀌면 행동도 바뀐다. 그러면 공동체는 깨끗하고 활기가 있어진다.

개혁의 성취는 지도자에게 달려있다. 지도자의 비전, 열정, 결단력, 일관성, 정직성, 지혜 등이다. 지도자가 가진 이런 덕목들은 지도력을 발휘하게 한다. 이러한 모든 덕목들을 통합하면 완전이라는 개념을 도출할 수 있다. 느헤미야가 완전의 지도력을 가졌다. 그의 앞에서는 어떤 장벽이라도 무너진다. 그는 어떤 난관이라도 헤칠 수 있다. 완전한 사람이 아니지만 완전하게 행하려고 애쓰고 있다. 그것은 하나님을 신뢰하고, 난관을 만나도 그의 결심이 흔들리지 않는다. "내가 나의 완전함에 행하였사오며 흔들리지 아니하고 여호와를 의지하였사오니 여호와여 나를 판단하소서"(1절)

지도자가 신뢰를 받으면 반드시 지도자를 돕는 사람이 생긴다. 느헤미야에게 돕는 사람이 있었다. 이방의 왕이 도왔고, 동족들이 도왔다. 돕는 사람끼리 팀워크가 형성된다. 각각의 일이 제대로 수행되어 공동의 목표를 이룬다.

지도자는 돕는 사람들을 조직하여 팀이 함께 일하도록 격려하는 사람이다. 팀이 일할 때 시너지 현상이 나타난다. 그러므로 지도자는 팀을 구성하고 시너지 현상을 일으키게 하는 사람이다. 개혁의 성공은 한 사람만의 힘이 아니다. 이처럼 한 사람이 팀을 움직이고, 팀의 역동성이 전체를 개혁한다.

팀워크의 결과는 개혁의 완성이다. 새로운 물결이 공동체를 덮고, 공동체는 완전을 향해 나아가는 것이다. 선구자는 완전을 지향한다. 완전하지 않고 오류와 실수가 많으면 선구자로서 대접받지 못한다. 선구자는 비록 여러 차례 실패를 거듭해도 결국은 완전한 성공을 꿈꾸고 있다. 발명가들이 그렇다. 한두 번 실패해도 결코 물러서거나 포기하지 않는다. 다시 도전한다. 열 번 찍어 안 넘어가는 나무 없고, 칠전팔기의 끈질김이 그들에게 있다. 지도자는 반드시 실패의 원인을 찾고 그것을 보완하여 성공을 이룬다. 성공의 결과가 곧 개혁의 완성이다.

시편의 영성

사람마다 나름대로의 삶의 원칙이 있다. 이 원칙에 충실한 사람 곧 자기에게 엄격한 사람이 이른바 세상의 성공이라는 것을 이룬다. "내가 나의 완전함에 행하였사오며"(1절a) 이러한 행함을 인정하시는 분은 하나님이셔야 한다. 사람이 인정하는 완전함은 상대적이다. 자기 마음에 들면 칭찬하고, 자기 마음에 들지 않으면 비난한다. 자기 마음이라는 것도 언제나 완벽하지 않다. 잘못된 기준으로 재려 들면 의인도 악인 된다. 이 때 의인이 좌절한다. 그러다 의를 포기할 수도 있다. 그러므로 완전은 하나님 앞에 노출된 완전이어야 한다. "여호와여 나를 살피시고 시험하사 내 뜻과 내 양심을 단련하소서"(2절)

완전의 지침이 분명한 사람은 마음을 굳게 먹고 완전한 대로 행한다. 그 지침이 곧 주의 인자와 진리이다. "인자와 진리가 네게서 떠나지 말게 하고"(잠 3:3) 완전을 추구하는 사람은 인자와 진리를 경험하고 그것을 따르는 사람이다. "주의 인자하심이 내 목전에 있나이다. 내가 주의 진리 중에 행하여"(3절) 완전의 지침을 받았으니 감사의 응답이 있다. "감사의 소리를

218

들려 주고 주의 기이한 모든 일을 말하리이다"(7절) 시인은 자신이 체험한 완전을 혼자만의 체험으로 생각하지 않는다. 이 체험은 함께 나누어야 한다. 이것이 간증이다. 간증하면 혼자 알고 있는 완전한 체험이 공동체로 확산된다.

완전을 기억하는 사람은 멀리할 것을 알고 있다. 자기가 앉아야 할 자리와 멀리해야 할 자리를 알고 있다. "허망한 사람과 같이 앉지 아니하였사오니 간사한 자와 동행하지도 아니하리이다 내가 행악자의 집회를 미워하오니 악한 자와 같이 앉지 아니하리이다"(4~5절) 마땅히 거절할 것을 거절하지 못하면 아무리 높은 자리에 올라도 존경받지 못한다. 앞으로 있으면 안 될 곳을 찾아가면 스스로 볼완전의 세계로 빠져든다. 자기도 모르게 완전으로부터 멀어지고, 양심의 가책이 없이 부정한 일을 서슴없이 행한다. "그들의 손에 사악함이 있고, 그들의 오른손에 뇌물이 가득하오나"(10절) 시인은 스스로 보기에 완전하다고 생각한다. "여호와여 내가 무죄하므로 손을 씻고 주의 제단에 두루 다니며"(6절) "나는 나의 완전함에 행하오리니 나를 속량하시고 내게 은혜를 베푸소서"(11절) 하지만 이것은 인간의 기준이 아닌 하나님의 기준이다. 하나님 앞에 완전함이 무엇인지 알고 있다는 확신이다. 성격과 행동에서 완벽한 것이 아니라, 주님 앞에 섰다는 것이 완전함의 기준이다. 그 앞에 서서 무엇을 하는가? 그분의 이름을 높인다. "내 발이 평탄한 데에 섰사오니 무리 가운데서 여호와를 송축하리이다"(12절) 어떻게 하면 하나님 앞에 서는가? 하나님의 집을 찾아와야 한다. "여호와여 내가 주께서 계신 집과 주의 영광이 머무는 곳을 사랑하오니"(8절)

완전하라

이 땅에서는 완전한 사람을 찾기 어렵다. 아니 완전한 사람을 찾는 것 자체가 불가능하다. 완전한 사람이 없기 때문이다. 그러나 방법이 있다. 완전한 분을 만나야 한다. 완전한 분은 오직 한 분이시다. 하나님 아버지만이 완전하시다. 그분은 완전하신 분이시다. 그분의 말씀이 완전하다(시 18:30) 사람은 하나님을 알면 그 자체로 완전하다. 하나님을 아는 사람이 완전을 아는 사람이다. 하나님을 아는 사람은 완전을 추구하는 사람이다. 느헤미야가 하나님을 아는 사람이었다. 선구자요, 개혁자이며 지도자였다. 느헤미야를 보고 우리는 그의 완전함에 감탄한다.

완전은 하나님의 명령이다. 완전은 선택이 아니다. "너는 네 하나님 여호와 앞에서 완전하라"(신 18:13) 선택이 아닌 명령이라면 사람이 이룰 수 있겠는가? 하나님이 불가능한 일을 명하시지는 않았을 것이다. 하지만 아니다. 완전은 하나님이 이루는 것이 아니다. 하나님이 사람에게 이루어주시는 것이다. 완전은 하나님이 우리에게 나누어주시는 은혜의 영역이다. 은혜를 수용하는 것은 선택이 아니라 명령에 대한 순종이다. "그러므로 하늘에 계신 너희 아버지의 온전하심과 같이 너희도 온전하라"(마 5:48)

완전은 하나님이 우리에게 나누어주시는 선물이다. 신앙인은 하나님으로부터 완전이라는 선물을 받아 누린다. 동시에 다른 선물들까지 함께 받는다. 하나님이 사람에게 거룩한 열정을 품게 하신다. 의에 대한 열정이요, 하나님의 목적에 대한 열정이다. 하나님이 주시는 완전을 나누고자 하는 열정이 생긴다. 완전은 혼자에게만이 선물이 아니라 나누는 사람에게도 선물이다. 완전의 확산이 이루어진다. "우리가 그를 전파하여 각 사람을 권하고 모든 지혜로 각 사람을 가르침은 각 사람을 그리스도 안에서 완전한 자로 세우려 함이니"(골 1:28)

완전은 하나님이 우리를 향하신 목표이다. 시인은 하나님의 목표를 인지하고 있다. 자신의 완전이 하나님의 목표이다. 지도자의 완전이 하나님의 목표이며, 공동체의 완전이 하나님의 목표이다. 우리의 목표이지만 하나님이 정해놓으신 목표이다. 그 목표는 하나님의 방법으로 된다. 주께 노래하는 것은 완전의 표지이다. 그러므로 시인은 주의 집에서 감사의 목소리를 낸다(7절). 완전을 선물로 받으면 믿음이 자라는 것을 경험한다. "오직 우리 주 곧 예수 그리스도의 은혜와 그를 아는 지식에서 자라가라"(벧후 3:18) 자람의 종착역이 완전으로 보인다. 그러나 완전은 자람의 출발점이며 동시에 중심점이다. 주님의 완전을 중심으로 움직이는 것 그것이 곧 우리의 완전이다.

안전의 영성과 시므온

시므온의 노래

시므온이 하나님께 찬송한다. "주재(主宰)여 이제는 말씀하신 대로 종을 평안히 놓아 주시는도다 내 눈이 주의 구원을 보았사오니 이는 만민 앞에 예비하신 것이요 이방을 비추는 빛이요 주의 백성 이스라엘의 영광이니이다"(눅 2:29~32) 이 노래에는 시므온의 고뇌와 희망이 담겨 있다. 고뇌라 하면 고통 받는 민족을 바라보는 것이다. 물론 그도 고통 받는 민족의 일원이다. 희망이라 하면 구원을 보는 것이다. 이스라엘의 영광이 회복되는 것이다. 고뇌가 해결되고 희망이 성취되었으니 기쁨이 있다. 평안을 얻은 것이 곧 기쁨이다.

시므온은 의롭고 경건한 사람이다. 이스라엘의 위로를 기다린 사람이었다. 성령이 그와 함께 하였다. 성령이 시므온에게 희망을 제시하셨다. "주의 그리스도를 보기 전에 죽지 아니하리라" 성령은 시므온에게 성전으로 가도록 이끄셨다. 마침 율법의 관습을 행하기 위해 부모의 품에 안겨 성전으로 들어오는 아기 예수를 만났다. 성령이 시므온에게 약속하신 것을 이루셨다. 성령이 때와 장소를 지시하심으로 약속을 이루셨다. 아기 예수를 만나고 보니 하나님을 찬양하는 것이 당연하다. 자신의 소망이 성령의 감동에 의해 이루어졌기 때문이다.

시므온의 축복을 듣고 많은 사람이 신기하게 여긴다. 그도 그럴 것이 존경을 받는 시므온이 한 아기를 축복하였기 때문이다. 시므온이 마리아에게 당부한다. "보라 이는 이스라엘 중 많은 사람을 패하거나 흥하게 하며 비방을 받는 표적되기 위하여 세움을 받았고 또 칼이 네 마음을 찌르듯 하리니 이는 여러 사람의 마음의 생각을 드러내려 함이니라"(눅 2:34~35) 시므온은 여러 가지를 예언한다. 아기 예수의 미래, 장성한 이후의 사역, 그 사역에서 나타나는 고통과 사역의 목적 등이다.

이 예언은 사람의 상식을 뒤집는 예언이다. 시므온의 축복이 사실이라면 과연 이스라엘에 메시아가 탄생한 것이 아닌가? 그런데 영광을 얻는다며 비방을 받는다는 것이 이해되지 않는다. 어딘가 앞뒤가 맞지 않는 것 같다. 또 영광의 미래를 예언하지만 동시에 어머니에게 고통이 따를 것이라는 말은 이해하기 어렵다. 아들이 영광을 얻으면 어머니도 당연히 영광을 얻어야 하지 않는가? 하지만 시므온의 예언은 하나님의 계획을 정확히 짚어냈다. 하나님은 사람으로 오신 예수님의 고통을 통해 사람을 구원하신다. 예수님의 고통이 사람을 안전하게 구원하는 길이다.

고난 당하는 메시아

나라가 어지러우면 나라를 구할 사람이 나타나야 한다. 나라를 구해야겠다고 큰 뜻을 품은 사람, 국민들에게 평안을 줘야겠다고 꿈을 꾸는 사람이 등장한다. 물론 국민들이 먼저 큰 꿈을 가진 지도자가 나타나기를 기다린다. 게 중에는 스스로 지도자가 되겠다고 나섰다가 꿈을 펴지 못한 채 사라지는 사람도 있고, 어느 정도 꿈을 이룬 것 같으나 백성들을 더 괴롭게 만드는 사람도 있다. 난세에는 영웅이 필요하지만 간신배들도 수없이 많다. 처음에는 영웅이나 간신배의 구분이 드러나지 않으나 세월이 가면 그들의 내면이 드러난다. 영웅과 간신배를 구분하는 방법이 있다. 의로운 고난을 받느냐 아니냐의 차이이다.

이스라엘도 나라를 구할 지도자가 나타나기를 기다렸다. 백성들에게 기다리라고 외치는 예언자도 있었다. 모든 백성들이 자신을 해방시킬 지도자를 기다렸다. 자유를 허락할 지도자 곧 메시아를 기다렸다. 백성들에게는 이러한 기다림이 희망이었다. 수백 년 동안 희망의 불을 꺼트리지 않고 기다려 왔다. 마치 길을 잃은 등산객이 캄캄한 밤에 심산유곡을 헤매지만 자기를 구조하려는 구조대의 불빛을 보고 이제는 살았다고 안심하는 심정과도 같다. 메시아는 이스라엘의 지도자로서 고난 받는 백성들을 구할 것이다. 백성들의 삶을 일시에 바꿀 것이다. 메시아는 초자연적인 능력을 행할 것이다.

이런 예언의 드디어 성취가 이루어졌다. 오랜 기다림이 결실을 보게 된 것이다. 그런데 예언의 결실을 분별하는 사람이 극소수이다. 사람들은 여전히 착각에 사로잡혀 있다. 예언을 기억하는 사람들은 메시아가 강한 힘을 발휘할 것이며, 세상의 온갖 악한 것들을 단숨에 물리칠 것으로 생각한다. 그가 온다면 새로운 세상을 만들 것이라 생각했다. 하지만 예언의 결실은 그렇지 않다. 메시아는 오히려 악한 것에 의하여 괴로움을 당한다. 메시아가 안전의 위협을 받는다. 신체적 위협을 받고, 생명의 위협을 받는다. 이 사실 앞에 사람들이 혼란스러워 한다. 위협을 당하는 지도자는 메시아가 아니라고 생각하며 등을 돌린다.

왜 메시아가 안전의 위협을 받는가? 온 백성들의 안전을 혼자 책임지고 있기 때문이다. 왜 메시아가 고난을 받는가? 하나님이 모든 백성들의 안전을 지키시려고 한 사람을 고난 당하게 하시기 때문이다. 메시아는 악한 것에 의해 고난을 당해도 의로움을 포기하지 않는다. 결코 고난에 굴복하지 않는다. 생명을 잃을 때에는 하나님으로부터 버림받았다는 느낌도 가질 것이다. 무엇보다 견딜 수 없는 것이 이런 감정이다. 그러나 하나님은 고난당하는 사람의 안전을 지키고, 백성들의 안전을 지키신다. 하나님이 메시아의 안전마저도 지키신다. 그것이 부활로 나타났다.

영적 평안

포탄이 비 오듯 쏟아지는 전쟁터에도 잠시 평안을 누릴 수 있다. 잠시 폭격이 그치고 방공호 속에 고요함이 찾아들었을 때이다. 긴장감에 숨을 죽이고, 적막함에 온 신경이 곤두서 있어도 포탄소리가 멈추면 아주 짧은 시간 평안을 누린다. 안전하다고 생각하면 잠시 숨을 고를 수 있다. 그 순간만큼은 평안하다. 태풍이 불어 온 산하를 쑥대밭으로 만들어 놓아도 바람이 지나고 나면 잠시 고요해진다. 그 순간 평안이 찾아든다. 물론 이러한 안전은 잠시뿐이다. 정신을 차리고 보면 망가진 것, 잃은 것들을 발견하고 넋이 빠진다.

잠시 안전한 것은 영원한 안전이 아니다. 잠깐의 평안도 영원한 평안이 아니다. 더 큰 고통과 더 큰 위협이 기다릴 수 있다. 더 심각한 위기와 고난이 다가올 수도 있다. 회복하는데 수십 년 걸려야 할 피해를 볼 수도 있다. 마음의 상처가 아물고 치유하기까지 몇백 년의 시간이 흘러야 할 고통이 쓸고 지나갔을 수도 있다. 우리도 이런 역사를 경험하였다. 지금도 지구 한쪽 편에서 이런 일들이 벌어지고 있다. 자식을 잃고 울부짖는 엄마들, 장애를 입고 절망하는 어린이들이 있다. 그들에게 평안은 먼 나라 이야기로만 들릴 것이다.

제자들은 영적 평안을 누릴 수 있었다. 그것은 예수님으로부터 평안을 선물로 받았기 때문이다. 그 평안은 세상이 줄 수 없는 평안이다. 세상의 개념으로 설명할 수 없는 평안이다. 세상의 어떤 고상한 말로도 표현할 수 없는 평안이다. 하늘로부터 주어지는 평안이다. 그러나 이런 평안을 선물로 받았다고 하여 땅에서의 안전이 보장되는 것은 아니다. 여전히 위협받을 수 있다. 여전히 고난 받을 수 있다. 여전히 배척받을 수 있으며, 목숨을 부지하기 위해 쫓겨 다닐 수도 있다. 그런데 이상한 것은 고난의 와중에서도 자신의 안전을 믿고, 영원한 평안을 누리고 있다고 자부하는 것이다.

자신의 고난이 당연하다고 여기는 사람, 이 고난의 열매가 있다고 믿는 사람, 고난의 와중에도 하나님이 도우신다고 믿는 사람들이 이런 평안을 누린다. 아무리 밟아도 꿈쩍하지 않는 사람, 아무리 건드려도 요지부동인 사람 속에는 남이 알 수 없는 무엇인가가 들어 있다. 그것은 곧 하나님이 안전하게 지키신다는 믿음이다. 하나님의 평안을 스스로 찾아 누릴 수 있는 영적 깊이이다. 이런 사람을 세상이 감당치 못한다(히 11:38a). 지독한 사람이라고 혀를 내두르는 무리의 조롱에도 불구하고, 하나님 앞에서 안전을 확인하고 믿음으로 자기를 지키는 영성의 사람들이 있다.

시편의 영성

시인은 자신의 안전을 확신하고 있다. 그는 자기를 공격하는 어느 누구도 두렵지 않다. 누구도 자신의 안전을 해칠 수 없다. 그것은 하나님이 자기를 막아주시기 때문이다. "여호와는 나의 빛이요 나의 구원이시니 내가 누구를 두려워하리요 여호와는 내 생명의 능력이시니 내가 누구를 무서워하리요"(1절) 스스로에게 묻는 질문은 스스로 대답을 가지고 있다는 것이다. 남에게 묻는 질문이라 할지라도 대답이 있다. 아무도 두려워하지 않는다는 것이다. "군대가 나를 대적하여 진 칠지라도 내 마음이 두렵지 아니하며 전쟁이 일어나 나를 치려 할지라도 나는 여전히 태연하리로다"(3절) 하나님은 시인을 공격하는 사람을 오히려 다치게 하실 것이다. 하나님이 보호하시는 사람의 안전을 해치려는 시도는 모두 실패할 것이다. 오히려 그들이 안전치 못할 것이다. "악인들이 내 살을 먹으려고 내게로 왔으나 나의 대적들, 나의 원수들인 그들은 실족하여 넘어졌도다"(2절) 타인의 안전을 깨뜨리는 사람은 오히려 자기들의 안전을 염려해야 한다. 안전하다고 여기던 집을 빼앗길지도 모른다. 하나님이 악인의 집을 빼앗아 선한 사람에게 주신다. 악한 일을 모의하던 집이 하나님을 찬송하는 집으로 바뀌었다. "이제 내 머리가 나를 둘러싼 내 원수 위에 들리리니 내가 그의 장막에서 즐거운 제사를 드리겠고 노래하며 여호와를 찬송하리로다"(6절)

악인의 집은 결코 안전하지 않다. 하나님이 강한 바람으로 치시면 무너질 것이다. 반면에 하나님의 집은 절대 안전하다. 비록 초막이라 할지라도 하나님과 함께 거하는 그 곳이 안전한 곳이다. "여호와께서 환난 날에 나를 그의 초막 속에 비밀히 지키시고 그의 장막 은밀한 곳에 나를 숨기시며 높은 바위 위에 두시리로다"(5절) 그러므로 시인은 하나님의 전을 사모하는 것이 당연하다. 안전한 그 곳에 머물고 싶다. 시인은 하나님의 집에서 하나님을 뵙고 싶어한다. "내가 여호와께 바라는 한 가지 일 그것을 구하리니 곧 내가 평생에 여호와의 집에 살면서 여호와의 아름다움을 바라보며 그의 성전에서 사모하는 그것이라"(4절)

하나님을 바라보는 사람, 하나님을 사모하는 사람은 그의 가는 길도 안전하다. 원수의 방해가 있어도 하나님이 안전을 책임지신다. "여호와여 주의 도를 내게 가르치시고 내 원수를 생각하셔서 평탄한 길로 나를 인도하소서"(11절) 악한 사람은 무고로 의인을 실족시키려 든다. 그래도 안되면 무력으로 제압하려 한다. 의인 역시 무력으로 맞설 수 있다. 그것은 스스로의 안전을 지키려는 행위이다. 그러나 의인의 믿음은 그렇지 않다. 맞서기를 포기하고 하나님께 기도한다. 하나님이 의인의 생명을 붙들고 계심을 믿는다. 그러기에 하나님께 악한 사람의 계획을 실패하도록 간구한다. "내 생명을 내 대적에게 맡기지 마소서 위증자와 악을 토하는 자가 일어나 나를 치려 함이니이다"(12절)

은혜를 믿으라

악한 사람의 공격이 시작되고 있다. 하나님이 안전하게 인도하시리라 확신한다면 어떻게 할까? 우리 같으면 대적할 준비를 할 것이다. 그것에만 여념이 없을 것이다. 그러나 시인에게는 한 가지 더 큰 비밀이 있다. 하나님께 부르짖는 것이다. 시인은 하나님이 부르짖음을 들으실 줄로 믿고 있다. 응답하시는 하나님을 믿고 있다. "여호와여 내가 소리 내어 부르짖을 때에 들으시고 또한 나를 긍휼히 여기사 응답하소서"(7절) 하나님의 들으심과 응답은 사람을 향한 긍휼의 표현이다. 인간적인 방법, 세속적인 방법보다 우선적으로 하나님을 찾는 것이 무기력해 보일 수 있다. 그런 비난을 감수하고 하나님을 찾는 사람을 하나님이 긍휼히 여기신다.

믿는 사람은 자신의 계획과 의지대로 하나님을 찾지 않는다. 하나님을 찾는 것도 명령에 순종함이다. 하나님의 뜻과 계획을 들어서 알고, 거기에 따르는 것이다. "너희는 내 얼굴을 찾으라 하실 때에 내가 마음으로 주께 말하되 여호와여 내가 주의 얼굴을 찾으리이다 하였나이다"(8절) 하나님이 외면하신다면 연약한 인간은 어디에도 갈 곳이 없고 누구에게 호소할 수도 없다. 오직 하나님께만 매달릴 뿐이다. "주의 얼굴을 내게서 숨기지 마시고 주의 종을 노하여 버리지 마소서 주는 나의 도움이 되셨나이다 나의 구원의 하나님이시여 나를 버리지 마시고 떠나지 마소서"(9절) 하나님이 하라고 명하신 일을 순종하는 데, 모른 척 하실 리 없다.

하나님은 사람과 다르시다. 사람을 맞아들이고 꾸준히 사랑하시니 다르다. 사람은 상황에 따라 사랑이 변질된다. 자기 마음에 들지 않으면 사랑했던 만큼 미워할 수도 있다. 친구간의 우정이 깨질 수 있다. 형제간에 갈라설 수도 있다. 부모와 자식간에도 서로 모른 척 하고 살수도 있다. 어느 한 편이 버리면 다른 편도 분노하여 만나려 하지 않는다. 같은 자리에 앉으려고도 안한다. 그러나 하나님과의 관계는 깨지면 안 된다. 사람이 사람을 버려도 하나님은 버리지 아니하신다. 피보다 더 강한 사랑이 있다. 하나님의 사랑이다. "내 부모는 나를 버렸으나 여호와는 나를 영접하시리이다"(10절) 부모로부터 버림받은 분노와 상처조차도 하나님 앞에서 치유받을 수 있다.

하나님이 먼저 사람에게 은혜를 베푸신다. 안전하게 하시는 은혜이다. 긍휼히 여김과 얼굴을 보여주심, 그리고 영접하심이 하나님의 은혜의 행위들이다. 하나님의 은혜를 생각할수록 자신의 안전이 감사하다. 이 은혜는 오직 믿는 자에게 보여진다. "내가 산 자들의 땅에서 여호와의 선하심을 보게 될 줄 확실히 믿었도다"(13절) 그러므로 하나님을 바라보는 사람의 마음은 강하고 담대해진다. 안전을 확신하고 믿는다. 스스로에게 강한 신앙의 메시지를 던진다. "너는 여호와를 기다릴지어다 강하고 담대하며 여호와를 기다릴지어다"(14절) 이 신앙으로써 신앙인의 안전은 영원하다. 신앙인은 영원한 은혜의 사람으로 살아간다. 안전케 하시는 하나님을 신뢰하기 때문이다.

동반의 영성과 글로바

엠마오로 가는 길

글로바가 슬픈 얼굴을 하고 길을 간다. 친구 한 사람과 함께 예루살렘으로부터 엠마오를 향해 내려가고 있다. 두 사람의 대화 주제가 자못 침울하다. 그들의 기대가 무너진 것이요, 실망스럽다는 내용이다. 간간이 한숨 소리도 나온다. 그들의 여행 길은 침울한 분위기이다. 마치 잔뜩 찌푸린 날씨처럼 그들의 감정도 우울하다. 마음 상태가 얼굴에 쓰여 있다. 얼굴에는 수심이 가득하다. 심하게 고생한 사람처럼 얼굴이 수척하다. 누구든지 얼굴을 마주치면 그 마음 속에 심각한 아픔이 있다는 것을 바로 알아차릴 수 있다.

왜 이런 분위기가 그들을 사로잡고 있을까? 그들의 기대와 희망이 무너졌기 때문이다. 이스라엘의 희망이 사라졌기 때문이다. 그들이 메시아로 기대하던 예수가 십자가에 달려 죽었다는 사실 때문이다. 그들은 오랫동안 예수를 보아 왔다. 따라 다닌 적도 있었다. 예수와 함께 있었을 때, 그들에게 희망이 가득했다. 그런데 그들의 희망이 물거품이 되고 말았다. 예수의 죽음으로 지금까지의 모든 일들이 허사가 되었다. 이제 예루살렘에 더 이상 머물고 싶지 않다. 예루살렘에 머문다 해도 사라진 희망이 다시 돌아오지 않을 것이다.

그런데 그들의 여행길에 동행자가 나타났다. 예수께서 동행하신다. 곁에 다가와서 물으신다. "너희가 길 가면서 서로 주고받고 하는 이야기가 무엇이냐"(눅 24:17b) 그러나 두 사람의 여행자는 자기들 곁으로 오신 분이 예수님인 줄 알아채지 못한다. 곁에 와서 말을 붙이는 분이 누구인줄 모른다. 그들의 사람 보는 눈이 가려 있다. 엠마오까지 동행하며 한참동안 대화를 나누어도 그분이 누구인 줄 모른다. 자기들이 말하는 이야기의 주인공이 곁에 있는 데도 알지 못한다. 실망과 슬픔이 사람을 알아볼 수 없을 정도로 깊은 것이었을까?

두 사람은 예루살렘에서 최근에 일어났던 나사렛 예수의 일을 말한다. 나사렛 예수는 말과 일에 능한 선지자였다. 그들은 나사렛 예수를 이스라엘의 구속자로 알았다. 그런데 그가 대제사장과 관원들에게 잡혀 사형 판결을 받고, 십자가에서 죽고 말았다. 게다가 희한한 소문이 돌고 있다. 나사렛 예수가 다시 살아났다는 소문이다. 우리와 함께 하던 여자들이 천사로부터 예수가 부활했다는 소문을 들었다더라. 확인하려고 무덤으로 달려간 제자들은 예수는 못 보았고, 빈 무덤만 보았다더라. 사흘 동안 예수에 관한 일이 사람들에게 화제였다.

예수님이 글로바와 그의 친구를 향해 성경을 풀어 주신다. 성경의 초점이 예수님이시며, 고난을 받아야 영광에 들어간다는 것 등을 모세와 선지자의 책을 풀어서 자세히 설명하셨다. 도착지에 와서도 두 제자가 더 동행해 달라고 부탁한다. 억지를 써 가며 예수님을 숙소로 모시고 식사를 대접한다. 식사기도 후 떡을 받는 순간, 두 제자의 눈이 밝아 예수님을 알아본다. 그러나 예수님은 그 자리에 계시지 않는다. 두 제자는 성경을 들었을 때의 마음의 감동을 기억한다. 재빨리 일어나 예루살렘으로 돌아가 사도들과 모인 사람들에게 예수님의 부활을 알린다.

친구 사이

젊은이들은 친구를 좋아한다. 청소년기에는 부모보다 친구를 더 좋아한다. 부모님은 잔소리하며 이것저것 참견하시지만 친구는 내 마음을 알아준다. 부모님과 자녀는 세대가 다르지만 친구는 세대가 같다. 어른과 젊은이 사이는 예의와 격식을 갖추지만 친구 사이는 허물이 없다. 친구를 인생의 상담자로 생각하는 경향도 생긴다. 친구가 바른 길을 제시하느냐는 것은 별개 문제이다. 친구는 내가 좋아하는 것을 제시한다. 그러니 부모님보다 친구와 함께 하는 시간이 더 즐겁다. 친구를 따라 나서다 부모님을 떠날 수도 있다.

어린 시절 친구를 만난다는 것은 즐거운 일이다. 농담과 진한 욕설이 오고 가도 얼굴을 붉히지 않는다. 중후한 중년 신사도 어린 시절의 친구를 만나면 어린아이로 돌아가고, 팔십이 넘으신 할머니도 소녀 시절의 친구를 만나면 그 시절로 돌아간다. "네 얼굴이 하나도 안 변했어. 어쩜 너는 늙지도 않니?" "너도 마찬가지야! 네 얼굴도 아직 피둥피둥 해." 어린 시절 산과 들판, 강으로 바다로 함께 쏘다니던 추억 때문에 할아버지, 할머니가 되어도 친구만 만나면 여전히 기분이 좋아진다.

한번 친구가 영원한 친구이면 얼마나 좋을까? 친구와 관계가 멀어지는 경우도 있다. 거래 관계가 형성되면 멀어진다. 친구와 경쟁관계가 형성되면 멀어진다. 그러기에 친구와는 돈 거래도 바둑도 두지 말라고 하지 않던가? 거래관계에서도, 경쟁관계에서도 멀어지지 않는다면 진짜 친구이다. 친구와 인생을 영원히 동행하지는 않는다. 친구보다 더 좋은 것이 나타나기 때문이다. 애인이 생기면 친구들을 잊는다. 친구보다 애인과 함께 하는 시간이 더 좋기 때문이다. 애인과 함께 있는 시간만큼은 친구를 잊는다. 애인은 인생의 동반자이다.

결혼 이후에도 배우자보다 친구를 더 좋아하는 사람들이 있다. 그것 때문에 갈등을 겪는 부부도 많다. 시도 때도 없이 친구들을 데리고 들어와 밥이니 술이니 내놓으라는 남편 때문에 투덜대는 아내가 있다. 친구 만나 수다 떠느라고 시간 보내는 아내 때문에 남편과 아이들이 제 때 식사를 못하는 경우도 있을지 모른다. 인생의 동반자가 우선이다. 동반자와 친구처럼 지낼 수도 있고, 원수처럼 지낼 수도 있다. 동반자는 거래 관계도, 경쟁 관계도 아니다. 인생의 동반자는 가장 절친한 친구이며, 언제나 동행하는 친구이다.

참 친구

어떤 친구는 내게 어긋난 길을 제시할 수 있지만 이 친구만은 바른 길을 제시한다. 어떤 친구는 내가 듣기 좋아하는 말만 하지만 이 친구는 내게 쓴소리도 할 줄 안다. 어떤 친구는 나를 구렁텅이로 데리고 갈 수 있으나 이 친구만은 천국으로 데리고 간다. 어떤 친구는 나를 비난할 수 있으나, 이 친구는 나를 위로하고 격려한다. 내가 곤경에 빠지면 배신하는 친구가 있어도 이 친구만은 곤경에 빠진 나를 찾아오고 도움을 준다. 내 길이 험하면 헤어져도 이 친구는 험한 길을 함께 걸어간다. 그가 누구인가? 바로 예수 그리스도이다.

친구되신 예수 그리스도는 나와 동행하는 정도로 만족하지 않으신다. 나의 동반자가 되어 준다. 어린 시절 친구를 만난 것 같은 즐거움과 포근함이 있고, 괴로워도 위로하는 넉넉함이 그분에게 있다. 한번 나를 만나면 영원히 떠나지 않는 동반자이다. 내 마음의 친구, 내 영혼의 친구이다. 내 속 안에 있는 나를 가장 좋은 길로 이끄는 친구이다. 이 친구를 알아야 천국도 안다. 이 친구와 동행하여야 천국에 함께 들어간다. 이 친구를 동반자로 삼아야 인생이 천국 같아진다. 이 친구는 우리의 머릿속에 그려진 친구와는 차원이 다르다.

요즘 유행하는 친구 개념 중에는 함께 폭력을 행사하는 사이도 있다. 폭력 집단을 조직하고, 세력 확장을 위해 같은 편이 되어 함께 싸우는 친구이다. 그러나 언젠가는 헤어진다. 둘이 원수가 된다. 각자의 갈 길을 간다. 하지만 그것으로 끝나면 재미가 없다. 이야기 거리가 되려면 둘이 부딪히고, 싸우는 과정에도 둘 사이에 우정이 남아있다는 것을 보여 주어야 한다. 감동적인 이야기 거리로 만들려면 적이 된 친구를 위해 자기 목숨을 내어놓도록 만들어야 한다. 죄를 대신 뒤집어쓰거나, 친구를 구하기 위해 조직을 배신하는 이야기를 만들어야 한다.

이 친구는 나와 원수가 된 적이 결코 없다. 내가 스스로 친구를 배신하고 떠난 적은 있어도 내 친구는 나를 떠난 적이 없다. 결코 나를 미워한 적이 없는 그런 친구이다. 나를 향한 서운함이 있어도 드러내지 않은 친구이다. 나를 찾아와 나를 위해 목숨을 내어놓은 친구이다. 나를 진정으로 사랑하는 친구이다. 피를 흘려 나를 구해준 친구이다. 그 친구는 이런 말을 하였다. "사람이 친구를 위하여 자기 목숨을 버리면 이보다 더 큰 사랑이 없나니"(요 15:13) 그가 나를 친구라고 불러준다. "너희를 친구라 하였노니"(요 15:15b)

시편의 영성

내가 원하지도 않는 사람들이 나와 동반자 되기를 원하고 있다. 나와 동행하려는 이유는 나를 악한 세계로 끌어들이려 함이다. 그들은 내게 다가와 친구인 체 한다. 달콤한 말로 나를 유혹한다. 달면 삼키고 쓰면 뱉을 수 있다. 실컷 이용해 놓고 필요가 없어지면 버릴 수 있다. 내게는 그들을 막을 힘이 부족하다. 하나님이 막아주셔야 한다. "악인과 악을 행하는 자들과 함께 나를 끌어내지 마옵소서 그들은 그 이웃에게 화평을 말하나 그들의 마음에는 악독이 있나이다"(3절)

하나님이 그들의 행위대로 갚아주셔야만 한다. "그들이 하는 일과 그들의 행위의 악한 대로 갚으시며 그들의 손이 지은 대로 그들에게 갚아 그 마땅히 받을 것으로 그들에게 갚으소서"(4절) 그들은 하나님을 모르는 사람, 하나님을 외면한 사람들이다. 하나님의 것을 망가뜨리는 사람들이다. 하나님이 그들의 계획을 실패로 돌아가게 하실 것이다. "그들은 여호와께서 행하신 일과 손으로 지으신 것을 생각하지 아니하므로 여호와께서 그들을 파괴하고 건설하지 아니하시리로다"(5절)

하나님이 동행하시는 사람이 있는 반면에 싫어 내버리는 사람도 있다. 가장 큰 불행은 하나님으로부터 버림받은 사람이다. 시인은 하나님과 동행하고 싶다. 하나님과 동행하기 원하는 사람에게서 나타나는 현상이 있다. 그들은 하나님의 임재를 경험하는 거룩한 곳을 바라본다. 하나님을 향하여 부르짖는다. 제발 간구를 들어달라고 애원한다. "내가 주의 지성소를 향하여 나의 손을 들고 주께 부르짖을 때에 나의 간구하는 소리를 들으소서"(2절)

동반의 유익

에녹이 300년 동안 하나님과 동행하였다. 그는 죽음을 경험하지 않고 하늘로 올라갔다. 하나님이 그를 땅에서 하늘로 옮겨 주셨다(히 11:5a). 에녹은 하나님의 동반자였다. 하나님도 그의 동반자였다. 동행하는 사람이 천국을 경험한다. 천국이란 다름 아닌 예수님과 함께 하는 곳이다.

예수님이 글로바와 동행하였다. 예수님과 함께 있는 곳이 천국이었다. 비록 엠마오로 가는 길이었으나, 말씀을 들을 때 마음이 뜨거웠다. 두 사람의 동행 길에 예수님이 그들의 동반자가 되셨다. 동반자를 만난 이후 그들의 길이 달라졌다. 엠마오가 아닌 예루살렘으로 가는 길을 선택하였다.

예수님을 동반자로 모신 사람은 내적 변화를 경험한다. 전에는 입에서 부르짖음이 나왔으나, 이제는 찬송이 나온다. "여호와를 찬송함이여 내 간구하는 소리를 들으심이로다"(6절) 동행은 내게도 기쁨이요, 하나님께도 기쁨이다. 하나님은 당신과 동행하는 사람을 향해 기뻐하는 자라고 불러주신다(히 11:5b). 하나님은 동행하는 사람을 거룩한 자라 불러 주시고 함께 하신다. 주님과 동행함으로 그들은 거룩을 체험한다. "아담의 칠대 손 에녹이 사람들에게 대하여도 예언하여 이르되 보라 주께서 그 수만의 거룩한 자와 함께 임하셨나니"(유 1:14)

우리의 동반자는 단순히 같은 길을 가는 차원이 아니다. 우리를 돕는 분이요, 우리를 즐겁게 하시는 분이시다. 동반자에 대한 인식이 발전된다. 전에는 동반자에게 도움을 구했으나 이제는 도움 받았음을 선포한다. 동반자의 도움을 느끼는 방법이 달라진 것이다. 동반자의 성품을 인식하는 것도 달라졌다. 물론 동반자를 표현하는 방법과 내용도 달라진다. 그것은 곧 노래와 찬송의 대상으로 삼는 것이다. "여호와는 나의 힘과 나의 방패이시니 내 마음이 그를 의지하여 도움을 얻었도다 그러므로 내 마음이 크게 기뻐하며 내 노래로 그를 찬송하리로다"(7절)

동반자 하나님은 우리에게 특별한 의미를 가지신 분이시다. 신앙 고백의 대상이요, 아름다운 시의 소재가 되었다. 시인은 동반자를 의지하는 것이 기쁘다. 그가 곧 나의 힘이 되기 때문이다. "여호와는 나의 힘과 나의 방패이시니 내 마음이 그를 의지하여 도움을 얻었도다 그러므로 내 마음이 크게 기뻐하며 내 노래로 그를 찬송하리로다"(7절) 시인은 동반자 하나님과 특별한 관계를 가졌다. 동반자 하나님이 구원자요 목자이심을 알고 있다. 복을 주시는 분이요, 영원히 함께 하시는 분, 높여져야 할 분이시다. "주의 백성을 구원하시며 주의 산업에 복을 주시고 또 그들의 목자가 되시어 영원토록 그들을 인도하소서"(9절)

위엄의 영성과 에스겔

환상의 사람

에스겔은 포로기 시대의 예언자이다. 선지자라 할지라도 다른 백성들과 함께 포로로 잡혀 왔고, 포로된 백성들 사이에 섞여 사는 사람이다. 그는 국가가 망하는 장면을 목격하고, 왕이 포로로 잡히는 것을 통분한 마음으로 바라보았다. 자신도 포로로 잡혔다. 이 모든 사건들이 그에게 아픔이었다. 해결할 수 없는 심각한 어려움 속에서 자신의 무능력을 자책하는 지식인의 고민 같은 것이다. 그는 포로된 백성들을 향해 포로의 입장에서 하나님의 말씀을 전한다. 그는 포로의 땅 바벨론에 있으면서 자유로이 예언을 하였고, 포로민들은 그의 말을 듣기 위해 그에게 모여들었다(겔 8:1).

어느 날 에스겔에게 놀라운 환상이 보인다. 하늘에서 어떤 비행물체가 내려온다. 구름 사이에 빛이 번쩍이며 사방으로 비친다. 불에 쌓인 철 구조물 같은 것이 나타나고, 그 속에 네 생물의 형상이 보인다. 겉으로 보기에는 모두 사람의 형체 같으나 각각 네 얼굴과 네 날개가 있다. 네 얼굴은 사람, 사자, 황소, 독수리의 얼굴이며 날개들은 서로 맞닿아 있고, 움직이려 할 때는 몸을 돌리지 않고 앞으로만 나아간다. 날개가 움직여 주님의 영을 따라 곧장 앞으로 나아가는데, 번개처럼 빠르다. 생물들의 얼굴을 따라 바퀴가 있고, 그들의 움직임에 따라 바퀴도 움직인다. 하나님의 영이 가는 곳에 생물도 따르고 바퀴도 따른다.

에스겔은 그 생물들이 두렵다. 생물의 머리 위로 수정같이 빛나는 장엄한 창공이 펼쳐져 있고, 생물이 움직일 때 날개 치는 소리가 나는데 그 소리를 구체적으로 표현하기 어렵다. 듣기에 따라 몰아쳐 내리는 물소리, 전능자의 목소리, 군대의 함성과도 같다. 생물들이 날개를 내리고 멈출 때에도 생물의 머리 위에 있는 창공으로부터 소리가 들린다. 창공 너머에는 청옥 보좌가 있고 거기 사람과 같은 형체가 앉아 있다. 불이 타는 것 같은 밝은 빛이 보좌 주변을 둘러싸고 있으며, 그 광채가 마치 무지개와도 같다. 그것은 여호와 하나님의 영광과 같은 모습이다. 이 모습 앞에 에스겔이 엎드린다. 그 때에 에스겔을 향한 음성이 들린다.

에스겔이 본 환상은 하나님의 위엄을 나타내는 것이었다. 에스겔은 유대 장로들에게 가르치면서 이러한 환상을 본 적이 있다(겔 10장). 에스겔은 이 생물이 그룹이었음을 깨닫는다(겔 10:20). 에스겔은 이 외에도 여러 차례 환상을 본다. 마른 뼈들이 일어나 군대를 이루는 환상(겔 37장), 예루살렘 새 성전의 환상(겔 40장), 성전에 가득한 하나님의 영광(겔 43장), 성전으로부터 온 세계로 흐르는 생명수의 환상(겔 47장) 등이다. 이러한 환상들이 모두 하나님의 위엄을 드러내는 것이었다. 에스겔은 그 위엄이 두려웠다. 환상을 보기도, 소리를 듣기도 두려웠다. 그런데도 왜 하나님이 그에게 보여주시고 들려주시는가? 그것은 하나님의 위엄이 드러나야 하기 때문이다.

무엇이 옳은가

포로로 잡혀 온 이스라엘 백성들의 말도 들어볼 필요가 있다. 그들에게도 발언할 기회를 주어야 하지 않겠는가? 재판정에 선 피고에게 마지막 진술과 자기변론을 요구하는 것이다. 그들 역시 하느라고 했을 것이다. 실패한 사람에게서 '최선을 다했다' 는 말은 들을 수 있다. 그들은 지금 우상 숭배에 대하여 강하게 책망을 받지만 자기만 좋으라고 하지는 않았다고 항변할 것이다. 가족을 위해서 그런 것이고 나라를 위해서 그런 것이다. 농사 잘 되라고 농사의 신을 찾았다. 그거야 사람의 본능이 아닌가? 본능적인 일을 정죄한다면 어쩌란 말인가?

백성들은 앗수르와 바벨론의 침략 때 하나님보다 애굽을 먼저 찾았다. 하나님은 보이지 않는 분이요, 애굽은 보이는 나라다. 보이지 않는 것보다 보이는 것을 먼저 찾는 것이 당연한 일이 아닌가? 보이지 않는 하나님을 의지한다고 해도, 고난을 당한 적이 있었다. 그 와중에 고난을 돌파할 방법을 모색한 방법이 곧 애굽을 의지하는 것이었다. 그들은 애굽을 의지하면 시원히 풀릴 것으로 생각했다. 애굽의 강력한 군대는 이미 옛날부터 익히 알고 있던 바가 아니겠는가? 애굽의 군대라면 신흥제국들도 벌벌 떨게 될 것이니 애굽을 찾는 것이 약한 나라로서는 최선의 방법이 아니겠는가?

그러나 그들의 항변은 옳은 것이 하나도 없다. 왜냐하면 하나님의 위엄을 훼손시키기 때문이다. 우상이 하나님의 위엄을 대체할 수 없다. 우상은 사람이 만든 것이다. 그것도 사람이 쓰다 버리는 쓰레기로 만든 것이다. 우상을 섬기는 것은 하나님을 쓰레기보다 못한 존재로 여기는 오만불손이다. 하나님은 보이는 형상을 만들지 말라고 하셨다(출 20:4). 자기를 위해 우상을 만들거나 절하지 말라고 강하게 경고하셨다(레 26:1). 우상은 형상과 모양은 있으나 기능을 못한다. 귀가 있으나 듣지 못하고, 눈이 있어도 볼 수 없다. 입이 있으나 말하지 못하며, 발과 다리가 있으나 걷지 못한다. 우상을 만드는 사람은 우상과 같은 사람이다(시 115:8).

애굽이 하나님의 위엄을 대신할 수 없다. 애굽은 과거에 열 가지 재앙과 홍해 바다 속에 수장된 적이 있었다. 하나님의 손에 의해 혹독하게 맞은 적이 있었던 나라이다. 이런 애굽을 의지한다는 것은 강한 존재를 버리고 약한 것에게 기대는 일이다. 하나님은 선지자들을 통해 애굽의 멸망을 수 없이 경고하셨다. 이사야는 3년 동안 벗은 몸과 벗은 발로 행하며 애굽에 대한 예표를 보였다(사 20:3). 예레미야는 애굽이 신흥제국 바벨론에 망할 것이라 예언한다(렘 46장). 에스겔은 애굽이 미약한 나라가 되어 다시는 다른 나라를 다스리지 못할 것이라 예언한다(겔 29:15). 이런 애굽을 의지한다면 망하고 말 것이다. 하나님이 이처럼 경고하시는 데도, 애굽을 따른다면 하나님의 위엄을 무시하는 것이다.

믿음이란

하나님은 위엄이 있으신 분이다. 위엄이란 하나님의 권위이다. 하나님의 높으심이다. 하늘보다 높으심, 온 세계 위에 높으심이다. 하나님은 온 세계를 창조하신 분이시므로, 온 세계의 소유자이시다. 하나님은 세계 위에 계시고, 세상을 통치하신다. 하나님은 온 세상의 유일한 통치자시며 역사를 이끌어 가시는 분이시다. 하나님이 잘못된 역사는 돌려놓으신다. 하나님은 사람의 능력을 초월하신다. 전능한 하나님이시다. 하나님은 모르는 것이 없으시다. 우리의 모든 것을 알고 계신다. 하나님은 지혜의 원천이시다.

믿음이란 하나님을 아는 것이다. 여기 아는 것은 단순한 개념이 아니다. 들어서 아는 지식도 아니고, 머리로 이해하는 지식도 아니다. 믿음의 앎은 경험이다. 하나님의 통치하심을 자기 삶 속에서 깊이 경험하는 것이다. 경험을 통해 하나님의 위엄을 인식한다. 하나님의 권위를 삶 속에서 체험하고 의식적으로 혹은 무의식적으로 하나님을 최고의 자리에 모시는 것이다. 체험 후에는 고백이 나온다. 믿음은 입술로 고백하게 한다. 하나님이 최고라고 고백하게 된다. 하나님이 하신 일이 내게 있어서 평생 경험한 것 중에 최고의 일이었다고 말하게 된다.

믿음은 위엄있는 하나님께 대한 존경과 두려움이다. 에스겔이 환상을 보고 두려웠다. 한 번도 본 적이 없고, 상상조차 해 본 일이 없는 신기하고 놀라운 현상이 눈앞에 펼쳐지는 것을 보고 두려워하지 않을 사람은 없을 것이다. 위엄이 있는 목소리가 하늘로부터 들릴 때 그 앞에 엎드리지 않을 수 없다. 그 앞에 엎드리지 않으면 죽는다는 생각이 뇌리에 스치고, 반사적으로 엎드려진다. 이 엎드림이 한 번으로 끝나지 않는다. 하나님 앞에서 엎드린 것과 같은 자세를 유지한다. 믿음은 곧 하나님의 위엄 앞에 엎드림이다.

어떤 사람은 에스겔이 본 환상을 UFO라고 규정한다. 얼마나 외계 세계를 동경했으면 그랬을까? 외계 세계를 동경하는 사람에게 온전한 말을 들을 수 없다. 윤리관이 세워진 사람도 드물다. 신비감 속에 사로 잡혀 있고, 자기의 정신세계 속에서 만족하고만 있을 뿐이다. 그들은 여전히 신비하고 놀랍다 주장하지만 그의 말을 증명해 줄 사람이 없다. 그들에게 확실한 증거도 없다. 나타나는 현상을 증명할 방법도 찾을 수 없다. 그의 생각은 자기만의 신념일 뿐 결코 믿음이 아니다. UFO의 경험이 그의 영생을 결정하지는 않기 때문이다.

시편의 영성

하나님은 위엄이 있으신 분이다. 하나님의 위엄은 사람의 언어로 표현할 수 없는 높은 위엄이다. 봉건 국가의 절대 군주가 가진 위엄보다 더 높은 위엄이다. 시편 기자는 이 사실을 마음 깊이 새겨 놓았다. 그러므로 하나님께 당연히 경배를 드린다. 하나님은 경배를 받으실 분이다. 하나님께는 그 위엄에 합당한 영광이 돌려져야 한다. 하나님 앞에 선 사람도 그 위엄에 걸맞은 모습이어야 한다. "너희 권능 있는 자들아 영광과 능력을 여호와께 돌리고 돌릴지어다 여호와께 그의 이름에 합당한 영광을 돌리며 거룩한 옷을 입고 여호와께 예배할지어다"(1~2절)

하나님이 소리를 내신다. 그 소리는 인간이 감히 낼 수 없는 소리이다. 흉내도 낼 수 없다. 시도조차 할 수 없는 소리이다. 왜냐하면 하나님이 발하시는 소리는 하나님의 위엄을 드러내기 때문이다. "여호와의 소리가 물 위에 있도다 영광의 하나님이 우렛소리를 내시니 여호와는 많은 물 위에 계시도다 여호와의 소리가 힘 있음이여 여호와의 소리가 위엄차도다"(3~4절) 위엄이 있는 소리는 우리에게 엄청난 사랑을 표현하는 말이다. 따뜻한 사랑을 담은 음성이다. 에스겔에게 와서 말씀하시며 그를 일으켜 세우듯이, 우리에게 들려지고 우리 영혼을 세우는 음성이다. 사랑의 음성이 하나님의 위엄을 더 세운다.

땅에 있는 죄인이 내는 소리는 죄의 소리뿐이다. 그러므로 그 소리에는 아무런 힘이 없다. 누가 듣고 감동하지도 않는다. 사람의 마음에 상처를 주고, 마음을 아프게 하는 소리일 뿐이다. 사람의 소리는 듣고 오히려 역정을 낼뿐이다. 그러나 하나님의 소리는 능력이 있다. 그 소리 속에 대단한 에너지가 있다. "여호와의 소리가 백향목을 꺾으심이여 여호와께서 레바논 백향목을 꺾어 부수시도다"(5절) 하나님의 소리가 심겨진 나무를 짐승들처럼 만든다. 이방의 나라들을 짐승들처럼 날뛰게 할 수도 있다. "그 나무를 송아지 같이 뛰게 하심이여 레바논과 시룐으로 들송아지 같이 뛰게 하시도다"(6절)

하나님의 소리를 사람의 언어로 표현하기 어렵다. 기껏 표현해 보아야 사람의 능력으로 제어할 수 없는 어떤 현상에 비교한다. "여호와의 소리가 화염을 가르시도다"(7절) 하나님의 소리가 자연을 움직인다. "여호와의 소리가 광야를 진동하심이여 여호와께서 가데스 광야를 진동시키시도다"(8절) 하나님의 소리가 자연의 현상마저 비정상적으로 흐르게 할 수 있다. "여호와의 소리가 암사슴을 낙태하게 하시고 삼림을 말갛게 벗기시니"(9절a) 하나님의 소리가 이처럼 능력이 있다면, 어긋난 인간들도 바로 세울 것이다. 위엄있는 하나님으로부터 사랑을 받았다는 감격 때문에 삐뚤어진 마음이 바로 잡아질 것이다.

주의 백성

　하나님의 위엄 앞에 사람들이 존경을 표시한다. 놀라운 사랑을 받고 보니, 그분의 위엄이 인간세계에서는 찾을 수 없는 특별한 위엄임을 알았다. 오직 하나님에게서만 발견할 수 있는 가장 높은 위엄이다. 이 위엄을 알고 보니 마음으로 주님 앞에 엎드린다. 누가 시키지도 않았는데, 자원하여 엎드린다. 주의 백성들은 하나님 앞에 엎드린 백성들이다. 하나님의 말씀을 귀를 기울여 경청하는 백성들이다. 그 말씀을 듣고자 하나님을 찾는다. 하나님을 만나는 그곳에서 하나님의 영광을 체험한다. "그의 성전에서 그의 모든 것들이 말하기를 영광이라 하도다"(9절b)

　하나님의 위엄은 어제나 오늘 일이 아니다. 하나님은 어제나 오늘이나 동일하시다. 지금 위엄을 나타내시는 하나님은 이미 과거부터 위엄을 드러내셨다. 하나님은 범죄한 백성을 심판하시는 왕이셨다. 백성들의 죄상을 보고 계셨고, 알고 계셨다. 높은 곳에 계시니 낮은 곳이 훨씬 더 잘 보인다. 구석구석 보이지 않는 곳이 없다. 그늘진 곳도 보인다. 땅 속 깊은 곳까지 보인다. 그러니 그분을 피해 어디로 갈 수도 없다. "여호와께서 홍수 때에 좌정하셨음이여 여호와께서 영원하도록 왕으로 좌정하시도다"(10절) 하나님의 자리는 왕의 자리이다. 그 자리는 사람이 볼 수도 없고, 알 수도 없는 자리이다.

　주의 백성은 하나님의 위엄을 아는 백성이다. 그 분의 위엄 앞에 엎드린 백성이다. 감히 얼굴을 들고 그 위엄을 뵈올 수도 없다. 하나님을 뵈오면 죽을 수밖에 없다는 것을 알고 있다. 그러나 하나님이 사람을 찾아오신다. 사람의 마음속으로, 영혼 속으로 들어오신다. 사람의 마음과 영혼 안에 하나님의 보좌를 앉혀 놓으신다. 하나님이 찾아오신 것이 사람에게 영광이다. 이로써 하나님의 백성이 되었음이 증명되기 때문이다. 하나님이 엎드린 백성에게 영광을 보여 주신다. 엎드린 백성을 영광의 자리로 일으켜 세우신다. 하나님의 영광이 사람에게까지 적용되었다. 주의 백성은 하나님의 영광을 입은 백성들이다.

그분의 위엄 앞에 엎드린 사람에게 놀라운 일이 벌어진다. 영광을 경험한 백성들에게 엄청난 은혜가 임한다. 하나님이 당신의 위엄으로써 백성들을 강하게 하신다. 그분의 위엄으로써 백성들에게 복을 명하신다. "여호와께서 자기 백성에게 힘을 주심이여 여호와께서 자기 백성에게 평강의 복을 주시리로다"(11절) 하나님이 말씀하시면 그대로 된다. 말씀만으로도 세상을 창조하셨는데, 우리를 향해 복을 명하시면 그대로 된다. 하나님이 우리를 향해 복된 사람이라고 말씀만 하시면, 우리는 복된 사람이다. 하나님의 말씀이 그대로 실행되기 때문이다. 복된 사람이 되었다는 것을 깨닫고 보니, 하나님의 위엄이 가장 아름답다고 믿어진다.

성취의 영성과 스룹바벨

성전 건축의 고통

스룹바벨은 다윗의 후손으로 왕족이었다. 왕족의 후손이라는 것 자체만으로도 백성들에게 권위가 있었을 것이다. 비록 다윗 왕조가 망한 이후 바벨론 포로 시기이며, 스룹바벨도 비록 포로 된 백성의 일원이지만 이스라엘 백성들에게서 왕족을 향한 존경심은 남아 있었을 것이다. 스룹바벨은 바벨론 포로 시절에 세스바살이라는 이름으로 백성들의 지도자 역할을 하였다. 페르시아 왕 고레스가 바벨론을 함락시키고, 포로로 잡혀온 민족들에게 고향으로 돌아가도 좋다는 칙령을 내렸다. 물론 고향에서 사용한 중요한 것들도 돌려주었다. 고레스 칙령에 따라 스룹바벨도 예루살렘 성전의 그릇들을 받아 고향으로 돌아왔다.

스룹바벨은 포로에서 귀환한 이후에도 백성들의 지도자였다. 그러나 고향으로 돌아온 이후 인생은 험난했다. 할 일은 많았고, 일을 성취하는 것이 쉽지 않았다. 포로에서 귀환한 이후이므로 백성들은 정신적, 경제적 공황 상태였다. 성전을 다시 짓고, 백성들을 단합시켜야 하지만, 포로 생활 중에 열등의식과 패배의식에 사로잡힌 백성들은 쉽게 따라 주지 않는다. 초기에는 열심은 있으나 작은 어려움에도 상처를 입고 넘어진다. 경제적 회복을 원하지만 폐허가 된 땅에서 어느 것부터 손을 대어야 할지 막막할 따름이다. 게다가 이스라엘을 시기하는 이방인들이 사방에 널려 있다. 지도자로서 개혁해야 할 일들이 산적해 있다.

스룹바벨은 먼저 영적 개혁을 위한 일에 착수한다. 제단을 쌓고, 모세의 율법대로 절기를 지킨다. 율법에 따라 번제를 드린다. 그리고 성전 재건에 착수한다. 하나님의 성전을 짓기 위해 기초를 놓는다. 문제는 여기서부터 발생한다. 대적들이 스룹바벨에게 성전 공사에 참여시켜 달라고 요구한다. 그들을 성전 공사에 참여시키기 어렵다. 성전 완공 후 논공행상을 요구할 것이다. 성전에서 이방 신에게 제사를 드리자고 요구할 지도 모른다. 스룹바벨로서는 당연히 거절해야 한다. 대적들은 거절당한 것에 대하여 앙심을 품는다. 그리고 페르시아 왕에게 스룹바벨과 이스라엘이 성전을 지은 이후 모반을 꾀할 것이라고 고소한다.

아닥사스다 왕이 성전 공사의 중단을 명하였다. 페르시아로부터 오던 물자들이 끊어졌다. 공사는 중단되고 백성들은 자기 생업에 바쁘다. 성전 짓는 일이 분명히 선한 일이요, 하나님의 뜻이 분명한데 방해를 받고 중단되었다. 언제 다시 성전이 지어질지도 모른다. 그러나 성전 재건의 기회가 왔다. 아닥사스다 왕이 죽고 다리오 왕이 등극한 것이다. 스룹바벨과 대제사장 예수아가 건축을 재개한다. 학개와 스가랴 선지자가 백성들에게 성전 재건을 촉구하며 돕는다. 다리오 왕도 고레스 왕의 칙령을 기억하고 성전 재건을 허락한다. 다리오 왕 2년에 성전의 공사가 재개되어, 주전 515년 드디어 성전이 완공된다.

주의 일도 방해를 받는다

사람들은 선한 일이 방해받는 것을 이해하지 못한다. 특히 하나님의 일이 방해받는 것을 납득하려 들지 않는다. 그들은 하나님이 살아 계신다면,

전능한 하나님이시라면 하나님의 일이 술술 풀리도록 하나님이 도와주셔야 한다고 믿는다. 하나님이 선한 일을 방해하는 사람을 왜 내버려두는지 모르겠다고 고개를 갸우뚱한다. 급기야 방해를 받는 일이라면 하나님의 일이 아닐 것이라는 결론에까지 이른다. 방해받는 사람은 하나님이 사람이 아니라는 생각을 가진다. 심지어는 방해받는 것을 보니 하나님이 없다는 결론에까지 이른다. 소위 저항적 무신론이라는 이론이다. 제 맘대로 생각하는 것의 극치이다.

이런 이들은 일이 잘 되면 자기 자랑하느라 바쁘다. 일을 이룰 때는 하나님을 찾지만 그 일이 성취되면 하나님을 잊는다. 어차피 자기들 마음대로 생각하는 사람들이니 하나님도 필요할 때만 찾는다. 일이 성취되고 더 이상 하나님을 찾을 필요가 없어지면, 언제 하나님을 찾았느냐 싶을 정도로 돌아선다. 이런 사람들에게 장애물이 있고, 방해가 있는 것이야 당연하지 않을까? 일을 이루고 교만한 것보다는, 장애물을 만나 괴로워하다가 하나님을 찾는 것이 훨씬 이득일 것이다. 이들에게는 장애물이 있는 것이 결론적으로 보면 복된 일이다. 장애물 앞에서 겸손해지고, 장애물을 뛰어넘는 훈련을 하며 건강해진다.

어떤 이들은 좋은 일이니 자기들도 끼어 달라고 요구한다. 좋은 일은 하는 데 필요한 정신적 자세는 갖추지 않고서 말이다. 아주 조금 생색낼 만큼만 내어놓는다. 사진 한 번 멋지게 잘 찍으면 그것으로 끝이다. 실제로 일한 것이야 보잘 것 없고, 오히려 다른 사람들을 귀찮게만 하였을 뿐이다. 그런데도 할 만큼 했으니 칭찬해 달라고, 지분도 내어놓으라고 요구할 것이다. 이런 사람들이 곧 장애물이다. 자기 안에 생색을 내려는 장애물이 있다. 장애물을 가진 그들이 다른 사람의 장애물이요, 하나님의 장애물이 될 수 있다. 그들은 외부에 장애물을 가진 것이 아니다. 내부적인 장애물을 가지고 있다. 하나님보다 자기를 드러내려는 장애물이다.

다윗은 성전을 짓고 싶었다. 그것이 평생소원이었다. 그러나 그에게 성전 건축은 허락되지 않았다. 하나님이 다윗에게 장애물이 있다고 보셨기 때문이다. 다윗이 가진 장애물은 그의 과거이다. 전쟁터에서 피를 흘린 과거가 성전의 성격과 맞지 않다. 과거는 지울 수 없다. 새로운 의미를 부여할 뿐이다. 그는 왕국을 통일하고, 시온 성을 세웠다. 성전의 예배 제도까지 세웠다. 그것만으로도 충분히 할 일을 하였다. 이제 성전까지 완공하려 한다면 욕심이 지나친 것일까? 하나님이 말리시고 그의 아들 솔로몬에게 성전 짓는 일을 맡기셨다. 다윗은 계획과 준비에 만족해야 했다. 그러나 성취는 솔로몬의 몫이었다. 이는 일의 성취가 하나님께 있다는 뜻이다.

가능성의 시각

일을 앞에 두고 꼭 불가능을 말하는 사람들이 있다. 그것도 지도급에 있는 사람들이 불가능을 말한다. 일하는 것보다는 그 사람을 설득하는 데 시간이 더 걸리고, 더 많은 힘을 소비한다. 조셉 스트라우스라는 사람은 샌프란시스코의 금문교 건축계획을 세웠다. 그것을 발표하는 데 모두가 코웃음을 친다. 자본가를 모집하는 데 아무도 동의해 주지 않는다. 정부 관리도 허가를 내 주지 않는다. 지형과 지리적 여건으로 보아 불가능하다는 것이다. 20년 동안이나 사람들을 설득하고 다녔다. 드디어 자본가를 구해 다리 건설을 시작하였다. 다리를 완성하는 데 4년 밖에 걸리지 않았다. 4년 걸릴 다리를 20년 걸쳐 설득하고 다닌 것이다.

지도자는 소수이다. 총독 스룹바벨과 대제사장 예수아 그리고 선지자 학개와 스가랴 정도이다. 성전 건축에 손을 놓은 채 일상생활을 꾸려 가는 백성들은 다수이다. 지금 공사가 중단되어 있다. 하던 일을 중단했으니, 어려운 때이다. 아니함만 못하다고 불평하는 무리들도 있을 것이다. 지도자들의 능력이 부족하다고 보이지 않는 곳에서 비난하는 사람들도 있을 것이다. 그래도 막상 공사에 참여하라고 하면 불평과 비난의 무리들이 가장 먼저 도망갈지 모른다. 이율배반적인 행동이다. 결국 어려울 때 사람들의 사고방식과 영성이 드러난다. 일을 다시 시작할 때 사람의 본성이 확인된다. 어려움이 오면 사람됨을 알 수 있다.

성전 건축에 대한 열망이 강한 사람들은 소수의 지도자들이다. 다수의 백성들은 성전건축보다 자신의 삶에 더 관심이 많다. 반드시 해야 할 일을 앞에 두고 할 수 있다는 사람과, 못 하겠다는 사람으로 나뉜다. 어떤 때는 못하겠다는 사람이 훨씬 더 많다. 다수결의 원칙으로 하면 못하겠다는 쪽이 옳은 것 같다. 그러나 진리는 한 사람에게서 나오고, 정의는 소수에서 나온다. 다수라고 항상 옳은 것이 아니다. 그런데 다수의 의견이 옳은 것이라 착각하고 소수의 의견을 무시한다. 소수를 억눌러 하던 일조차 중단하게 만든다. 못하겠다는 다수는 자기 힘으로 성취하려는 사람들이다. 그러나 할 수 있다는 소수는 하나님의 힘으로 성취하려는 사람들이다.

대적들이 아닥사스다를 부추겨 성전 공사를 중단시켰다. 중단되고 보니, 대적들은 자기들의 도움이 없으면 성전 공사가 성취되지 못할 것이라고 확신할 것이다. 이는 착각이다. 지금은 그들의 착각을 해결할 방법이 없다. 시간이 지나면 해결될 것이고, 오직 하나님만이 해결하실 것이다. 시간이 지난 후 대적들의 생각이 옳지 않았음이 증명되었다. 그들의 도움이 없이도 성전이 지어졌다. 오히려 다리오 왕의 후원이 있었다. 다리오 왕의 후원으로 대적들의 목소리가 잠잠해졌다. 다리오 왕이 하나님의 권위를 인정했다(스 6:12). 이스라엘의 지도자들은 하나님이 다리오 왕을 움직여 성전 건축을 성취하신 것이라고 믿는다. 지도자들은 주의 일의 성취는 오직 주님의 도우심에 의해 가능할 것이라는 시각을 가졌다.

시편의 영성

시편 30편은 성전 낙성가이다. 이 노래 속에 작가는 많은 곤경에 쳐해 있음을 알 수 있다. 그러나 하나님이 그 곤경을 이기게 하셨다. 선한 일을 성취하기까지 사람이 해결할 수 없는 수많은 장애물이 있으나, 하나님이 모두 해결하셨다. 믿음의 눈으로 보면 이미 하나님이 장애물을 제거하신 것이 보인다. 믿음의 눈으로 보면 성전에 임할 영광이 보인다. 하나님은 이미 그 영광을 성취하셨다. 영광을 받으시기 위해 영광을 보여 주셨다. 밤에는 고통이 있으나, 아침은 기쁠 것이다. 왜냐하면 하나님이 성취의 아침을 주시기 때문이다. "그 노염은 잠깐이요 그의 은총은 평생이로다 저녁에는 울음이 깃들일지라도 아침에는 기쁨이 오리로다"(5절)

중요한 일을 앞에 두고 신앙인이 고통을 받는다. 비난과 오해를 받을 수도 있다. 억울함이 앞선다. 죽을 것만 같은 기분이 들 때도 있다. "내가 무덤에 내려갈 때에 나의 피가 무슨 유익이 있으리요 진토가 어떻게 주를 찬송하며 주의 진리를 선포하리이까"(9절) 주의 일을 하는 주님의 사람이지만 이런 비난 앞에 탈진을 경험한다. 우울증에 깊이 잠겨 버린다. 마음속의 상처가 매우 깊다. 이런 문제를 하나님이 해결해 주셔야 한다. 하나님이 살려 주셔야 한다. "여호와여 주께서 내 영혼을 스올에서 끌어내어 나를 살리사 무덤으로 내려가지 아니하게 하셨나이다"(3절) 시인은 상처 회복이 하나님의 성취임을 믿는다.

이미 하나님은 상처와 우울증 그리고 탈진으로부터의 회복을 준비해 놓으셨다. 하나님은 충분히 성취하시는 분이시다. 그럼에도 불구하고 하나님은 우리의 간구를 기다리고 있다. " 여호와 내 하나님이여 내가 주께 부르짖으매 나를 고치셨나이다"(2절) 하나님이 원하고 계획하신 일도 성취가 예비되어 있다. 우리를 도우실 분으로 준비하고 계신다. "여호와여 들으시고 내게 은혜를 베푸소서 여호와여 나를 돕는 자가 되소서 하였나이다"(10절) 하나님이 도우시므로 대적의 계획이 무산된다. 대적이 나 때문에 속이 쓰리고 골머리가 아플 것이다. "여호와여 내가 주를 높일 것은 주께서 나를 끌어내사 내 원수로 하여금 나로 말미암아 기뻐하지 못하게 하심이니이다"(1절) 하나님은 사람을 치료하심으로 일을 이루신다. 치료받은 사람은 하나님의 성취에 쓰임 받을 사람이다. 하나님이 사람을 치료하시고, 회복시키심으로 당신의 성취를 위해 사용하신다. 하나님이 내게 영적 변화를 주신다. "주께서 나의 슬픔이 변하여 내게 춤이 되게 하시며 나의 베옷을 벗기고 기쁨으로 띠 띠우셨나이다"(11절) 하나님의 고치심이 성취의 시작이다. 내게 나타난 영적 변화가 하나님의 성취 과정이다. 이미 시인은 그것을 경험하였다. 자기 삶 속에서 성취하신 하나님을 찬송하고 있다. "이는 잠잠하지 아니하고 내 영광으로 주를 찬송하게 하심이니 여호와 나의 하나님이여 내가 주께 영원히 감사하리이다"(12절)

성취를 믿으라

하나님의 완전한 성취는 앞으로 일어날 일이다. 그러나 그 성취는 지금 이루어져 가고 있다. 이미 이루어진 일도 있다. 종말은 미래이지만 동시에 현재이다. 영생과 심판은 미래적 사건이다. 그러나 그것은 영원한 현재이다. 이미 이루어진 사건이다. 신약의 기자들이 미래에 이루어질 사건을 과거로 표현한다. "내 말을 듣고 또 나 보내신 이를 믿는 자는 영생을 얻었고 심판에 이르지 아니하나니 사망에서 생명으로 옮겼느니라"(요 5:24b) 미래의 성취는 과거를 보듯 확실한 것이다. 동시에 미래를 과거로 끌어다 놓았다. 또한 미래의 성취를 현재의 성취로 믿고 있다. 그러나 그 성취의 대상이 아직도 많이 있다. 지금 하나님이 성취하고 계시다.

시편에서 다윗은 성취를 보고 있다. 하나님의 성취를 믿고 있다. 비록 자기 눈으로는 성취를 볼 수 없으나, 후대에 성취가 이루어질 것으로 믿는다. 자기가 하는 일이 미래의 성취를 위한 준비이다. 그것은 오늘의 성취이다. '이미(already)'와 '아직 아닌(not yet)'의 공식이 여기 적용된다. 영생은 이미 이루어졌으나 아직 아닌 모습을 보인다. 종말이 그렇다. 아직 아닌 종말이지만 이미 이루어졌다. 성전의 건축도 아직 아니지만 이미 이루어진 모습으로 보인다. 그러니 성취를 생각하는 노래 곧 성전 낙성가를 부르지 않는가? 성취를 믿는 사람은 하나님을 찬양한다. "주의 성도들아 여호와를 찬송하며 그의 거룩함을 기억하며 감사하라"(4절)

하나님의 성취를 믿는 사람은 흔들리지 않는다. "내가 형통할 때에 말하기를 영원히 흔들리지 아니하리라 하였도다"(6절) 이 결심이 바뀌지 않는다. 이 결단이 일시적인 기분에 의해 하는 말이 아니다. 이 결단에 대하여 잠시 의심할 때도 올 것이다. "여호와여 주의 은혜로 나를 산같이 굳게 세우셨더니 주의 얼굴을 가리시매 내가 근심하였나이다"(7절) 그러나 영원한 낙심은 없다. 근심으로부터 빠져 나오게 하시는 하나님의 성취를 믿기 때문이다. 하나님이 우리의 감정적 상처를 어루만지시고, 바꾸심으로 우리를 통해 당신의 일을 성취하신다. 그러므로 흔들리지 않는다. 다윗은 영적 우울증 상태에서도 흔들리지 않았다. 그는 스룹바벨이 대적의 계략에도 흔들리지 않았다.

흔들리지 않는 사람은 하던 일을 마저 할 수 있다. 중단된 일, 다시는 할 수 없을 것만 같은 일이라도 다시 시작하고 성취를 경험한다. 흔들리지 않고 하나님의 성취를 믿는 사람이 그 성취를 눈으로 확인할 수 있다. 성전의 건축도, 자신의 영적 변화도, 극적인 반전을 이루는 하나님의 은혜도 흔들리지 않고 믿는 사람에게 이루어진다. 나를 흔들어대는 고통의 상태에서도 포기하지 않는 사람이 하나님을 찾는다. 하나님은 성취를 보여주시기 위해 흔들리는 우리를 잡아 주신다. 하나님께 붙잡혔으니 흔들리지 않을 수밖에 없다. 지금 흔들리지 않고 믿는 믿음이 성취를 이루는 과정이다. 그 길 끝에 영원한 성취가 있다.

시편 31편

통분의 영성과 한나

눈물의 기도

한나에게 한 가지 고통이 있다. 자녀를 낳은 적이 없다는 것이다. 남편이 아무리 잘해 주어도, 남편이 무슨 말로 위로해도 한나의 고통은 사라지지 않는다. 10명의 아들이 있는 브닌나보다 남편이 자신에게 있는 것이 더 큰 행복이라 말해도 한나의 마음에 위로가 되지 못한다. 이런 남편이 제물의 분깃을 브닌나보다 한나에게 갑절로 준다고 해도 말이다. 결혼한 여성의 당연한 과정은 자식을 낳는 것이다. 그런데 자식이 없다면 분명 결격사유이다. 자식이 없는 것도 서러운데 브닌나에게 무시를 당한다. 한나를 향하여 가슴을 찢어놓는 말을 한다. 한나의 마음이 요동한다. 머릿속에 번민이 가득하다. 오죽했으면 한나가 하나님 앞에서 통곡하기까지 하였을까?

하기야 브닌나도 남편이 한나만 사랑하고 아껴주니 질투가 나서 그럴 것이다. 자식도 못 낳는 여인을 무엇이 좋다고 저렇게 아껴준단 말인가? 저 여자만 없으면 남편의 사랑이 모두 내 것이다. 여성은 본성적으로 질투가 심한가? 따지고 보면 질투는 사랑의 다른 면이다. 질투는 사랑의 독점 욕구이다. 그런데 사랑의 욕구가 다른 사람의 마음을 아프게 한다. 치명적인 결격사유가 있는 사람은 쉽게 상처받는다. 열등감에 사로잡힌 사람은 우연히 지나가는 말이라도 자기의 약점을 건드리는 말이라면 쉽게 상처를 받는다. 이 아픔을 누구에게 하소연할까? 자기의 문제를 근본적으로 해결해 줄 분에게 아뢰어야 한다. 그래야 해결된다.

한나가 엎드려 기도한다. 한나의 마음이 복잡할 것이다. 서러움, 분노, 억울함, 자기 처지를 비관함, 괴로움, 원통함 등등 무엇부터 먼저 하나님께 아뢰어야 할지 모른다. 그저 할 수 있는 일이라면 통곡하는 일이다. 일단 울고 볼 일이다. 이런 사람에게 침착함이나 차분함을 말하는 것은 물에 빠진 사람에게 수영을 가르치는 꼴이다. 실컷 울고 나면 속이 시원해진다. 울면서 하소연한다. 마음속에 있는 통분(痛憤)을 주님께 아뢴다. 악을 쓰듯이 말한다. 여기에는 빙빙 돌려 말하는 것도 없다. 이리 저리 재는 것도 없다. 본론부터 먼저 말한다. "아들을 주시기만 하면 하나님께 드리겠습니다. 하나님의 사람으로 정결하게 키우겠습니다"

한나가 오랫동안 기도하다 보니 기도의 경지에 들어간다. 입술은 움직이지만 목소리는 나오지 않는다. 목이 잠겨서 그럴 수도 있고, 하나님과의 깊은 교제의 단계에 들어간 것일 수도 있다. 이것을 보고 오해하는 사람이 있다. 다름 아닌 엘리 제사장이다. 제사장은 한나를 보고 술 취한 것으로 착각하고 있다. 언제까지 취해서 횡설수설할 것이냐며 나무란다. 영적인 지도자라 해도 어느 부분에서는 영적 경지가 낮을 수 있다. 그러나 고통을 치유하시는 하나님만은 알아야 한다. 이것조차 모르면 다 모르는 것이다. 한나가 자신의 원통함과 통분함을 제사장에게 말한다. 제사장이 한나에게 축복한다. "평안히 가라 이스라엘의 하나님이 네가 기도하여 구한 것을 허락하시기 원하노라"(삼상 1:17)

우울감

남편의 사랑을 받는 여인은 자식이 없고, 자식을 낳은 여인은 남편의 사랑을 받지 못한다. 일부다처제의 고대사회에서는 흔히 볼 수 있는 일이다. 불공평한 세상인지 공평한 세상인지는 독자의 판단에 맡길 일이다. 이 세상 것을 다 가진 사람은 없는가 보다. 완벽한 인간, 어느 것 하나 부족함이 없는 환경은 없는가 보다. 사람은 자기에게 없는 것부터 먼저 본다. 내게 없는 것이 남에게 있다면 가지고 싶다. 빼앗는 한이 있어도 가질 것이다. 내놓지 않으면 뺏는 것뿐만 아니라 쫓아내기까지 할 것이다. 인간의 본성은 화해와 협력보다 내가 다 가져야 하는 쪽으로 치우친다. 그러나 뺏는 자나 뺏기는 자나 불안하기는 매한가지 아니겠는가?

남편의 사랑을 받지 못하는 여인이나, 자녀를 낳지 못하는 여인이나 속마음이 쓰리기는 매한가지이다. 그러나 그것을 혼자 삭이기 어렵다. 그 원인을 남에게서 찾고 남에게 책임을 떠 넘겨야 풀릴 것 같다. 나를 이렇게 만든 사람이 미워진다. 여기서 질투가 나온다. 여성의 질투는 남성보다 더 심한 것 같다. 질투가 좋지 않은 것이기는 하지만, 그 원인을 치료할 생각은 없고 질투 자체만 가지고 문제를 삼는다. 이슬람 사회에서 질투를 여인의 수치와 범죄로 규정하는 것, 조선시대 여인의 질투를 칠거지악으로 규정한 것이 이런 이유에서일 것이다. 치사한 남성 우월주의의 사고방식은 인간의 아픔마저도 죄악으로 규정하고 용납하지 않는다.

통분이란 괴로움과 번민으로 마음이 아픈 것이다. 괴로움이 사라지지 않고 평생 마음속에 남아 답답한 마음을 하소연할 수 없어 한(恨)으로 남는다. 우리 할머니와 어머니 세대의 한의 원인이 곧 통분이다. 자기 때문에 가족이, 남편이, 자녀가 망가졌다는 비난을 들을 때 그 마음을 누가 알아주는가? 여자가 잘못 들어와 집안이 망한다느니, 남편이 일찍 죽으면 남편 잡아먹은 여자라느니 하는 비난이다. 같은 여자인 시어머니도 시누이도 알아주지 않고 오히려 비난의 앞잡이가 되어 있다. 아무도 알아주지 않는다. 여자의 운명이니 그렇게 살아야 한다고 숙명적으로 받아들이라는 충고만 있을 뿐이다. 고통과 번민 때문에 괴로워하면 그 자체를 부덕한 것으로 여겨 죄악시하는 사람들도 있다.

통분의 원인은 자기를 향한 비난이다. 더 통분할 일은 자기로 인하여 하나님이 비난받을 때이다. 너 때문에 우리가 할 일을 못하고, 우리 약점이 드러난다. 그러고도 과연 네가 하나님의 사람이라 할 수 있느냐? 이처럼 시인은 집단 따돌림을 당하고 있는지도 모른다. 그들이야 어리석은 생각으로 핑계를 만들어 재미있자고 하는 일일 수 있어도 당하는 사람은 심각하다. 아이들이 장난으로 던진 돌에 개구리가 맞아 죽을 수도 있다. 비난당하는 시인은 죽고만 싶은 심정이다. 자살충동을 느낄지도 모른다. 자기가 지고 있는 책임이 없다면 아마 죽었을지도 모른다. 하나님이 안 계시다면 진작 생을 포기했을지 모른다. 심각한 영적 우울증에 사로잡혀 있다. 통분을 풀지 못하면 우울증으로 발전하고야 만다.

남 잘되는 것이 싫어

우리 속담에 이런 말 있다. "사촌이 땅을 사면 배가 아프다" 남 잘되는 것을 보면 시기심이 발동한다. 진심으로 축하해 주는 것이 없다. 겉으로는 축하하는 척 하며, 속에는 가시를 담아 말한다. 딱히 약점을 잡아내기는 어렵지만 지나고 나면 어딘가 뒤가 찜찜하다. 아무리 좋은 관계요, 어린 시절 친구 사이라도 이 정도 되면 틈이 벌어진다. 서운함이 마음속에 자리 잡고, 그것을 드러내다 보면 점점 멀어진다. 상대방의 서운함을 이해하지 못하면 대화가 막힌다. 원수지간이 되는 것도 시간문제이다. 상대방이 나보다 잘되는 것 때문에 은근히 속이 쓰리다면 그와의 진정한 교제는 이루지 못하는 꿈에 불과하다.

경쟁하여 이길 수 있다면 경쟁하려 들 것이다. 그러나 경쟁이 되지 않는다면 이기는 방법을 다시 찾아야 한다. 선의의 경쟁으로 안 되니, 얄팍한

꾀라도 부린다. 방법이야 어떻든지 상관하지 않고 이기기만 하면 된다. 인간 사회에 이런 사고방식이 팽배해 있다. 심지어는 그 밑으로라도 들어가야 한다. 그를 존경하기 때문에 도와주러 들어가는 것이 아님은 당연하다. 그가 하는 일을 배워 똑같이 해 보려고 들어간다. 자신의 경쟁자를 물리치려면 경쟁자를 먼저 알아야 하기 때문이다. 이럴 때 자기합리화를 위해 써먹는 말이 있다. "적을 알고 나를 알면 백전백승이다" 그러나 경쟁자나 자신이나 공멸(共滅)하는 길이라면 과연 그 방법을 선택하겠는가?

주는 것이 받는 것보다 복이 있다지만, 주려고 하지 않는다. 성경도 알고, 예수님 말씀도 알지만 그것이 마음을 움직이지 못한다. 말로도 행동으로도 실천되지 않는다. 베푸는 사람이 오래 산다는 통계조사가 있어도 여전히 욕심을 부린다. 도움을 받는 사람이 주는 사람보다 일찍 죽을 확률이 두 배가 넘는다는 신문 기사가 실려도 당장에는 받는 것이 더 좋다. 좋은 것은 안 주고 나쁜 것을 주려 한다. 강영우 박사의 말처럼 미래의 리더십은 베풀고 나누는 삶을 실천함으로 얻어진다고 해도, 그 말에 귀를 기울이지 않는다. 욕심이 앞서면 아무리 좋은 것도 마음의 귀에 들리지 않는다. 마음에 들리지 않았으니 귀로 들은들 무슨 소용이 있으랴!

남에게 주는 것이라면 전혀 쓸모없는 것을 주려 한다. 상처만 주는 것이다. 나를 향한 원망과 불신을 심어 놓는다. 다른 사람이 나 때문에 아파하면 그것을 고소하게 생각한다. 나를 향해 잘못 했으니 너도 나처럼 당하는 것이 당연하다고 여긴다. 내 눈에서 눈물 나게 했으니 너의 눈에서는 피눈물이 날 것이라며 한 소리 한다. 상대방 눈에 피눈물이 날만큼 여지없이 박살을 냈으니 통쾌하고, 시원하다고 여길 것이다. 그러나 가만히 생각해 보라 내가 한 말이 내게 다시 돌아오지 않는다는 보장이 있는가? 상대방 눈에 피눈물이 났다면, 내 눈에는 어떤 눈물이 나게 되겠는가? 심는 대로 거둔다는 말이 진리라면 내게도 적용되지 않는다고 누가 보장할 것인가?

시편의 영성

시편 기자가 심한 외로움을 겪고 있다. "여호와여 내가 고통 중에 있사오니 내게 은혜를 베푸소서 내가 근심 때문에 눈과 영혼과 몸이 쇠하였나이다 내 일생을 슬픔으로 보내며 나의 연수를 탄식으로 보냄이여 내 기력이 나의 죄악 때문에 약하여지며 나의 뼈가 쇠하도소이다"(9~10절) 그 이유는 이웃으로부터 소외를 당하기 때문이다. "내가 모든 대적들 때문에 욕을 당하고 내 이웃에게서는 심히 당하니 내 친구가 놀라고 길에서 보는 자가 나를 피하였나이다"(11절) 소외뿐만이 아니다. 이웃과 친구들이 비난하다 못해 죽이려 든다. "내가 무리의 비방을 들었으므로 사방이 두려움으로 감싸였나이다 그들이 나를 치려고 함께 의논할 때에 내 생명을 빼앗기로 꾀하였나이다"(13절)

사람에게 당하는 통분한 마음을 어디서 풀어야 할까? 하소연으로는 안 되고, 한숨의 눈물도 어지간해서는 성에 차지 않는다. 속이 시원해질 때까지 울어야 한다. 그러나 울어도 해결되지 않는다. 혼자 울어야 자기 몸만 축날 것이다. 울음을 보일 대상이 있어야 한다. 그 대상이 하나님이시다. "여호와여 그러하여도 나는 주께 의지하고 말하기를 주는 내 하나님이시라 하였나이다"(14절) 찢기고 당하여 상처를 입으면 사람 앞에 나서기 두렵다. 그러나 하나님께는 갈 수 있다. 하나님이 내게 피난처를 제공하시고, 외로움에서 건져내 주신다. "여호와여 내가 주께 피하오니 나를 영원히 부끄럽게 하지 마시고 주의 공의로 나를 건지소서"(1절)

하나님을 모르고 말하는 사람의 말이 중단되어야 한다. 그래야 의인이 숨을 쉬고 살 수 있다. 시인은 자기가 악인의 비난에 대답할 수 없는 것을 알고 있다. 그 대답은 오직 하나님만이 하실 것이다. 악인의 비난을 멈추게 할 방법도 없다. 하나님이 멈추게 하셔야 한다. "교만하고 완악한 말로 무례히 의인을 치는 거짓 입술이 말 못하는 자 되게 하소서"(18절) 하나님이 의인을 구해주셔야 한다. 하나님이 의인에게 억울함을 해소시켜주셔야 한다. 통분한 마음에서 벗어나게 해 주셔야 한다. "주께서 그들을 주의 은밀한 곳에 숨기사 사람의 꾀에서 벗어나게 하시고 비밀히 장막에 감추사 말 다툼에서 면하게 하시리이다"(20절)

시인은 자신의 통분을 해결하시는 하나님을 알고 있다. 그러므로 그분에게 자신의 통분함을 아뢴다. 해결을 의뢰하는 것이다. 자신의 문제가 해결되면 하나님이 어떤 분인지를 더 확실히 드러날 것이다. "내게 귀를 기울여 속히 건지시고 내게 견고한 바위와 구원하는 산성이 되소서"(2절) 하나님은 통분함을 해결하시며 하나님 되심을 드러내신다. "그들이 나를 위하여 비밀히 친 그물에서 빼내소서 주는 나의 산성이시니이다"(4절) 나는 하나님의 위대함과 나를 향한 자비를 더 신뢰하게 될 것이다. 오직 하나님께 나의 인생을 맡길 것이다. "주는 나의 반석과 산성이시니 그러므로 주의 이름을 생각하셔서 나를 인도하시고 지도하소서"(3절)

신비한 해결

시편 기자는 통분의 해결방법을 알고 있다. 그것은 하나님의 은혜를 받는 것이다. 하나님의 은혜만 받으면 통분한 마음이 해소될 것이다. 사람의 위로로 해결되지 않고, 울어도 해결되지 않고 악을 써도 해결되지 않던 것이 하나님이 들려주시는 말씀 한 마디면 해결된다. 하나님의 말씀이 은혜가 된다. 하나님이 내 마음을 알아주시며 측은히 여겨주신다. "주를 두려워하는 자를 위하여 쌓아 두신 은혜 곧 주께 피하는 자를 위하여 인생 앞에 베푸신 은혜가 어찌 그리 큰지요"(19절) 엘리 제사장의 말 한 마디에 수심을 내버리고 웃는 얼굴로 돌아가는 한나처럼 말이다. 한나는 엘리의 말을 듣고 은혜를 받았다. "가로되 당신의 여종이 당신께 은혜 입기를 원하나이

다 하고 가서 먹고 얼굴에 다시는 근심 빛이 없더라"(삼상 1:18)

시편 기자는 하나님이 악인의 소행을 갚으실 것으로 믿고 있다. 아무리 불공평한 세상이라 할지라도 하나님이 공평으로 돌려놓으실 것이다. 이로써 성도는 하나님을 부르짖을 것이다. 하나님이 부르짖음에 응답하심을 믿고 부르짖을 것이다. 위기 중에 부르짖는 소리를 들으실 것이다. "내가 놀라서 말하기를 주의 목전에서 끊어졌다 하였사오나 내가 주께 부르짖을 때에 주께서 나의 간구하는 소리를 들으셨나이다"(22절) 이것을 알고 있으니 하나님을 신뢰한다. 하나님을 사랑한다. 다른 사람들에게도 하나님을 사랑하자고 말하며 그 이유도 제시한다. "너희 모든 성도들아 여호와를 사랑하라 여호와께서 진실한 자를 보호하시고 교만하게 행하는 자에게 엄중히 갚으시느니라"(23절)

믿는 자들은 진정한 통분의 해결을 경험할 수 있다. "내가 허탄한 거짓을 숭상하는 자들을 미워하고 여호와를 의지하나이다"(6절) 하나님이 믿는 자의 통분함을 알고 계신다. "내가 주의 인자하심을 기뻐하며 즐거워할 것은 주께서 나의 고난을 보시고 환난 중에 있는 내 영혼을 아셨으며"(7절) 해결하시는 하나님을 안다면 통분의 상황조차도 하나님께 맡길 것이다. "내가 나의 영을 주의 손에 부탁하나이다 진리의 하나님 여호와여 나를 속량하셨나이다"(5절) 이런 의의 하나님을 알고 있으니 하나님을 찬양할 수밖에 없다. 내 힘으로 안 되는 것을 해결하시는 하나님을 찬양함이 당연하다. 그분의 능력과 존재를 체험하였으니, 입에서 나오는 것은 찬양뿐이다. "여호와를 찬송할지어다 견고한 성에서 그의 놀라운 사랑을 내게 보이셨음이로다"(21절)

자기만 고통에서 빠져 나왔다고 다 된 것이 아니다. 다른 사람도 지금 고통 중에 있다. 물 속에 빠져 들어가는 사람들에게 생명줄을 던져줘야 한다. 그 생명줄이 무엇인가? 용기를 내라고 격려하는 것이다. 용기를 내야 할 이유가 있다. 바로 하나님이 계시기 때문이다. 시편 기자는 통분에서 회복되었다. 자기뿐만 아니라 다른 사람의 회복도 원한다. 자신의 고통을 돌이켜 보니 남의 고통도 보인다. 고통을 헤치고 나오니 나 아닌 다른 사람에게도 하나님의 자비가 있어야 함을 안다. 통분을 측은히 여기시는 하나님의 은혜를 입어야 하는 것을 알고 있다. 그러므로 이렇게 격려한다. "여호와를 바라는 너희들아 강하고 담대하라"(24절) 통분함이 해결되는 과정이 신비하기 짝이 없다. 어떤 시나리오를 쓴다해도 이처럼 감동적일 수 없을 것이다.

시편 32편
자복의 영성과 요나

요나의 회개

요나가 만 3일동안 물고기 뱃속에 들어가 있다. 3일동안 그가 하는 일이 무엇일까? 몸부림을 치는 것이다. 하지만 어둡고 답답함 때문에 몸부림치는 것만은 아니다. 육체의 고통을 이기고자 몸부림치는 것만도 아니다. 그의 몸부림은 기도의 몸부림이었다. 요나의 기도를 보니 그의 사정이 심각하다. 자신의 처한 곳이 물고기 뱃속이긴 하지만 마치 지옥으로 인식하고 있다. 파도와 물결이 하나님의 책망의 도구가 되어 그를 덮쳤다. 그는 지금 버림받은 것과 같은 생각에 사로잡혔다. 그러나 요나는 포기하지 않는다. 그럴지라도 다시 하나님을 바라보겠다고 약속한다. 전에는 하나님의 은혜를 버린 적이 있으나 지금은 감사의 기도를 드린다.

이전에 요나는 하나님의 명령을 거슬렀다. 니느웨로 가라는 명령을 듣고도 다시스로 갔다. 니느웨는 회개하라는 외침을 들어야 할 도시였다. 이 도시를 향해 하나님의 외침을 전달할 사람은 요나 뿐이다. 그러나 요나는 불순종했다. 왜 불순종하는지 그 이유도 말하지 않고 일방적으로 다시스행 배에 올라탄다. 배 밑으로 내려가 잠이 든다. 하나님의 명령을 피해 도망하는 듯한 사람이 배에서 잠을 자고 있다니 팔자가 편해 보인다. 요나는 지금 착각하고 있다. 그것은 먼 곳으로 가는 배 밑으로 숨어들면 하나님도 모르실 것이라는 착각이다. 착각이 그로 하여금 닥칠 고난을 예상하지 못하게 한다. 그러니 깊은 잠이 들 수 있을 터이다.

그러나 하나님은 당신의 사람을 결코 내버려두지 않으신다. 이상한 길로 가면 반드시 돌려놓으신다. 헛된 길로 가면 붙잡아 바른 길을 가게 하신다. 하나님이 요나를 붙잡는 방법은 바다에 풍랑을 일게 하신 것이다. 노련한 선장이나 선원들이 전혀 예상하지 못한 풍랑에 당황한다. 배에 있는 물건들을 버리고, 그것도 안 되어 배가 흔들리다 못해 깨질 것 같으니 각각 자기의 신들을 부른다. 여전히 풍랑이 멈추지 않는다. 급기야 죄인 하나가 이 배에 탔기 때문이라고 생각한다. 제비를 뽑아 죄인을 가려내고 그를 바다에 버리면 풍랑이 잠잠할 것이라 결론을 내린다. 요나가 제비에 뽑혔다. 요나를 바다에 버린 이후 배에 탄 사람들이 하나님께 부르짖는다. 이윽고 바다가 잠잠해진다.

요나는 제비에 뽑히자 자기가 하나님께 발견된 줄 알았다. 자기 출신지와 신분을 밝히고 먼저 바다에 던져질 것을 사람들에게 제안한다. 사람들이 요나를 살려 보려고 배를 움직이지만 바다의 파도는 점점 더 높아져 간다. 요나가 빠진 후 물고기 뱃속에서 부르짖는다. 배에 탄 사람들은 요나가 바다에 빠진 후 죽었을 것이라 생각한다. 그러나 요나는 살아 있다. 물고기의 소화액이 요나를 녹이지 못했다. 몸부림을 칠만큼 목숨이 붙어 있다. 한가지 더 있다. 기도할 만큼 영혼이 살아있다. 요나는 자신의 잘못을 깨닫고 뉘우친다. 앞으로 잘해보겠다고 다짐한다. 회개의 기도요, 결단과 서원의 기도이다. 누가 시켜서 기도하는 것이 아니다. 스스로 회개하는 기도 곧 자복의 기도이다.

회개하라

예수님의 공생애 외침 중 첫 단어가 곧 "회개하라"이다. 물론 예수님보다 이전에 세례요한도 회개를 외쳤다. 회개를 외치는 이유가 무엇일까? 그것은 그 사회가 회개가 필요할 만큼 곪아 있다는 것이다. 사회 구성원들이 회개해야 할 만큼 도덕적으로 영적으로 무감각해져 있기 때문이다. 공동체가 회개해야 할 만큼 싸늘한 분위기에 젖어 있다. 공동체의 나가는 방향이 잘못되어 있다. 사회 구석구석에 오염된 부분이 많다. 회개할 필요가 있으므로 회개하라는 외침이 들린다. 그 외침은 어느 지역, 어느 시대이든지 적용된다.

회개란 돌아선다는 뜻이다. 단순히 잘못을 뉘우치는 것이 아니다. 뉘우치는 것이야 누구든지 할 수 있다. 그러나 삶의 개선은 쉽지 않다. 회개는 잘못한 행위를 돌이키는 것이요, 삶의 방법을 개혁하는 것이다. 회개는 썩은 것을 잘라내고 도려내는 것이다. 회개는 오염된 것을 제거하고 그 자리에 깨끗한 것으로 채워 넣는 것이다. 썩은 부분, 오염된 부분이 자기 마음과 정신 그리고 영혼에 있다면 그것도 잘라내어야 한다. 잘라내는 아픔이 있어도 잘라내어야 개인과 사회가 건강해진다. 그렇다면 회개는 수술이라 할 수 있다.

무엇을 어떻게 회개해야 할지 모르는 사람이 있다. 더 안타까운 것은 자기가 회개의 대상자인 것도 모르고 사는 사람이 있다는 사실이다. 문제의식이 없는 사회, 현실에 안주하는 사회에서 보는 현상이다. 하지만 역사는 그대로 흘러가지 않는다. 반드시 회개를 외치는 사람, 개혁을 요구하는 사람이 나온다. 회개의 외침에 반응하는 사람들이 있다. 회개의 방법을 모르는 사람들은 방법을 알려 들 것이다. 회개가 필요한 줄 알면서도 자존심을 지키기 위해 회피하는 사람도 있을 것이다. 그들은 회개를 외치는 사람을 핍박할 것이다.

고무적인 현상은 회개의 대상자가 남이 아닌 자신임을 알고 있는 사람들이 있다는 것이다. 지금보다 더 기쁘고 보람이 있는 삶이 있다는 것을 기억하고 그 길을 향해 가는 사람들이 있다는 것이다. 자기가 처한 현장에서 회개를 실행하는 사람들이 있다. 어렵고 고통스런 일들을 남에게 떠넘기지 않고 자기부터 먼저 실행하는 사람들이 있다. 문제가 생기면 솔선하여 해결하는 사람들이 있다. 공동체의 조화와 화합을 이루려는 사람들, 촉매자의 역할을 하는 사람들이 있다. 자기의 의를 얻기 위한 회개가 아니라 공동체의 선을 이루는 회개자들이 있다.

회개가 없는 세상

요나의 잘못이 뚜렷이 드러났다. 그러므로 그가 회개하는 것이 당연하다. 회개 이후에 하나님이 가라는 곳으로 가는 것은 당연해 보인다. 요나는 회개하며 그의 마음 속 깊은 곳에 숨겨진 죄까지 모두 토해 내었다. 그는 하나님의 섭리에 의해 수술되고 개조되었다. 그는 회개를 통해 자신의 생각을 바꾸었다. 그의 가는 길이 바뀌었다. 아니 하나님이 그의 가는 길을 강제로 돌려 놓으셨다. 요나는 회개하였으므로 하나님의 뜻에 순종한다. 영적 건강을 회복한 것이다. 그의 회개는 이웃의 회개로 연결된다. 악한 도시 니느웨에 회개운동이 일어났다.

그런데 자기 잘못이 분명함에도 불구하고 회개하지 않는 사람들이 있다. 보이지 않는 곳에서 남의 것을 가로채고, 법을 교묘히 피해가며 재산을 모으는 사람들이 있다. 문제가 붉어지면 아니라고 잡아뗀다. 절대로 그런 적 없다고 부정한다. 증거가 드러나면 법적으로 문제가 없는 것이라고 강변한다. 위기에 봉착하면 아리송한 말로 자기 입장을 내세우며 얼버무린다. 검찰이 집요하게 추적하여 증거가 드러나고, 언론에 공개되어도 누명을 쓴 것이며, 공작이라고 자기를 변호한다. 속사정을 모르는 국민들이야 누가 맞는지 모르니 다 똑같은 사람이라고 치부해버린다.

266

오죽해야 "내 탓이오 운동"이 일어났을까? 회개의 대상은 남이 아니라 나 자신부터이다. 회개는 강요보다 자신의 의지가 반영되어 있다. 자신의 의지가 결여된 회개는 결코 회개라 할 수 없다. 자신의 의지가 담긴 회개, 자기의 실수와 허물을 모두 드러내는 회개를 우리는 자복이라고 부른다. 자신의 죄를 알고 그것을 의지적으로 내던진다는 뜻으로 그것은 곧 자백이다. 털어놓으면 속이 시원할 터인데, 털어놓지 않으니 자기도 숨이 막히고, 보는 이도 답답하고 하나님도 안타까워하실 것이다. 자복은 하나님의 계획이다(롬 14:11), 자복의 회개는 우리를 깨끗하게 하는 길이다(요일 1:9).

회개는 법적인 영역에 제한되지 않는다. 회개는 도덕적인 양심의 영역보다 더 깊은 것이다. 그것은 신비의 영역 곧 영적인 영역이다. 이러한 회개는 반드시 열매를 맺는다. 세례요한은 회개에 합당한 열매를 맺으라고 외친다. 세례 요한은 구체적인 회개의 방법과 열매를 제시한다. 백성들에게는 "옷 두 벌 있는 자는 옷 없는 자에게 나눠 줄 것이요 먹을 것이 있는 자도 그렇게 할 것이니라"고 권한다. 세리에게는 "부과된 것 외에는 거두지 말라"고 하며, 군병들에게는 "사람에게서 강탈하지 말며 거짓으로 고발하지 말고 받는 급료를 족한 줄로 알라"라고 가르친다(눅 3:11~14).

시편의 영성

다윗은 일생동안 두 번의 심각한 죄를 저질렀다. 한 번은 우리야의 아내 밧세바를 범한 사건이며, 또 한 번은 이스라엘의 인구를 조사한 사건이다. 두 사건 모두 선지자들로부터 심한 책망을 들었다. 다윗은 책망에 대하여 항변하지 않았다. 두 번 모두 자기의 실수를 인정하며 회개한다. 그리고 하나님으로부터 죄에 대한 대가를 받는다. 시편 32편은 다윗이 우리야의 아내를 범한 이후 그것에 관련된 회개와 연관되었다. 이미 다윗은 회개를 통한 용서를 체험하였다. "허물의 사함을 받고 자신의 죄가 가려진 자는 복이 있도다"(1절) 그리고 그 체험을 회상하고 있다. 자신의 범죄와 그로 인한 마음의 번민과 괴로움, 영적 고통을 회상한다.

회개는 죄에 대한 동의에 머물지 않는다. 입으로 시인하는 것이 필요하다. 입으로 시인해야 진정한 회개가 나온다. 다윗은 입으로 시인하는 것만으로도 된다고 생각하지 않는다. 자기의 마음 깊은 곳에 숨어있는 어떤 악한 것이라도 입 밖으로 끌어내야 한다. 이것을 토설이라고 한다. 그는 토설하지 않으면 회개했다고 보기 어려운 정도였다. 토설하지 않으니 뼈가 녹아내리는 듯한 고통을 겪고 있다. "내가 입을 열지 아니할 때에 종일 신음하므로 내 뼈가 쇠하였도다"(3절) 죄인은 주의 손에 의해 눌리고 있다. 주가 누르고 계시면 사람의 진액이 빠진다. "주의 손이 주야로 나를 누르시오니 내 진액이 빠져서 여름 가뭄에 마름 같이 되었나이다(셀라)"(4절)

이러한 압박과 강박관념에서 탈출하는 방법이 있다. 그것은 곧 자복이다. 시인은 스스로 자복을 결단한다. 그는 자복하면 죄의 용서가 이루어질 것이라고 믿고 있다. "내가 이르기를 내 허물을 여호와께 자복하리라 하고 주께 내 죄를 아뢰고 내 죄악을 숨기지 아니하였더니 곧 주께서 내 죄악을 사하셨나이다(셀라)"(5절) 자복은 하나님을 신뢰할 때 가능하다. 용서받을 것이라는 믿음이 있을 때 더 빨리 자복한다. 이러한 신뢰가 곧 하나님의 은혜를 받는 길이요, 영원히 하나님의 은혜를 누리는 방법이다. "악인에게는 많은 슬픔이 있으나 여호와를 신뢰하는 자에게는 인자하심이 두르리로다"(10절)

자복하는 사람은 정직한 사람이다. 두 마음을 품지 않는 사람이요, 간사한 마음을 버린 사람이다. 자복한 사람에게는 죄 용서가 선포된다. 하나님이 죄 없다고 인정하시는 사람이라면 복 받은 사람이 아니겠는가? "마음에 간사함이 없고 여호와께 정죄를 당하지 아니하는 자는 복이 있도다"(2절) 자복하는 사람이 복된 사람이다. 자복 자체가 복된 행동이기 때문이다. 자복은 하나님과의 신뢰를 회복하는 길이요, 자신의 진심을 보이는 길이다. 시편 32편은 이런 사람을 향해 두 번이나 연거푸 "복이 있도다"고 선포한다. 마치 산상 수훈의 팔복 부분의 예고편을 보는 듯하다. 그 복은 모두 죄의 용서와 관련이 있다. 죄 용서받은 사람이 곧 복을 받은 사람이다.

자복의 결과

자복이 있으면 참 만족을 얻을 수 있다. 자복한 사람에게는 기쁨이 있다. 말로 표현하기 어려운 희열이 있다. 용서받았기 때문이다. 용서의 확신을 가지고 있기 때문이다. 자복한 사람은 자신의 용서받음을 입을 열어 말한다. 전에는 자기의 무가치함과 죄를 토설하던 입이 이제는 하나님의 인자하심을 외치는 입으로 바뀌었다. "너희 의인들아 여호와를 기뻐하며 즐거워할지어다 마음이 정직한 너희들아 다 즐거이 외칠지어다"(11절) 자복하던 입이 감사하는 입으로 변화되었다. 자복이라는 헬라어 단어 '엑소몰로게오(ἐξομολογέω, exomologeo)' 는 감사로 번역된다(마 11:25). 그러므로 자복은 감사이다.

자복을 통해 용서받은 사람은 엄청난 특권을 누린다. 그는 경건한 사람이라고 불린다. 이 땅에서는 금욕이나 선행을 통해 자기의 의를 쌓는 사람이 경건한 사람으로 보인다. 그러나 금욕과 선행은 경건의 한 모양일 뿐이다. 부분일 뿐이며 결코 전체가 아니다. 하나님이 말씀하시는 경건한 사람은 자복을 체험한 사람이다. 자복이 경건의 기초이며 원인이다. 경건은 자복의 결과요, 열매이다. 자복으로 경건을 체험한 사람은 환난과 위기를 만나도 충분히 극복한다. "이로 말미암아 모든 경건한 자는 주를 만날 기회를 얻어서 주께 기도할지라 진실로 홍수가 범람할지라도 그에게 미치지 못하리이다"(6절)

자복한 사람은 분명한 신앙의 체험을 하였다. 그는 신앙의 새로운 경지로 들어섰다. 하나님이 누구인지를 안다. 하나님과 자신의 관계를 분명히 증거한다. "주는 나의 은신처이오니 환난에서 나를 보호하시고 구원의 노래로 나를 두르시리이다(셀라)"(7절) 자기를 도우시는 하나님을 알고 있으며, 그 하나님을 찬송한다. 자복이 찬송이 되었다. 자복이라는 히브리어 단어 '야다(יָדָה)'와 '토다(וְתוֹדָה)'는 모두 찬송이라는 뜻을 가지고 있다. 이 찬송은 자복의 노래요, 용서받음에 감사하는 노래이다. 하나님과의 신비한 교제를 체험하는 영적 노래이다.

한 사람의 자복은 공동체에 파급된다. 자복과 함께 용서를 체험한 사람은 이웃에게 자신의 신앙을 전한다. "내가 네 갈 길을 가르쳐 보이고 너를 주목하여 훈계하리로다"(8절) 자신의 과거 경험에 비추어 보면 이웃의 범죄도 보인다. 이웃의 어리석음을 보고 넌지시 훈계한다. "너희는 무지한 말이나 노새 같이 되지 말지어다 그것들은 재갈과 굴레로 단속하지 아니하면 너희에게 가까이 가지 아니하리로다"(9절) 왕으로서 백성들에게 훈계하는 것일 수도 있다. 아버지로서 자녀에게 훈계하는 것일 수도 있다. 그 훈계가 백성들을 자복하게 한다. 훈계는 용서를 체험하게 하고 감사와 찬송하게 한다.

찬송의 영성과 드보라

드보라의 노래

드보라는 이스라엘의 여선지자이다. 당시 이스라엘 민족은 가나안 왕 야빈의 손에 억눌려 20년 동안이나 고생을 하고 있었다. 누구나 억눌리는 것을 좋아하지 않는다. 그러나 힘 앞에서는 어쩔 수 없다. 약한 자가 강한 자에게 억눌린다. 이스라엘은 야빈 왕의 군대장관 시스라가 이끄는 철 병거 구백승 앞에 힘을 쓸 수 없다. 가나안 군대는 강한 무기와 기동력으로 무장하고 있다. 이스라엘이 군사력에서 뒤지는 것이 당연하다. 누군가 이스라엘을 구할 사람이 나서야 한다. 이 때 하나님으로부터 선택받은 이가 남자가 아닌 여선지자 드보라이다. 그녀는 이스라엘의 사사가 되어 종려나무 아래서 자기에게 오는 백성들을 재판하고 있었다.

드보라는 사사로서 가나안의 압제로부터 백성들을 구할 장수를 지명한다. 그녀가 지명한 장수는 바락이었다. 드보라는 바락에게 하나님의 말씀을 전달한다. "1만 명의 군사를 이끌고 다볼산으로 가라. 내가 시스라와 그의 부하들을 기손 강으로 이끌어 내어 네 손에 붙일 것이다" 그런데 바락이 한발자국 뒤로 물러선다. "당신이 나와 함께 가면 갈 수 있습니다. 그러나 당신이 나와 함께 가지 않는다면 나도 가지 않겠습니다" 드보라가 대답한다. "반드시 당신과 함께 갈 것입니다. 그러나 전쟁에 승리해도 그 공은 당

신의 것이 아닙니다. 왜냐하면 하나님이 시스라를 여인의 손에 의해 죽게
할 것이기 때문입니다”

남성 장수가 여성에게 의지하고 있다. 드보라의 능력을 의지하는지 혹
은 드보라와 함께 하는 하나님을 의지하는지는 알 수 없는 노릇이다. 어쨌
든 바락은 드보라와 함께 전쟁에 나서겠다고 천명한다. 전쟁에 이겨도 공
을 얻을 수 없다는 소리를 듣는 것을 보면 바락도 적잖이 겁을 내고 있는
것 같다. 이겨도 공을 얻지 못한다면 헛수고한 것이나 마찬가지이다. 그래
도 민족을 위해서 전쟁에 나서야 한다. 드보라가 다시 바락에게 이른다.
“여호와께서 시스라를 당신 손에 붙인 날이다. 여호와께서 당신보다 앞서
서 행하신다” 이 말을 들은 바락이 1만 명의 군대를 거느리고 다볼산으로
내려가 시스라와 대치한다.

비록 가나안이 철병거로 무장하였어도 하나님을 이길 수 없다. 하나님의
군대를 이길 수 없다. 시스라가 바락에게 패하여 도망한다. 시스라가 단신으
로 도망하다가 겐 사람 헤벨의 집으로 들어간다. 헤벨의 아내 야일로부터 물
한잔 얻어 마시고 깊은 잠에 들었다. 야일은 시스라가 잠든 틈을 타서 그의
몸에 말뚝을 박았다. 군대장관 시스라가 죽었으니 가나안 왕 야빈의 전력에
구멍이 났다. 하나님이 야빈 왕을 패하게 하셨다. 이스라엘이 가나안 왕을
상대하여 승리하였다. 자유를 찾았다. 승리의 그 날 드보라와 바락이 승리의
노래를 부른다. 승리하게 하신 이스라엘의 하나님을 찬송한다. 온 나라 백성
과 열두 지파 그리고 열방의 왕들이 듣도록 찬송의 노래를 부른다.

노래 문화

한국 사람들이 노래 좋아한다는 것을 모르는 사람은 없다. 소위 장기
자랑을 하라고 하면 일단 노래를 부르고 보던 시절도 있었다. 노래가 장기

가 아님에도 불구하고 노래 외에는 할 것이 없던 시절이었다. 가장 쉽게 생각나는 것이 노래이고, 못 부르는 노래이지만 따라 부르며 흥겨워했다. 그 시절에는 음악이나 노래를 공부하기가 쉽지 않았다. 그러니 노래 잘하는 사람도 드물었다. 음치라고 해도 드러날 일이 별로 없었고 또 수치스럽지도 않았다.

그런데 보통 사람들의 노래 실력이 상승하였다. 평균 실력이 올라간 것이다. 이제는 노래 못하는 사람이 수치스러운 시대가 되었다. 노래방이라는 문화 때문이다. 방방곡곡에 노래방 없는 곳이 없다. 쉽게 찾을 수 있다. 대로변 건물마다 노래방이 성업 중이다. 직장인들 회식에서도 뒤풀이는 노래방이다. 친구들 모임에서도 노래방이 주된 메뉴이다. 노래방에 다녀오면 스트레스가 풀리고, 동료나 친구들과 더 가까워진단다. 단합과 사기를 위해 괜찮은듯 싶다.

문제는 즐거움의 도가 지나칠 때이다. 우려스러운 것은 노래방마다 직업적으로 흥을 돋우는 사람들도 준비되어 있단다. 흥을 돋는 사람들이 가정주부들이라는 데 문제가 있다. 손님과 흥을 돋우는 사람들이 전혀 모르는 사람들이다. 여전히 사람들은 모르는 남녀가 단순히 노래만 불러도 색안경을 쓰고 본다. 탈선을 상상하기 때문이다. 돈이면 무슨 일이든지 다 할 수 있다는 맘모니즘(배금주의, mammonism)의 풍조가 노래문화와 야합하여 가정과 정신을 멍들게 하고 있다.

노래방이 워낙 성업이다 보니 교회에서도 노래방 문화가 스며들었다. 찬양 노래방이 생긴 것이다. 따로 건물이 있는 것은 아니다. 찬양만 전담으로 연주하는 노래방 기계가 발명되었고, 작은 교회 혹은 가정에서 사용하는 것이다. 노래방과는 사뭇 다른 분위기이이고 가사도 다르고, 느끼는 결과도 다르다. 그러나 노래를 통한 단합의 효과만은 부정할 수 없다. 교회가 노래방이라는 문화적 도구를 수용하여, 신앙의 도구로 사용한다.

찬양 부흥

노래 속에 사람의 마음이 담겨 있다. 노랫가락과 노랫말에 사람의 감정이 들어 있다. 기뻐서 노래하는 것은 당연하다. 기쁜 일이 있으니 노래 부르고, 부르는 사람이 즐거워 춤을 춘다. 따라 부르는 사람도 함께 즐거워한다. 마음이 즐거워서 노래한다기보다 노래를 부르면 즐겁 기때문에 한다. 슬퍼도 노래를 부른다. 단조풍의 노래를 부르며, 부르는 사람이나 듣는 사람이나 함께 눈물을 흘린다. 말로 의사를 전달하는 것보다 노래로 전달하는 것이 훨씬 더 효과적이다. 노래가 사람의 감정을 공유하는 도구로 사용된다.

찬양은 부르면서 기뻐하는 것 이상이다. 이미 하나님이 사람에게 기쁜 일을 주셨기에 노래하는 것이다. 드보라의 노래가 그렇다. 한나의 노래가 그렇다. 마리아의 노래가 그렇다. 하나님이 사람에게 하신 일을 생각하면 노래하지 않을 수 없다. 하나님의 은혜를 받고 보니 찬송이 저절로 나온다. 찬송으로 하나님의 은혜에 응답한다. 찬송으로 하나님을 높인다. 찬송하며 마음속에 기쁨을 더 많이 누린다. 찬송의 노래를 듣는 사람도 부르는 사람의 마음속에 있는 기쁨을 알고 싶다. 찬송의 대열에 동참한다. 찬송이 확산된다.

찬양이 신앙 부흥의 도구였던 적이 있었다. 교회 역사에는 찬양사역으로 부흥운동을 도운 적이 있었다. 웨슬레(John Wesley, 1703~1791)의 부흥운동 당시 동생인 찰스(Charles Wesley, 1707~1788)가 음악으로 형을 도왔다. 무디(D. L. Moody, 1837~1899)의 부흥 운동 당시에도 생키(I. D. Sankey, 1840~1908)가 찬양동역자로서 부흥운동에 이바지하였다. 지금도 부흥운동을 하는 곳에 찬송이 빠지지 않는다. 음악에는 분명 사람을 감동시키는 요소가 있다. 음악을 잘 사용하면 부흥운동에 큰 도움이 되는 것이 사실이다.

찬양하며 감격의 눈물을 흘리는 사람이 있다. 찬양하며 웃는 사람도 있다. 찬양 모임에 젊은이들이 몰려든다. 교회가 악기를 다루는 젊은이들을 키운다. 각종 악기들이 교회 안에 자리를 잡았다. 왜 이런 악기들이 여기 있느냐고 시비를 거는 사람도 사라졌다. 시비를 건다면 시대에 뒤떨어진 사람으로 낙인찍힐 것이다. 젊은이들의 부흥을 위해서라도 악기는 당연한 것으로 받아들여진다. 신앙과 선교 그리고 부흥에서 찬송은 빠지면 안 되는 요소가 되었다.

시편의 영성

시편 기자가 승리의 노래를 부르고 있는 것처럼 보인다. 하나님 앞에 감히 나설 왕이나 나라가 없다. 하나님을 대적하려다가 실패하였다. 하나님의 백성을 대적하는 것이 실상은 하나님을 대적하는 것이었다. 하나님이 대적의 계획을 실패하게 하신다. 대적이 패퇴하는 것이다. "여호와께서 나라들의 계획을 폐하시며 민족들의 사상을 무효하게 하시도다"(10절) 하나님이 하시겠다고 하면 이루지 못할 것이 없다. "그가 말씀하시매 이루어졌으며 명령하시매 견고히 섰도다"(9절) 하나님의 계획은 영원하다. 하나님은 영원하신 분이시기 때문이다. "여호와의 계획은 영원히 서고 그의 생각은 대대에 이르리로다"(11절)
하나님을 찬양할 만한 이유가 있다. 그분은 온 세상을 창조하신 분이시다. 하나님은 말씀 한 마디로 온 세상을 창조하셨다. "여호와의 말씀으로 하늘이 지음이 되었으며 그 만상을 그의 입 기운으로 이루었도다"(6절) 하나님이 창조하실 때 궁창 위의 물과 궁창 아래의 물을 나누셨다. "그가 바닷물을 모아 무더기 같이 쌓으시며 깊은 물을 곳간에 두시도다"(7절) 하나님은 온 우주에 충만하신 분이시다. "세상에는 여호와의 인자하심이 충만하도다"(5절b) 그러므로 땅에 사는 모든 백성은 하나님께 경배해야 한다. "온 땅은 여호와를 두려워하며 세상의 모든 거민들은 그를 경외할지어다"(8절) 하나님을 찬양해야 하는 이유가 점차 발전된다. 우리가 하나님의 백성이 되었다는 것이 찬양의 이유이다. 백성이 임금을 찬양하는 것은 당연하듯 백성이 하나님을 찬양하는 것이 마땅하다. 하나님의 백성된 것이 복이다. 복을 받은 백성이 하나님을 더 높이 찬양할 수 있다. "여호와를 자기 하나님으로 삼은 나라 곧 하나님의 기업으로 선택된 백성은 복이 있도다"(12절) 하나님은 백성들을 보고 계신다. 당신의 백성이기 때문에 보호하고 계신다. "여호와께서 하늘에서 굽어보사 모든 인생을 살피심이여 곧 그 거하시는 곳에서 세상의 모든 거민들을 굽어살피시는도다 그는 그들 모두의 마음을 지으시며 그들이 하는 일을 굽어살피시는 이로다"(13~15절) 하나님이 당신의 백성을 구원하셨다. 구원받음이 찬양의 이유이다. 하나님이 백성으로 하여금 승리하게 하신 것이 곧 찬양할 내용이다. 드보라와 바락의 노래처럼 백성들도 구원과 승리의 노래를 부른다. 사람은 자기 힘으로 구원하지 못한다. 강력한 무기나 군대를 가져도 탁월한 지혜가 있다 해도 스스로를 구원할 수 없다. "많은 군대로 구원 얻은 왕이 없으며 용사가 힘이 세어도 스스로 구하지 못하는도다 구원하는 데에 군마는 헛되며 군대가 많다 하여도 능히 구하지 못하는도다"(16~17절) 구원받은 백성들이 곧 의인들이다. 그들은 서로 하나님을 찬양하라고 권면한다. "너희 의인들아 여호와를 즐거워하라 찬송은 정직한 자들이 마땅히 할 바로다"(1절)

찬송하는 신앙인

찬송의 대상은 하나님이시다. 우리를 향해 말씀하시는 하나님, 진실하신 하나님이다. 정의와 공의를 사랑하시는 하나님이 찬송의 대상이다. "여호와의 말씀은 정직하며 그가 행하시는 일은 다 진실하시도다 그는 공의와 정의를 사랑하심이여"(4~5절a) 이스라엘을 향하여 인자하심을 베푸시는 하나님이시다. "여호와여 우리가 주께 바라는 대로 주의 인자하심을 우리에게 베푸소서"(22절) 하나님이 베푸신 인자하심 때문에 이스라엘이 철병거로 무장한 강력한 가나안 군대를 물리칠 수 있었다. 승리하게 하신 하나님이 찬송의 대상이시다. 땅을 움직이시고 사사를 세우신 하나님이 이스라엘을 대신하여 가나안과 싸우셨다. 이스라엘을 구하시고 가나안을 물리치신 것이 하나님 편에서 정의였고 사랑이었다.

하나님을 향한 노래의 도구는 여러 가지이다. 입으로 노래하는 것은 몸을 악기로 사용하는 것이다. 다른 악기를 사용할 수도 있다. "수금으로 여호와께 감사하고 열 줄 비파로 찬송할지어다"(2절) 다윗은 성전의 제사제도를 정비하고, 레위 지파의 한 가족을 성가대와 악대의 악장으로 삼았다. 아삽과 그의 형제들이 성전에서 여호와 하나님을 찬송하는 일을 맡았다. 아삽과 헤만과 여두둔의 자손 중에서 수금과 비파와 제금을 잡는 일을 하였다(대상 25:1) 특히 헤만의 아들들이 수금과 비파와 제금을 잡았다(대상 25:6) 그들이 악기를 타며 노래하고, 멋진 음악을 연주해 낸다. "새 노래로 그를 노래하며 즐거운 소리로 아름답게 연주할지어다"(3절)

찬송 속에는 즐거움과 감사가 있다. 즐거워하고 감사하는 마음에 영적 생기가 흘러 넘친다. 혼자 찬송하는 것이 아니라, 여러 명이 함께 찬송한다. 마음을 다하여 하나님께 찬송한다. 이러한 찬송은 어느 시대나 막론하고 신앙인이 해야 할 일이다. 바울이 에베소 교인들을 향하여 권고한다. "시와 찬송과 신령한 노래들로 서로 화답하며 너희의 마음으로 주께 노래하며 찬송하며 범사에 우리 주 예수 그리스도의 이름으로 항상 아버지 하나님께 감사하며"(엡 5:19~20) 골로새 교회에도 똑같은 말로 권면한다. "그리스도의 말씀이 너희 속에 풍성히 거하여 모든 지혜로 피차 가르치며 권면하고 시와 찬송과 신령한 노래를 부르며 감사하는 마음으로 하나님을 찬

양하고"(골 3:16)

　찬송하는 사람은 하나님을 바라본다. 하나님을 향하여 자기의 믿음을 고백한다. "우리 영혼이 여호와를 바람이여 그는 우리의 도움과 방패시로다"(20절) 찬송하는 사람은 그 찬송으로 인해 하나님께 믿음을 보여 드린다. 하나님은 믿음 가진 사람 곧 찬송하는 사람을 살펴보신다. "여호와는 그를 경외하는 자 곧 그의 인자하심을 바라는 자를 살피사"(18절) 찬송하는 사람은 깊은 신앙체험을 한 사람이다. 하나님의 구원하심을 몸으로 직접 경험한 사람이다. "그들의 영혼을 사망에서 건지시며 그들이 굶주릴 때에 그들을 살리시는도다"(19절) 하나님의 구원을 알기 때문에 믿음의 행보가 즐겁다. "우리 마음이 그를 즐거워함이여 우리가 그의 성호를 의지하였기 때문이로다"(21절)

시편 34편

신뢰의 영성과 아기스

사람 믿기 어려워

블레셋 왕 아기스가 용사를 얻었다. 그것도 적군의 용사 다윗을 얻었다. 평소에 탐이 나던 용사가 자기의 부하 장수가 되었으니 얼마나 좋을까? 과거에는 자기와 자기 군대를 향해 칼을 들이대던 용사가 자기에게 몸을 의탁하러 왔다. 그런데 아기스의 신하들이 미심쩍어 한다. 다윗이 사울 왕에 비해 월등히 뛰어난 용사인데 과연 그를 받아들일 수 있겠느냐는 것이다. 다윗은 두려웠다. 맨 정신으로 지내다가 죽을지도 모른다. 급기야 다윗이 미친 체 한다. 침을 질질 흘려가며, 헛소리를 한다. 아기스는 다윗을 미친 놈으로 치부해 버리고, 모른척한다. 다윗이 내쫓기며 시를 지었다. 그것이 곧 시편 34편이다.

다윗은 한 번 더 아기스에게 찾아갔다. 가만히 있으면 사울 왕에게 당할 것이 분명하므로 블레셋 왕에게 피하는 것이 살 수 있는 최선의 방법이라고 생각했기 때문이다. 아기스 왕으로서는 반가울 수밖에 없다. 게다가 부하들과 그에 딸린 식구들까지 모두 이끌고 왔으니 이거야 복이 넝쿨로 굴러 들어온 셈이다. 한 사람의 용사를 얻으니 그 수하에 있는 용맹한 장병들까지 모두 얻었다. 이렇게 용맹하고 지혜로운 장수를 망명할 수밖에 없도록 핍박한 저 사울 왕이 얼마나 어리석은 사람인가? 아기스 왕이 다윗에게 토지를 주었다. 다윗이 그곳에서 1년 4개월 동안을 머문다.

다윗은 자기 땅에서 마음편하게 지내지 않았다. 그는 스스로 블레셋 인근 지역으로 정벌을 나선다. 그곳은 그술, 기르스, 아멜렉 등지이다. 가축들을 노략물로 삼고, 남녀 모두를 살려두지 않았다. 블레셋 왕 아기스가 당당하게 개선하는 다윗을 맞이한다. "오늘은 어느 곳을 공격하였는가?" 다윗의 대답이 약간 이상하다. "유다 남방과, 여라무엘 사람의 남방과 겐 사람의 남방을 공격하였습니다" 분명히 공격한 곳과 대답하는 곳이 다르다. 다윗은 최소한 자기 동족들을 공격하지 않았다. 그럼에도 아기스는 다윗의 말을 믿었다. 내심 좋아하며 말한다. "다윗이 동족들에게 심하게 미움 받고 있으니, 영원히 내 종으로 살게 될 것이다"

아기스가 이스라엘과 전쟁을 하려 든다. 군대를 모집하고 다윗에게도 참전할 것을 권한다. 다윗의 입장이 난감해지기 시작한다. 이럴 수도 저럴 수도 없다. 전쟁에 나가자니 동족을 죽여야 한다. 나가지 않으려니 아기스에게서 죽임을 당하게 될 것이다. 그렇다고 이스라엘로 돌아가자니 사울 왕의 핍박을 견디기 어렵다. 사울 왕이 음모를 꾸밀 것이고, 누명을 뒤집어씌울 것이다. 다윗이 억울하게 죽을 지도 모른다. 다윗이 아기스에게 무슨 역할을 맡아야 할지를 묻는다. 아기스는 다윗을 자기의 친위부대로 삼는다. 즉 다윗을 경호부대의 대장으로 삼은 것이다. 얼마나 다윗을 믿었던지 다윗에게 자기의 목숨을 맡기게 되었다.

그런데 문제가 생겼다. 아기스 왕의 신하들이 왕의 뒤에 선 다윗을 보고 놀란다. 아기스 왕이 다윗을 믿을만한 사람이라고 말해도 신하들은 다윗의 과거 행적을 들추어내며 일제히 비방한다. 다윗과 함께라면 전쟁에 참여하지 않겠다고 저항한다. 이제는 아기스 왕이 난감해졌다. 하는 수 없이 다윗을 블레셋 땅으로 돌려보낸다. 다윗은 아기스에게 서운한 소리를 한다. "내가 잘못한 것이 없는데 왜 나를 전쟁에서 제외시키십니까?" 아기스 왕이 사정하듯이 말한다. "자네와 전쟁을 함께 못하겠다니, 군대 전체의 사기를 위해서라도 블레셋으로 돌아가는 것이 좋겠네" 다윗은 내심 잘 되었다고 생각한다. 동족에게 칼을 겨누지 않아도 되기 때문이다.

신뢰받기 싫은 사람들

믿었던 사람이 배신한다면 얼마나 마음이 아플까? 기대가 크면 실망도 크다고 했던가? 믿었던 만큼 분노가 치밀어 오른다. 철석같이 믿었던 사람이 상황에 따라 얼굴색이 변하고, 대하는 태도가 달라진다면 과연 그를 신뢰할 수 있을까? 한두 번 당하다 보면 신뢰감이 떨어진다. 비록 조금의 실수는 있다 해도 처음부터 끝까지 일관성을 유지하는 사람이 신뢰를 받는다. 아무리 일을 잘해도 자주 변하는 사람은 신뢰하기 어렵다. 신뢰하지 못하는 사람을 가까이하면 할수록 손해 본다는 느낌을 가진다. 마음의 상처를 받는다. 애초부터 안보고 사는 것이 속 편하다는 생각을 가진다.

정치가들은 자주 변한다. 환경에 따라 말 바꾸기가 심하다. 공약이라는 것이 헛된 약속이라 하여 공약(空約)이 된다. 말하고도 안 되는 일에 대하여 솔직하게 잘못을 시인하는 사람이 드물다. 이유를 대고 변명하여 자신의 잘못이 전혀 없다고 우겨댄다. 다른 사람의 훼방하거나 도와주지 않았기 때문이라고 둘러댄다. 오죽하면 처칠이 이런 말을 했을까? "정치가는 내일, 다음 주, 다음 달, 그리고 내년에 무슨 일이 벌어질지를 예고하는 능력이 필요하다. 그리고 후에는 왜 그 일이 일어나지 않았는지를 설명하는 능력을 가져야 한다" 이거야말로 정치가는 거짓말을 합리화시키는 재주를 가져야 한다는 말이 아닌가?

선거철이 되면 철새처럼 이리 저리 옮겨 다니는 사람들이 있다. 철새는 운명적으로 삶을 유지하기 위해 지역을 순환한다. 그러나 정치가들은 운명이라기보다 자신의 정치적 입지를 위해 이리 왔다 저리 갔다 한다. 소신도 철학도 없는 것 같다. 정치가를 철새에 비유하면 오히려 철새를 무시하고 격하시키는 것이라는 우스갯소리도 나온다. 모두 나라를 위한 일이라 하지만 아무리 봐도 그렇지 않은 것 같다. 저마다 자기의 안일을 위해 하는 것 같다. 그러니 국민이 과연 정치가를 신뢰할 수 있을까? 그 나물에 그 밥이라고, 국민들은 정치하는 사람을 다 그저 그런 사람으로 볼 것이다. 이런 정치가들이 있는 나라의 국민들이 정치에 무관심해지는 것은 어쩌면 당연한 결과일 것이다.

신뢰의 기준

사람을 신뢰하는 일이 좋은 일임에 틀림이 없다. 믿을만한 사람은 믿어주어야 한다. 반면에 믿지 말아야 할 사람을 믿으면 안 된다. 못 믿을 사람을 믿어서 손해 보는 일이 있는가 하면, 믿어야 할 사람을 믿지 못해 손해를 보는 경우도 있다. 문제는 믿을 사람과 못 믿을 사람을 어떻게 구분하는가이다. 어떤 사람은 거의 정확히 판단하지만, 어떤 사람은 번번이 틀린다. 그래도 사람을 다 믿기 어렵다. 거의 정확히 구분하는 사람조차도 한번 정도는 자기 판단을 믿고 못 믿을 사람을 꽉 믿어주다가 큰 낭패를 당한다. "열 길 물속은 알아도 한 길 사람 속은 모른다"는 속담이 이럴 때 적용된다.

사람 사이에 신뢰는 먼저 신뢰할만한 행동이 있어야 한다. 신용을 유지하든지, 한 번 말하면 손해를 보는 일이 있어도 지킨다든지, 하던 일을 꾸준히 진행하든지 이런 행동들이 있어야 한다. 외적인 행동을 보고 내면에 대하여 믿어준다. 그러나 정말 신뢰할 수 있는 사람은 어려움을 당해보아야 정확히 판단할 수 있다. 내가 당하든지 혹은 상대방이 당하든지 어느 한 쪽이 어려울 때 본성이 드러난다. 한 번 가진 신뢰를 끝까지 지키든지, 반대로 신뢰를 깨뜨리든지 결정 해야 한다. 대부분 어려움을 당한 사람이 배신당하는 경우가 많다. 그들은 배신으로 인하여 한 번 더 마음의 상처를 입는다.

그렇다면 하나님이 우리를 향한 신뢰의 기준을 어떻게 세우셨을까? 하나님의 기준은 우리와 다르다. 하나님의 신뢰는 관계의 신뢰이다. 행동으로 신뢰하는 것은 남들끼리 하는 것이다. 관계의 신뢰는 가족의 신뢰이다. 능력의 유무를 떠나 한 가족이기에 신뢰한다. 하나님의 백성이기에 신뢰하는 것이다. 하나님은 사람을 보실 때 행동 이전에 마음을 보신다. 행동으로 신뢰를 결정하시는 것이 아니라, 신뢰의 마음을 먼저 보신다. 사람이 비록 못 믿을 짓을 한 적이 있으나, 그것 이전에 하나님이 먼저 믿어주신다.

사람이 하나님의 행함을 보고 하나님을 신뢰하려 한다면 사람 사이의 신뢰의 기준을 하나님께 적용하는 것이다. 이는 하나님의 존재와 권위를 사람의 수준으로 격하시키는 것이다.

하나님에게는 하나님의 권위를 인정해드려야 한다. 하나님이시기에 신뢰하는 것이 곧 하나님을 하나님 되게 하는 것이다. 신뢰의 눈으로 보면 하나님의 하시는 일이 모두 신뢰할 수밖에 없는 일이다. 창조와 통치 그리고 구원이 하나님을 신뢰할만한 일이다. 신뢰의 마음을 가지면 자신이 하나님의 신뢰의 대상이 되었음을 깨닫는다. 이 정도가 되면 하나님을 더 신뢰하게 될 것이다.

시편의 영성

배신당한 경험으로 따지면 다윗만한 사람이 없을 것이다. 사울 왕으로부터 배신을 당하고, 아기스 왕으로부터도 서운한 소리를 들었다. 충성스런 부하들이 그를 배신하였고, 심지어는 아들로부터도 배신을 당한 적이 있었다. 아무리 권력이 좋고, 왕으로서 온갖 좋은 것을 누린다지만 인간적인 배신은 참으로 고통스러운 일이다. 배신당할 때마다 자기 목숨이 위태롭다. 그러나 자기를 영원히 배신하지 않는 분이 있다. 그분은 곧 여호와 하나님이시다. 사람은 상황에 따라 변하고, 배신을 밥 먹듯 하지만 하나님은 결코 그렇지 않으시다. 하나님은 여전히 다윗을 향하여 일편단심을 가지고 계신다.

다윗은 이런 하나님을 알고 있다. 그러므로 하나님을 향하여 입을 열어 찬송할 수밖에 없다. 하나님께 영광의 찬송을 돌린다. 하나님의 이름을 극진히 높여 드린다. 이것이 곧 송축이다. "내가 여호와를 항상 송축함이여 내 입술로 항상 주를 찬양하리이다"(1절) 다윗처럼 배신의 아픔을 겪는 사람들도 다윗의 노래 소리를 들으면 기뻐하게 될 것이다. "내 영혼이 여호와를 자랑하리니 곤고한 자들이 이를 듣고 기뻐하리로다"(2절) 왜냐하면 배신의 아픔을 치료하시는 하나님을 알기 때문이다. 그럴 때에 다윗처럼 노래할 것이다. 다윗과 함께 노래의 대열에 참여하게 될 것이다. "나와 함께 여호와를 광대하시다 하며 함께 그 이름을 높이세"(3절)

아기스 왕은 자기의 필요에 따라 사람을 인정한다. 미친 체 할 때는 버리고, 공을 세울 때는 칭찬하고 가까이 한다. 그러다가 자기가 곤란해지면 다윗을 뒤로 제쳐놓는다. 아기스 같은 사람은 신뢰하기 어렵다. 상황에 따라 얼굴색이 바뀌고, 사람 버리는 것을 아무렇지도 않게 여긴다. 이런 사람은 두려움의 대상이다. 힘을 가지고 있어 두려운 것이 아니라, 종잡을 수 없는 마음을 가진 것 때문에 두렵다. 그러나 하나님은 다르다. 하나님은 비록 다윗이 곤경에 빠져도 그와 가까이 하신다. 다윗이 어려울 때 더 도와주신다. "내가 여호와께 간구하매 내게 응답하시고 내 모든 두려움에서 건지셨도다"(4절) "이 곤고한 자가 부르짖으매 여호와께서 들으시고 그 모든 환난에서 구원하셨도다"(6절)

아기스는 다윗의 흠과 티를 들었다. 다윗을 멀리하지 않으면 자신의 입지가 흔들릴 것을 알고 있다. 아무리 본의가 아니라 하더라도 다윗에게서 얼굴을 돌렸다. 그러나 하나님은 다르시다. 하나님은 의인을 가까이 하신다.

신뢰의 결과

누구든지 자신이 신뢰하는 사람에게 다가간다. 어려운 일이 생겨도 신뢰하는 사람에게 도움을 구한다. 하나님을 신뢰한다면 하나님께 도움을 구할 것이다. 하나님이 신뢰하는 사람의 기대에 부응하실 것이다. 하나님을 신뢰하는 사람은 신뢰하는 만큼 하나님의 선하심을 안다. 그것이 곧 하나님을 신뢰하는 사람의 복이다. "너희는 여호와의 선하심을 맛보아 알지어다 그에게 피하는 자는 복이 있도다"(8절) 신뢰하는 사람은 하나님을 믿는다. 하나님을 의지한다. 그에게는 부족함이 없다. 하나님이 채우시기 때문이다. 맹수가 굶주려도 신뢰하는 사람은 하나님으로부터 좋은 것을 얻으므로 부족함이 없다. "너희 성도들아 여호와를 경외하라 그를 경외하는 자에게 부족함이 없도다 젊은 사자가 궁핍하여 주릴지라도 여호와를 찾는 자는 모든 좋은 것에 부족함이 없으리로다"(9~10절)

하나님을 신뢰하는 사람은 자신의 신뢰하는 모습을 다른 이에게 알려준다. 결코 변하지 않는 분을 자랑한다. "너희 자녀들아 와서 내말을 들으라 내가 여호와를 경외하는 법을 너희에게 가르치리로다"(11절) 하나님을 신뢰하는 사람은 하나님 앞에서 복을 받을만하게 산다. "생명을 사모하고 연수를 사랑하여 복 받기를 원하는 사람이 누구뇨"(12절) 긍정할 것과 부정할 것을 가려서 할 줄 안다. 부정한 것이란 버려야 할 것이다. "네 혀를 악에서 금하며 네 입술을 거짓말에서 금할지어다"(13절) 악을 버리면 적극적으로 선을 행한다. 긍정적인 일을 한다. "악을 버리고 선을 행하며 화평을 찾아 따를지어다"(14절)

하나님을 신뢰하는 사람과 아닌 사람의 결과가 분명하다. 하나님을 신뢰하는 사람은 부끄러움을 당하지 않는다. 비록 사람의 배신으로 인하여 실망하여도 하나님은 그를 부끄럽게 하지 않을 것이다. 사람이 부끄러운 것은 잠시이다. 그러나 하나님이 부끄럽게 하시는 것은 영원하다. 잠시 사람 앞에서 부끄러워도 하나님이 회복시키시면 된다. 그러나 하나님 앞에서 영원한 부끄러움을 당하면 안된다 "그들이 주를 앙망하고 광채를 내었으니 그들의 얼굴은 부끄럽지 아니하리로다"(5절) 반면에 하나님을 신뢰하지 않는 사람은 부끄러움을 당하고 그 결과가 무시무시하다. 이 땅에서 사라지는 것이다. "여호와의 얼굴은 악을 행하는 자를 향하사 그들의 자취를 땅에서 끊으려 하시는도다"(16절)

하나님을 신뢰하지 않는 사람은 사람도 신뢰하지 못한다. 사람으로부터 신뢰를 받지도 못한다. 서로 불신하고, 서로 미워하고, 서로 싸운다. 이들은 서로 싸우는 대결을 벌인다. 결국 둘 다 망하게 될 것이다. 신뢰하지 못해 사람을 죽일 수 있다. 신뢰하지 못함이 죄를 짓는 지름길이다. "악이 악인을 죽일 것이라 의인을 미워하는 자는 벌을 받으리로다"(21절) 그러나 하나님을 신뢰하는 사람은 죄와 상관이 없다. 죄를 짓지 않아서 상관없는 것이 아니다. 하나님이 그의 죄를 묻지 않으시기 때문에 상관없어진다. 이것이 하나님의 구속하심이다. "여호와께서 그의 종들의 영혼을 속량하시나니 그에게 피하는 자는 다 벌을 받지 아니하리로다"(22절) 구속하시는 하나님 그분은 과연 신뢰를 받으실만한 분이요, 신뢰를 받기에 마땅한 분이다.

시편 35편
대행의 영성과 여호야다

제사장의 도움

남쪽 나라 유다의 왕조가 끊어질 위기에 처하였다. 아합과 이세벨의 딸 아달랴 때문이다. 아달랴는 북왕국 출신이지만 남쪽나라 유다로 시집을 왔다. 여호사밧의 아들 요람과 결혼하여 온 것이다. 그녀는 어머니처럼 야심이 있었다. 권력을 잡고 싶었다. 이세벨의 성격까지 꼭 닮아서 권력을 차지하기 위해 수단과 방법을 가리지 않았다. 아들 아하시야가 왕위에 등극하자 태후의 자리에 올라 막강한 권력을 휘두른다. 그런데 아들 아하시야가 북왕국의 예후에게 암살당한다. 아들이 죽고 나니 숨은 야심을 드러낸다. 자기 자신이 왕이 되려 하는 것이다. 그래서 유다 왕가의 아들들을 모두 암살한다. 그 와중에서 어린 요아스만이 구사일생으로 살아난다. 요아스는 성전에서 6년을 숨어 지낸다.

6년 동안 유다 왕국으로는 암흑기였다. 남성도 아닌 여성이, 그것도 북왕국 출신의 여성이 왕국을 다스린다. 신앙의 정통성을 가진 사람이 아닌 우상숭배자가 왕국을 다스린다. 당연히 나라 안에 우상숭배가 만연할 것이다. 권력을 유지하기 위해 죄 없는 사람들이 고난을 당할 것이다. 이 때 나라를 구하기 위해 일어난 이가 있다. 대제사장 여호야다이다. 이미 대제사장 여호야다는 유다 왕가의 후손을 보호하고 있었다. 그의 아내요 요아스의 고모인 여호세바가 요아스를 유모와 함께 숨겨두었기 때문이다. 여호야다가 혁명을 꾸민다. 백부장을 만나 성전에서 언약을 세우고 왕자를 보인다. 유다 왕가의 정통성을 확립할 근거를 보이는 것이다. 요아스의 나이 7살이지만 이제 때가 되었다.

여호야다가 왕궁을 호위하는 부대에게 임무를 부여한다. 안식일에 임무를 맡은 부대를 삼등분으로 나눈다. 삼분의 일은 왕궁을 지키고, 삼분의 일은 수르 문을 지키고, 나머지 삼분의 일은 호위대 뒤편의 문을 지킨다. 그리고 안식일에 쉬는 부대에게는 성전을 지키고 왕을 호위하라고 명한다. 이 백부장에게 다윗 왕의 창과 방패가 주어진다. 그리고 등장할 왕자를 호위하도록 명한다. 이제 대관식 채비가 다 되었다. 여호야다가 요아스를 이끌고 나와 면류관을 씌운다. 율법책을 주고, 머리에 기름을 붓는다. 왕으로서 인정하는 것이다. 거기 모인 사람들이 박수를 친다. 만세를 부르며, 소리를 높인다. 유다 나라의 평화를 찾을 때가 되었다. 새로운 왕이 등장했으니, 나라의 안정과 평화를 가져올 것이다.

아달랴가 떠드는 소리를 들었다. 성전으로 들어가 소리의 의미를 알았다. 성전에는 왕이 있고, 장관들과 나팔수들이 도열해 있다. 나팔수들은 나팔을 불고 있으며, 모여 있는 온 국민들이 즐거워 외친다. 아달랴가 당황하여 외친다. "반역이로다. 반역이로다!" 자기 입장에서는 반역이지만 유다로서는 잃었던 국권을 회복한 것이다. 오히려 자신이 반역자였었다. 여호야다가 백부장에게 명령을 내린다. "쫓아내라. 아달랴를 따르는 사람도 죽을 것이다" 성전에서 피를 볼 수 없기 때문이다. 아달랴가 성전에서 나갔다. 왕궁 밖 말이 지나다니는 길로 통과하다가 죽임을 당했다. 여호야다는 언약을 세워 왕과 국민들이 하나님을 섬기게 한다. 정식으로 대관식을 올린 이후 나라에 안정이 찾아왔다. 여호야다가 살아있는 동안 요아스는 하나님 앞에 정직하게 살았다.

대행업 전성시대

대행업(代行業)이 성업 중이다. 대행업이란 직접 할 수 없는 형편에 있는 사람을 대신하여 일을 처리하는 것이다. 사회가 다양하다 보니, 인간의 지식과 능력의 한계가 있다. 전문화된 사회에는 비전문가는 말도 꺼낼 수 없을 정도가 되었다. 말을 꺼낼 수 없을 정도이니 일을 처리하는 것은 더 힘들다. 비전문가가 일을 처리하려면 전문가에게 대행을 의뢰해야 한다. 전문가는 의뢰인의 일을 대행해 주고, 수수료를 받는다.

시간이 갈수록 새로운 대행업들이 등장하고 있다. 과거에는 중매쟁이였으나 이제는 커플 매니저라는 이름을 가진 결혼 대행업이 있다. 법과 관련되어 변호사, 법무사가 있다. 세무와 관련된 세무사가 있다. 부동산과 관련된 부동산 중개사도 있다. 증권을 사고 파는 증권거래소와 증권회사, 물건을 전달해주는 택배, 취객의 자동차를 대리운전하는 사람들, 이사 대행, 스포츠 스타들의 협상을 대행하는 에이전트, 연예인들을 관리하는 매니저, 피해를 계산하는 손해사정인, 설계사 등 수많은 대행업들이 있다. 심지어는 청소 대행, 취사 대행, 잔치 대행도 있다.

필요한 사람이 직접 손으로 해야 할 일을 대행 업자에게 맡기면 더 쉽고, 멋있게 처리할 수 있다. 맡기는 사람은 단순히 일이 진행되는 상황을 확인하고 돈만 지불하면 된다. 본인이 직접 처리하는 것이 마땅하지만 안 하면 찜찜한 일들을 대행 업자에게 맡겨 부담을 던다. 대행하는 사람을 시켜서 노력할 만큼 했다는 자기 위안도 얻을 것이다. 이를테면 조상의 묘를 관리하게 하고 돈을 지불하는 것 등이다.

아마도 앞으로는 더 많은 대행업이 등장할 것이다. 대행업이 다양할수록 다양화된 사회이며, 소위 말하는 선진국이라 할 것이다. 감히 상상도 못해본 신종 대행업이 사람들을 편하게 살게 할 것이다. 물론 신종 대행업으로 성공하는 사람도 있을 것이다. 그러나 대행해주지 못하는 것도 있다. 가정생활은 대행이 안 될 것이다. 건강한 몸도 대행이 안 될 것이며, 공부하는 것도 대행은 안 될 것이다. 신앙생활도 역시 대행이 안 될 것이다. 본질적인 것들은 대행하면 안 된다. 그것은 자신의 삶의 문제, 생명의 문제이기 때문이다.

대행자의 신용

대행자는 전문가이다. 대행자는 그 분야에서 더 많이 그리고 정확히 알고 있는 사람이다. 더 많은 경험을 가진 사람이다. 어떻게 하면 일이 잘 처리될지 그 방법을 알고 있다. 게다가 쉽고 효율적으로 일할 수 있는 사람이라면 최고의 전문가로 불릴 것이다. 그러므로 대행자는 의뢰인에게 그 분야에서만큼은 능력이 있는 사람이다. 능력이 있다는 것이 알려지면 더 많은 의뢰인들이 찾아올 것이다.

대행자는 나름대로의 대행원칙이 있어야 한다. 일과 관련된 전문지식을 물론이요, 의뢰자와의 관계도 잘 정해야 한다. 대행인에게 있어서 가장 중요한 것은 신뢰받을 수 있는 것이다. 신뢰받을 수 없다면 최고의 전문가라 할지라도 일을 맡기는 사람이 없을 것이다. 일을 맡긴들 아무런 소득을 기대할 수 없기 때문이다. 신뢰받지 못한다는 것은 신용을 잃는 것이다. 신용을 잃었다면 이미 그의 대행업은 파산으로 가고 있는 것이다.

신용을 쌓아 가는 방법이 있다면 무엇일까? 여러 가지가 있을 것이다. 불의와 타협하지 않는다든지, 잔꾀를 부리지 않아야 한다. 꼼꼼하게 고객의 입장에서 일을 잘 처리해 주고, 고객으로 하여금 만족하게 해 주어야 할 것이다. 어떤 경우에는 고객이 미처 모르는 사항이라도 알려 주어 고객으로 하여금 미리 대비하게 해 주는 등 고객에게 감동을 주어야 할 것이다. 무엇보다도 고객의 입장에서 평가하는 것이 우선이다.

대행 업자에게서는 진실과 성실이 필요하다. 그리고 고객이 원하는 것이상으로 좋은 결과를 가져다줘야 한다. 그러면 신용이 쌓여 그를 향해 신뢰하는 고객이 많아진다. 대행업이 점점 번창할 것이다. 고객을 만족시키며 자신에게도 만족이 올 것이다. 자신의 사업이 번창하니 자신의 만족은 당연하다. 남을 만족시키면 자기도 만족하게 된다. 그러므로 대행자는 자기 위주의 생각이 아니라 고객 입장에서 생각해야 한다. 고객의 입장을 먼저 생각하는 것이다.

시편의 영성

자기 힘으로 안 되는 일이 있을 때 누가 대신 해 준다면 얼마나 좋을까? 사람의 힘으로도 안 되는 일이 있을 때 하나님이 대신 해 준다면 얼마나 좋을까? 대신 해 주되 아무런 대가 없이 그냥 해 준다면 이거야말로 횡재한 것이다. 다른 사람은 대가를 바라고 일해 준다. 그러나 가족은 대가없이 일할 수 있다. 가족이 나의 편이기 때문이다. 하나님이 우리의 편이라면 대가 없이 해 주실 것이다. 그것도 가장 어려운 일을 하실 것이다. 내가 힘들어 하는 영적 전투를 하나님이 싸워 주신다. 하나님이 나의 편이기 때문이다. "여호와여 나와 다투는 자와 다투시고 나와 *싸우는 자와 싸우소서*"(1절) 하나님이 무기를 사용하신다. "방패와 손 방패를 잡으시고 일어나 나를 도우소서 창을 *빼사 나를 쫓는 자의 길을 막으시고*"(2~3절a) 여호야다가 요아스를 대신하여 왕권을 회복하고 국가의 정체성을 되찾았듯이 하나님이 시인을 대신하여 시인의 난처함을 해결하신다. 하나님이 대행자가 되어 주셨다. 하나님은 의인이 할 수 없는 일을 대신하셨다. 의인을 보호하셨다. 의인으로 하여금 만족하게 하고, 감동하게 하셨다. "창을 빼사 나를 쫓는 자의 길을 막으시고 또 내 영혼에게 나는 네 구원이라 이르소서 내 생명을 찾는 자들이 부끄러워 수치를 당하게 하시며 나를 상해

하려 하는 자들이 물러가 낭패를 당하게 하소서 그들을 바람 앞에 겨와 같게 하시며 여호와의 천사가 그들을 몰아내게 하소서 그들의 길을 어둡고 미끄럽게 하시고 여호와의 천사가 그들을 뒤쫓게 하소서"(3~6절) 하나님이 악인을 웅덩이에 빠지게 하시고, 의인은 구원하실 것이다.

악한 사람이 의인을 결박하려고 악한 계획을 꾸몄다. "그들이 까닭없이 나를 잡으려고 그들의 그물을 웅덩이에 숨기며 까닭 없이 내 생명을 해하려고 함정을 팠사오니"(7절) 그러나 악한 사람은 자기가 판 함정에 빠지게 될 것이다. 하나님이 믿는 자를 보호하고 계시기 때문이다. 하나님이 믿음의 사람을 구원하신다. "멸망이 순식간에 그에게 닥치게 하시며 그가 숨긴 그물에 자기가 잡히게 하시며 멸망 중에 떨어지게 하소서 내 영혼이 여호와를 즐거워함이여 그의 구원을 기뻐하리로다"(8~9절) 하나님은 믿는 자를 대신하여 공의와 선을 세우신다. 공의와 선을 세워야 할 사람들에게 힘을 주신다. 힘이 부족하다고 생각할 때 하나님이 직접 나서신다. 하나님이 대행하시는 것이다.

의인은 악한 사람의 압력 때문에 수많은 곤경을 겪었다. 마음의 아픔이 있었다. 통곡할 수밖에 없었다. 불의한 증인이 있어서 알지도 못하는 일을 트집하고 억울하게 만들었다. "불의한 증인들이 일어나서 내가 알지 못하는 일로 내게 질문하며"(11절) 선을 행하여도 돌아오는 것은 악함이었다. 의인의 영혼이 심히 외롭다. "내게 선을 악으로 갚아 나의 영혼을 외롭게 하나"(12절) 병든 사람을 위해 애통하며 기도했고, 친구에게는 형제처럼 대했다. 그러나 돌아오는 것은 환난이요, 조롱이었다. 심지어는 의인에게 이를 갈며 저주한다. "그러나 내가 넘어지매 그들이 기뻐하여 서로 모임이여 불량배가 나의 알지 못하는 중에 모여서 나를 치며 찢기를 마지아니하도다 그들은 연회에서 망령되이 조롱하는 자같이 나를 향하여 그들의 이를 갈도다"(15~16절) 의인이 스스로 해결할 힘이 없다면 대행자 하나님이 나서 주신다.

대행자를 믿어라

강력한 대행자가 있다면 얼마나 좋은 일인가? 그것도 가장 신뢰할만한 대행자가, 무료로 내 일을 대행해 주겠다면 엄청난 행운을 거머쥔 것이다. 대행자가 있다는 사실만으로도 행복하다. 의인의 대행자는 일만 처리해 주지 않는다. 은혜가 필요한 사람에게 은혜까지 베풀어준다. 그런 대행자는 오직 한 분밖에 없다. "내 모든 뼈가 이르기를 여호와와 같은 이가 누구냐 그는 가난한 자를 그보다 강한 자에게서 건지시고 가난하고 궁핍한 자를 노략하는 자에게서 건지시는 이라 하리로다"(10절) 하나님은 진실한 대행자, 자비의 대행자 곧 은혜의 대행자이시다. 구원의 대행자이시다.

의인은 대행자를 향해 보고만 계시지 말라고 간구한다. "주여 어느 때까지 관망하시려 하나이까"(17a절) 하나님께 침묵하지 말아달라고 애청한다. "여호와여 주께서 이를 보셨사오니 잠잠하지 마옵소서 주여 나를 멀리하지 마옵소서"(22절) 하나님은 의인의 고난에 대하여 침묵하지 않으신다. 대행자가 옳고 그름을 판단하신다. "나의 하나님, 나의 주여 떨치고 깨셔서 나를 공판하시며 나의 송사를 다스리소서 여호와 나의 하나님이여 주의 공의대로 나를 판단하사"(23~24절 a) 의인이 하나님께 대행을 요구한다. 대행자 하나님을 의지하고 신뢰하는 것이다. 하나님은 정의를 판단하시는 대행자이시다.

의인은 대행자를 통해 악한 사람의 계획이 수포로 돌아가기를 기대한다. 악한 계획이 실패하여야 하나님이 살아계심을 알게 될 것이다. 하나님이 의인의 대행자임을 알게 될 것이다. 의인을 건들면 안 되겠다고 생각할 것이다. 의인을 괴롭게 하는 일을 멈출 것이다. 대행자 하나님을 두려워하고, 하나님이 도우시는 의인을 두려워할 것이다. "그들이 나로 말미암아 기뻐하지 못하게 하소서 그들이 마음속으로 이르기를 아하 소원을 성취하였다 하지 못하게 하시며 우리가 그를 삼켰다 말하지 못하게 하소서 나의 재난을 기뻐하는 자들이 함께 부끄러워 낭패를 당하게 하시며 나를 향하여 스스로 뽐내는 자들이 수치와 욕을 당하게 하소서"(24b~26절) 하나님은 정의를 행하시는 대행자이시다.

의인 곧 믿음의 사람은 여호와 하나님만이 최고의 대행자임을 고백한다. 노래 부르며, 하나님의 대행하심이 상상을 초월하여 넓고 크다는 것을 말한다. 입을 벌리면 찬송이 나온다. "나의 의를 즐거워하는 자들이 기꺼이 노래 부르고 즐거워하게 하시며 그의 종의 평안함을 기뻐하시는 여호와는 위대하시다 하는 말을 그들이 항상 말하게 하소서 나의 혀가 주의 의를 말하며 종일토록 주를 찬송하리이다"(27~28절) 의인의 입에서 감사 찬송이 흘러나온다. 그 감사 찬송을 온 백성이 들을 것이다. "내가 대회 중에서 주께 감사하며 많은 백성 중에서 주를 찬송하리이다"(18절) 하나님은 영광을 받으실 대행자이시다.

시편 36편
겸손의 영성과 마술사 시몬

드러내려는 사람

시몬은 마술사이다. 그는 마술을 행함으로써 사마리아인들을 놀라게 하였다. 사마리아 사람이라면 낮은 사람부터 높은 사람에 이르기까지 다 그의 말을 들었다. 심지어 사마리아 사람들은 그를 향하여 크다고 일컬었다. 행하는 능력을 보니 하나님으로부터 온 능력인 줄로 착각하였다. 시몬 역시 자신의 마술의 위력에 대해 자부심을 가졌다. 게다가 사마리아 사람들이 자기를 향해 존경을 표시하고 두려워하고 있으니 자신을 큰 자로 생각할 수밖에 없었다(행 8:9~10). 시몬은 사마리아의 영적인 세계를 지배하고 있다. 사실은 사람들의 무지를 이용하여 자기를 높이고, 자기 배를 불리는 사이비 교주에 불과했다.

그런데 자기와는 전혀 다른 능력이 나타나는 것을 보았다. 전도자 빌립이 나타난 것이다. 빌립이 사마리아로 와서 하나님의 나라와 예수 그리스도의 이름을 전한다. 수많은 사람들이 빌립의 말을 듣고 예수를 믿었다. 남녀의 무리들이 세례를 받았다. 시몬은 어떠했을까? 라이벌이 나타났으니 시기하고 핍박했을까? 우선 보기에는 전혀 그렇지 않다. 시몬은 빌립의 전도를 받아들였다. 세례를 받고 빌립을 따라다녔다. 그저 따라다니는 것이 아니라 열성적으로 따라다녔다. 빌립에게서 나타나는 능력과 표적을 보고 놀라 벌린 입을 다물지 못한다. 시몬은 매우 겸손한 것처럼 보인다. 빌립의 능력 앞에서 겸손하지 않을 재간도 없었을 것이다.

사마리아 전도를 지원하는 사도들이 도착하였다. 베드로와 요한이 온 것이다. 베드로와 요한은 사마리아 사람들에게 성령이 임하기를 기도하였었다. 두 사도가 사마리아 사람들을 안수하자 사마리아 사람들에게 성령이 임하였다. 시몬은 눈이 휘둥그레졌다. 빌립보다 더 큰 능력을 소유한 사람들이 나타난 것이다. 이 시점에서 시몬의 속셈이 드러난다. 큰 자라고 인정받았는데, 그 인정을 다른 사람에게 넘길 수 없다. 지금은 자기보다 더 큰 능력을 행하는 사람을 따라다니지만 그보다 더 큰 능력을 가지고 싶었다. 소위 말하는 능력 있는 사람이 되고 싶었던 것이다. 지금의 능력에 만족하지 않고 더 큰 능력을 소유하고 싶었다.

그래서 베드로에게 돈을 내놓는다. 자기도 베드로와 요한처럼 안수하는 사람에게 성령이 임하게 해 달라는 것이다. 시몬은 돈을 주고 능력을 사며, 이전보다 더 큰 능력으로 더 큰 사람이 되고자 원하고 있다. 하지만 베드로가 일언지하에 거절한다. "네가 하나님의 선물을 돈 주고 살 줄로 생각하였으니 네 은과 네가 함께 망할지어다 하나님 앞에서 네 마음이 바르지 못하니 이 도에는 네가 관계도 없고 분깃 될 것도 없느니라"(행 8:20~21) 베드로는 시몬의 흑심을 알았다. 베드로는 마음 속 깊은 곳에 숨은 시몬의 교만을 알았다. 하나님의 능력을 자신의 유익을 위해 사용하려는 더러운 마음을 알았다.

두 갈래의 길

시몬이 베드로 앞에 엎드린다. "나를 위하여 주께 기도하여 말한 것이 하나도 내게 임하지 않게 하소서"(행 8:24b) 시몬의 마음에는 두려움이 있다. 자기도 모르는 자기 마음을 베드로가 정확히 집어냈기 때문이다. 품은 흑심을 베드로가 호되게 꾸짖었기 때문이다. 도대체 베드로가 시몬의 마음을 어떻게 집어냈기에 시몬이 이처럼 벌벌 떨었을까? "그러므로 너의 이 악함을 회개하고 주께 기도하라 혹 마음에 품은 것을 사하여 주시리라 내가 보니 너는 악독이 가득하며 불의에 매인 바 되었도다"(행 8:22~23)

시몬으로서는 베드로에게 연타를 얻어맞았다. 뿐만이 아니다. 강력한 펀치를 얻어맞았으며 씻을 수 없는 수치를 당했다. 주의 능력을 돈으로 사려는 사람, 인위적인 방법으로 주님의 선물을 얻어내려는 사람은 씻을 수 없는 수치를 당한다. 왜냐하면 교만이 그 안에 도사리고 있기 때문이다. 두 마음이 그 안에 있다. 겸손을 가장한 교만이다. 그의 본성은 불의와 악독이다. 반드시 회개하여야 할 부분이다. 하지만 시몬은 당장에는 무서워 떨었으나 진심으로 회개한 것 같지 않다. 시몬의 애원은 회개의 마음이 아니라 형벌이 두려워서였다. 그가 진심으로 회개했다면 사마리아의 영적 거장이 되었을지 모른다.

2~3세기 문헌에 의하면 시몬은 베드로의 대적이 되었다고 한다. 여전히 능력을 행하며, 큰 사람이라고 추앙받는 것을 좋아한다. 그리고 자신에게 수치를 안겨준 베드로에게 앙심을 품었다. 베드로를 핍박하는 데 앞장섰다. 영지주의의 발생에 기여하였고, 로마에서는 거짓 교훈으로 신자들을 미혹하였다고 한다. 신앙이 교만한 마음속에서 변질되면 이처럼 대적자가 된다. 아마도 베드로가 겸손을 말하는 것은 시몬을 염두에 두었을지도 모른다. "그러므로 하나님의 능하신 손 아래에서 겸손하라 때가 되면 너희를 높이시리라"(벧전 5:6) 겸손이란 하나님 앞에서 스스로를 낮추는 것이다. 하나님이 낮은 곳으로 내려 보내신다면 그동안의 높아지려는 모든 노력이 헛고생이지 않겠는가?

겸손은 신앙인의 영원한 덕목이다. 어거스틴은 첫째도 겸손, 둘째도 겸손, 셋째도 겸손이라고 자기를 낮췄다. 바른 믿음은 겸손의 지혜가 생긴다.

겸손은 지금은 낮아지지만 그 결과는 높아짐이다. 스스로 높아지는 것이 아니라 남이 높여주는 것이다. 교만 앞에서는 고개를 숙이지 않는다. 겸손 앞에서 고개를 숙인다. 결국 겸손한 사람이 높아진다. "사람이 교만하면 낮아지게 되겠고 마음이 겸손하면 영예를 얻으리라"(잠 29:23) 보다 중요한 것은 하나님이 겸손한 사람에게 은혜를 베푸신다. 하나님이 겸손한 사람을 좋아하시기 때문이다. "진실로 그는 거만한 자를 비웃으시며 겸손한 자에게 은혜를 베푸시나니"(잠 3:34) "그러므로 일렀으되 하나님이 교만한 자를 물리치시고 겸손한 자에게 은혜를 주신다 하였느니라"(약 4:6b)

드러내고자 하는 욕망

자신을 드러내고자 하는 욕망은 누구에게나 있다. 그 욕망 자체를 나무라기 힘들다. 그 욕망 때문에 노력하는 사람도 있고, 그 욕망 때문에 부지런히 일하는 사람도 있다. 어느 경우에는 자신을 드러내려는 욕망이 일종의 정신적 에너지가 되기도 한다. 외부로부터 오는 압력에 굴하지 않는 힘이 될 수도 있다. 어찌 보면 자기의 분야에서 자신을 드러내려는 야망을 가진 사람이 그 분야를 이끌고 가는 선두 주자가 되는 듯 하다.

문제는 하나님을 무시하고 자신을 드러내려는 욕망이다. 하나님을 도외시하고 자신을 나타내는 것은 하나님의 자리를 빼앗으려는 오만이다. 아무리 자신이 중요하다 하여도 하나님 앞에서는 낮아져야 한다. 왜냐하면 하나님은 나를 지으신 분이기 때문이다. 피조물이 창조주 앞에 겸손해야 함이 당연하다. 그러나 인간의 욕망은 창조주 하나님조차도 아전인수로 이해한다. 하나님은 무조건 자기편이고, 하나님으로부터 오는 능력은 항상 자기에게 충만한 줄로 착각한다. 그의 깊은 곳에 교만이 잠재되어 있다.

혹여 안 되는 일이 있으면 하나님을 원망한다. 자기가 부당한 요구를 하고 있는 것은 생각하지 않는다. 자신의 욕망 속에 흑심이 담겨 있음도 깨닫지 못한다. 언제나 어디서나 자기만이 옳은 줄로 착각한다. 이런 사람은 사실상 하나님 없이 사는 사람이다. 입으로는 하나님을 말하여도, 의식 속에는 하나님이 있는 것 같아도 사실은 자기중심으로 사는 사람이다. 자기가 자기의 주인이니 자기를 드러내려는 것이야 당연한 현상이다. 성경은 이런 사람을 향하여 교만하다고 꾸짖는다.

자기가 주인인 사람은 방법이야 어찌 되었든 결과만 좋으면 그만이다. 시몬처럼 돈을 들여서라도 능력을 사면 그만이다. 수단과 방법을 가리지 않고, 능력을 소유하면 되는 것이다. 하지만 투자를 했으니 이윤도 생각할 것이다. 능력이 생기면 그것을 이용하여 자기를 더 드러낼 것이다. 거드름을 피울 것이고, 능력이 없는 사람을 무시할 것이다. 그에게 사람보다 신분이나 가진 것이 더 중요하고, 하나님보다 자신을 더 중요시한다. 이런 사람들에게 인권이니, 인간의 존엄성이니 하는 말은 허울 좋은 명분에 불과하다.

시편의 영성

시편 기자는 겸손한 사람과 교만한 사람을 분별하는 방법을 분명히 알고 있다. 교만한 사람은 하나님보다 자기를 더 드러내는 사람이다. 하나님을 모른척하는 사람이요, 하나님을 두려워하지 않는 사람이다. "악인의 죄가 그의 마음속으로 이르기를 그 눈에는 하나님을 두려워하는 빛이 없다 하니"(1절) 시인의 눈으로 보기에는 교만한 사람이 곧 악인이다. 악인은 자기 죄가 언제까지 감추어질 줄로 안다. 더 심하게 말하면 자기 죄가 무엇인지도 모르니 드러날 것이라고 생각하지 않는다. "그가 스스로 자랑하기를 자기의 죄악은 드러나지 아니하고 미워함을 받지도 아니하리라 함이로다"(2절) 교만한 악인은 입만 열면 악을 쏟아낸다. 그에게서 선을 조금도 찾을 수 없다. 그의 의식구조 속에는 선이 애초에 존재하지도 않는다. "그의 입에서 나오는 말은 죄악과 속임이라 그는 지혜와 선행을 그쳤도다"(3절) 교만한 사람은 집에 있으나, 밖에 있으나 죄짓는 일만 꾸민다. 악함에 대하여 전혀 거리낌이 없다. 선한 것과 악한 것을 두고 선택하라면 주저 없이 악한 것을 선택한다. "그는 그의 침상에서 죄악을 꾀하며 스스로 악한 길에 서고 악을 거절하지 아니하는도다"(4절) 이 땅에는 이런 사람이 존재한다. 하나님 없이 사는 사람은 비록 선하게 산다고 스스로 말하지만 사실은 악한 것을 포장하는 행위일 뿐이다.

반면에 겸손한 사람은 하나님과의 관계가 바른 사람이다. 하나님 앞에서 자기를 낮추는 사람이 겸손한 사람이다. 결코 하나님보다 앞서지 않는 사람이다. 겸손한 사람은 하나님과 자신의 영역과 차원이 분명히 다르다는 것을 인정한다. 하나님은 사람과 다르시다. 그분은 인자하신 분이시다. "여호와여 주의 인자하심이 하늘에 있고, 주의 진실하심이 공중에 사무쳤으며"(5절) 하나님의 의는 사람의 기준으로 잴 수 없다. 주님이 하시는 일은 우리의 상상을 뛰어넘는다. "주의 의는 하나님의 산들과 같고 주의 심판은 큰 바다와 같으니이다"(6절a) 겸손한 사람은 하나님의 크심을 인정하고 그 앞에 자기를 작은 존재로 인식한다.

겸손한 사람은 하나님과의 관계가 바르고 선명하다. 자신은 피조물이며 한없이 약한 존재임을 알고 있다. 자기는 하나님의 보호를 받아야하는 존재임을 알고 있다. "여호와여 주는 사람과 짐승을 구하여 주시나이다"(6절b) 하나님의 그늘을 알고, 그 그늘로 찾아 들어가는 사람은 겸손한 사람이다. "사람들이 주의 날개 그늘 아래 피하나이다"(7절b) 주님께 가는 사람이 곧 겸손한 사람이다. 겸손한 사람은 오직 하나님만을 믿을 뿐이다. 하나님이 계시다는 것을 분명히 알고 있으니 저절로 겸손해진다. 겸손히 주님께 가면 거기에서 감탄사가 저절로 나온다. "하나님이여 주의 인자하심이 어찌 그리 보배로우신지요"(7절a)

겸손한 사람의 행복

교만한 사람은 이 땅에서 좋은 것을 얻으려 든다. 좋은 것을 먹고, 시원한 샘물로 목을 채운다. 남의 것도 탐을 내고, 쉽게 얻을 수 없다면 빼앗으려 들 것이다. 그러나 겸손한 사람은 이 땅에서의 좋은 것에 연연해하지 않는다. 오히려 하나님이 주시는 좋은 것을 찾는다. 땅의 것은 한시적이지만 주님의 것은 영원하다. 땅의 것은 허점이 있지만, 주님의 것은 완전하다. 땅의 것은 부족하지만 주님의 것은 풍족하다. "그들이 주의 집에 있는 살진 것으로 풍족할 것이라 주께서 주의 복락의 강물을 마시게 하시리이다"(8절)

겸손한 사람은 생명의 근원이 무엇인지를 안다. 자신에게 주어진 생명이 누구로부터 온 것인지를 안다. 자기의 기원을 알고 있다. 그 기원은 하나님이시다. 자기에게 주어진 생명은 하나님으로부터 받은 선물이다. 그러므로 생명을 주신 분 앞에 자기를 낮추게 될 것이다. "생명의 원천이 주께 있사오니"(9절a) 이런 사람은 하나님의 빛을 볼 것이다. 하나님이 겸손한 사람에게 당신의 빛을 비추시기 때문이다. "주의 빛 안에서 우리가 빛을 보리이다"(9절b) 생명의 기원을 아는 겸손한 사람만이 참 빛을 볼 것이다.

겸손한 사람에게는 계속되는 은혜가 있다. 한번 받은 은혜로 족하지 않다. 중단되지 않은 은혜가 있다. 은혜가 지속되는 것이다. 겸손한 사람은 은혜의 지속을 경험한다. 이것이 그에게는 행복이다. 그 은혜는 곧 하나님의 인자하심과 의로우심이다. 하나님의 인자와 의로움이 겸손한 사람에게 영향을 끼친다. 겸손한 사람을 높이는 힘이 된다. 이런 삶이 복된 삶이다. "주를 아는 자들에게 주의 인자하심을 계속 베푸시며 마음이 정직한 자에게 주의 공의를 베푸소서"(10절) 주를 아는 것, 마음이 정직한 것이 겸손이다. 인자가 계속되고 의의 베풂을 입는 것이 겸손한 사람에게 나타나는 복이다.

겸손한 사람에게는 악인의 꾀와 악함이 영향을 미치지 못한다. 왜냐하면 하나님이 겸손한 사람을 보호하시기 때문이다. 주의 날개 그늘 아래 숨었으니 주님의 보호가 있기 때문이다. "교만한 자의 발이 내게 이르지 못하게 하시며 악인들의 손이 나를 쫓아내지 못하게 하소서"(11절) 하나님이 겸손한 사람을 보호하시는 방법이 있다. 그것은 교만한 사람을 넘어뜨리는 것이다. 다시는 일어나지 못하게 하시는 것이다. "악을 행하는 자가 거기서 넘어졌으니 엎드러지고 다시 일어날 수 없으리이다"(12절) 하나님의 능력이 교만한 사람과 겸손한 사람에게 다르게 나타난다. 교만한 사람에게서 하나님의 능력이 수치라면, 겸손한 사람에게서 하나님의 능력은 곧 행복이다.

시편 37편
의로움의 영성과 하박국

의인의 불평

하박국은 하나님께 대하여 심한 불평을 터트리고 있다. 하박국이 그렇게 하나님께 애원하였음에도 불구하고 그 땅에 여전히 정의가 세워지지 않았기 때문이다. 하나님이 부르짖음을 듣지 않으시고, 악한 것 때문에 울며 탄식해도 구원하지 않으신다. 하박국은 선한 것을 보고 싶은데, 눈앞에서 일어나는 악한 일들을 안 보려니 안 볼 방법이 없다. 사람들 사이에 갈등과 분열이 있고, 싸움과 약탈이 일어나는 것을 보니 가히 무법천지이다. 법의 정신은 사라지고, 정의는 모습조차 볼 수 없다. 악인은 더 기세가 등등해지고, 의인은 악인들에게 고난을 당하고 있다. 이 정도 되면 하박국의 불평도 이해할 만하다.

그런데 여호와 하나님이 하박국에게 대답하신다. "가만히 지켜보거라. 내가 놀랄 일을 너에게 보일 것이다. 들어도 믿지 못할 일이 벌어질 것이다. 내가 갈대아 사람들을 시켜서 너희 중 악한 백성을 심판할 것이다. 바벨론 사람들이 잔인하고 싸움에 능한 것을 너도 알지 않느냐? 날쌔고 사나운 그들이 하고 싶은 일이면 무엇이든지 할 것이다. 수많은 사람들을 포로로 잡아가고, 수많은 왕들과 통치자들을 처단할 것이다. 아무리 높고 강한 성이라도 바벨론 사람들 앞에서는 여지없이 무너질 것이다. 그리고 성을 황무지로 만든 바람처럼 사라질 것이다. 바벨론 사람들은 자신들의 힘을 경배하는 죄를 범하고 있다."(합 1:5~11 참조)

하박국이 한 번 더 하나님께 따지고 든다. "하나님은 악한 것을 참지 않으시는 분이십니다. 그런데 이 백성보다 더 악한 바벨론이 악행을 하는데도 어찌 내버려두십니까? 악인들이 하나님의 백성을 낚싯줄에 걸린 물고기처럼 잡아 모으고 기뻐합니다. 하나님께서 언제까지 악인들이 부자가 되고, 하나님의 백성들이 멸망하도록 내버려두시겠습니까?"(합 1:12~17참조) 하박국의 요지는 이렇다. "도대체 유다보다 더 악한 바벨론을 사용하시는 이유가 무엇입니까? 이제 내가 망대 위에 올라가서 지켜보겠습니다. 하나님께서 내게 어떻게 대답하시는지, 과연 하나님이 하나님의 성품과는 다르게 유다를 멸망시키시는지 보겠습니다"(합 2:1참조)

하나님이 다시 한번 하박국에게 말씀하신다. "이 묵시를 판에 기록하여 새기라. 이 묵시는 정한 때가 되면 반드시 이루어질 것이다. 바벨론 사람들은 심판의 도구로 사용되어질 뿐이다. 그들 역시 악한 사람들이므로 나에게 심판을 받을 것이다. 그러므로 너희 의인은 믿음으로 인하여 살아라. 하나님이 불의를 행하고 약탈하는 사람들을 부끄럽게 할 것이다. 성벽의 돌과 벽돌이라 할지라도 악인들을 향하여 잘못을 경고할 것이다. 그러므로 물이 바다를 덮음같이 여호와를 인정하는 것이 세상에 가득할 것이다. 생명 없는 우상을 섬기는 사람들을 화를 받아 재앙을 입을 것이다. 나 여호와는 성전에 있으니 천하가 내 앞에서 잠잠하여질 것이다"(합 2:2~20 참조)

이상한 세상

악한 일을 행하는 사람들이 호의호식하고 사는 것은 어제 오늘의 일이 아니다. 벌을 받아 반드시 망해야 할 사람들이 떵떵거리고 거드름을 피우며 사는 것이 어느 한 시대에만 있었던 일이 아니다. 아무리 법이 바로 세워진 세상이라도 악한 사람은 여전히 있다. 지도자와 백성들이 모두 바른 사고방식을 가지고 살아가는 세상이라도 악한 사람이 더 잘 사는 문제는 나타난다. 어느 한 나라가 내부적으로는 정의를 세웠다 해도 다른 나라와의 무역과 외교관계에서는 정의를 찾을 수 없다.

지구 위에 수많은 사람들이 죄 없이 고통을 당한다. 악한 사람들의 취미와 기호를 만족시키기 위해 아무 것도 모르는 사람들이 노동력의 착취를 당한다. 서구인을 만족시키려고 다이아몬드를 캐는 아프리카의 어린이들이 노동력 착취를 당한다. 카펫을 만드느라 동남아시아의 어린이들이 노동력 착취를 당하고 있다. 어찌 보면 다이아몬드나 카펫으로 만족하고, 그것들을 팔아 배불리는 사람이 모두 죄 값을 받아야 마땅하다. 그러나 그들의 죄를 경고하는 소리가 별로 들리지 않는다. 심지어 하나님조차도 잠잠히 계신 것처럼 보인다.

권력자들이 일으키는 전쟁에 의하여 국민들이 고통을 당한다. 최소한 전쟁의 당사자들은 의식주 문제로 인해 고통 받지는 않는다. 오히려 아무 것도 모르고 피해를 입은 백성들만 고통을 받는다. 약이 없어 치료할 수 없고, 영양부족으로 수많은 어린이들이 죽어간다. 여기저기서 반전 시위가 벌어져도 당사자들은 눈도 꿈적 않는다. 한편으로는 구호단체에서 구호활동을 한다지만 턱없이 부족하다. 굶주림과 질병, 추위로부터 구제한다는 것이 일부분에게만 해당될 것이다. 빵 한 조각 얻어먹는 것도 행운이요, 약 한 알 받아먹는 것이 행복이라 한다면 과연 이 지구촌이 평화롭고 정의가 세워졌다고 자신 있게 말할 수 있는가?

다국적 기업은 기업 이익을 위해 자본을 무기로 저개발 국가들의 경제를 좌우한다. 합법이라는 명분으로 자본운용을 잘하여 저개발 국가의 것을 가져오는 사람을 능력 있는 사람이라고 인정한다. 그리고 경영자가 되어 천문학적인 연봉을 받으면 성공했다고 우러러 본다. 다국적 제약회사들은 신약을 개발하고 판매를 위해 새로운 질병을 만든다. 전혀 질병이 없음에도 불구하고 약간의 불편을 질병 증세로 몰아간다. 해당되는 사람 스스로 환자로 착각하게 만드는 것이다. 결국 치료를 위해 약을 먹어도 없는 병이 치료될 리 없고, 제약회사 배만 불리는 꼴이 된다.

신정론

옛날 이스라엘 사람들이나 오늘의 신앙인이나 쉽게 이해하지 못하는 것이 하나 있다. 그것은 악한 사람이 잘 되고, 평안함을 누리는 이유를 모르는 것이다. "악한 자의 길이 형통하며 반역한 자가 다 평안함은 무슨 까닭이니이까"(렘 12:1) 한 두 사람이 이 질문을 하는 것이 아니다. 예레미야가 그랬고, 하박국이 그랬다. 시편의 기자들도 여러 곳에서 이런 불평이 섞인 질문을 한다(시 37편, 시 73편 등) 이 문제는 대대로 철학자들의 질문거리였다.

욥이 고난을 당했다. 욥은 동방의 의인이었으나 애매하게 고난을 당하였다. 욥의 친구들은 그의 고난이 죄에 대한 대가요, 형벌이라고 몰아세운다. 그러나 욥은 전혀 그렇지 않다고 맞받아 친다. 욥은 고난을 받을만한 죄를 지은 적이 없었다는 것이다. 의인에게도 애매히 고통을 당하는 상황이 왔다. 그 증거가 바로 자기일 것이다. 의인의 고난을 생각해 본 적이 없다면 욥과 친구들의 대화도 아무런 의미가 없어 보인다. 치사한 말싸움 정도밖에 안 될 것이다.

이 질문에 대한 대답이 수없이 시도되었다. 이원론적 대답은 하나님은 결코 악의 기원이 아니고, 인간의 의지가 악하기 때문이란다. 신플라톤주의는 전능하시고 선하신 하나님이 변질되어서 악을 허용한다고 대답한다. 초대기독교 사상가들은 선하신 하나님이지만 일정한 상황에서 악을 일부분 허용하신다고 설명한다. 종교개혁자들뿐만 아니라 일반 철학자들도 이 문제에 대하여 대답을 시도한다. 그 대답들도 모두 위의 세 가지 해답의 연장선에 있는 것들이다. 어떤 대답이 시도되어도 불평하는 사람이 듣고는 속 시원하게 해결되지 않는다.

어떤 사람들은 낙관적인 견해를 편다. 악한 것이 반드시 사라질 날이 올 것이라는 의견을 피력한다. 반대로 비관적인 견해를 펴는 사람들도 있다. 악이 세상을 멸망시킬 것이다. 하나님이 악인을 제지시키지 않고 있다는 것이다. 비관적인 사람들은 이 때문에 하나님이 없다고까지 말한다. 소위 말하는 저항적 무신론자들이다. 낙관론자는 긍정적으로 생각하다 손해 볼 수 있다. 비관론자들은 매사에 소심하게 살다가 자살하는 경우도 있다. 어떤 견해이든지 언제나 부정적인 요소가 있으니, 그 견해들이 언제나 옳은 것이라 볼 수 없다. 반대의 의견이 항상 존재한다. 꼬리에 꼬리를 물고 일어나는 의문점들을 보면 문제에 대한 해결의 방법이 없어 보인다.

시편의 영성

시편 기자는 악한 사람들이 득세하는 것을 보고 있다. 그러나 그는 그것 때문에 불평하지 않는다. "악을 행하는 자들 때문에 불평하지 말며 불의를 행하는 자들을 시기하지 말지어다"(1절) 시편 기자는 스스로에게 불평하지 말라고 재삼재사 다짐한다. "자기 길이 형통하며 악한 꾀를 이루는 자 때문에 불평하지 말지어다 분을 그치고 노를 버리며 불평하지 말라 오히려 악을 만들 뿐이라"(7b~8절) 불평하는 것은 시끄럽게 하는 일이요, 참지 않고 있다는 증거이다. 악인의 멸망은 하나님이 하시는 일이다. 의인이 할 일이란 불평이 아니라 조용히 참고 기다리는 일이다. 하나님의 선하심을 믿기 때문이다. "여호와 앞에 잠잠하고 참고 기다리라"(7절a)

왜 불평하지 않고 기다리려야 하는가? 악한 자는 반드시 망할 것이기 때문이다. 지금 악한 사람들이 힘을 행사하고 있으나, 그 힘은 언젠가 반드시 잃을 것이다. "그들은 풀과 같이 속히 베임을 당할 것이며 푸른 채소 같이 쇠잔할 것임이로다"(2절) 악한 사람들은 반드시 사라질 것이다. "진실로 악을 행하는 자들은 끊어질 것이나"(9절a) 하나님이 쓸어버리시면 눈을 씻고 찾아도 찾을 수 없다. "잠시 후에는 악인이 없어지리니 네가 그 곳을 자세히 살필지라도 없으리로다"(10절) 악인이란 곧 하나님과 원수 된 사람이다. 그러므로 하나님이 반드시 악인을 물리치실 것이다. 악인은 연기처럼 사라질 것이다. "악인들은 멸망하고 여호와의 원수들은 어린 양의 기름 같이 타서 연기가 되어 없어지리로다"(20절)

악인이 하나님과 원수되었다면 하나님의 사람들과도 원수로 살아간다. 자기와 다르다고 미워하고, 이 땅에서 없어졌으면 좋겠다고 생각한다. "악인이 의인 치기를 꾀하고 그를 향하여 그의 이를 가는도다"(12절) 생각으로 머물지 않는다. 행동까지 취한다. 의인을 해치려 든다. "악인이 칼을 빼고 활을 당겨 가난하고 궁핍한 자를 엎드러뜨리며 행위가 정직한 자를 죽이고자 하나"(14절) 악인은 호시탐탐 의인을 노리고 있다. "악인이 의인을 엿보아 살해할 기회를 찾으나"(32절) 악인은 약속도 헌신짝처럼 버리고, 다른 이에게 피해를 입히는 것도 서슴없이 행한다. "악인은 꾸고 갚지 아니하나"(21절a) 이런 상황에서 불평하지 않고 참는다는 것은 대단한 인내력이 요구된다.

이렇게 참고 견디는 믿음이 어디서 나올까? 그것은 하나님이 반드시 보고 계시고 판단하신다는 믿음 때문이다. 하나님이 심판하실 것을 알고 있기 때문이다. 하나님이 악인의 행동을 비웃으신다. "주께서 그를 비웃으시리니 그의 날이 다가옴을 보심이로다"(13절) 하나님이 비웃으시니 악인의 모든 행동이 수포로 돌아간다. 다른 사람을 향해 겨누던 칼과 창이 자기 가슴을 찌를 것이다. "그들의 칼은 오히려 그들의 양심을 찌르고 그들의 활은 부러지리로다"(15절) 하나님은 악인만을 멸하시지 않는다. 악인의 후대까지 이 땅에서 사라질 것이다. "악인의 자손은 끊어지리로다"(28절b) 악인이란 곧 주님으로부터 저주를 받은 사람이다. 저주받은 사람이 이 땅에서 번성할 리 없다. "주의 저주를 받은 자들은 끊어지리로다"(22절b)

의인의 삶

악인을 향한 심판은 의인이 할 몫이 아니다. 그것은 하나님 몫이다. 하나님이 어떻게 하시든 그것은 의인이 불평할 일도 아니다. 이미 하나님이 악인의 멸망을 계획해 놓으셨기 때문이다. 악인의 멸망이 빨리 이루어지지 않는다고 재촉할 일도 아니다. 하나님이 때가 되면 다 이루신다. 그러므로 의인이 할 일이란 별로 없는 것 같다. 그렇다고 아주 없는 것이 아니다. 한 가지 할 일이 있다. 그것은 믿음을 가지는 일, 믿음으로 행하는 일이다. "여호와를 의뢰하고 선을 행하라 땅에 머무는 동안 그의 성실을 먹을 거리로 삼을지어다"(3절) 하나님이 악인을 심판하시듯 의인의 길도 복으로 인도하신다. "또 여호와를 기뻐하라 그가 네 마음의 소원을 네게 이루어 주시리로다"(4절)

의로움이란 하나님이 하실 영역을 하나님께 맡겨두는 행위이다. 곧 의인이란 하나님이 하실 영역은 하나님께 맡겨두는 사람이다. 그리고 자기 할 일 마땅히 하는 자이다. 그것이 곧 하나님과 함께 사는 것이다. "악에서 떠나 선을 행하라 그리하면 영원히 살리니"(27절) 의인은 하나님이 자기의 길을 예비하신 줄로 믿고 하나님과 함께 걸어간다. "여호와께서 사람의 걸음을 정하시고 그의 길을 기뻐하시나니 그는 넘어지나 아주 엎드러지지 아니함은 여호와께서 그의 손으로 붙드심이로다"(23~24절) 의인은 하나님이 자신을 보호하실 줄로 믿는다. 하나님이 그러한 의인의 구원이 되실 것이

다. "의인들의 구원은 여호와로부터 오나니 그는 환난 때에 그들의 요새이
시로다 여호와께서 그들을 도와 건지시되 악인들에게서 건져 구원하심은
그를 의지한 까닭이로다"(39~40절)

하나님은 의인에게 땅의 복도 주신다. 땅을 차지하는 복, 받은 땅에서
누리는 복을 주신다. "여호와를 소망하는 자들은 땅을 차지하리로다"(9절b)
"그러나 온유한 자들은 땅을 차지하며 풍성한 화평으로 즐거워하리로다"
(11절) "주의 복을 받은 자들은 땅을 차지하고"(22절a) "의인이 땅을 차지함
이여 거기서 영원히 살리로다"(29절) "그리하면 네가 땅을 차지하게 하실
것이라"(34절b) 의인은 그 기업이 영원하다. "여호와께서 온전한 자의 날을
아시나니 그들의 기업은 영원하리로다"(18절) 비록 어려운 환경이 닥쳐도
하나님이 의인을 보호하신다. "그들은 환난 때에 부끄러움을 당하지 아니
하며 기근의 날에도 풍족할 것이나"(19절) 이 기업이 후대에까지 물려질 것
이다. 그만큼 은혜를 베풀고 은혜를 받으며 살아가기 때문이다. "그는 종일
토록 은혜를 베풀고 꾸어 주니 그의 자손이 복을 받는도다"(26절)

그러므로 의인은 의로운 일을 행한다. 하나님이 의의 근원이시고, 의의
중심이시기 때문이다. 하박국에게 하신 말씀처럼 의로움으로 사는 길이
바른 길인 줄 알고 그대로 살아간다. "여호와를 바라고 그의 도를 지키라"
(34절a) 하나님을 바라보기 때문에 이웃을 향해서도 의를 베푼다. "의인은
은혜를 베풀고 주는도다"(21절b) 의인은 말하는 것부터 다르다. "의인의 입
은 지혜로우며 그의 혀는 정의를 말하며"(30절) 이 땅에서 악한 일을 보려
하지 않는다. 선한 사람을 만나고 싶어 하고, 선한 일을 찾아다닌다. "온전
한 사람을 살피고 정직한 자를 볼지어다 모든 화평한 자의 미래는 평안이
로다"(37절) 의롭게 행하는 사람에게는 이런 믿음이 있다. "내가 어려서부
터 늙기까지 의인이 버림을 당하거나 그 자손이 걸식함을 보지 못하였도
다"(25절) 이 믿음은 의를 행하는 힘이요, 영원한 행복을 누리는 영적 에너
지이다.

고독의 영성과 예레미야

사역자의 고난

예레미야가 얻어맞았다. 예레미야를 때릴 정도라면 권력도 힘도 있는 사람이다. 그 자는 제사장의 아들, 여호와의 집 유사장 바스훌이라는 사람이다. 때리는 정도로 그치지 않는다. 결박하여 가두기까지 한다(렘 20:1~2). 죄인이 중대한 잘못을 범하였다 해도 때릴 수는 없다. 그러나 심지어 옳은 일을 행하는 사람을 때린 다는 것은 더더욱 있을 수 없는 일이다. 하기야 문명이 발달한 현대에서도 인권유린이 있었는데, 고대 사회에서야 당연하지 않았겠는가? 문제는 신성국가에서 이런 사건이 일어난 것이다. 아무리 신성국가라도 악한 사람은 여전히 있게 마련이고 의인은 여전히 고난을 받는다. 이미 예레미야를 때리려는 모의가 있었다. 구덩이를 파고 예레미야를 유인하여 빠뜨리려는 모의였다. 그리고 예레미야에게 심한 모욕감을 준다(렘 18:18~20).

예레미야가 엄청난 마음의 상처를 받았다. 하나님의 일을 한다면 잘 풀려야 하는데 그렇지 못하다. 존경을 받고 사람들에게 영향을 끼쳐야 하는데, 기대와는 완전히 반대이다. 사람들에게 하루 종일 조롱을 당한다. 예레미야가 어디를 가든지 모욕거리가 된다. 어느 한 사람이라도 예레미야를 돕는 사람이 없다. 친한 친구조차도 예레미야가 타락하기를 기다리고 있다. 예레미야는 완전히 혼자이다. 외로움이 엄습한다. 참는 것도 한계가 있다. 이제는 지쳤다고 생각한다. 오죽하면 다시는 하나님의 말씀을 전하지 않겠노라고 다짐하기까지 한다. 그래도 가슴에 답답함이 있기는 매한가지이다. "내가 다시는 여호와를 선포하지 아니하며 그의 이름으로 말하지 아니하리라 하면 나의 마음이 불붙는 것 같아서 골수에 사무치니 답답하여 견딜 수 없나이다"(렘 20:9)

예레미야는 자기의 인생을 저주하는 지경에까지 이르렀다. 자기 생일을 저주하고, 자기가 태어난 것을 소리쳐 외치던 사람이 저주를 받았으면 좋았을 것이라고 한다. 차라리 태어나지 말았다면 이런 고통은 당하지 않을 것을! 왜 태어나서 이처럼 고생하고 모욕을 당하는지 알수 없는 노릇이라고 슬퍼한다. 자기 인생이 미워지니 상관없는 사람도 미워진다. 자기 인생을 저주하는 것이야 절망하는 사람에게 있는 것이려니 하지만 자기의 탄생을 전하는 사람은 별 상관이 없음에도 저주를 당한다. 소식 한 번 전한 것 가지고 망하는 성과 같고, 아침 저녁으로 괴로운 소리를 듣고 살아가라는 욕을 먹는다. 아무리 선지자라 할지라도 욕을 하려면 조롱하는 사람에게 할 일이고 저주를 하더라도 바스훌에게 할 일인데, 엉뚱한 사람에게 욕을 하고 저주를 퍼붓는다.

그렇다고 하여 예레미야의 고난이 끝나지 않는다. 첩첩산중을 걷는 것과도 같은 인생이다. 그의 고난이 끝이 없다. 어떤 경우에는 예레미야의 선지자 됨을 부정하는 경우도 있다. 선지자 하나냐는 예레미야의 예언과는 반대로 느부갓네살이 망하고 유다 백성들이 성할 것이라 한다(렘 28:10~11). 예레미야가 시위대(경호대) 뜰에 갇힌 적도 있었다. 그 때 하나님으로부터 받은 말씀을 적은 두루마리가 왕에 의해 모두 불태워진 적도 있었다. 예레미야를 시위대 뜰에서 구해내려는 사람들의 여러 차례 시도가 있었으나 쉽지 않다. 반면 예레미야를 구덩이에 빠뜨려 놓고 죽일 날만 기다리는 사람들도 있었다. 이처럼 예레미야의 목숨이 풍전등화와 같다. 이런 상황에서 절망하지 않을 사람이 누가 있겠는가? 누구든지 예레미야를 동정할 수밖에 없지 않을까?

왕따 세상

악한 세상에서는 별별 것을 가지고 사람을 차별한다. 점심을 거르는 아이들이 다른 아이들에게 말하기 싫어한다. 점심을 얻어먹는 거지라고 놀리기 때문이다. 방학중에도 점심을 먹으러 학교에 가면 거지라는 놀림을 받으므로 아예 굶고 만다. 의식있는 젊은이들이 공부방을 만들어 아이들을 돌본다. 공부만 가르치는 것이 아니라 함께 놀아주고 힘이 되어 준다. 끼니 때가 되어도 갈 곳이 없으니 끼니를 해결하는 경우도 있다. 별로 도와주는 사람이 없으니 주머니 털어 할 수밖에 없다. 한편에서는 젊은이들이 수고한다며 격려한다.

그래도 색안경을 쓰고 보는 눈이 많다. 이기심으로 훼방을 놓는 사람들이 있다. 좋은 일 한다고 박수는 쳐주지 못할망정 집값이 떨어지니 공부방 하지 말라고 압력을 넣는다. 아이들은 어떤가? 순수한 마음을 가지고, 차별을 두지 말아야 할 아이들도 어른들을 따라간다. 학원에 다니는 아이들이 공부방에 있는 아이들보고 공부방 다니는 거지라 부른단다. 아무리 철없는 아이들이지만 너무 잔인하다. 말하는 아이야 놀리느라 그랬겠지만, 듣는 아이들의 마음에는 비수가 박힌다.

옳은 일을 행하는 사람이라도 언제나 일이 술술 풀리지 않는다. 사람들이 서로 도와주겠다고 찾아오지도 않는다. 오히려 일이 꼬이고 막히는 적이 수 없이 많다. 사람들이 떠나고, 전에 도와주던 사람들이 비난하는 사람으로 돌변할 수 있다. 친하게 지내던 사람이 이제는 망하게 하는 전위병(前衛兵) 역할을 할 수도 있다. 여러 사람이 합세하여 옳은 일을 행하는 사람을 따돌릴 수 있다. 악한 사람들이 마음을 합해 의인을 공격할 수 있다. 의인을 공격하는 한 가지 목표를 삼고 악인들끼리 친구가 되는 경우도 더러 있다(눅 23:12).

옳은 일을 하는 것이 죄가 아님에도 불구하고 죄인 취급을 당할 수도 있다. 정의를 포기하도록 부당한 압력을 받는다. 한두 사람도 아니고 주변의 수많은 사람들이 합세하여 공격하면 당하는 사람이야 막을 방법이 없다. 한두 번은 참을 수 있다. 그러나 고통이 계속되면 마음 속 부담은 더 커져간다. 외로움이 찾아오고, 스스로 쓸쓸하다고 느끼게 된다. 자신의 옳음과 주변의 압력 사이에서 심한 갈등을 겪는다. 정신적으로 몸살과 홍역을 앓는 사람에게 주변에서 누가 위로해도 귀에 들리지 않는다. 치유되기까지 시간이 필요하다.

우울증과 탈진

예레미야는 하노라고 하는데, 아무도 자기를 도와주지 않는다. 어쩌다 도와주는 사람이 있어도 번번이 실패할 뿐이다. 왕이 자기를 부르기는 하는데, 도우려고 부르는 것이 아니라 자기들이 곤란을 모면해보고자 부른다. 예레미야를 위하는 것이 아니라 이용하고 있을 뿐이다. 예레미야가 고독해졌다. 주변에 있는 사람은 하나도 믿을 수 없을 정도가 되었다. 급기야 자신감이 떨어졌다. 혹시 하나님조차도 자기를 외면하셨을지 모른다는 의심이 찾아든다.

실제로 당하는 고통을 보니 하나님이 외면하신 것이 분명한 듯이 보인다. 하나님이 자기의 기도를 외면하고 있는 것 같은 생각이 든다. 지독한 고독이 그를 짓누른다. 우울증이 찾아온 것이다. 예레미야가 힘을 내려고 해도 낼 수 없다. 구덩이 속에서 하루에 빵 한 조각만을 먹고 힘이 날 수 없을뿐더러, 정신적인 고통은 그를 무력감 속으로 몰아간다. 이제는 몸도 마음도 지쳤다. 무엇이든지 하겠다는 의욕도 떨어졌다. 예레미야가 탈진 상태에 빠졌다.

예레미야 같은 고독감, 우울증, 무력감과 탈진이 우리에게는 오지 않을까? 그런 것들은 무슨 의사나 전문가가 말하는 것이고 성격적으로 소심한 사람에게나 해당되며, 우리는 전혀 상관없을 거라고 무시하지는 않는가? 무시하는 사람이라도 크고 작은 정신적 고통을 받을 것이다. 마음의 병을 얻을 것이고, 심한 사람은 정신적 우울 증세까지 겪을 것이다. 우울증은 정신적 질병의 시초이다. 이런 정신적 고통은 어느 누구라 할지라도 피할 수 없다.

문제는 이런 고독을 남이 먼저 당해보았다는 것을 모르는 사람들도 많다는 것이다. 자신의 고독을 자기만의 특별한 상황의 산물이라고 착각하는 것이다. 그러니 고독으로부터 빠져나오는 길도 모른다. 그 길을 찾으려 하지도 않는다. 고독은 비참한 상황을 상상하게 하는 원인이다. 피해망상이 심각해지고, 적대자를 해칠 수 있다. 혹은 자살을 선택하는 사람들이 있다. 신앙인이라고 해서 이런 고독과 고통이 찾아오지 말라는 법도 없다.

시편의 영성

시편의 기자가 지독한 고독감에 빠졌다. 고독의 결과로 인해 우울증 증세까지 드러난다. 그의 몸과 마음이 탈진하였다. "내 심장이 뛰고 내 기력이 쇠하여 내 눈의 빛도 나를 떠났나이다"(10절) 몸도 아프고 마음도 아프다. 약해질 대로 약해졌다. "내가 피곤하고 심히 상하였으매 마음이 불안하여 신음하나이다"(8절) 그에게 친구들이 다 떠났다. "내가 사랑하는 자와 내 친구들이 내 상처를 멀리하고 내 친척들도 멀리 섰나이다"(11절)

뿐만이 아니다. 그를 죽이려는 사람들이 있다. 죽이려고 꾀는 내는데, 그 꾀가 마치 누에고치에서 실이 나오는 것처럼 끝이 없다. "내 생명을 찾는 자가 올무를 놓고 나를 해하려는 자가 괴악한 일을 말하여 종일토록 음모를 꾸미오나"(12절)

한두 명이 그를 미워하는 것이 아니다. 수많은 사람들이 그를 미워한다. 게다가 시인을 미워하는 사람들의 기세가 등등하다. "내 원수가 활발하며 강하고 부당하게 나를 미워하는 자가 많으며"(19절) 의인은 고립시키는 상황이 전개되고 있다. 결국 의인의 마음에 외로움이 찾아 왔다.

이런 공격 중에도 시인은 귀를 막고 입을 열지 않는다. "나는 못 듣는 자 같이 듣지 아니하고 말 못하는 자 같이 입을 열지 아니하오니 나는 듣지 못하는 자 같아서 내 입에는 반박할 말이 없나이다"(13~14절) 아예 그렇게 지내는 것이 편할지도 모른다. 그렇다고 하여 마음이 편하지는 않다. 고독이 사라지는 것은 아니다. 자기를 공격하는 사람이 그의 숨겨진 죄악을 들춰낸다면 자기 안에서 들리는 양심의 소리는 어쩔 수 없다. "내가 넘어지게 되었고 나의 근심이 항상 내 앞에 있사오니 내 죄악을 아뢰고 내 죄를 슬퍼함이니이다"(17~18절)

자신의 고독과 악인의 계획이 상관관계를 가지면 안 된다. 혹시 악인들의 말이 그대로 이루어지는 것은 아닐까? 혹시 악인들의 말하는 것이 맞지는 않을까? 그렇다면 선한 사람보다 악한 사람들이 이 땅에 더 많아질 것이다. 자신의 선함 때문에 악인들로부터 공격을 받고 있다. "또 악으로 선을 대신하는 자들이 내가 선을 따른다는 것 때문에 나를 대적하나이다"(20절) 의인이 죽고 나면 악인은 아까운 사람 죽었다고 거짓으로 슬퍼하고, 위선적으로 울어댈 것이다. "내가 말하기를 두렵건대 그들이 나 때문에 기뻐하며 내가 실족할 때에 나를 향하여 스스로 교만할까 하였나이다"(16절)

고독의 치유

시인의 고독은 죄책감 때문에 오는 것이었다. 친구들이 자기를 떠나고 사람들이 조롱하는 것을 보니 자기 죄가 흉악하기 때문이라고 추측한다. 그러므로 그의 고독은 하나님의 분노의 결과라는 느낌을 가진다. 주님이 자신을 아프게 하는 느낌이다. "주의 화살이 나를 찌르고 주의 손이 나를 심히 누르시나이다"(2절) 주님께서 짓누르시면 누구든지 감당할 수 없다. "내 죄악이 내 머리에 넘쳐서 무거운 짐 같으니 감당할 수 없나이다"(4절)

주님께서 진노하시면 누구든지 힘을 잃는다. 하나님이 힘을 빼앗아간다. 다시는 일어설 수 없을 정도로 온 몸의 힘이 빠지게 하신다. 하나님의 진노를 받으면 그야말로 만신창이가 되고 만다. "주의 진노로 말미암아 내 살에 성한 곳이 없사오며 나의 죄로 말미암아 내 뼈에 평안함이 없나이다"(3절) 게다가 허리에는 통증이 있고, 피부에도 어느 곳 한 군데 성한 곳이 없다. "내 허리에 열기가 가득하고 내 살에 성한 곳이 없나이다"(7절)

시인에게서 풍기는 것은 악취뿐이다. 그의 몸에 난 상처가 썩어 악취가 난다. 그 마음속에도 향기가 없다. 어리석은 생각과 마음으로 아프고 곪아 더러운 냄새가 난다. "내 상처가 썩어 악취가 나오니 내가 우매한 까닭이로소이다"(5절) 잠시라도 고독감을 잊어버릴 수 있다면 좋으련만 그렇지 못하다. 하루 종일 슬픔과 고통이 그를 엄습한다. 하루 종일 우울감과 죄책감이 그를 떠나지 않는다. "내가 아프고 심히 구부러졌으며 종일토록 슬픔 중에 다니나이다"(6절)

스스로 치유할 길이 없다. 스스로 치유할 방법도 찾아지지 않는다. 딱 한 가지 방법이 있다. 여호와 하나님께 아뢰는 것이다. 고독을 알게 하시는 하나님께 자신의 고독을 보여드리는 것이다. "주여 나의 모든 소원이 주 앞에 있사오며 나의 탄식이 주 앞에 감추이지 아니하나이다"(9절) 고독감을 주신 하나님이 고독감을 치유해 주셔야 한다. 하나님이 분노를 거두셔야 한다. 그래야 죄책감도 사라질 것이다. "여호와의 주의 노하심으로 나를 책망하지 마시고 주의 분노하심으로로 나를 징계하지 마소서"(1절)

하나님은 고독한 중에서도 하나님을 찾는 사람에게 대답하실 것이다. "여호와여 내가 주를 바랐사오니 내 주 하나님이 내게 응답하시리이다"(15절) 아무리 책망하시는 하나님이시라도 은총을 구하는 사람을 버리시지는 않을 것이다. "여호와여 나를 버리지 마소서 나의 하나님이여 나를 멀리하지 마소서"(21절) 고독을 해결하는 길은 오직 하나다. 하나님이 응답하셔야 한다. 하나님이 구원하셔야 한다. 구원은 고독과 죄책감이 사라지는 것을 포함한다. 주님을 고독과 죄책감을 치유하시는 구원의 주님으로 인식한다. "속히 나를 도우소서 주 나의 구원이시여"(22절)

침묵의 영성과 이삭

침묵으로 파는 우물

이삭이 아비멜렉의 땅에서 농사를 지었다. 이게 웬 일인가? 그가 100배의 결실을 거둔 것이 아닌가? 이삭이 농사에 탁월한 사람이었던가? 아니다. 이삭은 원래 유목민이었다. 농사는 잘 모르고 가축 키우는 일이나 조금 할 줄 아는 사람이다. 농사에 탁월한 사람이라도 100배의 수확을 하는 것은 좀처럼 보기 어려운 일이다. 그야말로 하늘이 도와주어야 가능한 일이다. 그렇다. 여호와 하나님이 이삭을 도우신다. 하나님이 이삭에게 복을 주신다. 양과 소가 떼를 이루었다. 짐승들이 왕성한 생산 활동을 펼친다. 이삭의 소유가 점점 많아진다. 이삭이 엄청난 부자가 되었다.

그런데 이삭을 시기하는 무리들이 생겨났다. 자기 땅에서 부자가 되어도 배 아픈 사람들이 있으련만, 남의 땅에서 부자가 되었으니 배가 아파 죽을 지경에 이른 사람이 여럿일 게다. 이삭을 시기하는 사람들이 급기야 이삭에게 해코지 한다. 이삭의 산업에 피해를 입히는 것이다. 블레셋 사람들이 이삭의 우물을 메웠다. 이 우물은 아버지 아브라함 때부터 있었던 우물이다. 가문의 역사와 함께 한 소중한 우물이다. 이 우물을 메우다니 이삭보고 망하라는 얘기나 마찬가지이다. 물이 없으면 농사도 짓지 못하고, 가축도 키울 수 없다. 이삭의 가족도 목말라 할 것이다.

블레셋 왕 아비멜렉이 이삭에게 제안한다. "당신이 우리보다 더 강해졌으니 이곳을 떠나라"(창 26:16 참조) 더 이상 같이 있다가는 무슨 험한 꼴을 볼지 모른다. 사이가 나빠지기 전에, 다치기 전에 좋은 기분으로 헤어지자는 것이다. 그래도 왕이라고 체면을 차려서 점잖게 이야기한다. 이삭이 아무 말도 하지 않고 그 땅을 떠난다. 아비멜렉이 사는 곳을 떠나 그랄 골짜기에 천막을 친다. 그리고 블레셋 사람들이 메운 우물을 이삭이 다시 판다. 그러나 블레셋 목동들이 이삭의 목동들에게 계속해서 시비를 건다. 그 우물이 자기네 것이라고 우겨댄다. 이삭이 먼저 피한다. 그리고 우물을 판다. 이번에도 블레셋 목자들이 와서 시비를 건다.

이삭이 또 다시 말없이 장막을 옮긴다. 그리고 우물을 판다. 벌써 세 번째이다. 이번에는 시비를 거는 사람들이 없다. 이삭이 안심하였다. 하나님이 이 넓은 땅을 주셨으니 여기서 번성할 것 같은 생각이 들었다. 이삭이 다시 브엘세바로 이동하였다. 그 밤에 하나님이 이삭에게 나타나셨다. 아브라함의 하나님이 아브라함과 약속한대로 이삭과 함께 하고 이삭의 자손으로 번성케 할 것이라는 약속의 말씀을 주신다. 침묵하는 이삭에게 하나님이 말씀하신다. 이삭은 아침에 일어나 이 말씀을 기억하고 새로운 우물을 판다. 남들은 헛수고만 하는데 이삭은 파는 대로 물이 나온다. 우물파기에 100퍼센트 성공을 거둔다.

아우성인 네트워크

인터넷이 보편화되었다. 원하는 정보를 인터넷을 통해 얻을 수 있다. 돈을 주고 사야하는 정보도 있겠으나, 무료로 얻을 수 있는 정보들이 더 많다. 인터넷을 통해 옛 친구를 만날 수 있고, 어린 시절 선생님을 만날 수도 있다. 가까운 지역에 있는 사람뿐만 아니라 지구 반대편에 있는 사람도 인터넷으로 서로 대화할 수 있다. 동호회 모임이나 활동을 인터넷으로 알릴 수도 있고, 회원을 모을 수도 있다. 가입과 탈퇴도 인터넷으로 가능하고, 자신의 의사도 인터넷을 통해 발표할 수 있다. 누구를 욕하고 비난하는 일도 인터넷을 통해서 한다. 그들은 당하는 사람의 고통을 아랑곳하지 않는다.

인터넷의 보급으로 의사소통의 통로가 급속히 열렸다. 어느 사이트에나 게시판이 있는 곳이라면 자기의 의견을 개진할 수도 있다. 사회적 쟁점이 있는 사이트에는 다양한 의견들이 올라온다. 건전한 의견도 있으나, 익명의 이점을 활용해 비난의 글도 올라온다. 자신의 의도를 인터넷으로 실현하는 경우도 있다. 동두천에서 미군 장갑차에 치여 죽은 여중생을 추모하는 글들이 올라오고, 촛불로 추모하자는 제안이 급속도로 확산되었다. 시민들이 촛불을 들고 거리로 나왔다. 알고 보니 신문사 기자가 올리고 그 글을 보도했다. 기자의 윤리성에는 문제가 있으나 인터넷 제안이 파급 효과를 일으킨 것만큼은 분명한 사실이다.

인터넷의 발달로 인한 역작용도 만만치 않다. 각종 쓰레기 정보들이 날마다 인터넷을 통해 보급된다. 폭력 사이트, 자살 사이트, 음란 사이트, 그야말로 정보의 바다가 정보의 쓰레기통이 될 수 있다는 우려를 가지게 한다. 인터넷을 통해 비윤리적인 것을 배우고, 그것을 범죄행위로 옮기는 사람도 있다. 인터넷에 대한 부정적 작용을 비판하고, 인터넷 자체의 무용성까지 제기하는 사람들이 있다. 그런데도 기술은 계속 발전한다. 말할 수 있는 공간이 확대되고 있으며 방법들이 계속 개발된다. 화상통신으로 회의를 진행하는 것은 옛날 이야기이며 업무의 적, 시간 죽이기 도구로 불리던 메신저를 통해 실시간으로 업무와 관련된 대화가 오고가고 있다. 인터넷은 입으로 말하던 것은 손가락으로 말하도록 유도한다.

인터넷의 발달은 침묵보다는 말하는 것을 미덕으로 여긴다. 저마다 자기를 드러내고 싶고 자랑하고 싶었으나, 마땅히 말할 장소와 들어줄 사람이 없었는데, 인터넷은 이런 목마름을 해결해 주었다. 대통령직 인수위원회에서 인터넷으로 정책제안을 받았는데 신선한 아이디어들이 올라왔다는 후문이다. 인수위원회에서도 적잖이 고민했을 터이다. 쓸모없는 의견이 올라와도 속상할 터이지만, 이기적인 발상에 의한 정책이라면 해결하자니 다른 사람들도 원성을 들을 터이고, 무시하자니 정책제안은 왜 하라고 했느냐며 시비를 붙을 터이니 이래저래 고민이었을 터이다. 인터넷 게시판이 시끄러울까 염려했던 셈이다. 인터넷에 맛을 들이고 보니 침묵은 옛날이야기가 되었다.

침묵의 위력

이삭은 고요함을 즐기는 사람이었다. 그는 리브가를 만나기 전에 들에서 묵상하던 사람이었다. 어머니를 잃은 후 찾아오는 외로움을 들에서 묵상하는 것으로 달랬다. 묵상의 방법은 침묵이었다. 자연을 보되 입 밖으로는 말하지 않는다. 마음으로만 말할 뿐이다. 하나님과 대화하되 입을 열어 대화하지 않는다. 하나님의 영과 자신의 영혼이 만나 침묵의 대화를 한다. 밖으로 소리를 내지 않아도 대화가 이루어진다. 신비한 대화이다.

이삭이 혀로 죄를 범하지 않았다. 우물을 메우고, 시비를 거는 블레셋 사람들에게 가타부타 말하지 않았다. 일단은 침묵하고 보는 것이다. 항의한다고 하여 해결될 것은 없다. 항의하면 속은 시원할 것이지만 일은 더 꼬일 것이다. 인간의 악한 마음은 항의하는 사람의 요구를 들어주지 않는다. 오히려 더 약을 올리고, 더 괴롭게 할 것이다. 물론 블레셋 사람들이 여러 차례 이삭의 우물을 메웠다. 그러나 이삭은 여전히 침묵한다. 바보처럼 보일 지경이다.

이삭은 자기를 찾아오는 아비멜렉에게도 항의는 하되, 면박을 주거나 저주하지 않는다. 그렇게 하면 전쟁은 필연적이다. 침묵의 맛을 아는 사람은 사람에게 화풀이하지 않는다. 사람에게 화풀이하는 것이야말로 침묵으로 닦아놓은 영성을 허무는 일이다. 그리고 다툼과 전쟁을 일으킨다. 전쟁의 원인이 여러 가지일 것이나 그 중에 하나 침묵하지 못하는 것도 빼놓을 수 없다. 침묵은 갈등을 봉합하고 화합을 이룰 수 있으나, 비난과 불평은 갈등을 증폭시킬 뿐이다.

간디가 침묵하였고, 마틴 루터 킹이 침묵하였다. 그들의 침묵은 가장 강력한 항의 표시였다. 영국은 성나고 떠드는 군중보다 침묵하는 간디가 더 무서웠다. 이삭이 침묵함에도 불구하고 아비멜렉이 먼저 화해를 청했다. 그리고 서로 평화조약, 불가침 조약을 맺었다. 여호와 하나님이 이삭과 함께 하시는 것을 보았기 때문이다(창 26:28). 아마 아비멜렉도 침묵하는 이삭이 무서웠을 것이다. 그것은 이삭과 함께 하시는 하나님이 무서웠을 것이다. 비록 침묵하고 있지만 하나님과 대화하는 사람이 가장 무섭다.

시편의 영성

시편 기자는 혀로 죄를 범하지 않는다. 일단은 침묵하고 보는 것이다. 말을 앞세우는 것이 아니라 침묵을 앞세운다. 특히 악인 앞에서는 더욱 침묵해야 한다. 악인은 말꼬리를 붙잡는 데 명수이다. 말이 많아 실수하는 것은 악인에게 공격의 빌미를 제공하는 것이다. "내가 말하기를 나의 행위를 조심하여 내 혀로 범죄하지 아니하리니 악인이 내 앞에 있을 때에 내가 내 입에 재갈을 먹이리라 하였도다"(1절) 말하지 않고 있으려니 답답하기 그지없다. 그래도 침묵하려면 한 마디도 내지 않는 것이 좋다. 선한 말조차도 중단하는 것이다. "내가 잠잠하여 선한 말도 하지 아니하니 나의 근심이 더 심하도다"(2절)

겉으로는 말하지 않고 잠잠해도, 속에서 끓어오르는 것이 있다. 낮말은 새가 듣고, 밤 말은 쥐가 듣는다지만 임금님 귀는 당나귀 귀라고 한번만이라도 외쳐 보자. 남을 탓할 수 없다면 나라도 탓해 보자. 나의 연약함 때문에 그런 것 아니냐고 혼잣말이라도 지껄여 보자. "내 마음이 내 속에서 뜨거워서 작은 소리로 읊조릴 때에 불이 붙으니 나의 혀로 말하기를 여호와여 나의 종말과 연한이 언제까지인지 알게 하사 내가 나의 연약함을 알게 하소서"(3~4절) 알고 보면 별 것 아닌 일을 속상해 한 적이 있었으니 자기 자신을 바라보아도 연약함뿐이다. 게다가 하나님을 의지하지 못하고 속으로 분을 내고 있었으니 한없이 약한 인간임에 분명하다.

별 것 아닌 인생이 작은 욕심 때문에 마음 상해한다는 것이 스스로 생각하기에도 비참하다. 작은 욕심에 연연하여 마음의 안정을 찾지 못한다. 작은 비난에 대꾸하여 목소리만 높인다. 입을 열면 열수록 자신의 초라함만 점점 더 드러날 뿐이다. 기뻐하며 살아도 부족할 날들을 슬퍼하며 산다. 하나님과 동행하여도 그 은혜를 다 누릴 수 없는 날들을 속을 끓여가며 살고 있다. 아예 자신이 없는 것처럼 생각하는 편이 낫다. "주께서 나의 날을 한뼘 길이만큼 되게 하시매 나의 일생이 주 앞에는 없는 것 같사오니 사람은 그가 든든히 서 있는 때에도 진실로 모두가 허사뿐이니이다(셀라)"(5절)

내가 없다고 생각하면 할 말도 없을 것이다. 그러므로 입을 연다는 것은 헛된 일만 만들어갈 뿐이다. 말을 하면 할수록 점점 더 꼬여만 간다. 재물을 모으려고 사람에게 말하는 것도 헛된 일이다. "진실로 각 사람은 그림자 같이 다니고 헛된 일로 소란하며 재물을 쌓으나 누가 거둘지는 알지 못하나이다"(6절) 이 땅에는 소망이 없다. 재물도 소망이 아니다. 오직 주께만 소망이 있다. "주여 이제 내가 무엇을 바라리요 나의 소망은 주께 있나이다"(7절) 소망의 하나님이 행하실 것이니 나는 잠잠할 수밖에 없다. 재물을 가지게 하는 것도, 원수의 입을 잠그는 것도 내 할 일이 아니다. 하나님이 하실 일이다. "내가 잠잠하고 입을 열지 아니함은 주께서 이를 행하신 까닭이니이다"(9절)

침묵의 유익

침묵은 죄인이 스스로를 변호할 수 있는 최상의 방법이다. 입을 열면 열수록 더 낭패를 볼 것이다. "나를 모든 죄에서 건지시며 우매한 자에게 욕을 당하지 아니하게 하소서"(8절) 하나님 앞에서 입을 여는 것도 자신의 어리석음을 드러낼 수 있다. 입을 열어 하나님께 말하지만 하나님의 본래 뜻과는 전혀 상관없는 소리만 낼 수도 있다. 말을 하면 할수록 하나님으로부터 점점 더 멀어져갈 수 있다. 죄인이 하나님 앞에 참회하는 방법 중에 하나가 침묵이다. 더 이상 할 말이 없어서 침묵하는 것이다. 하나님 앞에 잠잠하여도 자신의 어리석음이 사라지지는 않는다. 그러나 침묵은 그나마 말보다 조금 더 지혜로운 행동이다.

침묵할 때 하지 않는 것은 멸망을 자초하는 지름길이다. 더러운 입으로 소리를 낼수록 죄는 더 쌓여만 간다. 죄가 누적될수록 형벌은 더 커질 것이다. 언젠가는 형벌이 있을 것이다. 하나님이 참지 않으실 것이다. 소돔과 고모라 성이 멸망한 것처럼 인류가 멸망할 것이다. 멸망의 소식이 죄인을 피해가지 않는다. 그러므로 죄를 멈추고 멸망과 심판을 유보하는 길은 침묵하는 것이다. "주의 징벌을 나에게서 옮기소서 주의 손이 치심으로 내가 쇠망하였나이다"(10절) 사람이 행하는 일은 다 헛된 것이요, 죄의 일이다. "주께서 죄악을 책망하사 사람을 징계하실 때에 그 영화를 좀먹음 같이 소멸하게 하시니 참으로 인생이란 모두 헛될 뿐이니이다(셀라)"(11절)

사람 앞에서는 침묵해야 이익을 보는 경우가 있다. 그러나 하나님 앞에서는 말할 기회가 올 것이다. 악인들 앞에서는 침묵하지만 하나님 앞에서는 부르짖을 수 있다. 악인들 앞에서 자기를 변호해야 들어줄 사람이 없다. 오히려 무능함과 어리석음을 자아낼 것이다. 그러나 하나님은 들으실 것이다. 하나님이 고난당하는 의인, 억울함을 토로하는 의인의 목소리를 들으실 것이다. "여호와여 나의 기도를 들으시며 나의 부르짖음에 귀를 기울이

소서 내가 눈물 흘릴 때에 잠잠하지 마옵소서 나는 주와 함께 있는 나그네이며 나의 모든 조상들처럼 떠도나이다"(12절) 침묵과 부르짖음이 모두 하나님과 대화하는 유용한 방법이다.

한숨과 불평, 원망은 자신의 영성의 깊이가 얕다는 증거다. 침묵이야말로 영성을 깊이를 더 깊게 하는 도구이다. 침묵 중에 주님의 음성을 들으면 그 음성이 육신의 약이 된다. 주님의 음성을 들으면 그 음성이 회복의 치료제가 된다. 주님의 음성이 들려지면 영혼이 살아난다. "주는 나를 용서하사 내가 떠나 없어지기 전에 나의 건강을 회복시키소서"(13절) 하나님이 침묵의 상황을 접고 부르짖을 기회를 주신다. 침묵으로 쌓인 답답함을 하나님 앞에서 풀어 주신다. 부르짖음 중에 하나님의 용서와 치유가 체험된다. 하나님이 의인을 향하여 회복의 음성을 들려 주시지만 악인을 향해서는 심판의 음성을 들려주시기 때문이다.

건지심의 영성과 에벳멜렉

구스인 환관

에벳멜렉은 유대인이 아니다. 그는 구스인이다. 유대인과는 인종이 다르고 피부색도 조금 다르다. 에벳멜렉이 남왕국 유다의 왕궁에서 환관생활을 하고 있다. 유대인도 아니고, 구스인이 왕궁의 환관생활을 한다는 것이 신기한 일이다. 유대인들이 보통 배타적인가? 배타성이 강한 나라에 산다는 것은 어렵다. 게다가 혈통의 문제가 있는 사람이 관리가 되기는 더 어렵다. 그런데 혈통이 다른 사람, 피부가 다른 사람이 왕궁에서 생활하고 있다. 그의 이름의 뜻처럼 '왕의 종'으로 생활하고 있다.

남왕국 유다는 지금 풍전등화와 같은 위기를 겪고 있다. 바벨론의 침략으로 인해 멸망의 위기에 있다. 이미 바벨론의 침략으로 왕이 바뀐 적이 있었다. 바벨론이 유다 왕국에 괴뢰 정부를 세웠다. 그런데 바벨론이 세운 왕이 바벨론에게 대적한다. 애굽에게 도움을 요청한다. 바벨론이 가만히 있을 리 없다. 다시 쳐 들어와 유다를 완전히 멸망시킬 태세이다. 풍전등화와 같은 처지에 있는 나라에서 관리를 한다는 것도 괴로운 일이다.

괴로운 사람이 하나 더 있다. 예레미야이다. 예레미야가 백성들에게 외친다. "바벨론에게 항복하라. 바벨론을 대항하지 말라" 이 외침을 들은 사람들이 예레미야를 향해 매국노라고 비난한다. 비난 정도로 그치지 않는다. 예레미야를 체포하여 가둔다. 심지어는 왕자 말기야의 구덩이에 던져 놓고 하루에 빵 한 조각만을 주고 있다. 내버려 두면 예레미야가 죽을 것이다. 예레미야가 죽기를 바라는 사람들이 있다. 그들은 시드기야 왕에게 예레미야는 반드시 죽어야 한다고 말한다.

그러나 에벳멜렉은 예레미야가 죽으면 안 된다고 생각했다. 에벳멜렉이 적극적으로 시드기야 왕에게 간청한다. 예레미야를 살려달라고 구한다. 사실 에벳멜렉은 나라의 녹을 먹으며 궁정에 머물지만 예레미야처럼 구덩이에 빠진 심정이다. 위기에 처한 나라꼴이 마치 구덩이에 빠진 예레미야와 다를 바 없다. 예레미야를 구하면 이 나라의 위기를 극복하는 방법을 알게 될 것이라 믿는다. 예레미야가 그 해법을 제시할 것이다.

에벳멜렉이 시드기야 왕에게서 예레미야를 구출해도 좋다는 허락을 받았다. 30명을 데리고 예레미야가 있는 구덩이로 간다. 헌 옷을 찢어 밧줄을 만들었다. 줄을 예레미야에게 내렸다. 예레미야더러 줄을 겨드랑이에 단단히 잡아매라고 이른다. 손으로 붙잡을 수 있으나 힘이 빠지면 줄을 놓게 될 것이고 예레미야가 크게 다칠 것이다. 에벳멜렉의 용기와 기지에 의해 예레미야가 구출되었다. 예레미야는 에벳멜렉에게 축복의 예언으로 응답한다. 유다가 멸망하는 날 에벳멜렉은 무사하게 될 것이라는 예언이다(렘 39:15~18).

구덩이에 빠진 사람들

이 땅에 구덩이에 빠진 사람들이 수 없이 많다. 마귀는 어떻게든지 사람들의 정신을 흐리게 만들고, 판단착오를 하게 한다. 사람들은 시중에 도는 풍문을 믿고 잘못된 판단을 하며 살아간다. 이런 판단착오가 구덩이에 빠지게 하는 요인이다. 계속되는 판단착오로 인해 구덩이에서 빠져 나올 줄 모른다. 옆에서 조언을 해도 고집을 부리고 구덩이에 빠져 산다. 나중에 구덩이에 빠졌다는 것을 알 때는 이미 때가 늦었다. 몸도 마음도 망가지고 폐인이 되었다. 재산도 날리고 가정도 깨진 후이다. 돌아가고 싶어도 돌아갈 곳이 없다. 확실히 빠지기 쉬운 구덩이는 사람을 어리석고 무지하도록 만드는데 신통력이 있는 것 같다.

이 땅에 구덩이들이 무수히 많다. 일확천금을 꿈꾸는 것이 구덩이이다. 한두 번 재미삼아 드나들던 도박장을 아예 안방으로 삼은 사람이 있다. 도박의 구렁텅이이다. 스포츠니 레저니 하며 유혹하지만 도박이라고 하는 편이 옳을 것이다. 절제하기 어렵고 인생을 망칠 정도로 위험한 것들이 있다. 경마나 경륜 같은 것이다. 여기에 빠지면 다른 것이 눈에 들어오지 않는다. 가진 재산을 다 날리고 나면 아무도 거들떠보지 않는다. 창피를 톡톡히 당한 후 후회한들 무슨 소용이 있으랴! 복권도 구덩이이다. 인생을 역전시킬 것 같으나 인생을 망치는 사람이 압도적으로 더 많다.

마약이 구덩이이다. 마약에 관여하는 일들이 범죄인줄 알지만 이것도 한번 빠지면 헤어 나오지 못한다. 마약을 소지하거나 복용하는 일, 운반하거나 거래하는 일이 모두 범죄이다. 마약을 복용하면 자신의 인생을 망치고, 거래하면 다른 사람의 인생을 망친다. 자신이 구덩이에 들어가든지 다른 사람을 구덩이에 빠뜨리던지 둘 중 하나이다. 그래도 빠져나오지 못한다. 그 밖에 폭력 집단과 사이비 종교라는 구덩이가 있다. 여기서 빠져 나오려면 가진 것 다 내놓고 몸과 마음이 만신창이가 되어야 한다. 조금이라도 쓸모가 있으면 절대로 놓아주지 않는다. 만신창이가 되고 쓸모없다고 여겨질 때 버림받으면 그것이 빠져나오는 길이다.

그 외에도 인간을 망치는 구덩이들이 수 없이 많다. 알코올 중독도 구덩이이다. 관음증도 구덩이이다. 여기서 빠져 나오는 것 역시 쉽지 않다. 이런 것들이 일반화되면 그것이 곧 재앙이다. 자연현상의 재앙도 무서우나 인간의 타락의 재앙은 더 무서운 재앙이다. 재앙도 구덩이이다. 재앙이 내리면 사람의 생활이 극도로 피폐해진다. 사람이 대자연의 힘을 이길 수 없다. 구약성경에서 재앙은 거의 죄에 대한 결과이다. 죄 때문에 내리는 재앙을 안다면 죄를 회개할 것이다. "수많은 재앙이 나를 둘러싸고 나의 죄악이 나를 덮치므로 우러러볼 수도 없으며 죄가 나의 머리털보다 많으므로 내가 낙심하였음이니이다"(12절)

건져내라

특히 건져내어야 할 사람들은 영적 구덩이에 빠진 사람들이다. 하는 일이 잘 되지 않는다고 신앙의 침체기에 빠진 사람들이 있다. 순수하고 열정적인 신앙을 가지고 있는데, 핍박을 받는 사람들이 있다. 핍박은 순수함과 열정을 퇴색시키려는 구덩이이다. 오염과 변질의 구덩이이다. 신앙생활 중에 탈진한 사람들도 있다. 포기의 구덩이에 빠졌다. 영적 구덩이는 눈에 띄지도 않고, 그것이 구덩이인지 쉽게 분별하기도 어렵다. 그러나 영적 감각이 있는 사람은 영적 구덩이를 분별할 수 있다. 에벳멜렉처럼 영적 감각을 가진 사람은 구덩이에 빠진 사람을 건져내어야 하고, 빈 구덩이를 메워야 함을 알고 있다.

영적 구덩이보다 더 무서운 것은 죄의 구덩이이다. 죄의 구덩이는 단단한 조직을 가진다. 인간이 세운 조직이 악한 구덩이일 수 있다. 인간의 구조가 악한 일을 계획하고 실행하고 있으니 죄의 구덩이라고 할 수 밖에 없다. 그 구덩이에 빠지면 하나님과 단절된다. 하나님을 바라볼 수도 없다. "수많은 재앙이 나를 둘러싸고 나의 죄악이 나를 덮치므로 우러러볼 수도 없으며 죄가 나의 머리털보다 많으므로 내가 낙심하였음이니이다"(12절) 죄가 하나님과 사람 사이를 갈라놓았고(사 59:2), 죄의 구덩이가 하나님의 은총의 광선을 차단시켰다.

구덩이에서 건져내려면 악한 구조를 깨뜨려야 할 때가 있다. 우리의 힘으로 악한 구조를 깬다는 것은 매우 힘들다. 어떤 구조는 불가능하다고 생각되는 것도 있다. 악한 구조를 깨는 것은 전적으로 하나님이 하실 일이다. 주님이 악한 구조를 깨뜨리시는 것도 구원의 한 방법이다. 하나님이 구조 조정보다 더 강력한 일을 행하신다. 악한 구조를 깨뜨리심으로 하나님은 당신의 위대하심을 드러내신다. "주를 찾는 자는 다 주 안에서 즐거워하고 기뻐하게 하시며 주의 구원을 사랑하는 자는 항상 말하기를 여호와는 위대하시다 하게 하소서"(16절)

주변을 둘러보면 건짐을 받아야 할 사람들이 수없이 많다. 우리가 건져낼 수 있는 사람이 있으나, 하나님께 건져달라고 기도해야 할 사람들이 더 많다. 구덩이에 빠진 사람이 자기 힘으로 빠져나오는 것은 쉽지 않다. 건져내는 것은 구덩이 밖에 있는 사람이 할 일이다. 이 사람은 지금 하나님의 보호를 받고 있다. 하나님께 보호를 구할 수 있다. "여호와여 주의 긍휼을 내게서 거두지 마시고 주의 인자와 진리로 나를 항상 보호하소서"(11절) 구덩이에서 건져냄은 자기 힘에 의해 되는 것이 아니다. 오직 하나님의 힘에 의해서만 가능하다.

구덩이에서 건져내는 방법이 있다. 그것은 주의 말씀을 선포하는 일이다. 영적 구덩이 속에 주의 기쁜 소식을 들려주어야 한다. "내가 많은 회중 가운데에서 의의 기쁜 소식을 전하였나이다 여호와여 내가 내 입술을 닫지 아니할 줄을 주께서 아시나이다"(9절) 죄의 구덩이 속에 강한 빛을 비추는 말을 들려주는 것이다. 하나님께서는 죄인을 향해 인자한 마음을 가지고 계신다. 그렇기 때문에 죄인들에게 구원을 베푸신다. "내가 주의 공의를 내 심중에 숨기지 아니하고 주의 성실과 구원을 선포하였으며 내가 주의 인자와 진리를 많은 회중 가운데에서 감추지 아니하였나이다"(10절)

시편 기자는 자신이 구덩이에서 구출되었음을 알고 있다. "나를 기가 막힐 웅덩이와 수렁에서 끌어올리시고 내 발을 반석 위에 두사 내 걸음을 견고하게 하셨도다"(2절) 마치 예레미야가 에벳멜렉의 도움으로 구덩이에서 빠져나온 것처럼, 시편 기자도 구덩이에서 구사일생으로 탈출한 것에 대해 안도의 한숨을 쉬고 있다. 구덩이에 빠졌을 때 그가 한 일이 무엇인가? 그것은 하나님께 도움을 요청한 일이었다. 하나님의 도우심을 기다리며 부르짖었다. 그가 건짐을 받고 보니 하나님이 응답하셨음을 깨달았다. "내가 여호와를 기다리고 기다렸더니 귀를 기울이사 나의 부르짖음을 들으셨도다"(1절)

신앙인을 구덩이에서 건져낸 것은 하나님께서 행하신 기적이다. 스스로 빠져 나올 수 없다. 누군가 도와주어야 한다. 누가 도와주는가? 부르짖음을 들으시는 하나님이 도와주신다. 하나님의 도우심은 구덩이에서 건져내심이다. 이것이 기적이다. 사람은 하나님이 행하신 기적을 다 짐작할 수 없다. 하나님은 무한하시고 사람은 유한하기 때문이다. 하나님의 기적을 이 땅에서 통용되는 단위로 측량할 수 없다. "여호와 나의 하나님이여 주께서 행하신 기적이 많고 우리를 향하신 주의 생각도 많아 누구도 주와 견줄 수가 없나이다 내가 널리 알려 말하고자 하나 너무 많아 그 수를 셀 수도 없나이다"(5절)

구덩이에서 건져냄은 곧 구원이다. 구원이라는 말 자체가 '건져내다'라는 뜻을 가지고 있다. 구원은 전적으로 하나님의 은혜이다. 건져내심도 역시 하나님의 은혜이다. 사람이 가두었으나 하나님이 은총을 베푸시고 건져내신다. "여호와여 은총을 베푸사 나를 구원하소서 여호와여 속히 나를 도우소서"(13절) 하나님은 구원자이시다. 건지시는 분이시오, 도와주시는 분이시다. 신앙인은 하나님을 향해 지체하지 말기를 원하고 있다.

"나는 가난하고 궁핍하오나 주께서는 나를 생각하시오니 주는 나의 도움이시요 나를 건지시는 이시라 나의 하나님이여 지체하지 마소서"(17절) 구덩이는 신앙인을 해치고, 수치를 당하게 하려고 파놓은 악한 사람들의 함정이다. 하나님이 신앙인을 구원하셨다는 것은 악한 사람들의 계획을 실패하게 하신 것이다. 악한 사람들이 자기의 계획이 실패한 줄 알면 수치스러워 할 것이다. "내 생명을 찾아 멸하려 하는 자는 다 수치와 낭패를 당하게 하시며 나의 해를 기뻐하는 자는 다 물러가 욕을 당하게 하소서"(14절) 악인은 믿음의 사람이 고난 받을 때 비웃었다. 그러나 그들이 건짐을 받은 것을 보고 놀랄 것이다. 비웃던 것에 대하여 스스로 수치심을 느낄 것이다. "나를 향하여 하하 하하 하며 조소하는 자들이 자기 수치로 말미암아 놀라게 하소서"(15절)

건짐 받은 백성들

건짐 받은 백성은 하나님의 사랑을 받은 사람이요, 그 사랑을 몸으로 체험한 사람이다. 하나님의 건지심의 은총과 사랑을 사람이 헤아릴 수 있는 어떤 단위로도 헤아릴 수 없다. 그 사랑을 받고 보니 입에서 노래가 나온다. 노래를 듣고 많은 사람들이 하나님을 알 것이다. "새 노래 곧 우리 하나님께 올릴 찬송을 내 입에 두셨으니 많은 사람이 보고 두려워하여 여호와를 의지하리로다"(3절) 그는 찬송의 입을 열고 닫지 않는다. 그의 찬송은 기쁜 소식을 전하는 것이다. 구덩이에 빠진 사람을 구원하는 소식이다. "내가 많은 회중 가운데에서 의의 기쁜 소식을 전하였나이다 여호와여 내가 내 입술을 닫지 아니할 줄을 주께서 아시나이다"(9절)

건짐받은 백성은 과거에 연연하지 않는다. 구덩이를 동경하지 않는다. 구덩이 속의 암흑을 기억조차 하기 싫은 것이다. 지금 빛을 얻은 것에 대하여 감사하고 있으니 다시 과거로 돌아가고 싶지 않다. 구덩이에서 건짐을 받았는데, 다시 구덩이로 들어갈 수 없다. 구덩이에 빠진 사람을 건져내고 싶으나, 그들과 똑같이 살고 싶지는 않다. 죄의 세상에서 방황하는 것이 싫다. 오직 하나님만을 의지하고, 동시에 죄악의 사람의 의견에 동의하지 않는다. "여호와를 의지하고 교만한 자와 거짓에 치우치는 자를 돌아보지 아니하는 자는 복이 있도다"(4절)

건짐 받은 사람은 의무보다 권리를 가진다. 제사를 드려야 할 의무가 있었으나 그것이 부담되지 않는다. "주께서 내 귀를 통하여 내게 들려 주시기를 제사와 예물을 기뻐하지 아니하시며 번제와 속죄제를 요구하지 아니하신다 하신지라"(6절) 건짐 받은 사람은 하나님의 뜻을 행함으로 자기의 권리를 행사한다. 그것도 억지로 행하는 것이 아니다. 타의로 행하는 것도 아니다. 마지못해 행하는 것도 아니다. 자원함으로 행한다. 스스로 행한다. 감사함으로 행한다. "나의 하나님이여 내가 주의 뜻 행하기를 즐기오니 주의 법이 나의 심중에 있나이다 하였나이다"(8절)

건짐 받은 사람은 하나님의 놀라우신 섭리 속에 자신이 들어있음을 안다. "그 때에 내가 말하기를 내가 왔나이다 나를 가리켜 기록한 것이 두루마리 책에 있나이다"(7절) 건짐을 받고자 부르짖은 적이 있었으나 막상 건짐을 받고 보니 하나님의 자비로우신 섭리에 의한 구원이었음을 알게 됐다. 구원을 부르짖기 이전에 하나님의 은혜가 있었기 때문이다. 부르짖는 것도 사실은 하나님이 은혜를 주시기 때문이다. 구원받은 사람은 그 구원에 감격하여 구원의 대열에 함께 걸어간다. 건짐을 받은 사람도 감사해서 건져주신 분의 뜻을 따른다. 목숨을 건져주신 분을 향해 하지 못할 일이 아무 것도 없다.

시편 41편
고치심의 영성과
연못가의 병자

38년 된 병자

예루살렘 양문 곁에 베데스다라는 연못이 있다. 구태여 연못의 뜻을 찾아보라면 "은혜의 집"이라는 의미를 가졌다. 이 연못이 가끔 끓어오를 때가 있다. 천사가 연못에 내려와서 물을 움직이기 때문이다. 그런데 연못의 끓어오른 물이 신통력을 발휘한다. 어떤 병에 걸린 사람이든지 물이 끓자마자 연못에 뛰어 들어가면 낫는다. 신통력이 알려지자 병자들이 연못가에 몰려든다. 처음에는 차례를 기다렸겠지만, 제 아픈 데 남 돌볼 여유가 어디 있느냐고 새치기하는 사람도 있었을 게다. 게다가 천사가 언제 내려올지 정확한 시간도 모른다. 점점 환자들이 모여들고 물이 움직이기만 목이 빠지게 기다리고 있다. 병자가 많아지니 행각을 짓고 그 안에 병자들이 누워 있다. 한 두 개로는 모자라 다섯 개의 행각이 필요하다.

행각에 모여든 병자들이 수없이 많고 각양각색이다. 시각장애인, 신체장애인, 빈혈환자 등 병이 치료되고 건강을 되찾기를 간절히 원하는 사람들이다. 그들 역시 여기에 오기까지 수도 없는 노력이 있었을 터이다. 아무리 힘들어도 용하다는 의원을 만났을 것이고, 비싸다는 약도 써보았을 것이다. 그러나 돈이 떨어지고 마음이 상했다. 어쩔 수 없어서 여기까지 와서 기약도 없이 물이 움직이기만을 기다린다. 그들은 각기 사연을 가진 사람들이다. 동병상련으로 서로 위로하고 정보를 교환한다. 그러다 물만 움직이면 잽싸게 물에 뛰어든다. 곁에 있는 사람 아무도 돌아보지 않는다. 먼저 들어간 사람이 깨끗해져서 나오면 다른 사람들은 부러워하는 눈으로 바라보며 뒤에다 대고 한 마디 욕설을 퍼부을 테지만 또 다시 물이 움직일 때까지 연못에 신경을 집중하며 서로를 위로할 것이다.

제 힘으로 연못에 뛰어들 수 있는 사람은 그나마 다행이다. 희망이라도 있다. 하지만 제힘으로 연못에 뛰어들지 못하는 사람은 희망도 없다. 38년 된 병자 한 사람이 바로 그런 사람이다. 아무도 그를 연못에 넣어주지 않는다. 소외된 병자들 중에서 한 번 더 소외되었다. 그런데 그 곁으로 예수님이 지나가셨다. 예수님께서 힘없고 소외된 병자에게 관심을 보이셨다. 예수님은 한 눈에 병자가 이미 오랫동안 투병생활로 절망 중에 있음을 아셨다. 예수님이 물으신다. "네가 낫고자 하느냐?" 두말하면 잔소리 아닌가? 하지만 자기의 처지를 말한다. 묻지 않아도 다 아는 사실이지만 말이다. "주여 물이 움직일 때에 나를 못에 넣어 주는 사람이 없어 내가 가는 동안에 다른 사람이 먼저 내려가나이다"(요 5:7b)

예수님이 왜 병자에게 물으셨을까? 그를 고치시기 위함이었다. 병자에게는 도와줄 사람이 없다. 아무도 그를 거들떠보지 않는다. 오히려 귀찮게 여길 따름이다. 게 중에는 뛰어가는 길에 걸렸다고 폭언을 퍼붓는 병자도 있었을 것이다. 완전히 소외된 사람, 절망적인 사람에게 예수님이 찾아오셨다. 회복을 선언하신다. 그것도 기적의 회복, 완전한 회복이다. 예수님이 명하신다. "일어나 네 자리를 들고 걸어가라"(요 5:8b) 이 한 마디에 놀라운 일이 벌어졌다. 행각에 누웠던 사람들이 한결 같이 놀랄만한 일이다. 병자가 자기의 누웠던 침상을 들고 걸어가는 것이 아닌가! 제 몸도 가누지 못하던 사람이 무거운 것을 들고 걸어가다니 참으로 놀랄 일이다. 예수님과 병자가 성전에서 한 번 더 만난 적이 있다. 예수님이 말씀하신다. "보라 네가 나았으니 더 심한 것이 생기지 않게 다시는 죄를 범하지 말라"(요 5:14b)

하나님이 하시는 일

불치병에 걸린 사람이 절망하는 것은 일반적인 현상이다. 병이 걸릴 만큼 죄를 짓지 않았다고 생각하는 사람은 불치병이 걸리면 분노한다. 하나님이 해도 너무하신다는 원망으로 가득차게 된다. 혹은 불치병이 당연한 결과라고 생각할 만큼 죄를 지었다고 생각하는 사람은 죄책감으로 절망의 나락으로 빠져든다. 그렇다. 아무 죄가 없이 불치병에 걸리는 사람도 있을 것이다. 반면에 죄의 대가로 질병에 걸린 사람도 있다. 성경에는 그런 사람들이 수 없이 많다.

게하시가 그랬다. 엘리사를 속이고 나아만을 속였다. 하나님을 속이려 들었다. 그의 죄에 대한 대가는 문둥병이었다. 게하시 뿐만이 아니다.

웃시야 왕이 문둥병에 걸려 뒷방에 물러앉았다. 그는 원래 하나님 앞에 정직하게 행했었다. 블레셋을 점령하여 성을 빼앗은 후 기존의 성을 허물고 새로 건축하였다. 성의 방비를 철저히 하는 등 군사력을 키워 강한 나라를 만들었고, 그의 이름이 애굽 변방에까지 퍼졌다. 그런데 웃시야가 실수를 저질렀다. 그가 성전에서 직접 분향하려고 나선 것이다. 제사장이 말린다. 분향은 제사장만 할 수 있는 것이니 왕은 안 된다는 것이다. 그래도 웃시야가 제사장에게 화를 내며 향을 잡는다. 바로 그 때 웃시야의 몸에 문둥병이 들었다. 이후 웃시야는 왕궁 뒷방에 물러앉고 아들 요담이 유다를 통치한다. 웃시야의 병은 범죄의 결과였다.

반면에 욥처럼 표면적으로 죄 없이 병에 걸린 사람도 있다. 하지만 사람들은 질병을 죄의 결과로 몰아간다. 욥의 친구들이 그랬다. 참혹한 상태에 있는 욥을 위로하려 하지만, 위로할 말은 없고 겨우 입을 열어 하는 말이 욥의 질병과 고난을 죄의 결과로 몰아가고 있다. 엘리바스의 말이다. "생각하여 보라 죄 없이 망한 자가 누구인가 정직한 자의 끊어짐이 어디 있는가 내가 보건대 악을 밭 갈고 독을 뿌리는 자는 그대로 거두나니"(욥 4:7~8) 엘리바스는 욥의 고통을 전능자의 징계를 받는 것이라고 해석한다. 본인은 아무 죄가 없이 걸린 질병이라고 생각하지만, 곁에 있는 사람의 생각은 그렇지 않다. 절친한 친구라도 환자의 속에 숨기는 죄가 있기 때문에 하나님의 책망이라고 보는 것이다.

예수님의 제자들도 질병과 장애를 죄의 결과라고 생각하였다. 날 때부터 소경된 사람을 보고 제자들이 예수님께 묻는다. "제자들이 물어 이르되 랍비여 이 사람이 맹인으로 난 것이 누구의 죄로 인함이니이까 자기니이까 그의 부모니이까?"(요 9:2) 불쌍한 사람을 보면 동정을 못해줄망정 장애를 가지고 죄를 논하는 제자들의 꼴을 보니 그들의 믿음이나 성숙도가 아직도 한참 먼 것 같다. 소위 지식인들이 남의 인생을 지식의 욕구 충족을 위한 논란거리로 삼는다. 지식을 얻으려는 사람들이 스스로 어리석음을 드러낸다. 이에 대해 예수님이 대답하신다. "예수께서 대답하시되 이 사람이나 그 부모의 죄로 인한 것이 아니라 그에게서 하나님의 하시는 일을 나타내고자 하심이니라"(요 9:3)

회복이 소원이다

질병에 걸린 사람들의 한결같은 소원은 건강을 되찾는 것이다. 단 하루만이라도 회복되어 마음껏 먹고 활동할 수 있다면 소원이 없을 것이라는 사람도 있을 것이다. 회복되기만 하면 착하고 바르게 살겠노라고 다짐한다. 환자들 중에는 회복의 과정에서 개과천선하는 사람도 있다. 남들이 죄를 묻지 않고 드러나는 죄도 없는데, 오히려 자기의 죄가 크다는 것은 스스로 인정하는 경우이다. 과거처럼 살지 않겠노라고, 새 인생을 살아보겠노라고 마음을 다잡는다. 이 경우 질병이 죄의 결과는 아니겠지만 인간의 죄성을 정화시키는 역할을 한다.

회복을 위한 노력은 필사적이다. 삶과 죽음을 넘나드니 회복이 필사적임이 당연하다. 백방으로 치료방법을 찾는다. 수술과 약으로 회복될 수 있다면 그나마 다행이다. 돈이 문제일 뿐, 회복의 가망은 있기 때문이다. 환자 중에는 거액의 수술비 앞에서 안절부절못하는 사람들이 많다. 돈이 없을수록 몸이라도 건강해야 하는데, 없는 사람이 몸까지 아프면 그야말로 비참하다고 말할 것 외에 할 말이 없다. 한 사람의 환자 때문에 온 가족이 불행하다. 어찌 없는 사람이 불치병에 걸리는가? 왜 착하게 사는 사람이 중병에 걸려 고통을 당하는가?

하지만 회복의 가망조차 없는 사람들이 있다. 죽을 날만 받아놓고, 자포자기한 사람들이 있다. 의사가 포기하니 환자와 가족이 회복 방법을 갈구한다. 민간요법, 음식조절 등으로 자연치유를 기대하는 경우이다. 마음을 편히 하고, 자연을 벗 삼아 휴식을 취하다 회복되는 경우도 있다. 어떤 사람들을 종교심에 호소하여 회복의 방법을 찾는다. 점을 치고 푸닥거리를 하는 사람, 명상의 방법을 찾는 사람들이다.

그러나 이런 방법을 통해서라도 회복되면 좋으련만, 가족들에게 아픔을 남긴 채 이별한다. 질병의 문제는 예나 지금이나 해결하기 어려운 문제이다.

그러나 질병의 문제를 해결하신 분이 있다. 만군의 여호와 하나님이시다. 하나님은 아프게 하시다가 싸매시며 상하게 하시다가 그 손으로 고치신다는 엘리바스의 말은 옳은 생각을 표현한 것이다(욥 5:18). 질병이 죄의 결과라면 하나님 앞에 회개하여야 한다. 진실로 참회하는 사람, 마음속에 가진 모든 부담을 떨쳐내는 사람이 주의 은혜로 고침을 받는다. "그가 네 모든 죄악을 사하시며 네 모든 병을 고치시며"(시 103:3) 질병이 죄의 결과가 아니라도 하나님의 권능이 드러나기 위해 치유의 역사가 일어난다. 38년 된 병자가 그렇고, 날 때부터 시각장애인이었던 사람이 그렇다.

시편 기자가 질병에 걸렸다. 그가 가진 질병도 결코 가벼운 질병이 아니다. 다시 일어날 가망이 없는 질병처럼 보인다. 환자 자신은 하나님의 은혜로 일어날 것이라고 믿는데, 오히려 다른 사람들이 불치병이라고 수군댄다. 수군거림이 환자에게는 치명적이다. 환자의 마음을 아프게 하고, 환자에게 절망을 가져다준다. 환자를 미워하는 사람들이 수군거린다. "나를 미워하는 자가 다 하나같이 내게 대하여 수군거리고 나를 해하려고 꾀하며"(7절) 불치병에 걸린 줄 알고 다시는 회복되지 못할 것이라고 수군덕댄다. "이르기를 악한 병이 그에게 들었으니 이제 그가 눕고 다시 일어나지 못하리라 하오며"(8절)

질병에 걸리고 괴로움을 당하면 친구와 원수가 구별된다. 어찌 보면 원수가 나의 질병을 고소해하는 것이 당연하다. 내가 없어져야 자기가 출세하고 발을 뻗고 편히 잘 수 있을 테니 말이다. "나의 원수가 내게 대하여 악담하기를 그가 어느 때에나 죽고 그의 이름이 언제나 없어질까 하며"(5절) 원수는 위로하러 오지만 사실은 거짓말을 할 기회, 환자를 모함할 기회를 찾으러 온다. "나를 보러 와서는 거짓을 말하고 그의 중심에 악을 쌓았다가 나가서는 이를 널리 선포하오며"(6절) 질병에 걸리니 친구도 원수로 바뀐다. "내가 신뢰하여 내 떡을 나눠 먹던 나의 가까운 친구도 나를 대적하여 그의 발꿈치를 들었나이다"(9절)

질병에 걸린 것만도 힘든 일인데, 마음의 상처가 점점 더 심해진다. 원수에게 저주를 당하는 것은 물론 친구에게 배신을 당한다. 정말로 사람을 믿을 수 없다. 하지만 다 떠나도 결코 나를 떠나지 않는 분이 계신다. 그분은 하나님이시다. 사람은 내게 원수로 변해도 하나님은 끝까지 친구로 남아주신다. 그분은 질병을 고치시는 하나님이시다. "여호와께서 그를 병상에서 붙드시고 그가 누워 있을 때마다 그의 병을 고쳐 주시나이다"(3절) 그러므로 그분께 회복을 간구하는 것이 마땅하다. 자기의 죄악이 있다면 다 회개하고 고치심을 구해야 한다. "내가 말하기를 여호와여 내게 은혜를 베푸소서 내가 주께 범죄하였사오니 나를 고치소서 하였나이다"(4절)

시인은 최소한 환자를 더 아프게 하지는 않는다. 아픈 사람이 다른 이의 아픈 심정을 알아준다. 이런 사람이 복이 있는 사람이다. 혹시 자기가 재앙을 당해도 하나님의 고치심이 있을 것이라고 믿는다. "가난한 자를 보살피는 자에게 복이 있음이여 재앙의 날에 여호와께서 그를 건지시리로다"(1절) 시인은 하나님께 고치심의 복을 달라고 구한다. "여호와께서 그를 지키사 살게 하시리니 그가 이 세상에서 복을 받을 것이라 주여 그를 그 원수들의 뜻에 맡기지 마소서"(2절) 고치심의 복을 받고 보니 긍휼을 베푸는 사람이 하나님의 긍휼을 입는 것이 깨달아졌다. "긍휼히 여기는 자는 복이 있나니 그들이 긍휼히 여김을 받을 것임이요"(마 5:7)

회복 후의 믿음

죄가 있는 사람이 불치병에 걸렸다면 회개하는 것은 당연하다. 회개하면 혹시 살지도 모른다. 하나님이 회개하는 사람에게 치료의 기회를 열어 놓으셨다. 문제는 죄가 없다고 생각하는 사람이다. 죄가 없는 사람이 없다. 온 인류가 죄인이니, 인류는 반드시 질병에 시달린다. 그런데 하나님의 은혜로 의롭게 된 사람도 질병에 걸린다. 죄의 문제는 아닌 것 같다. 도대체 왜 이런 일이 생기는가? 불신자들은 고개를 갸웃하며 그것을 불신의 이유로 삼는다. 그러나 신자들은 그렇지 않다. 오히려 질병을 믿음의 기회로 삼는다.

질병을 하나님의 전능하심과 공의로우심을 깨닫는 기회로 삼는 사람이 있다. "그러하오나 주 여호와여 내게 은혜를 베푸시고 나를 일으키사 내가 그들에게 보응하게 하소서"(10절a) 시인은 질병을 하나님의 은혜 주심의 기회, 긍휼을 얻는 기회로 삼았다. 질병을 하나님과의 관계를 돈독히 하는 기회로 삼는 것이다. 질병을 비난하는 원수들의 비웃음과 수군거림이 다 실패로 돌아갈 것이다. 원수의 실패는 곧 하나님이 자신을 돕고 계신다는 것을 더 확실히 믿는 것이다. "내 원수가 나를 이기지 못하오니 주께서 나를 기뻐하시는 줄을 내가 알았나이다"(11절)

병에 걸리고 더 믿음이 좋아지는 사람이 있다. "너희 중에 병든 자가 있느냐 그는 교회의 장로들을 청할 것이요 그들은 주의 이름으로 기름을 바르며 그를 위하여 기도할지니라 믿음의 기도는 병든 자를 구원하리니 주께서 그를 일으키시리라 혹시 죄를 범하였을지라도 사하심을 받으리라 그러므로 너희 죄를 서로 고백하며 병이 낫기를 위하여 서로 기도하라 의인의 간구는 역사하는 힘이 큼이니라"(약 5:14~16) 병에 걸리고 나면 자신들의 속에 숨어 있던 죄까지 다 털어놓는다. 하나님 앞에 숨기는 것이 하나도 없다. 하나님 앞에 완전히 겸손해 진다.

하나님은 육신의 질병, 정신과 영혼의 질병을 모두 고치신다. 고치심을 받고 보니 하나님이 자신을 부축하여 세우심이 느껴지고 믿어진다. "주께서 나를 온전한 중에 붙드시고 영원히 주 앞에 세우시나이다"(12절) 고치신 하나님이 죄악에 빠지지 않도록 완전한 길로 인도하신다. 이제 범죄와 아픔의 길에서 벗어났다. 하나님은 죄와 질병을 치료하시는 치료의 하나님이시다(출 15:26). 시인이 고치심을 받고 보니 치료하시는 하나님을 영원히 찬송하며 살 것이라 다짐한다. "이스라엘의 하나님 여호와를 영원부터 영원까지 송축할지로다 아멘 아멘"(13절)

시편 42편
아픔의 영성과 엘리압

하나님이 버린 사람

엘리압은 이새의 맏아들이다. 그는 키가 크고 건장한 청년이다. 그의 외모가 출중하므로 사무엘 선지자의 마음에 쏙 들었다. 사무엘 선지자는 엘리압을 보고 한 눈에 임금이 될 사람으로 점찍었다. 사무엘이 마음속으로 혼잣말을 한다. "여호와의 기름 부으실 자가 과연 주님 앞에 있도다"(삼상 16:6) 사무엘이 어떤 사람인가? 그는 그동안 하나님의 일을 훌륭히 수행한 백성의 영적 지도자이다. 사무엘의 마음에 들었다면 엘리압도 훌륭한 청년임에 틀림없다. 미래가 촉망되는 젊은이이다. 사울 왕에게 실망한 사무엘로서는 얼른 엘리압에게 기름을 붓고 싶다. 사무엘로서는 쉽게 왕재(王才)를 만난 것에 대해 하나님께 감사할 것이다.

그런데 하나님이 사무엘을 말리신다. 하나님이 사람을 보는 관점은 사무엘이 보는 관점과 달랐다. 사울 왕도 용모와 신장이 뛰어났었다. 그러나 실패한 왕이 되었다. "그의 용모와 키를 보지 말라 내가 이미 그를 버렸노라 내가 보는 것은 사람과 같지 아니하니 사람은 외모를 보거니와 나 여호와는 중심을 보느니라"(삼상 16:7) 엘리압이 이 말을 들었다면 얼굴이 뜨거워 견딜 수 없었을 것이다. 그러나 사무엘만 하나님의 말씀을 들을 수 있었다.

사울 왕의 경우를 볼 때 하나님이 외모가 아닌 중심을 보는 것은 이해할 수 있다. 그런데 하나님이 엘리압을 버리셨다는 말씀은 무슨 뜻일까?

엘리압은 두 동생과 함께 사울을 따라 블레셋과의 전쟁에 나갔다. 이 전쟁터에 블레셋 장군 골리앗이 이스라엘 군대 앞에 버티고 서서 호령한다. 골리앗이 싸움을 돋우며 이스라엘 군대에게 모욕을 가한다. 온 이스라엘 군대가 벌벌 떨고 있다. 골리앗에게 대항하려는 사람이 하나도 없다. 때마침 다윗이 아버지의 심부름으로 형들의 안부를 묻고 음식을 전달하려고 전쟁터에 도착하였다. 형들에게 면회를 온 것이다. 그런데 다윗이 골리앗의 말을 듣고 울분을 참을 수 없었다. "이 할례 받지 않은 블레셋 사람이 누구이기에 살아 계시는 하나님의 군대를 모욕하겠느냐?"(삼상 17:26b) 다윗의 이 말이 곁에 있는 사람에게 들렸다. 맏형 엘리압도 다윗의 말을 들었다.

엘리압이 다윗을 크게 꾸짖는다. "나는 네 교만과 네 마음의 완악함을 아노니 네가 전쟁을 구경하러 왔도다"(삼상 17:28) 엘리압으로서는 막내를 위하는 마음으로 그런 말을 했을 것이다. 형으로서 동생을 보호하는 것이 마땅하다. 형이 보기에는 막내의 울분이 어린아이의 투정 정도로만 들린다. 막내가 투덜거려도 어쩔 도리가 없다. 상식적으로 볼때에 엘리압의 생각이 맞다. 하지만 하나님이 보기에는 엘리압이 더 답답할 지경이다. 엘리압은 젊은이로서 가져야 할 울분과 패기가 없다. 자기 나라와 군대가 치욕을 당하고 하나님의 이름이 훼손당하는데도 아무런 아픈 감정이 없이 가만히 있다면 이야말로 하나님의 버리심을 받을만하지 않겠는가.

비분강개

젊은이라면 국가의 위기나 불의를 보고 비분강개(悲憤慷慨)할 수 있어야 한다. 비분강개가 무슨 뜻인가? 슬프고 분한 의분이 마음속에 가득 차 있는 것이다. 이 감정은 자기가 당하는 고난 때문이 아니라, 국가가 당하는 위기를 보고 느끼는 감정이다. 조선이 망하고 뜻을 가진 선비들이 비분강개하였다. 기미독립선언문에도 비분강개의 마음이 담겨 있다. 이 나라가 이 정도까지 잘 살게 된 것에는 국가의 아픔을 자기의 아픔으로 느끼는 사람들의 희생이 있었기 때문임을 아는가?

젊은이가 풍전등화에 처한 나라를 보고도 무감각하다면 과연 그의 정신이 살아있다고 말할 수 없을 것이다. 엘리압이 그런 경우이다. 마음속에 두려움만 있을 뿐 울분을 토하지 못한다. 한 마디로 말해 겁쟁이이다. 용모와 신장이 아무리 뛰어난들 겁쟁이가 무슨 일을 할 수 있을까? 울분을 토하고 뛰쳐나갔을 때 닥칠 상황에 대하여 겁쟁이는 대처할 자신이 없다. 엘리압은 거기에서 끝나지 않는다. 동생의 울분마저도 교만으로 몰아가고 있다. 자신의 다겁을 합리화시킨다. 겁쟁이가 거짓말까지 하는 셈이다.

다윗의 비분강개가 어디서 왔을까? 단순히 치욕을 당한다는 자존심 때문일까? 그것은 아닐 게다. 다윗에게는 이스라엘이 하나님의 백성, 언약의 백성이라는 믿음이 있다. 언약의 백성이 이방인에게 치욕을 당한다는 것은 곧 하나님이 이방인에게 모욕을 당하는 것이라 생각할 수 있다. 다윗은 하나님의 이름이 더럽혀지는 것을 참을 수 없다. 다윗이 울분을 토하는 것은 믿음 때문이다. 골리앗과 맞서 싸울 수 있는 것도 자기 뒤에 하나님이 계신다는 믿음이 있기 때문이다. 다윗의 이러한 믿음이 하나님의 마음에 합하였다(행 13:22)

결국 엘리압에게는 믿음이 없었다. 위기에 처한 나라를 생각하는 아픔이 없음은 물론이요, 하나님의 이름이 훼손되는 것에 대한 아픔도 없다. 엘리압은 하나님의 언약을 모른다. 자기가 나서지 못할 바에는 다른 이가 나서는 것을 말리지 말아야 한다. 다른 이의 정당한 울분에 동의하고 도울 수 있어야 한다. 그런데 딴죽을 걸고 있다. 믿음이 없는 사람은 하나님의 도우심을 받지 못한다. 자신의 믿음이 없는 것으로 다른 사람의 믿음을 방해한다면 그는 하나님을 대적하는 사람이다. 그야말로 하나님의 버리심과 심판의 대상이 아니겠는가?

아파하지 않는 세상

2003년 2월 대구에서 지하철 화재로 인해 수백 명의 사상자가 생겼다. 전 국민, 전 세계가 슬퍼한다. 슬픔을 당한 사람은 어떤 말로 위로한들 제대로 위로가 되지 못한다. 국민들이 앞을 다투어 돕겠다며 성금을 낸다. 그런데 이해하지 못할 일이 생긴다. 남의 아픔을 이해하지 못하는 사람들이 생겼기 때문이다. 사고를 수습해야 할 사람들이 사고 내용을 감추기에 급급하다. 다른 사람의 슬픔에 편승하여 자기 이익을 챙겨보려는 사람들도 있다. 인구밀도가 높으니 죽는 것도 괜찮다느니, 대구 사람들이 벌 받은 것이라느니 하며 아픈 사람의 가슴에 못을 박는 사람들이 있다.

우리는 다른 사람들의 아픔을 이해하고 서로 돕는 아름다운 전통을 가지고 있다. 해마다 수해가 나면 의연금을 내고, 연말연시에는 불우이웃돕기 성금을 낸다. 그리고 적십자 회비도 낸다. 기업에서는 큰돈을 기부한다. 아마도 준조세처럼 생각한다면 억지춘향으로 부담되겠지만, 기업의 사회 환원이라는 차원에서는 당연할 것이다. 돈보다 더 중요한 것이 사람일진대 기업이 사람의 아픔을 감싸준다는 것이야 두 말할 나위 없이 좋은 일이다. 개인들도 사정과 형편에 따라 성금 대열에 참여한다. 이는 혼자만이 아니라 공동체라는 의식을 가지기 때문이다.

현대화되면서 이런 미덕이 점점 사라지고 있다. 개인화 성향, 고립화 성향을 띤다. 남의 아픔을 보고도 아무런 감정이 없다. 내가 불행을 당하지 않은 것을 다행히 여기는 식이다. 더 완악한 경우도 본다. 그렇게 당해도 싸다는 것이다. 감정이 마를 때로 말랐다. 어쩌다 아름다운 전통이 그렇게 사라지고 있을까? 짐승은 새끼가 죽으면 슬퍼해도 옆의 동물이 보면 아무런 감정이 없어 보인다. 옆 사람 불행을 보고 아파할 줄 모른다면 과연 우리가 사람으로서 사람다운 감정이 있다고 할 것인가? 그러며 자기의 아픔인들 남이 아파해 줄 수 있을까?

사람이 감정의 동물이라면 남의 아픔도 아파할 줄 알아야 사람일 것이다. 나라의 아픔이 내 아픔이고, 이웃의 아픔이 내 아픔이다. 교회의 아픔도 내 아픔이다. 사회의 그늘진 구석도 내 아픔이다. 위기를 겪는 국가도 내 아픔이다. 북녘의 굶주린 형제들의 모습도 내 아픔이다. 핵 문제 때문에 시끄러운 것도 사실은 내 아픔이다. 아파할 줄 모르는 사람은 본인의 아픔도 남에게 이해받기 힘들다. 그러면 왜 자신을 이해하지 않느냐고 원망할 터이나 주는 대로 받는 것이 아니겠는가? 그래도 희망이 있는 것은 아픔을 이해하고 함께 아파할 줄 아는 사람이 이 땅에 훨씬 더 많다는 것이다.

시편의 영성

시편 기자에게는 영적 아픔이 있다. 그 아픔은 하나님의 이름이 모욕을 당한다는 아픔이다. 나를 향한 비방도 들으면 아픈 일인데, 하나님의 존재마저도 부정하는 것은 시인에게 마치 칼로 찔린 것 같은 아픔을 준다. "내 뼈를 찌르는 칼 같이 내 대적이 나를 비방하여 늘 내게 말하기를 네 하나님이 어디 있느냐 하도다"(10절) 그 아픔 때문에 울분의 눈물을 흘리고 있다. 영적 아픔이 눈물샘을 자극하여 마르지 않는 눈물을 흘리게 만든다. "사람들이 종일 내게 하는 말이 네 하나님이 어디 있느뇨 하오니 내 눈물이 주야로 내 음식이 되었도다"(3절)

하나님이 없다고 말하는 사람은 어리석은 사람이다(시 14:1). 어리석은 사람이 자신의 어리석음을 자랑하고 믿음의 사람을 무시한다. 어리석은 사람도 겉으로는 믿음을 가졌다고 자부한다. 한 때는 시인과 함께 한 적도 있었다. 그러나 막상 믿음을 보여야 할 때가 오면 하나님을 외면하고 자기들의 불신앙과 어리석음을 드러낸다. 시인은 어리석은 사람들의 배교에 마음이 더 아프다. "내가 전에 성일을 지키는 무리와 동행하여 기쁨과 감사의 소리를 내며 그들을 하나님의 집으로 인도하였더니 이제 이 일을 기억하고 내 마음이 상하는도다"(4절)

아픔이 심해지면 낙망하게 된다. 소망을 포기하는 것이다. 하지만 믿음의 사람은 아프면 아플수록 하나님을 더 찾는다. 아플수록 포기하는 사람과는 전혀 다르다. 낙망이 되도 오히려 하나님을 더 찾는다. "내 하나님이여 내 영혼이 내 속에서 낙심이 되므로 내가 요단 땅과 헤르몬과 미살 산에서 주를 기억하나이다"(6절) 신앙인은 낙망을 소망으로 바꾼다. 하나님을 뵙고자 갈망한다. 하나님만 만나면 모든 아픔이 사라질 것이다. "내 영혼이 하나님 곧 살아 계시는 하나님을 갈망하나니 내가 어느 때에 나아가서 하나님의 얼굴을 뵈올까"(2절)

믿음의 사람은 하나님이 계시기 때문에 낙망의 상태에 머물지 않는다. 불안과 낙망의 상태에 있는 자신을 스스로 위로하며 하나님을 바라본다. 그리고 하나님의 도우심을 체험한다. 하나님의 도우심을 체험하면 찬송이 나올 수밖에 없다. "내 영혼아 네가 어찌하여 낙심하며 어찌하여 내 속에서 불안해 하는가 너는 하나님께 소망을 두라 그가 나타나 도우심으로 말미암아 내가 여전히 찬송하리로다"(5, 11절) 아픔과 낙망에서 벗어나려는 신앙인의 갈망이 갈증을 채우려는 사슴의 행동에 비유된다. "하나님이여 사슴이 시냇물을 찾기에 갈급함 같이 내 영혼이 주를 찾기에 갈급하니이다"(1절)

아픈 것도 복이라면

아파할 수 있는 사람은 감각이 살아있는 사람이다. 감각이 없는 사람은 아파할 줄도 모른다. 아픈 것을 모르는 사람은 자기 속에 곪아 들어가는 병을 모른다. 병을 모르니 결국은 죽음에 이를 것이다. 한센씨병(문둥병)에 걸린 사람은 피부가 썩어 들어가도 아픈 줄을 모른다. 당뇨가 심한 사람은 발가락이 썩어도 아픈 줄을 모른다. 질병을 알게 된 이후에 비로소 그들은 치료할 수 없을 정도로 질병이 악화되었음을 알게 될 것이다. 그러므로 아픈 줄을 모르는 것이야말로 가장 큰 병이다. 누가 말했는지 고통은 하나님이 사람에게 주신 위대한 선물이라 함은 전적으로 옳은 말이다.

마음의 아픔을 느낀다는 것은 살아있다는 증거이다. 고통 받는 사람을 보고 함께 아파할 줄 아는 것 역시 살아있다는 증거이다. 마음에 아픔이 없으면 신앙의 병이 들어도 자신의 질병상태를 모른다. 자기 영혼이 죽어가도 느끼지 못한다. 그러나 아픔을 아는 사람은 마음의 아픔 때문에 하나님을 만나는 기회를 가진다. 마음의 아픔을 느낀 사람은 하나님께 자신의 아픔을 토로한다. "내 반석이신 하나님께 말하기를 어찌하여 나를 잊으셨나이까 내가 어찌하여 원수의 압제로 말미암아 슬프게 다니나이까 하리로다" (9절) 그러므로 마음의 아픔은 신앙을 살리는 기회요, 하나님이 주시는 축복의 선물이다.

마음의 아픔을 심하게 겪은 사람이 신앙의 성숙을 체험한다. 그러니까 아픔은 일종의 신앙 성숙 과정이다. 어린 아이가 감기를 앓은 이후 더 건강해지는 것처럼 우리 역시 아픈 만큼 성숙하게 된다. 작은 아픔이 우리에게 심각하게 느껴질 수 있다. 그러나 그것은 더 큰 아픔을 방지하는 신호이다. 그리고 하나님이 아픈 사람을 보호하심을 깨닫는 기회가 된다. 하나님은 아픔을 호소하는 사람을 위로하시고 치료하신다. 아픈 시간에 하나님을 만날 때, 하나님의 엄청난 은혜와 능력을 체험한다. "주의 폭포 소리에 깊은

바다가 서로 부르며 주의 모든 파도와 물결이 나를 휩쓸었나이다"(7절)

아픔을 모르는 사람은 어쩌다 병이 낫는다 해도 감사할 줄 모른다. 하나님을 찬양할 줄도 모른다. 그러나 아픔을 아는 사람은 그 아픔이 사라진 이후 하나님을 찬양한다. 아픔이 사라진 이후 밤낮으로 도와주신 하나님의 은혜를 체험하였기 때문이다. "낮에는 여호와께서 그의 인자하심을 베푸시고 밤에는 그의 찬송이 내게 있어 생명의 하나님께 기도하리로다"(8절) 그들은 하나님과 친밀함을 경험하였고, 그 친밀함을 유지한다. 그렇기에 보다 더 친밀해진 하나님을 찬송하고, 하나님께 기도한다. 찬송과 기도의 깊이가 점점 더 깊어지고, 그 시간이 점점 더 많아진다.

나아감의 영성과 삭개오

세리장 삭개오

삭개오는 여리고에 사는 세리장이다. 안정된 직업을 가지고 있던 터라 생활은 괜찮은 편이다. 게다가 세리장이라면 나름대로 돈을 모으는 능력을 가지고 있다. 로마 총독부로부터 능력을 인정받아 세리장에 올랐다. 하지만 그는 만족이 없다. 지배를 받는 민족으로써 지배자들의 명령을 받아 산다는 것은 양심에 꺼리낌이 있는 일이다. 동족을 배반하는 것 같기도 하다. "뭐 어려운 시대에 자기 능력 따라 사는 것이지." 이처럼 스스로 위로하여도 마음 속 깊은 곳에 있는 부담은 어쩔 수 없다. 게다가 동족의 눈초리가 부담스럽다. 겉으로는 자기에게 잘 보여서 세금을 한 푼이라도 덜 내려고 아양을 떨지만 뒤돌아서면 경멸의 눈초리로 비난하고 있다.

이런 그가 예수님이 여리고로 지나가신다는 소문을 들었다. 한번 만나보고 싶다. 과연 말씀의 능력이 있는 분인지 눈으로 확인하고 싶다. 세리와 죄인의 친구로서 행동하는지 보고 싶다. 자기 같은 사람이라도 쉽게 만나줄지 모르지만 들은 소문으로는 그럴 것 같다. 삭개오는 사람들이 모이는 곳으로 간다. 하지만 쉽사리 만날 수 없었다. 워낙 사람들이 모인 탓에 헤집고 들어가기 어렵다. 게다가 삭개오는 키가 작아 다른 사람들을 밀치고 들어간다는 것이 어렵다. 하지만 예수님을 만나고 싶다. 옆에 뽕나무가 보인다. 궁하면 통한다고 뽕나무 위로 올라갔다. 그리고 지나가는 예수님을 바라본다. 아마도 그의 인생이 목적을 이루기 위해 수단과 방법을 가리지 않았는데, 이 경우도 그런 것 같다.

예수님이 지나가다 삭개오가 당신을 보고 있음을 감지하셨다. 예수님이 뽕나무 위에 있는 삭개오를 올려다보셨다. 그리고 말씀하신다. "삭개오야 속히 내려오라 내가 오늘 네 집에 유하여야 하겠다"(눅 19:5b) 삭개오로서 당황스럽고 놀랍기만 하다. 단순히 보기만 해도 다행이고, 이야기 정도만 나누어도 행운일 텐데 자기 집에 와서 주무시겠다니 얼마나 놀라운 일인 가? 삭개오가 얼른 내려가서 예수님을 자기 집으로 모셨다. 사람들이 수군 거리는 소리가 들린다. "저가 죄인의 집에 유하러 들어갔다" 삭개오는 개 의치 않는다. 자기를 죄인이라고 부르는 소리를 한두 번 들은 것이 아니다. 예수님이 개의치 않는데, 자기도 신경 쓸 필요가 없다.

삭개오가 예수님께 말한다. "주여 보시옵소서 내 소유의 절반을 가난 한 자들에게 주겠사오며 만일 누구의 것을 속여 빼앗은 일이 있으면 네 갑절이나 갚겠나이다"(눅 19:8) 예수님이 이 말씀을 듣고 대답하신다. "예수께서 이르시되 오늘 구원이 이 집에 이르렀으니 이 사람도 아브라 함의 자손임이로다 인자가 온 것은 잃어버린 자를 찾아 구원하려 함이니 라"(눅 19:9~10) 예수님이 삭개오의 말에 대하여 직접적으로 칭찬하시지 않았다. 한 단계 더 나아가 구원을 선포한다. 그리고 삭개오의 혈통을 인 정하신다. 아브라함의 자손이라는 것이다. 게다가 예수님이 이 땅에 오 신 목적을 말씀하신다. 삭개오의 결단이 예수님이 오신 목적과 부합되었 다는 의미이다. 삭개오로서는 예수님을 만난 후 얻을 수 있는 모든 복을 얻었다.

소외된 사람들

경제 개발이 한창일 때, 성장 논리가 이 땅을 지배하고 있었다. 성장 논리 속에는 개발과 성장을 위해 개인의 이익과 자유를 포기하고 희생해도 좋다는 공리주의적 생각이 담겨 있다. 어차피 이 사람 저 사람 다 챙기다가는 성장이 더딜 것이고, 성장을 포기해야 될 지도 모른다는 논리이다. 이런 논리라면 반드시 소외당하는 사람이 생긴다. 국토를 개발하며 땅을 뺏기는 사람들, 댐을 건설하며 고향을 내놓는 사람들이 생긴다. 컴컴한 지하 공장에서 일하며 건강을 해치는 사람들, 건설 현장에서 다치거나 생명을 잃는 사람들이 생긴다.

문제는 소외된 사람들이 성장과 함께 얻는 유익이 그리 크지 않다는 데 있다. 성장으로 얻어지는 유익이 대부분 근로자들을 홀대하는 회사 사장과 땅을 투기하는 약삭빠르고 돈 많은 사람들에게 먼저 돌아간다. 피땀을 흘려 일한 사람에게는 돌아오는 유익이 별로 없다. 심지어 다치고 장애를 입어도 변변한 보상이 없었다. 목숨을 잃어도 보상액이 미미하다. 죽은 사람만 억울하고 남은 가족만 슬퍼할 뿐이며 같은 입장에 있는 동료들만 안타까울 뿐이다. 사용자나 경영자로서는 또 다른 사람 찾으면 되는 식이니 별로 손해 볼 것 없다고 생각한다.

뭐 그런 아픔이 있었으니 지금 이 만큼 성장하고 잘 사는 것 아니냐고 반문해도 대답할 말이 없다. 다만 소외되는 사람을 무시하고서야 과연 민주국가라고 할 수 없다는 것이다. 이런 성장 논리는 지금도 이 사회를 지배하고 있다. 한국 사람들을 소외시키지는 않으나 국내에 있는 외국인을 소외시키고 있다. 힘든 노동을 시키고 불법 노동자라는 신분을 악용하여 협박하며 임금을 제대로 주지 않는 사용자들이 있다. 코리안 드림을 가지고 노동자로 한국에 온 사람들 중에는 우리 동포도 있다. 한국 국적만 없다 뿐이지 엄연한 우리 동포인데 우리가 그들을 억압하고 있는 것이다.

일본사람들로부터 소외된 기억이 여전히 잊혀지지 않았음에도 불구하고, 이제는 우리가 다른 사람들을 소외시키고 있다. 돈 좀 벌었다고 다른 사람들을 무시하고, 국내에 들어온 외국인의 눈에서 눈물을 뺀다. 게다가 해외 원정까지 가서 보신을 한다는 둥 환락가를 누빈다는 둥 돈 자랑하고 다니며 어글리 코리언의 면모를 유감없이 발휘하고 있다. 다른 사람들의 감정은 아랑곳하지 않는다. 자기가 소외당하면 분노하면서 다른 사람을 소외시키는 일에는 조금의 가책도 없다. 지금도 소외된 곳에서 대책이 없이 눈물 흘리며 사는 사람들이 있다. 이런 사람들을 외면하며 선진국 시민이 될 수는 없다.

목마른 사람이 우물 판다

소외당하는 사람은 대부분 약한 사람들이다. 하지만 지렁이도 밟으면 꿈틀 한다고 계속 소외를 당하다 보니 열이 받는다. 현실에 대하여 불만이 심해지고 소외를 해결해 보기 위해 방법을 찾는다. 먼저 소외를 호소한다. 소외시키는 사람을 향해 직접 호소할 수 있다. 혹은 소외를 해결해 줄 수 있는 사람을 찾아 호소한다. 법으로 보호받아야 할 사항이라면 경찰을 찾는다. 법으로 보호받을 수 없다면 인권보호단체를 찾을 수도 있다. 이도 저도 안 되면 약한 사람들끼리 뭉칠 수 있다. 뭉쳐서 힘을 가지면 소외를 쉽게 해소할 것이라는 생각 때문이다.

약한 사람만 소외당하는 것은 아니다. 강하다는 사람도 소외당한다. 부자도 소외당한다. 높은 사람도 소외당한다. 사람을 만나고 싶어도 만날 수 없고, 진실한 친구를 사귀고 싶어도 어렵다. 약한 사람들끼리 똘똘 뭉치면 강한 사람이 끼어들지 못한다. 가난한 사람들끼리는 대화도 잘 통하는 데 부자는 거기서 대화에 끼어들지 못한다. 낮은 사람들은 서로 위해 주는 데 높은 사람은 자기를 진정으로 위하는 사람을 만나기 어렵다. 앞에서는 굽

실대도 뒤에서는 욕할 수 있다. 등 뒤에서 하는 말에 대하여 기분은 나쁘지만 일일이 대응할 수 없는 노릇이다.

이런 사람들은 소외를 극복하는 방법을 달리 해야 한다. 부자는 자기편에서 가진 것을 먼저 풀어야 한다. 강한 사람이 먼저 약한 사람들을 향해 관심을 가져야 한다. 높은 사람이 낮은 사람에게 은혜를 베풀어야 한다. 자기가 먼저 낮아져야 한다. 그래야 대접받을 수 있다. "너희 중에는 그렇지 않아야 하나니 너희 중에 누구든지 크고자 하는 자는 너희를 섬기는 자가 되고 너희 중에 누구든지 으뜸이 되고자 하는 자는 너희의 종이 되어야 하리라"(마 20:26~27) 부자가 자기 재산을 풀어 구제하면 인심을 사고 다른 사람으로부터 칭찬을 사는 것이다. 강한 사람이 약한 사람을 배려하면 존경을 얻고 높은 사람이 낮은 사람에게 은혜를 베풀면 명예를 얻는다.

소외 해결의 신앙적인 방법이 있다. 그것은 하나님께 호소하는 것이다. 이 방법은 다른 사람이 자기 소외를 해결할 수 없고, 자기 스스로도 소외를 해결할 수 없을 때 마지막으로 사용하는 방법이다. 하나님께 나아가는 것이 방법이다. 하나님께 나아가는 것은 의로운 일이다. 하나님께 아뢰는 것은 하나님의 은혜를 간구하는 것이다. 하나님께 호소함으로 내가 어쩔 수 없는 다른 사람의 마음을 하나님이 돌려놓으시기를 간구한다. 하나님께 인간관계의 문제까지도 해결해 주기를 바란다. 비록 사람이 끝까지 외면한다 할지라도 하나님만은 의지하겠다는 결심의 반영일 수도 있다.

시편의 영성

시편 기자는 하나님께 소외를 해결해 주시기를 간구한다. 그것은 "하나님이여 나를 판단하시되 경건하지 아니한 나라에 대하여 내 송사를 변호하시며 간사하고 불의한 자에게서 나를 건지소서"(1절) 시편 기자는 지금 소외를 당하고 있다. 경건치 못한 사람들이 경건한 사람을 소외시키고 있다. 간사하고 불의한 사람이 의로운 사람을 따돌리고 있다. 시편 기자는 억울한 일도 당한다. 악인들이 자신을 구렁텅이에 빠뜨리는 것 같다. 스스로 해결할 방법이 없다. 대화로 해결하려 하지만 먹혀들지 않는다. 방법은 하나이다. 하나님께 나아가 호소하는 것이다. 하나님께 악한 사람들의 계략을 막아주시기를 간구하는 방법이다.

시편 기자는 사람으로부터 소외를 당하고 있는데 어떤 때는 마치 하나님으로부터 소외를 당하는 것 같은 느낌마저 든다. 하나님이 살아계시고 자기를 도우신다면 당연히 자기가 악한 사람들을 제압해야 할 터이다. 오히려 자신이 악한 사람들로부터 고난을 당하고 있으니 혹시 하나님으로부터 버림받은 것은 아닌지 의문이 든다. "주는 나의 힘이 되신 하나님이시거늘 어찌하여 나를 버리셨나이까 내가 어찌하여 원수의 억압으로 말미암아 슬프게 다니나이까"(2절) 사람에게 당하는 소외는 그런 대로 견딜 수 있을 것 같다. 그러나 하나님에게 당하는 소외는 견딜 수 없다. 하나님께 어찌 된 일인지 호소라도 해 보아야 한다.

하지만 시편 기자는 하나님께 나아가는 사람이 하나님의 따뜻한 환영을 받는다는 것을 믿는다. 뿐만이 아니다. 하나님께 나아오는 사람을 인도하신다. 하나님께 나오는 사람의 길에 빛을 비추신다. 진리를 허락하신다. 소외된 사람에게 하나님을 만나는 길을 주신다. 하나님을 소외된 사람을 찾아오시고, 만나 주신다. 하나님을 만나면 소외가 해결된다. 하나님이 소외를 해결하도록 하나님 앞에 나오는 길과 목표를 제시하신다. 나오는 길은 진리이다. 이것의 목표는 주의 성산과 장막이다. "주의 빛과 주의 진리를 보내시어 나를 인도하시고 주의 거룩한 산과 주께서 계시는 곳에 이르게 하소서"(3절)

시편 기자는 하나님 앞에 나아가면 소외가 해결되는 것을 알고 있다. 사람들로부터 당하는 소외의 문제도 해결된다는 것을 알고 있다. 하나님으로부터 소외를 당하는 느낌을 가졌어도 그것이 사실이 아니라는 것을 믿는다. 그는 하나님께 진리가 있고, 하나님께 기쁨이 있다는 것을 알고 있다. 알고 있는데 가만히 앉아 있을 수 없다. 안다면 행동해야 한다. 하나님이 제시하신 방법대로 나아간다. 하나님이 가르쳐주신 목적지를 향해 발걸음을 내딛는다. "그런즉 내가 하나님의 제단에 나아가 나의 큰 기쁨의 하나님께 이르리이다"(4절a) 하나님께 나아갈 분명한 이유가 있다. 그것은 하나님께 나아감으로 모든 문제가 해결되기 때문이다.

만남의 축복

소외를 당하는 사람은 극도로 불안하다. 돈을 가졌다면 돈을 잃을까 불안하다. 강한 사람은 자신의 강함이 꺾일까 불안하다. 높은 사람은 자리를 잃을까 불안하다. 사람을 못 믿기 때문이다. 평소에 사람들과 좋은 관계가 아니었기 때문이다. 사람을 만나되 인격과 인격으로 만나지 못했기 때문이다. 하나님과도 좋은 관계가 아니었기 때문이다. 하나님을 만난다고 하지만 순전히 무엇을 얻으려고만 하였기 때문이다. 그는 만남의 축복을 모른다. 만남으로 얻어지는 유익을 모른다. 만남을 통해 얻어지는 마음의 평화를 모른다. "내 영혼아 네가 어찌하여 낙심하며 어찌하여 내 속에서 불안해 하는가"(5절a)

이러한 불안을 해결하시는 분이 계시다. 그분이 곧 우리 하나님이시다. 하나님이 인간관계에서 불안하지 않아도 되는 방법을 가르쳐 주신다. 하나님이 그를 만나주심으로 평안을 주신다. 이 평안은 가진 것이나 무엇을 이루었기 때문에 얻는 평안이 아니다. 이 평안은 하나님과의 관계에서 얻는 평안이다. 하나님께 소속되어 있다는 평안이며, 하나님의 보호를 받는다는 믿음으로 얻는 평안이다. 하나님께 나아가는 것이 소외 극복의 방법이다.

그리고 불안을 해결하는 길이다. 하나님을 바라보는 것이야말로 진정한 하나님의 도우심을 얻는 길이다. "너는 하나님께 소망을 두라 그가 나타나 도우심으로 말미암아 내 하나님을"(5절b)

하나님이 소외감을 당하는 사람의 얼굴에 쓰인 수심을 보고 계신다. 그의 얼굴에 무엇이 써졌는지를 알고 계신다. 그의 얼굴을 보고 그 마음속에 어떤 고민이 있는지도 알고 계신다. 하나님이 당신께 나아오는 사람, 당신을 바라보는 사람의 얼굴을 도우신다. 하나님이 사람의 인상을 펴 주신다. 마음속에 기쁨과 평화를 주시기 때문이다. 이 정도 되면 입에서 찬양이 나올 수밖에 없다. 소외가 찬양으로 바뀌었다. "여전히 찬송하리로다"(5절c) 입술로만 아니라 악기를 사용해서 하나님을 찬양한다. "하나님이여 나의 하나님이여 내가 수금으로 주를 찬양하리이다"(4절b)

삭개오가 예수님을 만남으로 소외가 해결되었다. 그는 예수님께 나아옴으로 구원의 은혜를 입었다. 하나님에게 당하는 소외를 해결한 것이다. 삭개오는 사람으로부터 소외된 것을 예수님에게서 해결방법을 찾았다. 예수님이 삭개오의 존재를 바꾸어 주셨다. 아브라함의 자손이라고 인정하신 것이다. 이로서 삭개오는 의인이 되었다. 삭개오라는 이름의 뜻이 '의로운 사람'인데 그 이름의 뜻대로 그의 존재가 바뀌었다. 예수님께 나아오면 예수님으로 인하여 하나님과의 관계를 회복한다. 그리고 사람과의 문제도 해결된다. 하나님께 나아옴으로 하나님에게 당하는 소외를 극복하면 사람에게 당하는 소외도 극복할 수 있다.

약함의 영성과 삼손

천하장사 삼손

삼손은 둘도 없는 장사이다. 맹수라 할지라도 삼손 앞에서는 꼼짝도 못한다. 삼손이 사자를 염소새끼를 찢는 것처럼 찢었다(삿 14:6) 또 여우 300마리를 붙잡아서 꼬리를 서로 묶고 꼬리 사이에 횃불을 달아 블레셋 사람의 곡식밭에 몰아넣었다. 여우들이 이리 뛰고 저리 뛰니 곡식밭이 망가져 버렸다. 게다가 추수를 앞둔 곡식들이 죄다 불에 타고 말았다. 삼손이 이 정도로 장사이니 어느 누구도 그 앞에서는 제대로 힘을 쓰는 사람이 없다. 한 번에 아스글론 사람 30명이 삼손에게 죽어 나갔다. 블레셋 사람 1,000명이 삼손이 휘두르는 나귀 턱뼈에 맞아 죽었다.

삼손이 이처럼 힘이 강한 이유가 있다. 하나님의 임재하심에 의해 삼손이 태어났기 때문이다. 기묘로 표현되는 여호와의 사자가 삼손의 어머니와 아버지 마노아에게 나타났다. 삼손이 태어나기 전에 부모가 하나님을 만나는 신비한 체험이 있었다. 하나님이 삼손의 부모에게 아들의 머리털을 자르지 말도록 지시하셨다. 삼손의 머리털이 잘려나가지 않는 한 삼손을 당할 사람이 아무도 없었다. 그러므로 삼손에게 있어서 힘의 근원은 하나님이다. 여호와께서 삼손에게 임한 이후 삼손이 큰 힘을 쓸 수 있었다. 그러므로 삼손의 힘의 근원은 여호와 하나님이시다. 여호와 하나님이 삼손을 강하게 하셨다.

삼손은 자신의 머리털이 잘려나가면 힘을 쓸 수 없다는 것을 잘 알고 있다. 그는 자기 강함의 근원과 이유를 알고 있었다. 하지만 삼손은 하나는 알고 둘을 몰랐다. 강함의 근원 뒤에 하나님이 계시다는 것을 몰랐다. 하나님이 강함의 이유요 근원이라는 사실을 깨닫지 못하였다. 그렇기 때문에 그는 하나님 앞에 약해지지 않았다. 오히려 블레셋 여인 들릴라 앞에서 약해졌다. 강한 남성에게는 강하고 약한 여성에게는 약해졌다. 눈물을 보이며 거짓으로 꼬이는 들릴라에게 삼손이 자신에게 있는 힘의 비밀을 털어놓았다. 삼손은 이전에도 여인에게 속은 적이 있었다. 그런데 들릴라에게 또 속았다. 그는 자기의 강함만 믿고 있다가 힘을 잃었다.

머리털이 잘려나간 삼손이 블레셋 사람들에게 체포되었다. 삼손은 두 눈이 뽑히고 감옥에서 맷돌을 돌리는 일을 하게 되었다. 전에는 삼손이 두려워서 얼씬거리지 않으려던 블레셋 사람들이 이제는 삼손을 불러다가 재주를 부리게 하고 그것을 보며 즐기고 있었다. 3,000명이나 되는 사람들이 삼손의 재주를 보려고 한 집으로 몰려들었다. 삼손이 마지막으로 하나님께 한 번만 힘을 달라고 부르짖는다(삿 16:28) 그리고 삼손이 두 팔로 기둥을 잡아 집을 무너뜨렸다. 이 때 죽은 사람이 전에 죽인 사람들 숫자보다 더 많았다. 삼손은 힘을 잃은 이후 비로소 하나님께 약해졌다. 그리고 다시 한 번 강한 힘을 찾았다.

강한 것을 찾는 세상

역사에는 약육강식의 시대가 많았다. 특히 인권이 보호되지 않던 시대, 미개한 시대일수록 강한 사람이 득세하였다. 약한 사람을 무시하고 학대하였었다. 지금도 마찬가지이다. 약육강식의 사고방식이 여전히 유지되고 있다. 세계 도처에서 약한 사람이 강한 사람들에게 눌리고 억압을 당하는 일들이 벌어진다. 약한 사람은 억울한 일을 당해도 한 마디 하소연도 못하고 냉가슴만 앓고 있다. 강한 사람들은 온갖 좋은 것을 다 가진다. 그러니 사람들이 강해지려는 욕망이 있지 않겠는가?

사람들이 강한 것을 찾는다. 힘의 강함, 지식의 강함, 재능의 강함을 찾는다. 그것을 능력이라고 한다. 능력을 가지기 위해 피땀을 흘리는 노력을 한다. 하루 이틀이 아니라 수십 년 동안 한결같이 노력한다. 한 가지 목표를 정하고 그 목표를 이루기 위해 매진한다. 그리고 소위 성공이라는 것을 이룬다. 성공한 사람은 그의 능력을 인정받는다. 능력이 힘의 근원이 된다. 힘이 모여질수록 탄력을 받아 더 큰 힘을 가진다. 힘이 있는 곳에는 돈이 있다. 돈이 있는 곳에도 힘이 있다. 돈과 힘을 가졌으면 강하다고 말할 수밖에 없다.

그러나 아무리 강하여도 자기보다 더 강한 사람을 있을 수 밖에 없다. 역사가 이를 증명한다. 강한 나라라 할지라도 시간이 흐르면 약해진다. 더 강한 나라가 등장하면 망한다.

애굽이 앗수르에게 밀렸다. 앗수르가 바벨론에게 멸망당하였다. 바벨론은 메대와 페르시아 연합군에게 점령당하였다. 페르시아는 헬라 군대에게 패하였다. 헬라는 로마에게 점령당하였다. 로마 역시 끝까지 유지되지는 않았다. 강한 것이 영원하지 않다. 반드시 약해질 때가 온다. 분명한 사실은 강함이 반드시 사라질 날이 온다는 것이다.

강한 사람은 스스로 교만해지기 쉽다. 자기를 높이려 한다. 자기의 강함을 자신의 업적으로 생각한다. 자신만큼 업적을 이루지 못한 사람을 무시한다. 능력이 없는 사람, 약한 사람을 깔본다. 심지어 어떤 사람들은 자기를 하나님과 동등한 수준에 두려고 한다. 태양신의 아들이니, 하늘의 아들이니, 이런 말들이 모두 교만과 관련되어 있다. 자신은 강하다는 자신감으로 팽배해 있을 때 이처럼 교만해진다. 하지만 강한 사람에게는 그만큼 적도 많다. 반드시 꺾어보려는 의지를 가진 사람이 수없이 많다. 그러니까 교만해지기 시작하면 그 때부터 약해지는 것이다. 약해진 후에 자신도 양육 강식의 피해자가 된다.

약한 것이 더 강하다

노자가 임종을 앞둔 스승 상용에게 가르침을 청하였다. 스승은 입을 크게 벌려 혀와 이가 있는 것을 보라고 했다. 물론 혀는 있으나 이는 다 빠지고 없다. 노자가 깨달았다. 이빨처럼 딱딱하고 강한 것은 먼저 없어지고, 혀처럼 약하고 부드러운 것은 오래 남는다는 것이다. 상용의 가르침은 부드럽고 약한 것이 강하고 딱딱한 것을 이길 수 있다는 의미이다. 그렇다. 강한 것이 언제나 옳은 것이나 좋은 것이 아닐 수 있다. 약한 것도 얼마든지 옳고 좋은 것일 수 있다.

한 세상 사는 바에야 강하게 살다가 죽겠다는 사람이 대부분이다. 큰 꿈을 펼치라고 하며 강할 것을 요구하는 사회 속에 살다보니 그렇게 생각하는 것이 결코 무리가 아니다. 그러나 그런 강함의 목적이 무엇인가? 자기만의 안락을 누리기 위한 것은 아닌가? 혹 자기의 이름을 드러내기 위한 것은 아닐까? 다른 사람을 제압하고 그것으로 자기만족과 도취에 사로 잡혀 살기 위함은 아닌가? 강해지려는 생각은 좋으나 그것 때문에 한평생 압박감에 시달리는 사람은 결코 행복하지 못하다.

강한 것이 세상을 지배하는 것 같다. 그러나 그것은 겉으로만 드러날 뿐이다. 사실은 약한 것이 세상을 지배한다. 운동선수가 몸을 부드럽게 놀릴 때 더 좋은 플레이를 한다. 코치들은 운동선수들에게 힘을 빼라고 한다. 약한 것 같으나 부드러움으로 강해지라는 의미이다. 오히려 부드럽고 약한 것이 강한 것을 제압한다는 것이다. 약함 속에서 강함을 찾는 원리야말로 역설적이다. 부드럽게 경기에 임하는 선수가 좋은 성적을 낸다. 다른 선수와의 경쟁에서 이긴다. 약함이 강함을 이겼다. 약함이 강함을 증명하였다.

약함을 유지하는 것은 힘든 일이다. 자존심 상하는 일이다. 그래서 약함을 받아들이는 것이 쉽지 않다. 그러나 약함을 받아들이고, 눌리고 억압당하는 것을 꿋꿋이 참는다면 그 힘이야말로 가장 강한 힘이다. 강함으로 약함을 제압하려 하지만 결코 제압할 수 없다. 영국의 힘으로 인도의 간디를 누르려 하였다. 그러나 영국군은 약하고 약한 간디를 가장 두려워하였다. 겉으로는 약해 보이는 간디가 속으로는 강하였기 때문이다. 지나고 보면 약함이 강함을 제압하였다. 약함이 더 강한 것이 되었다.

시편의 영성

시편 기자는 자기에게 주어진 힘이 자기로부터 나온 것이 아님을 알고 있었다. 자기가 이룬 승리도 사실은 자기가 강해서 이룬 것이 아님을 알고 있다. "우리가 주를 의지하여 우리 대적을 누르고 우리를 치러 일어나는 자를 주의 이름으로 밟으리이다"(5절) 다시 말해 시편 기자는 자기가 강하다고 뻐기지 않는다. 자기 힘을 의지하거나 자기를 자랑하지도 않는다. "나는 내 활을 의지하지 아니할 것이라 내 칼이 나를 구원하지 못하리이다"(6절) 왜냐하면 주님이 강한 분임을 알고 있기 때문이다. 주님은 자기를 승리하게 하시는 분이시다. "오직 주께서 우리를 우리 원수들에게서 구원하시고 우리를 미워하는 자로 수치를 당하게 하셨나이다"(7절)

만약 하나님 앞에 강한 척 하다가는 반드시 약해질 것이다. 약해지고 나면 타의에 의해 흩어질 것이다. 하나님이 강한 사람을 흩으심으로 약하게 하실 수 있다. "주께서 우리를 잡아먹힐 양처럼 그들에게 넘겨 주시고 여러 민족 중에 우리를 흩으셨나이다"(11절) 누구든지 하나님이 약하게 만들면 수치를 당한다. 시인이라고 하여 예외가 될 수 없다. 강한 사람이라도 예외

일 수 없다. 신앙인도 예외가 아니다. "주께서 우리로 하여금 이웃에게 욕을 당하게 하시니 그들이 우리를 둘러싸고 조소하고 조롱하나이다 주께서 우리를 뭇 백성 중에 이야기 거리가 되게 하시며 민족 중에서 머리 흔듦을 당하게 하셨나이다 나의 능욕이 종일 내 앞에 있으며 수치가 내 얼굴을 덮었으니"(13~15절)

약해지고 나면 사람 앞에서 약함을 드러나 수치를 당하며 사람의 조롱거리가 될 것이다. "나를 비방하고 욕하는 소리 때문이요 나의 원수와 나의 복수자 때문이니이다"(16절) 비방과 수치가 누적되다 보면 영혼과 몸이 피폐해질 수밖에 없다. "우리 영혼은 진토 속에 파묻히고 우리 몸은 땅에 붙었나이다"(25절) 이렇게 약해지고 보니 마치 하나님으로부터 버림받은 것 같다. "그러나 이제는 주께서 우리를 버려 욕을 당하게 하시고 우리 군대와 함께 나아가지 아니하시나이다"(9절) 시인은 가진 것을 다 빼앗겼다(10절). 먹힐 양처럼 되었다. "주께서 우리를 잡아먹힐 양처럼 그들에게 넘겨 주시고 여러 민족 중에 우리를 흩으셨나이다"(11절)

시인은 자기를 마치 도살당할 양처럼 여기고 있다. "우리가 종일 주를 위하여 죽임을 당하게 되며 도살할 양 같이 여김을 받았나이다"(22절) 자신이 무가치한 존재가 되어 이방인의 손에 넘어간 것을 알고 있다. "주께서 주의 백성을 헐값으로 파심이여 그들을 판 값으로 이익을 얻지 못하셨나이다"(12절) 시인은 마치 자신이 죽은 것 같다. "주께서 우리를 승냥이의 처소에 밀어 넣으시고 우리를 사망의 그늘로 덮으셨나이다"(19절) 어찌 보면 시인은 이렇게 된 자기가 불만스럽다. 하나님 앞에 자신이 약한 것에 대하여 불만을 토로할 수도 있다. 그러나 진정으로 약한 사람은 불만을 토로하지 않는다.

시인은 이 약함을 극복하고 싶다. 어떻게 해야 하는가? 하나님께 부르짖어야 한다. "주여 깨소서 어찌하여 주무시나이까 일어나시고 우리를 영원히 버리지 마소서 어찌하여 주의 얼굴을 가리시고 우리의 고난과 압제를 잊으시나이까"(23~24절) 시인은 하나님께 도우심을 구한다. 하나님이 비록 자신을 약하게 만드셨다 할지라도 본래 그분은 인자한 분이시다. 시인은 이 사실을 분명히 알고 있다. 그러므로 주님의 인자하심에 호소하는 것이다. "일어나 우리를 도우소서 주의 인자하심으로 말미암아 우리를 구원하소서"(26절) 약해졌을 때 다시 강하게 되는 방법이 있다. 그것은 하나님 앞에 자신의 약함을 드러내는 것이다. 여호와 하나님을 의지하는 것이다.

주의 힘으로 강하라

주의 힘은 강한 사람에게 오지 않는다. 주의 힘은 약한 사람에게 온다. 주 앞에서 약해진 사람에게 주의 힘이 온다. 삼손이 그런 경우이다. 삼손은 약해졌을 때 비로소 주님을 찾았다. 주님을 자기 힘의 근원으로 인정한 것이다. 그럴 때 마지막 힘이 생겼다. 하나님께서 삼손에게 힘을 주신 것이다. 하나님은 스스로 강하다고 생각하는 사람을 약하게 만드신다. 왜 그럴까? 하나님을 더 잘 알게 하려는 의도가 있기 때문이다. 하나님의 힘으로 강하게 되는 비결을 알게 하려 하시기 때문이다. 강하게 하시는 하나님 앞에서는 먼저 약해져야 한다. 하나님 앞에 겸손해져야 한다. 하나님 앞에 자신의 약함을 드러내야 한다. 바울처럼 말이다.

주님은 강하신 분이시다. 주님은 민족들을 다스리시고 민족들의 흥망성쇠를 주도하신다. "주께서 주의 손으로 뭇 백성을 내쫓으시고 우리 조상들을 이 땅에 뿌리 박게 하시며 주께서 다른 민족들은 고달프게 하시고 우리 조상들은 번성하게 하셨나이다"(2절) 주님은 이런 강함을 역사 속에서 행하셨다. 시인은 이를 잘 알고 있다. "하나님이여 주께서 우리 조상들의 날 곧 옛날에 행하신 일을 그들이 우리에게 일러 주매 우리가 우리 귀로 들었나이다"(1절) 하나님이 조상들을 강하게 하시고 땅을 차지하게 하셨다. "그들이 자기 칼로 땅을 얻어 차지함이 아니요 그들의 팔이 그들을 구원함도 아니라 오직 주의 오른손과 주의 팔과 주의 얼굴의 빛으로 하셨으니 주께서 그들을 기뻐하신 까닭이니이다"(3절)

강하고 위대한 하나님을 체험하면 그 하나님을 자랑한다. 하나님의 언약을 기억하게 되고, 하나님을 배신하지 않는다. "이 모든 일이 우리에게 임하였으나 우리가 주를 잊지 아니하며 주의 언약을 어기지 아니하였나이다 우리의 마음은 위축되지 아니하고 우리 걸음도 주의 길을 떠나지 아니하였으나"(17~18절) 시인은 결코 하나님의 이름을 잊지 않는다. 하나님은 자기 마음의 비밀까지도 알고 계시니 하나님 앞에 다 털어놓는다. "우리가 우리 하나님의 이름을 잊어버렸거나 우리 손을 이방 신에게 향하여 폈더면 하나님이 이를 알아내지 아니하셨으리이까 무릇 주는 마음의 비밀을 아시나이다"(20~21절)

시인은 하나님의 강함을 체험한다. 하나님은 가장 강한 왕이시오, 그 강함을 드러내신다. 시인은 하나님께 이것을 간구한다. "하나님이여 주는 나의 왕이시니 야곱에게 구원을 베푸소서"(4절) 그리고 하나님을 자랑하고 하나님께 감사한다. "우리가 종일 하나님을 자랑하였나이다 우리는 하나님의 이름에 영원히 감사하리이다(셀라)"(8절)

예수님이 약해지셨다. 어린양처럼 고통을 당하였고 십자가에 달리셨다. 예수님이 강함을 행사하지 않으셨다. 그러나 그분은 강하셨다. 그리고 그분은 약한 사람을 강하게 하시는 능력을 베푸신다. 바울은 약함 밖에 자랑할 것이 없다고 한다(고후 11:20). 그러면 은혜 중에 강하게 하시는 하나님을 체험한다. 그러므로 바울이 권면한다. "그리스도 예수 안에 있는 은혜 속에서 강하고"(딤후 2:1b)

헤롯 가문의 야심

헤롯 가문의 사람들은 대대로 야심가들이었다. 헤롯 대왕은 로마 관원에게 뇌물을 주어 유대의 분봉왕 자리를 샀다. 그는 자신의 혈통을 의심하는 사람들 때문에 가짜 족보를 만들었다. 자신의 정통성을 확립하기 위하여 유대인임을 증명하려 함이었다. 그리고 자신이 유대인임을 보다 확실히 입증하기 위해 예루살렘 성전을 건축하였다. 그는 한번 차지한 왕의 자리를 지키기 위해 수많은 거짓말을 만들어냈다. 때문에 왕의 자리를 지키려는 노력이 필사적이었다.

그는 왕의 자리를 지키려고 정적들을 가차 없이 제거하였다. 아내와 자식들마저도 왕의 자리를 노린다고 생각되면 바로 처단하였다. 왕비나 왕자나 미운 사람이 있으면 역적모의를 하고 있다고 모함만 하면 되었다. 오죽했으면 헤롯의 아들이 되느니 헤롯의 돼지가 되는 편이 나을 것이라는 비아냥이 있을 정도였다. 헤롯의 잔학함은 예수를 죽이려는 시도에서도 나타난다. 그는 왕이 나셨다는 동방박사의 말을 듣고 베들레헴의 두 살 아래 아기들을 모두 죽이도록 명령하였다. 헤롯의 권력에 대한 야심이 엿보이는 대목이다.

헤롯 대왕의 아들 헤롯 안디바는 그의 이복동생 헤롯 빌립의 아내 헤로디아를 빼앗아 자기의 아내로 삼았다. 안디바는 여인에 대한 야심이 있었다. 세례 요한이 이를 책망한다. 그런데 헤롯의 생일잔치에서 헤로디아가 딸 살로메를 시켜 요한의 목을 요구한다. 안디바는 세례 요한을 참수하도록 지시하였다.

그는 예수님을 죽이려 하였다. 예수님이 바리새인들로부터 이 사실을 전해 듣고 헤롯을 "여우"로 지칭한다. 안디바는 총독 빌라도와 원수였으나 예수님이 십자가에 매달릴 때에는 총독과 친구가 되었다.

안디바의 아들 아그립바 1세는 영광에 대한 야심가였다. 그는 초대교회 성도들을 핍박하였고, 사도 야고보를 죽였다. 그러나 베드로가 주님의 도우심으로 감옥에서 나오게 되자 아그립바 1세는 파수꾼들을 죽이도록 명령하였다. 하루는 아그립바 1세가 백성들 앞에서 연설을 한다. 백성들이 환호한다. "백성들이 크게 부르되 이것은 신의 소리요 사람의 소리가 아니라 하거늘"(행 12:22) 왕이 이 말을 듣고 어깨가 으쓱해졌다. 그리고 교만해졌다. 그는 하나님께 돌아갈 영광을 가로챘다. 결국 주의 사자가 그를 쳐서 벌레들이 그의 몸을 먹어 죽게 하였다.

칭찬이 좋아

선거에 출마한 사람들은 자신의 경력과 능력 그리고 비전을 제시한다. 물론 나라와 국민들을 위한 비전 제시이다. 지역 주민들을 위한 비전 제시이다. 자신의 경력과 능력으로 보건대 반드시 비전을 이룰 수 있으며, 국민들 혹은 주민들을 좀 더 살기 좋게 만들 수 있다는 자신감도 내비친다. 이왕 선거에 나섰으니 당선되는 것이 좋다. 낙선하려고 나온 사람은 없다. 당선된 이후 온갖 축하를 다 받는다. 당선자는 손을 흔들며 지지자들의 환호에 답을 한다.

그런데 막상 당선된 이후 지지자들과 거리가 멀어지는 사람이 있다. 지역 주민, 혹은 국민들과 멀어지는 사람들도 있다. 자신이 사람들과 한 약속

은 허공을 울리는 메아리가 되고 만다. 자신의 비전 제시는 잊고 자신의 욕
망만 남는다. 만약 이렇다면 매우 불행한 일이다. 지지자들과 그에게 표를
준 사람들 모두가 후보의 야심에 속았기 때문이다. 물론 화장실 갈 때 마음
과 나올 때 마음이 다르니 어느 정도 그럴 수 있겠다고 이해해도 서운한 마
음을 감출 수는 없다.

　야심을 숨기고 사는 사람이라도 어느 순간에 야심을 드러내고 만다. 다
른 사람들과의 대화중에 그의 마음속에 숨겨진 야심이 나타날 것이다. 그
들은 야심을 채우기 위해서 고생도 마다하지 않는다. 헤롯처럼 비굴한 방
법, 거짓말, 경쟁자를 제거하는 일 등을 양심에 거리낌이 없이 행한다. 야
심을 채우게 되면 그동안의 고생은 아무 것도 아니다. 권력도 얻을 수 있
고, 돈도 얻을 수 있다. 명예도 얻는다. 다른 사람으로부터 칭송을 들을 수
있다. 칭송을 들으면 들을수록 어깨가 으쓱해진다.

　이러한 야심가들은 다른 사람들에게 돌아가는 칭찬이나 칭송을 보려고
하지 않는다. 다른 이에게 칭찬이 돌아간다면 그것을 견디지 못한다. 반드
시 경쟁자를 제거해 버리고 만다. 한편으로 자신의 야심을 채우는 데 도움
을 줄 사람이라면 지나칠 정도로 가까이 한다. 자기보다 높은 사람, 자기보
다 힘센 사람에게 줄을 댄다. 온갖 입에 발린 말로 자신을 상대방에게 인식
시킨다. 지금 가진 것이나 이룬 것에 멈출 수 없기 때문이다. 새로운 야심
을 세우고 더 크게 출세하고 싶기 때문이다.

야심가과 칭송

　대부분의 야심가들이 칭송을 받기 좋아한다. 그들은 자신의 작은 능력
이 과장되고, 포장되는 것을 좋아한다. 작은 일이라도 크게 자랑한다. 사
실은 자신을 자랑하는 것이며, 자신의 능력을 스스로 칭송하는 행위이

다. 야심가는 칭송을 받음으로 자신의 야심이 이루어지는 것을 확인한다. 심지어 야심가는 남에게 돌아갈 칭송도 가로챈다. 즉 남의 업적을 자기 것인 양 자랑하고, 남에게 돌아갈 대가를 가로챈다. 야심가에게 있어 다른 사람을 사랑하거나 돕는 것도 모두 자신의 야심을 채우기 위한 하나의 방법일 뿐이다.

조조가 천자와 함께 사냥을 나갔다. 천자가 활을 쏘는데 번번이 빗나갔다. 조조가 활을 쏘아 짐승을 맞춘다. 장군 하나가 천자와 동시에 활을 쏘아 짐승을 맞추었다. 천자의 체면을 살려주려는 것이었다. 군사들은 천자가 맞춘 것이라 환호한다. 딱 한 사람이 착각하고 있다. 조조이다. 조조는 군사들이 자신의 활 솜씨를 칭송하는 줄 알고 천자를 가로막고 서서 자랑스럽게 손을 흔들어댄다. 주변의 장수들이 이를 보고 분통이 터진다. 그러나 조조의 권력이 막강하므로 어찌할 도리가 없다. 야심가는 칭송을 받으려는 야심을 감추지 않는다.

반면에 야심가들은 자신에 대한 비난을 감당하지 못한다. 비난은 자신의 야심을 꺾는 것이기 때문이다. 그래서 자신의 야심을 꺾는 일이 있거나 비난받는 일이 있으면 참지 못한다. 비난하는 사람을 원수로 삼는다. 그리고 원수를 갚음으로 자신의 분을 풀어낸다. 하지만 비난이 줄어들지 않는다. 언제 또 자신의 야심을 꺾으려하는 일이 생기고, 비난이 생길까 노심초사한다. 이것이 곧 스트레스가 되고 정신적 질병 증세로 발전한다. 지나친 야심은 곧 정신병의 원인이 될 수도 있다.

야심 자체는 나쁜 것이 아니다. 남자나 여자나 야심이 없다면 인생의 발전이 없을 것이다. 야심을 가진 사람은 자신의 인생을 발전시키고, 다른 사람의 인생에도 영향을 미친다. 하지만 야심이 이기적인 욕망으로 발전하였을 때, 그리고 자신의 야심을 채우기 위해 다른 사람이 희생을 당하고 억울한 일이 생긴다면 그 야심은 나쁜 것이 되고 만다. 그 야심은 다른 사람에게도 나쁜 것이거니와 자신에게도 나쁜 것이다. 야심이 그의 정신을 병들게 하기 때문이다. 분명히 알아야 할 것은 진짜 야심가는 겸손하다는 것이다.

경우에 합당한 말은 아로새긴 은쟁반의 금사과이다(잠 25:11). 아부는 잘못된 칭송이다. 자신에게 돌아올 칭송을 목적으로 일하는 것은 다 잘못된 것이다. 칭송을 사람에게 돌릴 것이 아니라 하나님에게 돌려야 한다. 사람에게 돌릴 칭송도 사실은 사람 뒤에서 사람을 도우시는 하나님께 돌려야 한다. 하나님께 칭송이 돌려질 목적을 세우고, 사람들의 유익을 위해 일한다면, 목적과 일 모두 선한 것이다. 이런 사람은 정신적으로 건강하다.

시편의 영성

우리는 시편 45편을 대왕시의 범주에 둔다. 왕을 칭송하는 시이다. 왕의 결혼 노래라고도 불린다. 이 시의 저자는 고라 자손이다. 시의 내용은 왕과 그의 가족들에게 돌아갈 영광들이다. 그러나 시인은 왕을 칭송한다. 왕에 대한 자신의 감정을 드러낸다. 이 좋은 감정은 말로나 글로써 왕을 칭송하게 하는 이유이다. "내 마음이 좋은 말로 왕을 위하여 지은 것을 말하리니 내 혀는 글솜씨가 뛰어난 서기관의 붓끝과 같도다"(1절) 왕이 스스로 칭송을 요구하는 것이 아니라, 신하의 마음에서 우러나오는 칭송이 있어야 그것이 진짜 칭송이다.

칭송을 받는 왕의 모습을 보자. 왕은 보통 사람들과 다르다. 왕은 보통 사람들보다 멋진 인생을 살고 있다. 그 입에서 나오는 말은 은혜로운 내용이다. "왕은 사람들보다 아름다워 은혜를 입술에 머금으니"(2절a) 왕은 권위가 있다. 무서움과 두려움의 대상이 아니라 존경과 공경의 대상이다. "용사여 칼을 허리에 차고 왕의 영화와 위엄을 입으소서 왕은 진리와 온유와 공의를 위하여 왕의 위엄을 세우시고 병거에 오르소서 왕의 오른손이 왕

에게 놀라운 일을 가르치리이다"(3~4절)

왕은 능력이 있다. 그는 전쟁에 능하다. 승리를 이루고 백성들에게 승리의 기쁨을 가져다 주는 사람이다. "왕의 화살은 날카로워 왕의 원수의 염통을 뚫으니 만민이 왕의 앞에 엎드러지는도다"(5절) 왕은 정의롭다. "왕은 정의를 사랑하고 악을 미워하시니"(7절a) 왕은 온갖 영화를 누리기에 합당한 사람이다. 왕이 입는 의복이나, 왕이 듣는 음악이나 모두 왕이 칭송할만한 사람이라는 증거이다. "왕의 모든 옷은 몰약과 침향과 육계의 향기가 있으며 상아궁에서 나오는 현악은 왕을 즐겁게 하도다"(8절)

시인은 왕만 칭송하는 것이 아니다. 왕비도 칭송한다. 왕비에게 칭송을 돌리는 것은 왕과 결혼하였기 때문이다. 왕 때문에 왕비도 덩달아 칭송을 받는다. 왕비 역시 귀한 집의 딸이다. 아름다운 장식을 하고 있으며 왕과 함께 지낸다. "왕이 가까이 하는 여인들 중에는 왕들의 딸이 있으며 왕후는 오빌의 금으로 꾸미고 왕의 오른쪽에 서도다"(9절) 왕비는 친정을 잊고 오직 왕만 사랑해야 한다(10절). 그러면 왕으로부터 사랑을 받을 것이다 (11절). 그리고 왕비는 다른 여인들로부터 높임을 받을 것이며, 다른 사람들이 왕비로부터 은혜를 입을 것이다(12절).

시인은 왕의 자녀들도 칭송한다. 왕의 딸이 영화를 누린다. 공주가 왕 앞에서 나갈 수 있고(13절), 공주 때문에 친구들도 왕을 뵈올 수 있다(14절). 공주와 친구들은 즐거움으로 왕을 만날 수 있다(15절). 왕의 아들 곧 왕자도 칭송을 받을만하다. 왜냐하면 왕자는 왕의 자리를 계승할 사람이고, 왕이 왕자를 온 세계의 군왕으로 삼을 것이기 때문이다(16절). 그러므로 시인은 왕의 이름을 만세토록 다른 사람들에게 기억시키고 싶다. 자신이 왕을 칭송함으로 사람들이 왕을 칭송하게 될 것이다(17절).

하나님이 계시기 때문

시인이 왕을 높이는 이유가 무엇일까? 얼마나 존경하기에 왕을 이토록 칭송하는 것일까? 문학을 하는 사람, 예술을 하는 사람으로서 왕을 이토록 칭송한다면 후대에 어용(御用)이라는 소리를 들을 수 있을지 모른다. 하지만 시인이 왕을 칭송하는 이유는 신앙적인 것이다. 시인은 왕 뒤에 계시는 하나님을 보았다. 왕과 함께 하는 하나님을 보았다. 그러므로 왕을 높이는 것은 곧 왕을 도우시는 하나님을 높이는 것이다. 왕을 칭송하는 것은 왕을 세우신 하나님을 찬송하는 것이다.

왕이 복된 것은 하나님으로부터 복을 받았기 때문이다. 하나님이 왕에게 영원한 복을 주신다. "그러므로 하나님이 왕에게 영원히 복을 주시도다"(2절b) 왕에게 복을 주시는 하나님은 왕보다 더 높으신 분이시다. 왕이 높은 자리에 앉아 있으나 하나님은 더 높은 자리에 앉아 계시다. 하나님의 권위가 왕보다 더 높고 공평하다. "하나님이여 주의 보좌는 영원하며 주의 나라의 규는 공평한 규이니이다"(6절) 하나님이 왕을 세우셨다. 하나님이 왕을 높이신다. "그러므로 하나님 곧 왕의 하나님이 즐거움의 기름을 왕에게 부어 왕의 동료보다 뛰어나게 하셨나이다"(7절b)

그러므로 칭송을 받으실 분은 오직 하나님이시다. 하나님을 칭송하는 것은 사람이 할 일이다. 다윗은 자기의 시를 통해 하나님을 칭송하였다(시 21:13) 하나님께 돌아갈 칭송은 하나님 앞에 선 사람들이 할 일이다. 레위인들이 하나님을 칭송하는 직책을 맡았다(대상 16:4). 히스기야가 질병으로부터 회복되었을 때 레위인들이 하나님을 칭송하였다(대하 30:21). 하나님이 왕을 도우시기 때문이다. 모든 나라가 칭송해야 한다. 사람이라면 당연히 하나님을 칭송해야 한다. 하나님은 영원한 왕으로서 칭송을 받아야 할 분이다.

사람이 하나님께 돌아갈 칭송을 가로채는 것은 교만한 행위이다. 하나님이 교만한 사람을 내버려두지 않는다. 하나님이 교만한 사람을 버리신다. 헤롯 아그립바 1세가 하나님께 돌아갈 칭송을 가로채다가 죽었다. 느부갓네살이 하나님의 영광을 자기 것으로 가지려다가 정신이 나간 채 일곱 때동안 광야에서 짐승처럼 살았다. 정신이 돌아온 느부갓네살이 하나님을 알게 되었고 하나님을 높이며 칭송하였다(단 4:37). 교만한 벨사살 왕에게는 손가락이 나타나 그의 멸망을 예고하였다. 그 밤에 바벨론이 메대 왕 다리오에 의해 멸망한다.

하나님께 칭송이 돌아간다면 하나님의 아들도 칭송을 받는다. 예수님이 칭송을 받았다(눅 4:15). 하나님의 아들로서 행하기 때문이다. 하나님의 백성들도 하나님의 가족으로서 칭송을 받는다. 이스라엘은 하나님의 사랑받는 아내로 여겨졌다(호 2:2 참조) 하나님의 딸로 불려졌다(사 37:22). 하나님의 아들로 인정되었다(시 2:7). 교회가 칭송을 받았다(행 2:47). 교회 안에 큰 능력이 나타나기 때문이다. 성도들이 칭송을 받는다. 왜냐하면 하나님의 자녀, 하나님의 백성이기 때문이다.

시편 46편
함께 함의 영성과 아하스

이사야의 메시지

앗수르가 강해지자 남왕국 유다의 왕 아하스는 친 앗수르 정책을 펼쳤다. 이에 위협을 느낀 아람왕 르신이 북왕국 이스라엘의 베가와 동맹을 맺어 예루살렘을 침략했다. 그러나 그들의 침략 즉 예루살렘 함락 작전이 성공하지 못했다. 하지만 아하스는 불안하기 그지없다. 예루살렘을 지켰다는 승리의 기쁨보다는 강대국 아람과 북왕국 이스라엘의 동맹 소식에 떨었다. 아하스 왕의 마음과 백성들의 마음이 강풍에 흔들리는 나무처럼 떨렸다. 사시나무 떨 듯이 떠는 것이다.

이 때 하나님이 이사야를 시켜 아하스에게 예언하게 하신다. 이사야는 아들 스알야숩과 함께 아하스 왕을 만났다. 부자(父子)가 아하스 왕을 위로한다. "그에게 이르기를 너는 삼가며 조용하라 르신과 아람과 르말리야의 아들이 심히 노할지라도 이들은 연기 나는 두 부지깽이 그루터기에 불과하니 두려워하지 말며 낙심하지 말라"(사 7:4) 아람과 이스라엘 왕이 예루살렘을 멸망시키고 유다에 새로운 왕과 괴뢰정부를 세우려 하지만 그 계획이 실패할 것이다. 오히려 북왕국 이스라엘은 65년 이내에 멸망하고, 다시는 나라를 세우지 못할 것이다. 이사야는 하나님이 이 나라를 다스리고 계심을 아하스 왕에게 알려 준다.

이사야가 아하스 왕에게 한 가지를 제안한다. "하나님께 징조를 구해 보시오" 여전히 불안에 떨고 있는 아하스 왕에게 하나님의 말씀이 반드시 이루어질 것이라는 증거가 필요했다. 그러나 아하스 왕이 주저한다. "아하스가 이르되 나는 구하지 아니하겠나이다 나는 여호와를 시험하지 아니하겠나이다 한지라"(사 7:12) 아하스는 두려움에 사로잡혔지만 하나님을 시험하면 안 된다는 것을 알고 있다. 바알을 섬기고, 하나님이 쫓아내신 이방의 우상들을 다시 받아들인 아하스라도 여호와 하나님을 시험하면 안 된다는 것만큼은 하는 모양이다.

이사야가 징조를 예언한다. 이 징조는 하나님이 직접 아하스 왕에게 허락하시는 것이다. "그러므로 주께서 친히 징조를 너희에게 주실 것이라 보라 처녀가 잉태하여 아들을 낳을 것이요 그의 이름을 임마누엘이라 하리라"(사 7:14) 하나님이 함께 하시기만 하면 아하스와 유다에게 평화가 올 것이다. 그러므로 아하스와 유다는 하나님과 함께 하려 해야 한다. 하지만 그들은 앗수르와 함께 하려 했다. 아하스가 앗수르 왕 디글랏빌레셀에게 도움을 구하였다. 앗수르 왕은 군대를 보내어 아람 군대를 물리쳤다(왕하 16:9). 그러나 유다의 운명이 앗수르의 손에 넘어갔다.

아하스의 거절은 표면적으로 신앙처럼 보인다. 그러나 하나님의 말씀을 받지 않겠다는 불순종이 마음 속에 자리 잡고 있다. 아하스는 하나님이 함께 하시겠다는 약속을 거절하고 앗수르와 함께 한다. 앗수르 왕에게 성전과 왕궁에 있는 보물들을 보낸다. 그리고 앗수르 신전의 모양을 본 딴 제단을 만든다. 성전에 있는 기물들을 새로운 제단에 옮기고 거기서 제사를 드린다. 아하스는 하나님과 함께 하기를 거절하였다. 이방 신과 함께, 앗수르와 함께 하고자 한 것이다. 성경은 아하스를 향해 여호와 앞에 정직하지 못하다고 기술한다(대하 28:1).

함께 해요

텔레비전에 출연한 개그맨들이 말 잇기 놀이를 하면서 "함께 해요"를 외친다. 그들은 자기들의 웃기는 일에 시청자들이 함께 해 주기를 바란다. 시청자들이 함께 하면 그들의 인기가 올라가고, 출연료 등급도 올라간다. 그들의 가치는 오직 시청자들이 함께 하여줄 때 가능하다. 자기가 아무리 잘 났다고 생각하고, 제작자들이 인정해도 시청자들이 외면하면 그들의 가치는 아무 것도 아니다. 그들의 재능과 가치를 재는 것은 오직 시청자들의 반응이다. 시청자들이 그들의 바람처럼 함께 하여 주면 인기가 올라간다. 반면에 시청자들이 함께 하지 않으면 그들은 인정받지 못한다.

함께 하자는 목소리가 여기저기서 들린다. 연말이 되면 어김없이 가난한 사람, 불우한 사람들과 함께 하자는 외침이 들린다. 연중에는 장애인 시설, 치매노인 요양 시설, 영유아 보육 시설 등 여러 복지 단체에서 시민들에게 함께 해 주기를 요청한다. 소외된 사람들에게는 함께 하는 것만큼 좋은 일이 없다. 후원금을 보내는 것도 아름다운 일이요, 선물을 주거나 좋은 시설을 마련해 주는 것도 꼭 필요한 일이다. 그러나 그들에게는 몸을 부대낄 수 있는 시간이 가장 큰 선물이다. 그러니까 사람이 선물이요, 시간을 내어줌이 선물이다. 소외된 사람들에게는 어쩌다 한번 후원금을 보내는 것보다 정기적으로 찾아가 함께 하여 줌이 필요하다.

전통적으로 우리 민족은 함께 하는 미덕을 가지고 있었다. 농촌 사람들이 공동으로 작업하기 위해 부락 단위로 '두레'를 조직하였다. 민간에서는 어려운 일이나 즐거운 일이 있을 때 상호부조(相互扶助)를 위하여 '계'를 조직하였다. 비교적 단순한 일은 '품앗이'로 해결해 나갔다. 두레와 계를 위해 따로 모이는 장소로 '모정'이라는 곳이 있었다. 모정은 농촌의 경제적 발전뿐 아니라 마을을 공동체로 묶는 데 꼭 필요한 것이었다. 조선시대에는 상부상조 정신을 바탕으로 사회 안정을 꾀하는 규약으로 '향약'이 있었다. 그러나 향약은 후에 백성들을 억압하는 도구로 변질되고 말았다. 이로 써 함께 하는 전통이 훼손되었다.

그래도 우리 민족의 의식 속에 함께 함하는 미덕이 여전히 자리 잡고 있 다는 증거가 간간이 나타난다. 이웃이 고통과 괴로움을 당할 때이다. 2002 년 여름 엄청난 홍수와 수해가 있었다. 국민들이 수해를 돕는 모금에 참여 한다. 어떤 이들은 직접 수해 현장을 찾아 자원봉사로 돕는다. 휴가를 반납 하고 자원 봉사하는 이들이 있고, 기업과 단체가 함께 자원봉사에 참여한 다. 2003년 2월 대구 지하철 참사에도 국민들이 성금을 모았다. 역시 자원 봉사로 참여하는 사람들이 있었다. 휴가를 반납하고, 용돈을 성금으로 낸 병사가 있었다. 포상휴가마저도 자원봉사에 사용하였다. 함께 하는 미덕을 확인할 수 있어 흐뭇하다.

함께 하는 것의 즐거움

범죄자들에게 형벌 대신 '사회봉사명령'이 내려진다. '사회봉사명령' 제 도는 범죄자를 선량한 사람으로 교정하려는 시도이다. '사회봉사명령제 도'의 효과가 여기 저기 보고된다. 장애인 시설에서 장애인과 함께 하며 자 기 인생을 돌아보는 사람들이 있다. 사회의 그늘진 곳, 어두운 구석에서 일 하며 자기의 미래를 구상하는 사람들도 있다. 그들은 사회봉사를 통해 자 신의 잘못을 뼈저리게 후회하며 새로운 인생을 살고자 다짐한다. 사회봉사 를 하며 개과천선 한다. 소외된 사람, 그늘진 곳에서 사는 사람들과 함께 함을 통해 범죄자들이 새로운 인생을 찾게 되었다.

과거에는 자기 먹고살기에 바빠서 남을 위한 봉사는 생각도 하지 못했 다. 그러나 경제가 발전하면서 여가 시간이 늘어났다. 스포츠나 레저는 보 통의 방법이다. 이것은 돈과 시간 그리고 건강이 있으면 누구든지 할 수 있다. 반면에 도박이나 쾌락 같은 부정적인 활동에 빠져드는 사람도 있다. 잠깐의 즐거움을 얻지만 그 결과는 엄청난 희생이 뒤따른다. 무료한 시간을 달래려고 도박과 쾌락에 빠지면 오히려 인생을 망친다. 그동안 땀을 흘리며 일군 일들을 단기간에 허물어뜨린다. 쫄딱 망하고 난 뒤에 후회해도 소용없다.

한편 자원봉사활동에 나서는 긍정적 사고방식을 가진 이들이 있다. 이들은 남을 돕는 것을 통해 보람을 누리는 사람들이다. 시대가 발전하며 자원봉사에 참여하는 사람들이 많다. 복지시설에서 자원봉사 활동을 한다. 자원봉사은행에 등록하여 봉사한다. 알고보면 돈과 여가가 있다고 자원봉사에 참여하는 것은 아니다. 소외된 사람들과 함께 하려는 열정이 있어야 한다. 돈과 여가가 부족해도 열정이 있는 사람은 어떤 방법으로든지 자원봉사에 나선다. 자원봉사자들은 함께 하는 것 자체를 자기에게 주어진 특권으로 생각하기 때문이다.

함께한다는 것은 남에게 베푸는 일이다. 그것은 하나님이 함께 하신다는 믿음 위에서 이루어진다. 하나님이 함께 하시는 믿음을 가졌으니 다른 사람과도 함께 하려는 열정이 생기는 것이다. 함께 하는 것은 지금 가진 것에 만족하며 그것을 나누려 하는 일이다. 해야 한다. 그래야 더 큰 것을 얻는다. 봉사하며 자신의 에너지를 남에게 나눈다면 더 큰 보람을 느낄 것이다. 함께 하려 하면 주는 것보다 얻는 것이 더 많다.

사도 바울이 권면한다. "범사에 여러분에게 모본을 보여준 바와 같이 수고하여 약한 사람들을 돕고 또 주 예수께서 친히 말씀하신 바 주는 것이 받는 것보다 복이 있다 하심을 기억하여야 할지니라"(행 20:35)

시편 기자에게도 고난이 있다. 그가 당하는 고난은 자기 힘으로 억제하기 어려운 것이다. 자기 힘으로 극복하기도 어려운 것이다. 고난은 자연을 통해 온다. 하지만 그는 두렵지 않다. "그러므로 땅이 변하든지 산이 흔들려 바다 가운데에 빠지든지 바닷물이 솟아나고 뛰놀든지 그것이 넘침으로 산이 흔들릴지라도 우리는 두려워하지 아니하리로다(셀라)"(2~3절) 자기 힘보다 강한 분 곧 하나님이 계시기 때문이다. 자연을 지으시고 다스리시는 분인 하나님이 그와 함께 하시기 때문이다. 그리고 그도 하나님과 함께 한다. 그와 함께 하는 하나님은 이런 분이시다. "하나님은 우리의 피난처시요 힘이시니 환난 중에 만날 큰 도움이시라"(1절)

외로움과 소외감은 고난 받는 사람이 가질 수 있는 당연한 감정이다. 아무도 도와줄 사람이 없고, 누구에게도 하소연 할 사람이 없다면 심한 외로움을 탈 것이다. 만약 하나님마저도 외면한다면 얼마나 가슴이 아플까? 그러나 하나님은 외면하시지 않는다. 하나님이 고난당하는 사람과 함께 하시고 은혜를 베푸신다. 하나님으로부터 은혜를 받고 있음이 자연현상을 통해 확인할 수 있다. 하나님이 자연 현상을 은혜의 수단으로 삼으신다. 자연현상을 보며 하나님의 은혜를 받는 것을 느낄 수 있다. "한 시내가 있어 나뉘어 흘러 하나님의 성 곧 지존하신 이의 성소를 기쁘게 하도다"(4절)

하나님은 백성들과 함께 하신다. 백성들이 사는 현장에 하나님이 계신다. 하나님이 백성들을 신비한 방법으로 도우신다. 하나님이 도우시는 한 백성들은 안전할 것이다. 백성들이 의식하지 못하는 시간에도 하나님이 여전히 도우신다. "하나님이 그 성 중에 계시매 성이 흔들리지 아니할 것이라 새벽에 하나님이 도우시리로다"(5절) 백성들이 하나님이 도우신다는 것을 분명히 알기만 하면 아하스처럼 떨지 않을 것이다. 하나님이 백성의 편에서 이방인을 물리치실 것이기 때문이다. 혼란과 어지러움 중에 하나님이 함께 하시면 질서가 회복된다. "뭇 나라가 떠들며 왕국이 흔들렸더니 그가 소리를 내시매 땅이 녹았도다"(6절)

하나님이 이스라엘 백성들과 대대로 함께 하셨다. 하나님은 그들의 조상 아브라함과 이삭, 야곱과 함께 하셨다. 다윗과도 함께 하셨다. 하나님은 그들의 조상들이 곤경을 겪을 때 피난처가 되어 주셨다. 하나님이 피난처로 찾아오는 사람들을 반갑게 맞아주셨다. 시편의 기자는 이 사실을 믿고 있다. "만군의 여호와께서 우리와 함께 하시니 야곱의 하나님은 우리의 피난처시로다 (셀라)"(7절, 11절) 하나님이 함께 하심은 과거와 현재만 적용되지 않는다. 앞으로도 영원히 적용될 것이다. 그러므로 하나님이 세계와 열방 중에서 높임을 받으실 것이다. "내가 뭇 나라중에서 높임을 받으리라 내가 세계 중에서 높임을 받으리라 하시도다"(10절b)

하나님과 함께

하나님이 이스라엘과 함께 하신다. 하나님이 당신의 백성과 함께 하신다. 백성의 편에서 보면 이것이 하나님으로부터 오는 은혜이다. 하나님은 이스라엘과 함께 하시는 증거를 수 없이 보여 주셨다. 하나님은 이방인의 땅을 황무지로 만드실 수 있다. "와서 여호와의 행적을 볼지어다 그가 땅을 황무지로 만드셨도다"(8절) 하나님은 이미 이방인들을 수없이 물리치셨다. 엘리사 시대 때 아람 사람들의 침략이 번번이 실패하였다. 하나님이 함께 하셨기 때문이다. "그가 땅 끝까지 전쟁을 쉬게 하심이여 활을 꺾고 창을 끊으며 수레를 불사르시는도다"(9절)

하나님이 함께 하심을 알면 잠잠해진다. "이르시기를 너희는 가만히 있어 내가 하나님 됨을 알지어다"(10절a) 앞에는 홍해, 뒤에는 애굽의 군대가 있어도 모세는 두렵지 않다. 하나님이 함께 계시기 때문이다. "모세가 백성에게 이르되 너희는 두려워하지 말고 가만히 서서 여호와께서 오늘 너희를 위하여 행하시는 구원을 보라 (중략) 여호와께서 너희를 위하여 싸우시리니 너희는 가만히 있을지니라"(출 14:13~14) 대적이 크고 강하여도 하나님과 함께 하는 사람은 우선 하나님을 바라본다. 하나님이 함께 하시면 그 결과는 분명하다. 멋진 승리이다.

함께하는 은혜가 예수 그리스도에게 나타났다. 아하스에게 주어졌던 임마누엘의 예언이 예수 그리스도에게 이루어졌다(마 1:23). 임마누엘의 뜻이 무엇인가? "하나님이 우리와 함께 계시다"는 뜻이 아닌가? 아들이 우리에게 왔다는 것은 하나님이 아들을 통해 우리와 함께 계시기 위함이 아닌가? 왜냐하면 하나님이 아들이신 예수와 함께 하셨기 때문이다(요 8:29). 아들 역시 아버지와 함께 하실 것을 알고 있었다. 아들과 함께 하는 사람은 하나님 아버지와도 함께 한다. 아들이 자기와 함께 하실 것을 아는 사람은 아버지도 자기와 함께 하실 것이라 믿는다.

아버지와 함께 하신 예수님이 제자들과 함께 하셨다. 그리고 보혜사 성령을 보내주셔서 영원토록 함께 하시겠다고 약속하셨다(요 14:17). 예수님이 우리와 함께 하셨다. 소외된 사람과 함께 하셨고, 사람들로부터 버림받은 사람을 외면하지 않으셨다. 오히려 세리와 죄인들의 친구가 되셨다. 소외 계층을 용납하여 주셨다. 예수님이 슬픔 당한 사람을 위로하셨다. 성령이 우리와 함께 하신다. 신앙인은 하나님과 함께 계시고, 예수님과 함께 계시며 성령님이 함께 계시는 것을 안다. 그리고 이 놀라운 은혜를 다른 사람들과도 함께 나눈다. 하나님과 함께하고 이웃과 함께 하는 것이 신앙인 안에서 동시에 이루어지는 것이다.

찬양의 영성과 아삽

찬양대 조직

　다윗 시대는 영적 부흥의 시대였다. 찬양을 좋아하는 다윗이 찬양하는 사람들로 하여금 성전에서 찬양하게 하였다. 오늘날로 말하면 찬양대가 조직된 것이다. 이전에도 찬양이 있었다. 하나님의 특별한 도우심을 받았을 때 개인이 찬양으로 하나님께 영광을 돌렸다. 혹은 민족이 하나님의 도우심을 받으면 한 사람의 주도 하에 온 백성이 찬양하는 경우도 있었다. 그러나 이번에는 다르다. 찬양만을 전담하는 사람이 생긴 것이다. 자신들의 음악적 재능을 사용하여 성전에서 찬양한다. 찬양은 그들의 고유한 영역이며 동시에 생업이었다. 찬양을 통해 하나님께 영광을 돌리고 사람들에게 영적 유익을 준다. 그들이 찬양을 발전시켜 나간다.

　찬양대는 지휘자가 있다. 지금으로 말하면 오케스트라의 지휘자 겸 악장이다. 그중 아삽이라는 이가 있다. 아삽은 음악에 탁월한 재능을 가지고 있어 성전 찬양대의 대장으로 일하였다. 아삽을 발탁한 사람은 다윗이었다. 다윗은 법궤를 모셔다 놓고 레위 사람을 세워 하나님 여호와께 감사하고 찬양하게 했다. 아삽은 이 찬양대의 대장으로 임명되었다(대상 16:4~6). 그 후 아삽의 찬양대 직이 고정되고 자손들에게 세습되었다. 뿐만 아니다. 아삽의 형제들도 찬양대가 되어 중요한 직책을 맡아 봉사하였다. 형제들이 모두 찬양하는 사람들이었으니 찬양 가족이다. 아삽과 형제들은 언약궤 앞에서 찬양으로 섬겼다(대상 16:37).

아삽은 자기 아들들을 거느리고 왕명에 따라 '신령한 노래'를 불렀다. 아삽의 온 가족이 하나님을 찬양하였다. 가족의 노래가 신령하다. 그들의 찬양이 영적이다. 아삽의 형제 여두둔도 그 아들과 같이 '수금을 잡아 신령한 노래'를 불렀다. 그들의 노래도 영적인 것이었다. 그들의 노래가 곧 여호와께 감사하며 찬양하는 방법이었다. 다른 형제 헤만은 자기 자녀 17명과 같이 '제금과 비파와 수금'을 잡았다. 그들이 악기를 가지고 하나님을 찬송하였다(대상 25:2~8, 대하 35:15). 형제와 아들들이 모두 찬양하니 가히 찬양의 집안이라 할만하다. 아마도 그들은 가족이 모이면 함께 찬양했을 것이다. 상상만 해도 아름다운 모습이 떠오른다.

시편 중에 12편(시 50, 73~83편)이 아삽의 작품이라고 한다(대하 29:30). 여기서 그는 여호와를 '하나님' 혹은 '주'로 부른다. 오늘 고라 자손은 하나님을 '여호와'라 부른다. 아삽의 아들들은 대대로 하나님을 찬양했다. 찬양의 전통이 대를 이었고, 사라지지 않았다. 나라가 멸망하여도 하나님을 찬양하는 전통이 끊어지지 않았다. 이스라엘 백성들이 바벨론에서 귀환할 때 128명의 노래하는 자들이 귀환하였다. 귀환한 백성들이 여호와의 전 주초를 놓을 때는 148명이 찬송하였다(스 2:41, 스 3:10, 느 7:44). 가족의 찬양 전통이 자손들에게 이어졌다. 국가와 민족의 흥망성쇠 중에도 이 찬양 대는 여전히 존재한다.

찬양 사역

예배에는 찬양이 있어야 한다. 찬양이 있는 예배는 살아 있다. 찬양이 살아 있으면 예배도 산다. 찬양과 예배가 동일한 개념으로 사용되지는 않는다. 그러나 찬양과 예배는 뗄레야 뗄 수 없는 관계이다. 찬양은 예배의 한 요소를 차지한다. 동시에 찬양은 예배의 영성을 규정한다. 때문에 예배의 갱신을 생각하는 사람은 언제나 찬양의 갱신을 먼저 떠올린다. 아름다운 찬양이 있는 곳에 사람들이 모인다. 감동적인 찬양이 있는 곳에 사람들의 영성이 깨인다.

찬양은 부흥의 요소이기도 하다. 교회 역사를 보면 부흥사들이 찬양 사역자들과 함께 부흥운동을 하였다. 존 웨슬리(John Wesley)는 찰스 웨슬리(Charles Wesley)를, 무디(Moody)는 생키(Sankey)를, 그리고 빌리 그레이엄(Billy Graham)은 베버리 쉐아(Beverly Shea)를 각각 동반하고 집회를 가진 것은 유명한 이야기다. 찬양 사역자들은 찬양의 장르를 개발하고 발전시켰다. 찰스 웨슬리에 의하여 영국 찬송가가 발달하였고, 생키에 의하여 미국의 복음찬송가가 성행하게 되었다. 이는 찬양이 부흥운동의 지역에서 토착화된 사례이다.

오늘날에는 CCM(Contemporary Christian Music)이 발전하고 있다. CCM을 긍정적으로 보면 찬양의 장르를 발전시키는 노력이다. 영적으로 무딘 사람들에게 복음을 전달하기 위한 열정의 발산으로 볼 수 있다. 부정적으로 보면 세속적인 장르를 교회에 도입하는 것으로 비쳐질 수 있다. 물론 토착화 작업이라는 긍정적 평가로 대답할 수도 있다. 그러나 서구의 음악을 받아들인다는 측면으로 본다면 CCM을 토착화 작업으로만 보기도 어렵다. 성도들은 긍정적 평가와 부정적 평가 사이에서 고민한다.

구약시대와 초대교회 그리고 중세에 이르기까지 찬양은 시편뿐이었다. 시편은 그 자체가 훌륭한 찬양이다. 하지만 아쉽게도 현대 교회들이 시편을 찬양으로 사용하지 못한다. 정통적인 선율에 의한 시편 찬양은 많지 않다. 복음성가 중 시편을 가사로 만들어 찬양하는 경우가 있으나, 이 경우가 시편이 가진 본래의 영성과는 다른 분위기의 가락을 만드는 경우가 종종 있다. 찬양에는 재능이 있으나 시편의 영성을 찾아내는 영적 감각이 무디기 때문이다.

결국 찬양이 시대적으로 변하고 있음을 알 수 있다. 중요한 것은 시대의 변화를 따라가기 위한 대안이기 보다는 시대의 흐름을 주도할 수 있어야 한다. 시대의 흐름을 주도하는 영적 감각이 예배를 인도하는 사람에게나 찬양 사역자들에게 필요하다. 시대적 흐름만 따라가다 보면 세속화될 수 있다. 하나님은 사역자들에게 세속을 거룩하게 바꾸는 영성을 갖기 원하신다. 그렇다면 예배 인도자와 찬양 사역자 그리고 부흥을 사모하는 사람 모두 주님과의 살아있는 교제를 가지는 영성의 사람이요 깨인 사람이 되어야 한다.

찬양하는 이유

찬양은 기본적으로 사람이 듣기 이전에 하나님께 들려드리는 것이다. 찬양은 하나님이 기뻐 받으시기를 원하는 것이어야 한다. 이것은 찬양의 초점을 하나님께 맞추는 것이다. 찬양의 이유를 하나님께 두는 것이다. 진정한 찬양은 하나님의 존재를 높이는 것이다. 하나님의 하나님 되심이 찬양의 이유여야 한다. 그렇다면 찬양의 내용 역시 하나님의 존재에 초점을 맞춘다. 영원히 계시는 하나님, 살아 계신 하나님이 찬양의 내용이다. 우리와 함께 하시는 하나님, 우리 안에 거하시는 하나님을 높여드리는 것이 찬양의 목적이다.

찬양은 하나님의 존재로부터 하나님이 하신 일로 그 내용이 옮겨질 수 있다. 이 역시 하나님께 들려드리는 찬양이다. 하나님이 어떤 일을 하셨는가? 하나님은 세상과 인간을 창조하셨다. 말씀으로 세상을 창조하셨다. 하나님이 사람을 지으셨다. 하나님이 사람에게 세상을 다스릴 권세를 주셨다. 하나님은 전능하신 분이시다. 하나님이 타락한 인류를 구원하셨다. 그 구원의 대열에 내가 들어있다. 그러므로 구원받은 사람이 구원하신 하나님을 찬양함이 당연하다. 이 역시 하나님의 전능하심이다. 하나님은 창조와 구원으로 전능함을 보이셨다.

여호와 하나님의 전능하심이 누구를 위하여 쓰였는가? 바로 우리를 위해 쓰였다. 하나님이 강한 힘으로 우리를 지키신다. 세상의 강한 자라 할지라도 우리 앞에 엎드려야 한다. 여호와 하나님이 세상의 사람들을 우리 앞에 복종케 하신다. "여호와께서 만민을 우리에게, 나라들을 우리 발 아래 복종하게 하시며"(3절) 하나님이 우리를 위해 기업을 정하셨다. 하나님이 이전에 야곱이 가졌던 영화를 우리에게 회복시켜 주신다. "우리를 위하여 기업을 택하시나니 곧 사랑하신 야곱의 영화로다(셀라)"(4절)

온 세상 모든 백성이 하나님의 다스리심 안에 있다. 하나님이 온 세상의 백성들을 다스리신다. "뭇 나라의 고관들이 모임이여 아브라함의 하나님의 백성이 되도다"(9절a) 신앙인은 하나님의 다스리심을 믿는 사람이다. 신앙인은 하나님의 다스리심 안에 속해있는 것을 분명히 믿는 사람이다. 신앙인은 하나님의 권세가 자기에게 주어졌음을 믿는 사람이다. 그러므로 신앙인에게서 자연스럽게 찬양이 나온다. 자기 안에 찬양할 만한 이유가 분명히 있기 때문이다. 그러므로 신앙인은 억지로 찬양하는 것이 아니라 자발적으로 찬양하고, 기쁜 마음으로 찬양을 한다.

시편의 영성

찬양은 어떤 한 사람의 전유물이 아니다. 비록 아삽과 그의 자손들이 찬양대로 봉사하고 있으나 찬양이 그들에게만 제한될 수 없다. 아삽과 가족들은 찬양을 발전시키고 모든 사람이 즐겁게 찬양하도록 해야 할 찬양 인도자인 셈이다. 인도자는 사람들에게 함께 찬양하도록 촉구한다. 인도자의 찬양을 듣고 사람들이 따라 한다. 누구든지 찬양할 수 있다. 찬양하는 즐거움이 손뼉을 치게 한다. 찬양의 소리는 즐겁다. 목소리를 높여 외

칠수록 찬양은 더 아름다워진다. "너희 만민들아 손바닥을 치고 즐거운 소리로 하나님께 외칠지어다"(1절)

시인이 찬양해야 할 이유가 분명하다. 그것은 찬양의 대상이 존귀한 분이기 때문이다. 그분의 권위를 누가 넘볼 수 없다. 그분은 유일한 권위를 가지고 계신다. 그분은 임금 중의 임금이시다. 그분은 온 땅의 임금이요, 주인이시다. "지존하신 여호와는 두려우시고 온 땅에 큰 왕이 되심이로다"(2절) 찬양의 대상인 여호와 하나님은 강한 힘을 가지셨다. 어느 누구라도 그분의 뜻을 거역할 수 없다. 그 분에게 맞설 수 없다. 하나님이 강한 사람들을 당신 앞에 엎드리게 하신다. 하나님이 세계 모든 나라를 당신의 뜻에 복종하게 하신다.

그러므로 하나님은 온 땅의 왕이시다. "하나님은 온 땅의 왕이심이라"(7절 a) 하나님은 세상의 모든 나라를 다스리신다. 세상 모든 나라가 하나님의 손안에 있다. 하나님이 가장 높은 자리에 계신다. 사람들이 차지하는 높은 자리보다 훨씬 더 높은 자리가 하나님의 것이다. 사람은 하나님의 그 자리에 결코 이를 수 없다. "하나님이 뭇 백성을 다스리시며 하나님이 그의 거룩한 보좌에 앉으셨도다"(8절) 사람은 하나님 앞에 감히 비교 될 수 없다. 지혜로써 하나님을 앞설 수 없다. 왜냐하면 하나님이 지혜의 근본이시기 때문이다.

사람의 힘이 하나님께 비교될 수 없다. 강한 군대와 무기를 가져도 하나님을 이길 수 없다. 하나님이 손을 저으시면 강한 군대가 흩어질 것이다. 하나님이 입김을 내어 불으시면 허다한 군대도 추풍낙엽이 될 것이다. 하나님을 대적해 보려고 하는 노력과 하나님으로부터 자기를 지키려는 노력이 모두 헛것이다. 하나님이 외면하시면 그것은 아무 것도 아니다. 오히려 하나님을 의지하고 경외하는 것이 자기를 지키는 길이다. 하나님이 지키셔야만 우리가 제대로 지켜진다. "세상의 모든 방패는 하나님의 것임이여 그는 높임을 받으시리로다"(9절b)

신앙인의 찬양

사람이 할 일은 하나님을 찬양하는 것이다. 하나님께 영광을 돌리는 것이 사람이 가장 먼저 해야 할 의무이다. 신앙인이라면 무엇보다 먼저 하나님의 이름을 높여 드려야 한다. 하나님은 찬양을 받으셔야 한다. 하나님은 우리의 왕이시다. 사람은 왕이신 하나님을 찬양해야 한다. "찬송하라 하나님을 찬송하라 찬송하라 우리 왕을 찬송하라"(6절) 찬양할 때 하나님의 이름과 권위가 높여진다. 찬양은 예배의 요소이다. 찬양으로 하나님의 이름을 높일 수 있다. 동시에 찬양은 하나님을 높이는 영성이다. 찬양은 하나님을 높이는 영적 감수성이다.

찬양하는 시간은 신앙인에게 기쁨을 준다. 찬양하면 신앙인의 영성이 하나님 앞에 보인다. 찬양하며 신앙인의 영성이 성장한다. 즐거운 노래 중에 하나님의 이름이 높여진다. "하나님께서 즐거운 함성 중에 올라가심이여"(5절a) 즐거운 노래를 부르는 나는 하나님을 찬양하는 영적 도구이다. 찬양하며 악기를 사용할 수도 있다. 우리가 가진 악기가 영적 도구로 쓰일 수 있다. 나팔 소리의 찬양 중에 하나님의 이름이 높여진다. "여호와께서 나팔 소리 중에 올라가시도다"(5절b) 나의 몸과 나의 재능이 하나님을 높이는 도구로 쓰인다.

하나님은 인간이 사용할 수 있는 가장 아름다운 말로써 찬양을 받으실 분이시다. "지혜의 시로 찬송할지어다"(7절b) 사람이 가질 수 있는 문학적 재능, 사람이 표현할 수 있는 아름다운 언어가 모두 하나님으로부터 온 선물이다. 문학적 감수성과 음악적 재능이 사실은 하나님의 것이다. 인간의 노력으로 얻어질 수 있어도 그것을 주장하시는 분은 하나님이시다. 그러므로 아름다운 노랫말을 지어 사람들에게 듣고 부르게 하는 것도 하나님이 좋아하실만한 일이다. "또 모든 열방들아 주를 찬양하며 모든 백성들아 그를 찬송하라 하였으며"(롬 15:11)

찬양은 영적인 일이다. 찬양은 우리의 마음이 표현되는 일이다. 영적이지 못한 사람은 돈을 주고 찬양하라고 해도 잘 안 된다. 혹 재능이 있어서 찬양하여도 영적이지 않으면 그 찬양은 찬양답지 못하다. 죽어있는 노래, 생명력이 없는 행위이기 때문이다. "그러면 어떻게 할까 내가 영으로 기도하고 또 마음으로 기도하며 내가 영으로 찬송하고 또 마음으로 찬송하리라"(고전 14:15) 영적이지 않는 찬양, 마음이 담기지 않은 찬양은 모양만 찬양일 뿐이다. 그러한 찬양은 하나님이 받지 않으신다. 영적 찬양, 마음이 담긴 찬양만이 살아있는 찬양이다.

찬양하는 사람은 은혜가 충만하다. 찬양하는 사람은 하나님으로부터 은혜의 말씀을 듣고 화답하는 사람이다. 그들은 말씀의 은혜가 자기 속에 있음을 알고 있다. 부족하고 목마른 정도의 은혜가 아니다. 흘러넘치는 은혜, 풍성한 은혜, 충만한 은혜이다. 은혜가 풍성하니 서로에게 믿음의 권면을 한다. 믿음의 권면이 있는 곳에 찬양이 더욱 활성화된다. 찬양이 있는 곳에 사람이 모인다. 모인 사람들 마음에 감사가 넘친다. "그리스도의 말씀이 너희 속에 풍성히 거하여 모든 지혜로 피차 가르치며 권면하고 시와 찬송과 신령한 노래를 부르며 감사하는 마음으로 하나님을 찬양하고"(골 3:16)

산성의 영성과 여호사밧

여호사밧의 실수

여호사밧은 아사의 뒤를 이어 남왕국 유다의 네 번째 왕이 되었다. 그는 아버지 왕이 행하던 길을 따른다. 아버지가 행하던 길에서 벗어나지 않는다. 그것은 곧 여호와 하나님 앞에서 정직하게 행하는 것이다. 이는 하나님을 신실하게 섬긴다는 의미이다. 그의 정치력이나 지도력의 기준을 하나님께 둔다는 것이다. 열왕기서에서 남왕국 유다의 왕들을 평가하는 기준은 하나님과의 관계이다. 하나님 앞에 정직히 행하였느냐 아니냐의 문제이다. 하나님 앞에 정직하면 나라가 평안하다. 반대로 하나님 앞에 정직하지 못하면 나라가 불안하다. 왕 한 사람의 신앙이 나라의 안녕과 직결된다.

하나님 앞에 정직하다는 것은 국가와 민족의 이념이 바로 서는 것이다. 만약 이전에 하나님 앞에 정직하지 못한 것이 있다면 정직한 왕은 그것부터 개혁해야 한다. 여호사밧 시대에 부정직의 찌꺼기가 남아 있다. 그것은 남색하는 자들과 산당이다. 남색하는 자들이란 곧 남성 동성애자를 말한다. 남색은 소돔 성에서 있었던 일이다. 이방 종교에서 볼 수 있는 일들이다. 남색하는 사람이 있다는 것은 국가가 영적으로, 도덕적으로 깨끗하지 못하다는 것이다. 남색하는 사람들이 성전에 남아있음으로 이스라엘 성전의 정결이 훼손되었다. 여호사밧은 아버지 시대부터 남아있던 남색하는 사람들을 쫓아냈다.

그러나 여호사밧이 개혁하지 못한 것이 있다. 그것은 산당이다. 산당이란 팔레스틴 원주민들에게 있었던 이방 신전이다. 산당에서는 아세라와 주상들이 있었고, 관능적인 이교 의식이 거행되었다. 그러니까 산당은 이방인에 의해 이방신에게 제사를 드리는 용도로 사용되었다. 여호사밧은 산당을 폐하지 못했다. 아마도 백성들의 저항을 염려하거나, 산당을 폐할 만큼의 강한 신앙이 없었을 것이다. 백성들은 여전히 산당에서 제사를 드리며 분향하고 있다. 여호사밧의 개혁은 반쪽짜리 개혁이었다. 열왕기서는 반쪽 개혁을 분명히 기록한다. 열왕기서는 히스기야나 요시야처럼 산당까지 폐하는 완전한 개혁을 원하기 때문이다.

여호사밧은 북왕국 이스라엘 왕과 평화롭게 지낸다. 같은 민족이니 평화롭게 지내는 것이 마땅하다. 그러나 북왕국이 우상을 숭배하고 있으므로 일정부분 거리를 두어야 한다. 끊을 것은 끊어야 한다. 여호사밧은 끊을 것을 끊지 못한다. 여호사밧은 금을 얻으려고 무역선을 건조하였다. 이것을 다시스의 배라고 한다. 여호사밧이 이 배를 오빌로 보낸다. 금을 실어오게 하려는 목적에서이다. 이 배가 에시온게벨에서 파선하였다. 북왕국의 아하시야가 배에 동승할 사람들을 같이 보내자고 하지만 여호사밧이 거절한다. 배가 깨진 것은 여호사밧이 의도한 대로 다 되지 않는다는 것을 보여준다.

산당 대신 산성

산당은 폐쇄되어야 한다. 산당은 무너뜨려야 한다. 산당이 존재하는 한 이스라엘의 신앙은 순결하지 못하다. 산당을 그대로 두고 다른 일을 하려고 하지만 그 일이 제대로 되지 않는다. 산당이 여전히 백성들에게서 신앙의 발목을 잡는다. 산당은 백성들의 영성을 어지럽게 하는 곳이다. 산당은 백성들을 영적으로 혼란스럽게 하는 곳이다. 그러므로 산당은 사라져야 한다. 사라졌다고 해서 허전하지 않다. 왜냐하면 하나님이 산당 대신 새로운 산을 주시기 때문이다. 하나님이 그 산에 하나님의 전을 지으신다. 하나님이 임재하시는 성전, 하나님을 만나는 성전이다. 이제 백성들은 새로운 성전에서 하나님께 경배하여야 한다.

시편에서 말하는 산성(山城)은 다윗의 성이다. 다윗은 당시 헤브론에서 왕이 되었다. 다윗은 영토를 넓혀야 했다. 그리고 수도를 이전해야 했다. 헤브론이 아닌 새로운 수도로써 입지 조건을 갖춘 곳을 찾아야 했다. 적당한 곳을 찾았다. 그곳은 여부스 사람들의 성이다. 여부스 성은 단단했다. 그리고 산 위에 있었다. 여간해서는 그 성을 무너뜨리기 어렵다. 여부스 사람들도 방어에 자신만만해 했다. 그러나 약점은 있다. 그것은 여부스 사람들이 물을 길어 올리는 수구였다. 다윗은 수구를 통해 군사를 성안으로 들여보냈다. 곧 그곳을 다윗의 군사들이 점령하였다. 다윗이 빼앗은 성은 시온 산성이다. 이 성은 다윗 성이 되었다(삼하 5:7).

하나님이 다윗으로 하여금 성이 있는 산을 점령하도록 하셨다. 다윗이 빼앗은 시온 산성은 이스라엘 민족의 정치적 중심지가 되었다. 시온 성은 곧 예루살렘 성이다. 이 성에서 다윗이 언약을 받는다. 이 성은 다윗의 왕조가 영원토록 유지될 성이다. 이 성은 다윗의 정통성이 계승될 성이다. 이 성은 하나님이 함께 하시는 성이다. 이 성은 하나님의 백성들이 복을 누리는 성이다. 이 성은 백성들에게 있어서 마음의 고향이다. 성전이 있는 시온 산성은 영원해야 한다. 하나님이 세우신 성이 있는 산, 하나님이 함께 하시는 산은 거룩한 산이다. 곧 성산(聖山)이다. 하나님이 이 산성을 영원히 지속시키실 것이다.

후에 시온 산성에 성전이 세워졌다. 이 성전이 예루살렘 성전이다. 이 산에 하나님이 지으신 성전이 있으므로 성산(聖山)이 되었다. 다윗이 성전을 세우고 싶었으나 뜻을 이루지 못하였다. 하나님이 막으시기 때문이었다. 다윗은 성전을 지을 준비만 하였다. 다윗의 아들 솔로몬이 성전을 건축하였다. 두로 왕 히람이 솔로몬을 도왔다. 건축 자재들을 보내주었다. 일꾼도 보내주었다. 완성된 성전은 백성들에게 있어서 영적인 고향이었다. 산당은 이방신에게 절하는 곳이지만 성전에서는 하나님을 만난다. 산당은 반드시 없어져야 하는 것이지만 성전은 영원히 존재하여야 한다. 성전이 존재함으로 백성들의 신앙이 살기 때문이다.

다시 세워지는 성

여리고 성이 무너졌다. 바벨탑도 무너졌다. 여부스 사람들의 성도 무너졌다. 에돔 사람들의 산성도 무너졌다. 어떤 성이든지 반드시 무너진다. 철옹성도 무너진다. 어느 성이든 무너뜨릴 만한 방법이 있다. 지은 사람이 있으면 허무는 사람도 있다. 지을 때가 있으면 허물어질 때도 있다. 성이 튼튼해도 공격하는 사람이 더 강하면 무너진다. 성을 지키는 사람들의 마음이 흐트러지면 공격하는 사람들에게 무너진다. 성안에 사는 사람들 중에 적군과 내통하는 사람이 있어도 성을 뺏긴다.

시온 산성도 무너진 적이 있었다. 산성보다 산당을 더 중요시 할 때였다. 왕이 앞장서서 산당을 인정하고, 산당에 가서 제사를 드린다면 자연히 산성은 무시된다. 백성들이 왕을 따라 산당에서 제사를 드리면 그들이 거하는 산성은 거룩한 성이 아니라 타락한 성이 된다. 사라진 산당을 다시 들여놓으면 산성이 무너질 때가 가까이 온 것이다. 하나님이 산성을 무너뜨리신다. 하나님이 이방 백성들을 시켜 산성을 무너뜨리셨다. 백성들은 산성과 고향을 잃고 방랑하게 된다.

그러나 절대로 무너지지 않아야 할 성이 있다. 그것은 영혼 속에 담긴 시온 산성이다. 사람이 지은 성은 무너져도 마음속에 지은 성은 무너지지 않을 수 있다. 이스라엘 백성들은 산성이 무너져도 산성을 간직하는 마음만은 잃지 않았다. 산성과 함께 성전이 무너졌어도 성전을 사모하는 마음만은 변하지 않았다. 다니엘은 성전이 있던 자리를 향하여 기도한다 (단 6:10) 솔로몬은 백성들이 포로로 잡혀갔다 할지라도 성전을 향하여 기도한다면 하나님이 응답하여 주실 것을 믿고 기도하였다(대하 6:21).

성전은 또 다시 건축될 것이다. 스룹바벨이 돌아와서 성전을 지었다. 성은 다시 건축된다. 느헤미야가 돌아와서 성을 다시 건축하였다. 무너진 산성이 다시 건축될 수 있었던 것은 마음속에 시온 산성이 남아있기 때문이다. 그들에게 시온 산성에 관한 추억과 기쁨이 남아있었다. 그 성이 고향이기 때문이다. 하나님은 그 성이 다시 세워지기를 원하신다. 여리고 성은 다시 세워지면 안 되지만, 시온 산성은 다시 세워져야 한다. 다시 세워지는 것은 믿음의 회복이다. 은혜의 회복이다.

시편의 영성

본문이 소개하는 산은 백성들에게 특별한 의미를 가진 산이었다. 그 산은 하나님을 만나는 산이다. 하나님이 이스라엘에게 선물로 주신 산이다. 그 산은 거룩한 산이다. 하나님이 거룩한 산을 세웠다. 거룩한 산을 세우신 하나님은 위대하시다. 하나님이 거룩한 산에 성을 세우게 하셨다. 이스라엘에게는 특별한 의미를 담은 산성이 생겼다. 이 산성은 그들에게 있어서 영적인 고향이다. 사람들이 이 산에서 하나님을 찬송한다. 그 찬송의 정도가 강렬하다. "여호와는 위대하시니 우리 하나님의 성, 거룩한 산에서 극진히 찬양 받으시리로다"(1절) 그러므로 고통을 당할 때면 이 산성을 바라보고 위로를 받는다. 이 산성을 찾아 기쁨을 얻는다.

이 산성은 터가 높고 아름답다. 이 산성을 보고 온 세계가 즐거워한다. 이

성은 큰 왕의 성이기 때문이다. 곧 큰 왕이 만드신 성이다. 큰 왕이 주신 성이다. 큰 왕이 계시는 성이요, 큰 왕이 백성들을 다스리며 만나주시는 성이다. 큰 왕이 백성들을 위로하시는 성이다. 이 성의 이름은 시온 산성이다. "터가 높고 아름다워 온 세계가 즐거워함이여 큰 왕의 성 곧 북방에 있는 시온 산이 그러하도다"(2절)

이 성은 피난처이다. 하나님이 알려주신 피난처이다. 큰 왕이 다스리는 성으로 들어가면 모두가 안심한다. 곧 큰 왕이신 하나님이 스스로 피난처가 되어 주신다. "하나님이 그 여러 궁중에서 자기를 요새로 알리셨도다"(3절)

모든 왕이 이 산성을 보고 피해간다. 그 이유는 산성의 주님이신 하나님을 대적할 수 없기 때문이다. 산성을 공격한다는 것은 곧 산성을 세우신 하나님, 산성의 주인이신 하나님을 공격하는 행위이다. 누가 과연 하나님을 대적하여 싸울 수 있는가? 산성 앞에서는 어느 누구라도 피해야 한다. 그것이 살길이다. "왕들이 모여서 함께 지나갔음이여 그들이 보고 놀라고 두려워 빨리 지나갔도다"(4~5절) 만약 산성을 공격하려 하는 사람이 있다면 어떻게 될까? 그는 하나님께 사로잡힐 뿐이다. 해산하는 여인처럼 고통만 당할 뿐이다. "거기서 떨림이 그들을 사로잡으니 고통이 해산하는 여인의 고통 같도다"(6절)

하나님은 당신이 세우신 산성을 지키신다. 사람이 세운 성은 반드시 무너진다. 사람이 계획하는 바도 실패할 수 있다. 사람이 성을 쌓으려는 시도로 실패할 수 있다. 성을 쌓을 자금을 구하려고 다시스의 배 곧 무역선을 띄워도 하나님이 파선하게 하시면 아무 것도 아니다. 하나님이 바람을 불게 하시면 아무리 튼튼한 배라도 파선한다. "주께서 동풍으로 다시스의 배를 깨뜨리시도다"(7절) 그러므로 하나님이 지으신 산성을 가까이 하여야 한다. 이 산성은 주의 전이 있는 성이다. 이 성은 주의 인자를 생각하는 성이다. "하나님이여 우리가 주의 전 가운데에서 주의 인자하심을 생각하였나이다"(9절)

하나님의 성

하나님의 성은 피난처이며, 반석이다. 그것은 하나님이 피난처요, 반석이 되시기 때문이다. 하나님이 이 성에 계신다. 하나님이 이 산성을 견고하게 하신다. 성도들은 영적인 눈으로 이 산성을 바라본다. 성도들이 이 산성을 하나님이 도우시는 산성이요, 하나님이 지키시는 산성으로 깨닫게 될 것이다. "우리가 들은 대로 만군의 여호와의 성, 우리 하나님의 성에서 보았나니 하나님이 이를 영원히 견고하게 하시리로다(셀라)"(8절) 하나님이 견고하게 하시는 성에 거하는 백성들은 안전하다. 그러므로 어떤 위험이 와도 두려워할 필요가 없다. 왜냐하면 하나님이 산성을 지키시고, 백성들을 지키시기 때문이다.

산성은 하나님의 성이다. 이 산성에서 하나님을 찬양한다. 산성은 하나님의 이름을 높이는 성이며, 하나님을 노래하는 성이다. 이 성에서 부르는 노래가 온 땅에 퍼진다. "하나님이여 주의 이름과 같이 찬송도 땅 끝까지 미쳤으며"(10절a) 산성으로 백성에게 안전을 제공하시는 하나님은 의로우시다. 산성을 공격하는 이방인을 물리치시는 하나님은 의로우신 분이다. "주의 오른손에는 정의가 충만하였나이다"(10절b) 주의 은혜가 거하는 산성이 기뻐한다. 동시에 주의 은혜를 받은 산성에 거하는 처녀들이 즐거워한다. "주의 심판으로 말미암아 시온 산은 기뻐하고 유다의 딸들은 즐거워할지어다"(11절)

산성에 거하는 사람은 그 산성에서 즐긴다. 산성 곳곳을 누비며 다닌다. 산성은 고향이다. 산성을 자기 집이다. 고향과 자기 집은 주인이 가꾸어야 한다. 혹시 수리해야 할 곳이 있는지 자세히 살펴야 한다. "너희는 시온을 돌면서 그 곳을 둘러보고 그 망대들을 세어 보라"(12절) 산성을 거하는 사람은 산성이 고향이다. 어린 시절 아련한 추억이 담긴 고향이다. 눈만 감아도 어디에 무엇이 있는지 생각난다. 혹 자손들이 산성의 구조를 잃어버릴

지도 모른다. 그러므로 산성을 모양과 위치를 기록하고 후대 사람들에게 전해야 한다. "그의 성벽을 자세히 보고 그의 궁전을 살펴서 후대에 전하라"(13절)

산성을 재산 가치로 따질 수 없다. 비록 재산가치가 떨어져도 산성에 사는 사람에게는 그 산성이 귀하다. 그들이 사는 터전이기 때문이다. 산성은 하나님과 함께 거하는 곳이므로 귀하다. 산성의 역사적 가치가 귀하다. 산성에서 받은 하나님의 은혜가 귀하다. 산성을 고향으로 생각하는 마음이 귀하다. 산성에 사는 사람이 하나님을 의지하는 믿음이 귀하다. 이렇게 귀한 산성은 하나님의 성이다. 하나님이 거룩한 산으로 인정하시고, 그곳에 사는 백성들에게 영원한 은혜를 주신다. 하나님이 산성에 사는 백성들의 삶을 인도하실 것이다. "이 하나님은 영원히 우리 하나님이시니 그가 우리를 죽을 때까지 인도하시리로다"(14절)

사람다움의 영성과
어리석은 부자

현실이냐 내세냐

부자로 사는 이가 있다. 그는 날마다 호화로운 잔치를 벌인다. 사람들에게 보이려고 비단 옷을 입는다. 화려한 색과 부드러운 촉감을 가진 옷을 입는다. 사람들이 와서 물을 것이다. 어디서 이렇게 좋은 옷을 만들었느냐, 얼마나 되느냐 등등. 그러면 우쭐하면서 말할 것이다. 이런 옷을 입는 사람은 몇 명 안 되며, 임금님과 왕족들이나 입는 옷이다. 앞에서는 머리를 조아려도 뒤에서는 비웃는 사람이 있는 줄도 모르고 자랑한다. 사람이 좋아서 고개를 숙이는 것이 아니라 돈 앞에 고개를 숙이는 데 그것도 모르고 옷자랑을 한다. 부자의 사람다움은 오직 돈이 기준이다.

부자는 오직 자기가 입는 것, 먹는 것 그리고 잔치하는 것에 관심을 가졌다. 잔치를 벌이고, 거짓으로 호탕한 척 하며, 사람들 앞에 떠들며 자랑하는 재미로 산다. 자기 앞에 와서 아부하는 투의 말을 하면 그것을 믿어버린다. 세상에 자기 외에는 아무도 없다. 그러니 대문 밖에 누가 있는지, 바깥세상에서 어떤 일이 일어나는 지 알 리가 없다. 부자는 자기 집 대문 밖에 거지가 있어도 모른다. 알아도 아는 척 하고 싶지 않다. 거지쯤이야 자기에게 아무런 도움이 되지 않으니 무시해도 된다. 거지가 무엇을 먹는지, 어떤 병을 앓든지 상관하지 않는다. 하인들이 수군대는 소리를 듣고 거지 이름을 알게 될 정도였을 것이다.

부자가 죽었다. 아무리 잘 살아도 죽는 것이야 막을 수 없다. 의술을 사용하여 잠시 동안 목숨을 연장할 수는 있을 터이나, 죽는 것을 가로막을 수 없다. 죽기 싫어도 죽어야 한다. 부자의 영혼이 지옥으로 갔다. 그리고 고통을 받는다. "한번 죽는 것은 사람에게 정해진 것이요 그 후에는 심판이 있으리니"(히 9:27) 부자의 눈에 이상한 장면이 들어온다. 그것은 자기가 무시하던 거지가 아브라함의 품에 안겨 있는 모습이다. 희한한 일이다. 땅에서 살 때와 지금의 모습이 완전히 다르다. 피부병을 앓고 있던 거지, 개가 고름을 핥아주던 거지가 이제는 평안한 모습을 띠고 있다.

부자가 아브라함에게 부탁한다. "불러 이르되 아버지 아브라함이여 나를 긍휼히 여기사 나사로를 보내어 그 손가락 끝에 물을 찍어 내 혀를 서늘하게 하소서 내가 이 불꽃 가운데서 괴로워하나이다"(눅 16:24) 그런데 아브라함의 대답이 일언지하의 거절이다. "아브라함이 이르되 얘 너는 살았을 때에 좋은 것을 받았고 나사로는 고난을 받았으니 이것을 기억하라 이제 그는 여기서 위로를 받고 너는 괴로움을 받느니라"(눅 16:25) 부자와 나사로의 처지가 역전되었다. 세상에서와 영원 세계에서의 삶이 완전히 다르다. 여기 부자는 예수님의 비유에 나오는 가상 인물이다. 그러나 가상 인물이라 하여 실제로 존재하지 않을까? 얼마든지 우리 주변에 이런 사람을 찾을 수 있다.

돈을 찾는 세상

전국적으로 로또 복권의 열풍이 불었다. 인생 역전이라는 표어를 건 복권광고가 거리와 지하철 광고판에 붙어 있어 사람들 눈에 띈다. 신문과 방송에서도 대박을 맞은 사람들의 이야기가 나온다. 이름은 누군지 모르지만 그들을 통해 잠시나마 대박을 맞은 기분을 추측한다. 미디어는 대박을 맞은 사람이 갑자기 사라졌다는 등, 어떻게 번호를 조합했다는 등 흥밋거리를 제공한다. 사람들은 덩달아 대박을 맞은 사람을 찾아다니고, 대박이 터진 복권방을 찾는다. 그러다가 대박을 맞은 사람들이 정신분열에 걸렸다더라, 이혼했다더라, 패가망신했다더라 등의 기사가 나면 열풍을 진정된다. 급기야 은행에서는 당첨자들의 자금을 관리하겠다고 나선다.

경제가 중요한 세상이다. 경제 성장, 경제 회복, 경제 회생 등 경제와 관련된 용어들을 모르는 사람이 없다. 국익도 곧 경제와 관련되어 있다. 지금은 외교관도 경제를 알아야 한다. 그래서 세일즈 외교라 하는가보다. 국가 원수도 세일즈 외교를 잘해야 한다. 곧 경제를 알아야 바로 세울 수 있다. 경제가 잘 돌면 정치를 잘하는 것이라고 인정받는다. 아무도 여기에 대하여 이의를 달지 않는다. 심지어 도덕적으로 문제가 있는 사람이라도 경제만 잘 다스리면 잘못이 감추어진다. 돈이면 다른 잘못도 감추어지는 세상이 되었다. 사람들 머리 속에는 돈이면 다 되는 세상이라는 생각이 가득하다.

몇몇 사람들은 돈을 가지기 위해서라면 어떤 방법이든지 사용해도 좋다고 생각한다. 범죄인 줄 알면서도 돈을 가지기 위해 죄를 짓는다. 절도와 강도는 옛날 방식이다. 컴퓨터 해킹을 하여 남의 신용정보를 빼내고 그것으로 경제적 유익을 취한다. 개인의 범죄는 법정에 서서 심판을 받는다. 개인이 남의 것을 뺏으면 불법이기 때문에 형벌을 받아야 한다. 그러나 나라 사이에는 불법이라는 개념이 없다. 다른 나라의 것을 뺏으려고 전쟁을 일으킨다. 반전 시위가 있어도 거대한 힘을 막을 방법이 없다. 유엔도 속수무책이다. 유엔에서도 경제적으로 힘센 나라가 좌지우지하는 형편이니 무슨 힘이 있을까!

돈이 사람의 목숨보다 더 중요하다는 생각이 너무나 자연스럽게 받아들여지고 있다. 돈 때문에 사람을 죽인다. 돈을 얻으려고 다른 이의 인생, 미래, 가족에게 불행을 안겨다 준다. 평생 한을 품고, 한숨 쉬고 살게 하면서도 아무런 양심의 가책이 없다. 돈이 사람의 양심을 마비시킨다. 돈을 최고의 가치로 여기는 세상에는 범죄만 가중될 뿐이다. 뿐만이 아니다. 돈 때문에 자기 목숨을 끊는 사람이 있다. 돈이 자기 안에 근심으로 채우는 원인이다. 돈이 마음에 괴로움을 더하게 하는 원인이 될 수 있다. "돈을 사랑함이 일만 악의 뿌리가 되나니 이것을 탐내는 자들은 미혹을 받아 믿음에서 떠나 많은 근심으로써 자기를 찔렀도다"(딤전 6:10)

돈과 이미지

돈 많은 사람들은 우쭐대기 쉽다. 자기의 자랑은 다른 사람들에게 동경의 대상이 된다. 그러므로 없는 사람들은 있는 체라도 해야 한다. 젊은이들은 월세를 살아도 좋은 차를 타고 다녀야 한다. 명품을 입어서 자기의 자신감을 드러낸다. 명품으로 자기의 가치가 올라간다고 생각하기 때문이다. 없는 것을 티내고 살면 돈도 안 들어온다. 사람들이 없다고 무시한다. 그러니 없어도 있는 척 해야 한다. 그래야 사람들이 자기를 인정할 것이다. 자기가 하는 말에 귀를 기울일 것이고, 자기를 도와줄 것이다. 이런 사람들은 무슨 일이든지 오직 자기 위주로만 생각한다.

명품을 좋아하는 것은 각자 취향일 수 있다. 이런 취향 때문에 디자인 산업이 발달하고, 유명 브랜드를 가진 회사가 성장한다. 종업원들을 고용하고 경제가 돌아간다. 개인의 취향이 두루두루 좋은 일이 된다. 그러나 각자의 취향을 눈에 보이는 것에만 둔다는 것이 얕은 생각이라고 느껴본 적이 없는가? 자신의 허영과 사치라고 생각해본 적은 없는가?

눈에 보이는 것이 인생의 모든 가치를 결정하지는 않는다. 외형적 아름다움이 중요하다면 내면의 아름다움 역시 중요하지 아니한가. 외면의 아름다움을 돈으로 채울 수 있다면 내면의 아름다움은 무엇으로 채워야 하는가?

돈은 사람의 인격을 증명하는 도구이다. 돈은 사람의 영성을 드러내는 또 다른 방법이다. 돈에 대한 생각이 어떤지, 돈을 처리하는 방법이 어떤지, 돈을 벌고 쓰는 방법이 어떤지에 따라 그의 영성이 보인다. 돈을 사용하는 것이 외적인 표현이라면 영성은 내적인 뿌리이다. 내적 뿌리에 의해 외적 행동이 나온다. 돈을 사용하는 것에 따라 사람들에게서 존경을 받을 수도 있고 비난을 받을 수도 있다. 무엇을 존경받고, 무엇을 비난받는다는 말인가? 돈을 가진 사람, 돈을 사용하는 사람의 영성과 인격이다. 돈이 자신의 이미지가 결정하는 요인이 되어 버렸다. 인위적으로 이미지를 살 수 없다. 이미지에 관한 한 진실만이 통할 것이다.

어떤 사람들은 자기가 돈을 번 것이 아니라 사회가 자기에게 돈을 주었다고 생각한다. 그들은 사람들이 자기를 향해 돈을 벌게 해 주었다고 생각한다. 그러므로 돈을 벌었다고 해서 우쭐하지 않는다. 남을 무시하지도 않는다. 오히려 돈을 벌게 해 준 사회와 사람들을 향해 감사한다. 이런 사람들은 자기의 돈을 사회를 위해, 사람들을 위해 쓸 줄 안다. 돈을 소외된 사람들과 나누려 한다. 본인이 직접 나눌 수 없으므로 공익재단에 기부하여 나눈다. 문화 사업을 위해 쓸 줄 안다. 빈곤퇴치와 환경보호를 위해 돈을 사용한다. 자연스럽게 자신의 이미지를 높인다. 곧 그의 사람다움이 보이게 되었다.

시편의 영성

사람답게 살려면 귀를 기울여 들어야 할 것이 있다. 세상 모든 사람들이 들어야 할 것이고, 돈 있는 사람이나 없는 사람이나 함께 들어야 한다. "뭇 백성들아 이를 들으라 세상의 거민들아 모두 귀를 기울이라 귀천 빈부를 막론하고 다 들을지어다"(1~2절) 사람답게 사는 것이 돈에 달린 것은 아니다. 사람답게 사는 것은 지혜에 달려 있다. 돈은 금생으로 끝나지만 지혜는 영원하다. 그러므로 지혜로운 자의 입으로부터 나오는 말을 들

어야 한다. "내 입은 지혜를 말하겠고 내 마음은 명철을 작은 소리로 읊조리리로다"(3절)

지혜의 말은 지혜로운 자의 내면으로부터 나온다. 동시에 과거로부터 들려진다. 지혜에는 오묘한 의미를 담고 있다. 그래서 지혜로운 자는 지혜를 묵상한다. "내가 비유에 내 귀를 기울이고 수금으로 나의 오묘한 말을 풀리로다(4절) 누가 핍박한다 해도 지혜의 말은 거두어질 수 없다. 지혜로운 자는 위협을 당해도 진리를 거스르지 않고, 고난을 당해도 양심에 꺼림이 없이 행동한다. 그러므로 지혜로운 자는 악한 사람의 핍박에도 두렵지 않다. "죄악이 나를 따라다니며 나를 에워싸는 환난의 날을 내가 어찌 두려워하랴"(5절)

지혜란 곧 돈과 사람의 관계를 아는 것이다. 돈이 사람의 인격을 높일 수도 낮출 수도 있다. 부귀 영화를 누려도 어리석을 수 있다. 어리석은 사람이란 곧 돈을 믿는 사람들이다. "자기의 재물을 의지하고 부유함을 자랑하는 자는"(6절)

돈을 가진 사람은 돈으로 목숨이라도 사려 할 것이다. 그러나 안 될 것이다. 돈으로 자기 목숨을 구하려 해도 안될 것이다. 형제의 목숨을 구하려 해도 안 될 것이다. "아무도 자기의 형제를 구원하지 못하며 그를 위한 속전을 하나님께 바치지도 못할 것은"(7절) 사실 목숨 값은 엄청나다. 목숨은 천하를 주어도 살 수 없다. 목숨이 천하보다 귀하다는 말이다. "그들의 생명을 속량하는 값이 너무 엄청나서 영원히 마련하지 못할 것임이니라"(8절) 천하보다 목숨이 더 귀하다. 목숨이 있어야 천하도 있다. "사람이 만일 온 천하를 얻고도 자기를 잃든지 빼앗기든지 하면 무엇이 유익하리요"(눅 9:25) 그러므로 누구든지 영원히 살 것이라고 착각하면 안 된다. 특히 부자들은 자기 생명의 한계를 분명히 알아야 한다. "그가 영원히 살아서 죽음을 보지 않을 것인가"(9절) 이것이 곧 사람다움이다.

사람은 누구든지 죽는다. 죽은 후에는 그가 모은 재산이 다 남에게 간다.

"그러나 그는 지혜 있는 자도 죽고 어리석고 무지한 자도 함께 망하며 그들의 재물은 남에게 남겨 두고 떠나는 것을 보게 되리로다"(10절) 부자로 살면서 땅에다 자기 이름을 새기고, 비석에 이름을 새긴다 한들 그가 머물 곳은 무덤 밖에 없다. "그러나 그들의 속 생각에 그들의 집은 영원히 있고 그들의 거처는 대대에 이르리라 하여 그들의 토지를 자기 이름으로 부르도다"(11절) 그러므로 죽음을 생각하는 사람이 곧 지혜로운 사람이다. 죽음을 생각하며 겸손한 사람이 사람다운 사람이다.

사람다운 지혜자

사람은 영화를 누려도 잠깐 살다 죽는다. 돈으로 호화로움을 누리는 사람도 반드시 죽는다. 죽는다는 것만으로 보면 사람이나 짐승이나 일반이다. "사람은 존귀하나 장구하지 못함이여 멸망하는 짐승 같도다"(12절) 돈이 많다고 우쭐거리는 사람은 짐승처럼 사는 사람이다. 사람이 영화를 누린다 해도 잠깐 살다 죽는 짐승과 같다. "존귀하나 깨닫지 못하는 사람은 멸망하는 짐승 같도다"(20절) 사람답게 사는 것과 짐승처럼 사는 것의 차이가 어디에 있을까? 돈을 어떻게 사용하느냐이다. 돈과 사람됨의 관계를 바로 깨닫는 지혜이다.

돈만 바라보고 사는 사람은 짐승처럼 죽을 것이다. 그의 고향은 죽음이요, 그를 인도하는 것도 죽음이다. "그들은 양 같이 스올에 두기로 작정되었으니 사망이 그들의 목자일 것이라 정직한 자들이 아침에 그들을 다스리리니 그들의 아름다움은 소멸하고 스올이 그들의 거처가 되리라"(14절) 교만한 사람은 제 잘난 맛에 사는 사람이다. 자기 말만 내세우는 사람은 죽고 나면 그 말이 아무 것도 아니다. 지혜가 있는 사람은 후세 사람들에 의해 평가된다. "이것이 바로 어리석은 자들의 길이며 그들의 말을 기뻐하는 자

들의 종말이로다(셀라)"(13절)

지혜로운 자는 부자의 영화를 부러워하지 않는다. 가문의 영화를 부러워하지 않는다. 사람다운 사람은 부자의 영화나 가문의 영광을 시샘하지도 두려워하지도 않는다. 부자와 가문의 영화는 오직 땅에서만 있다는 것을 알기 때문이다. "사람이 치부하여 그의 집의 영광이 더할 때에 너는 두려워하지 말지어다"(16절) 재산이 많고 명예가 높아도 그것이 죽음을 따라가지는 못한다. "그가 죽으매 가져가는 것이 없고 그의 영광이 그를 따라 내려가지 못함이로다"(17절) 재산과 명예가 죽음 이후의 신분을 결정하지 못한다. 사람다운 사람은 현세의 누림이 내세까지 따라가지 못한다는 것을 안다.

사람들에게 잘 산다고 칭찬을 받는 사람들이 있다. 사람들로부터 돈을 버는 지혜가 놀랍다고 칭찬을 듣는 사람들도 있다. 거기에 따라서 부자도 우쭐하며 산다. "그가 비록 생시에 자기를 축하하며 스스로 좋게 함으로 사람들에게 칭찬을 받을지라도"(18절) 사람다움을 모르는 사람은 돈에 따라 칭찬이 오고 간다. 돈을 얻기 위한 수단으로 칭찬을 사용한다. 그러나 돈에 관한 칭찬은 빛을 볼 수 없다. 죽으면 끝이기 때문이다. "그들은 그들의 역대 조상들에게 돌아가리니 영원히 빛을 보지 못하리로다"(19절) 돈에 관한 칭찬은 아무 것도 아니다. 사람다운 지혜가 영원한 가치를 지닌다.

그러므로 돈이 많다고 사람다운 사람이 아니다. 돈이 하나님의 형상을 회복하는 도구가 아니다. 하나님의 형상 회복에 관한 길을 아는 사람이 지혜 있는 사람이다. 현세가 아닌 내세도 아는 사람이 지혜를 가진 사람이요, 사람다운 사람이다. 지혜 있는 사람, 지혜에 귀를 기울이고, 지혜에 따라 행하는 사람이 사람다운 사람이다. 그러므로 사람다움을 결정하는 것은 돈이 아니라 지혜이다. 하나님으로부터 듣는 지혜, 선조들로부터 듣는 지혜가 사람다움을 결정한다. 하나님이 지혜로운 사람, 사람다운 사람을 인정하신다. "그러나 하나님은 나를 영접하시리니 이러므로 내 영혼을 스올의 권세에서 건져내시리로다(셀라)"(15절)

감사의 영성과 나아만

불치병

나아만은 아람의 군대 장관이다. 그는 왕의 명령을 받아 온 나라와 군대를 향하여 명령할 수 있는 사람이다. 나아만의 지혜와 전략에 따라 군대가 승리할 수도 있고, 패배할 수도 있다. 나아만의 지도력에 따라 나라가 확장할 수도 있고, 위축될 수도 있다. 나아만의 전과는 상당했다. 사실은 하나님이 그를 도우셨기 때문이다(왕하 5:1) 당연히 왕이 나아만을 신뢰할 수밖에 없었다. 왕이 신뢰할만한 전과를 올렸기 때문이다. 나아만의 지위가 점점 높아진다. 왕의 다음까지 높아진다. 나아만을 향해 명령할 수 있는 사람은 왕뿐이다. 왕 외에는 모두 나아만의 명령을 들어야 한다.

그런데 나아만에게 불행이 닥쳤다. 몸에 문둥병이 든 것이다. 군대를 호령하고 움직이는 장군이라도 자기 몸을 다스리기는 어렵다. 병이 깊어지면 그의 지도력도 상실될 것이다. 동시에 군대의 힘이 약화되고 국가도 위축될 것이다. 나아만 한 사람의 능력에 의해 나라가 죄우될 수 있기 때문이다. 그러므로 나아만의 병이 고쳐져야 한다. 하지만 쉽지 않다. 문둥병은 쉽게 낫는 병이 아니다. 그동안 올린 전과들이 그의 병을 낫게 할 수 없다. 그가 가진 명예와 권력도 병을 낫게 할 수 없다. 나라 안의 명의도 그를 낫게 하지 못한다. 꼼짝없이 죽는 날만 기다려야 한다.

그런데 기쁜 소식을 들었다. 이스라엘에서 붙잡혀 온 여자아이의 입을 통해서이다. 아이의 말인즉 사마리아에 계신 선지자 엘리사 앞에 가면 주인의 병을 고칠 수 있다는 것이다. 이 말이 즉시 나아만과 왕에게 전달되었다. 한편으로는 거짓말 같으나 다른 한편으로는 기쁜 소식이다. 어쨌거나 안 되더라도 시도는 해 봐야 한다. 나아만이 각종 예물을 준비하여 엘리사를 만나러 간다. 아람 왕은 친서를 써서 나아만 편에 이스라엘 왕에게 보낸다. 나아만의 문둥병을 고쳐달라는 내용이다. 이스라엘 왕은 친서를 받자마자 걱정이 앞선다. 자기가 하나님도 아닌데, 고칠 수도 없는 병을 고치라고 하니 이는 전쟁의 명분에 불과하다고 생각한다.

그러나 엘리사가 나선다. 왕의 걱정과 고민을 알고 나아만을 자기에게로 보내라고 부탁한다. 나아만이 위용을 갖추고 엘리사의 집을 방문한다. 그런데 엘리사는 나와서 맞이하지 않는다. 시종을 보내어 간단한 말 한 마디만 전달한다. "요단강에 가서 몸을 일곱 번 씻으라"(왕하 5:10) 나아만이 기가 막히고 화가 치밀어 오른다. 당연히 나와 맞이하고, 병을 고치기 위해 치료에 정성을 다해야 하는데 그렇지 못하기 때문이다. 나아만은 자존심이 상하기도 하고, 엘리사의 말이 믿어지지 않으니 돌이켜 자기 나라로 돌아가려 한다. 그러나 나아만의 수하 사람들이 말린다. 이보다 더 큰일도 행하는데, 이 정도야 할 수 있을 것이라는 권고이다.

나아만이 요단강에서 몸을 씻는다. 일곱 번 몸을 잠그고 나왔는데 그의 살이 어린 아이처럼 부드럽게 변했다. 병이 낫고 보니 엘리사에게 감사해야 한다. 엘리사가 머무는 곳으로 돌아와 예물을 드리지만 엘리사가 받지 않는다. 나아만이 다시 부탁한다. 노새 두 마리에게 실을만한 흙을 달라는 것이다. 이제부터는 다른 신에게 제사를 드리지 않고 오직 여호와 하나님께만 드리겠다고 한다. 혹시 자기 직위 때문에 림몬의 당에 들어가 엎드리는 일이 있어도 본의는 아니니 용서해 달라는 부탁까지 한다. 나아만의 감사는 물질이 아니라 회심과 신앙의 정결을 다짐하는 것이다. 엘리사는 이 말을 듣고 나아만에게 평안히 가라고 인사한다.

얻어야만 감사인가

나아만의 감사는 결과에 대한 것이었다. 생명연장에 대한 결과로 감사한다. 아마도 결과가 없었다면 엘리사를 죽이려 들었을지도 모른다. 분이 풀리지 않으면 이스라엘을 침략했을지도 모른다. 이스라엘 왕이 걱정한 것도 이 때문이다. 그나마 병이 나은 것이 얼마나 다행인가? 게다가 하나님만을 섬기겠노라고 결단하는 것을 보니 평생 감사의 삶을 살겠노라고 다짐하는 것 같다. 아마도 그가 하나님께 드리는 예배가 감사의 예배가 아닐까? 은혜를 받고도 감사하지 못하는 사람에 비하면 나아만은 신의를 가진 사람이다.

그러나 감사는 결과가 나오기 전에 가져야 하는 것이다. 여자아이로부터 엘리사의 이야기와 병고침 이야기를 들었을 때부터 나아만은 감사했어야 한다. 엘리사를 찾아오는 시간 동안 기대해야 한다. 막연한 기대가 아니다. 물에 빠진 사람이 지푸라기라도 붙잡는 심정으로 찾아와야 하는 것이 아니다. 그에게는 엘리사를 만날 설렘이 있어야 했다. 그렇다면 엘리사의 박대에도 분노하지 않았을 것이다. 감사하는 사람에게는 분노가 없다. 목표를 앞에 둔 사람은 분노로 시간을 허비할 수 없다. 분노가 사그라지면 목적하는 바를 이룰 수 있다.

나아만에게 이 정도의 높은 신앙 수준을 요구하는 것이 무리일까? 하기야 이스라엘 왕도 나아만이 가지고 온 편지 앞에서 절망했으니 이방인에게 이런 요구가 가당치도 않을 것이다. 그러나 엘리사는 달랐다. 그는 나아만이 온 것을 알고 있었다. 지금의 기회가 이스라엘에게 영적 통찰력을 가진 사람이 있다는 것을 알게 할 기회였다. 엘리사는 이스라엘을 향한 하나님의 권능과 은혜를 드러내는 기회인 줄 알고 있었다. 그렇다면 당연히 엘리사는 감사했을 것이다. 나아만이 와서 감사할 것을 기대하고 있었을 터이다.

감사를 결과에 대한 보답으로 아는 것은 평범한 믿음에 불과하다. 한편 결과를 얻어도 감사하지 못하는 사람은 믿음이 없는 사람이다. 이런 사람은 악한 사람이다. 그러나 결과가 나타나기 이전에 감사하는 사람, 감사할 조건이 일어날 것을 기대하는 사람은 흔하지 않다. 이렇게 하는 사람이 영적 통찰력을 가진 사람이다. 영적 통찰력은 다른 사람에게 감사의 기회를 제공한다. 감사는 과거와 현재에 머물지 않고 감사할 미래를 열어 간다. 미래를 놓고 감사한다면 그의 인생이 행복할 것이다. 그를 통해 하나님의 권능이 드러날 것이다.

악한 사람

감사는 하나님을 바로 알기 때문에 나오는 행위이며, 다른 사람에 대한 예절을 드러내는 행위이다. 악인은 감사를 모른다. 감사의 개념도 정확히 알지 못한다. 왜냐하면 악인은 하나님을 알지 못하기 때문이며, 다른 사람을 배려하지 않기 때문이다. 그러므로 악인은 하나님의 말씀을 말할 자격조차 없다. 하나님은 악인에게서 말씀이 언급되는 것 자체를 싫어하신다. "악인에게는 하나님이 이르시되 네가 어찌 내 율례를 전하며 내 언약을 네 입에 두느냐"(16절) 악한 사람은 하나님의 말씀대로 살지 않는다. 자기 뜻대로 왜곡하여 해석하고 말씀을 악용한다. "네가 교훈을 미워하고 내 말을 네 뒤로 던지며"(17절)

악인은 하나님 없이 사는 사람이다. 악인은 악인끼리 모인다. 악인은 하나님을 모르는 사람과 동무가 된다. 함께 악한 일을 하거나 악한 일의 주도자가 된다. "도적을 본즉 그와 연합하고 간음하는 자들과 동료가 되며"(18절) 그들은 얻으려고만 모인 사람이다. 마음속에 나눔과 베풂을 둔 적이 없다. 나눔을 들어도 그것은 자기와 상관없이 생각한다. 오직 가져야 한다. 쟁취해야 한다. 가지면 감사하다. 못 가지면 불만스럽다. 가지지 못하였다고 불만을 가진 사람에게는 여전히 악의 뿌리가 남아있다. 반면에 주는 것으로 감사하고, 줄 수 있는 것으로 감사하는 사람은 하나님과 함께 사는 사람이요, 의의 씨앗을 가진 사람이다.

악한 사람은 그 입으로부터 나오는 말을 보면 안다. 입에서 감사가 나오지 않는다. 불평과 원망만 나올 뿐이다. 그것만 나와도 다행이다. 악인의 입에서는 다른 사람의 가슴을 찌르는 말, 공격하는 말이 서슴없이 나온다. 참소하는 말이 거침없이 나온다. "네 입을 악에게 내어 주고 네 혀로 거짓을 꾸미며"(19절) 악인은 형제라고 봐주거나 참아주지 않는다. 오히려 가까운 사람을 더 못살게 한다. "앉아서 네 형제를 공박하며 네 어머니의 아들을 비방하는도다"(20절) 형제가 있다는 것이 얼마나 감사한 일인가? 그런데 형제를 공격하는 것을 보니 그에게 감사를 전혀 찾을 수 없다.

하나님은 악한 사람의 말과 행위를 보고 어떻게 하실까? 일단은 참아 주신다. 악한 사람에게 회개의 기회를 주시든지, 의인에게 더 기도하고 하나님을 의지하라고 촉구하시든지 처음에는 잠잠히 계신다. 그런데 악인은 이를 보고 하나님이 악한 일을 찬성하는 줄로 착각한다. 하나님이 자기처럼 악한 일을 옳다고 하시는 줄로 안다. "네가 이 일을 행하여도 내가 잠잠하였더니 네가 나를 너와 같은 줄로 생각하였도다"(21절a) 하나님이 반드시 악인을 책망하실 것이다. 악인의 생각이 틀렸음을 증명하실 것이다. "그러나 내가 너를 책망하여 네 죄를 네 눈 앞에 낱낱이 드러내리라 하시는도다"(21절b)

감사는 사람의 일이다. 그러나 사람만의 일은 아니다. 감사는 하나님께 드리는 일이다. 그러므로 감사는 하나님의 일이다. 감사는 이유가 분명하다. 하나님이 계시기 때문이다. 하나님은 전능하신 분이시다. 말씀하시고 세상을 부르시는 분이시다. "전능하신 이 여호와 하나님께서 말씀하사 해 돋는 데서부터 지는 데까지 세상을 부르셨도다"(1절) 하나님이 말씀하시려고 사람에게 오신다. 하나님이 임재하시면 권능이 나타난다. "우리 하나님이 오사 잠잠하지 아니하시니 그 앞에는 삼키는 불이 있고 그 사방에는 광풍이 불리로다"(3절) 하나님은 말씀으로 당신을 드러내신다. "온전히 아름다운 시온에서 하나님이 빛을 비추셨도다"(2절)

이스라엘은 하나님의 말씀을 들어야 한다. 하나님이 말씀하시는 것을 듣지 않으려 한다면 그것은 어리석음이요, 교만이다. 듣는 것이 겸손이요, 감사를 표현하는 것이다. "내 백성아 들을지어다 내가 말하리라 이스라엘아 내가 네게 증언하리라 나는 하나님 곧 네 하나님이로다"(7절) 이스라엘의 하나님이 세상을 판단하신다. 하나님은 말씀으로 심판하신다. "하나님이 자기의 백성을 판결하시려고 위 하늘과 아래 땅에 선포하여"(4절) 하나님이 지으신 하늘이 옳고 그름을 말할 것이다. 왜냐하면 하나님이 심판장이시기 때문이다. "하늘이 그의 공의를 선포하리니 하나님 그는 심판장이심이로다(셀라)"(6절)

성도들은 하나님 앞에 모여야 한다. 성도들이란 제사로 언약한 사람들이다. 하나님께 감사를 맹세한 사람들이다. "이르시되 나의 성도를 내 앞에 모으라 그들은 제사로 나와 언약한 이들이니라 하시도다"(5절) 하나님은 사람이 드리는 감사의 이유와 목적을 알고 계신다. 하나님은 사람이 드리는 제사를 알고 있다. 하나님이 바른 제사를 드리는 사람을 향하여 기뻐 칭찬하신다. "나는 네 제물 때문에 너를 책망하지는 아니하리니 네 번제가 항상 내 앞에 있음이로다"(8절) 그러므로 주의 백성은 환난을 당해도 하나님을 찾을 수 있다. "환난 날에 나를 부르라 내가 너를 건지리니 네가 나를 영화롭게 하리로다"(15절)

하나님을 잃어버린 사람, 감사할 줄 모르는 사람은 반드시 생각해야 할 것이 있다. 그것은 하나님만이 구원의 하나님이요, 심판의 하나님이시라는 사실이다. "하나님을 잊어버린 너희여 이제 이를 생각하라 그렇지 아니하면 내가 너희를 찢으리니 건질 자 없으리라"(22절) 세상의 모든 것이 다 하나님의 것이다. "내가 네 집에서 수소나 네 우리에서 숫염소를 가져가지 아니하리니 이는 삼림의 짐승들과 뭇 산의 가축이 다 내 것이며 산의 모든 새들도 내가 아는 것이며 들의 짐승도 내 것임이로다 내가 가령 주려도 네게 이르지 아니할 것은 세계와 거기 충만한 것이 내 것임이로다 내가 수소의 고기를 먹으며 염소의 피를 마시겠느냐"(9~13절)

하나님의 말씀을 들은 사람, 하나님의 심판장 되심을 아는 사람, 하나님이 세상의 주권자가 되심을 아는 사람이 무엇을 하겠는가? 그들은 하나님께 감사의 제사를 드린다. 하나님으로부터 받은 바 은혜를 드러낸다. 하나님이 가장 높으신 분임을 증거하는 것이다. "감사로 하나님께 제사를 드리며 지존하신 이에게 네 서원을 갚으며"(14절) 감사의 제사를 드리는 사람은 하나님을 영화롭게 한다. 결국 감사는 하나님을 영화롭게 하는 영적으로 바른 행위이다. 감사하는 사람에게는 구원의 은혜가 지속된다. "감사로 제사를 드리는 자가 나를 영화롭게 하나니 그의 행위를 옳게 하는 자에게 내가 하나님의 구원을 보이리라"(23절)

감사의 신앙

감사의 대상은 하나님이다. 감사는 하나님의 권능을 아는 것에 대한 행동이다. 감사는 하나님의 말씀을 들은 것에 대한 응답이다. 감사는 하나님의 권능을 체험한 것에 대한 고백이다. 감사는 하나님의 말씀을 마음에 새겼다는 표시이다. 감사는 하나님을 삶의 주인으로 모셨다는 증거이다. 감사는 하나님께 예배하겠다는 겸손이다. 감사는 하나님만이 만물의 창조자이시며, 주인임을 고백하는 행위이다. 감사는 하나님이 만물을 다스리며, 자기도 다스리고 있다는 믿음의 표시이다. 감사는 하나님의 주권을 인정하는 영적 겸손이다.

감사하는 사람은 의인이다. 감사는 하나님 앞에 바르다는 증거이다. 감사는 사람으로 하여금 의인임을 증명한다. 감사는 하나님과의 관계를 더 깊게 한다. 감사는 하나님의 은혜를 더 많이 받게 한다. 감사는 하나님과의 관계가 바르게 지속되고 있다는 증거이다. 감사는 오직 하나님만 의지하고 신뢰하겠다는 결심이다. 감사는 하나님만 섬기고 영화롭게 하겠다는 신앙적 결단이다. 감사는 그 결단을 실행하는 힘이다. 감사하는 사람은 행동한다. 감사하는 사람은 하나님을 영화롭게 하고 하나님의 뜻을 실천한다.

감사하는 사람은 하나님의 은혜를 실천한다. 감사하는 사람은 인격적이다. 감사는 분노를 억누른다. 감사는 참을 줄 안다. 감사는 말에 조심한다. 감사는 이웃을 향해 덕을 끼치는 말을 한다. 감사는 비난하지 않는다. 감사하는 사람은 욕심을 부리지 않는다. 감사는 하나님의 것을 하나님께 드릴 줄 안다. 감사하는 사람은 남에게 줄 줄 안다. 은혜를 입은 것에 대한 결과로 주는 것은 당연하다. 감사는 은혜를 확대시킨다. 감사는 자신이 은혜받은 것을 알고 다른 이와 은혜를 나눈다. 감사는 하나님의 소유를 함께 나누는 믿음이다.

감사는 과거와 현재에 국한되지 않는다. 감사는 미래를 향해 열려 있는 마음이다. 감사하는 시간은 미래를 아름답게 하는 기점이다. 감사는 결과 이지만 동시에 영적 준비이며 원인이다. 영적 준비는 미래를 가꾸는 힘이 다. 영적 원인은 하나님을 영화롭게 하는 결과를 맛보게 한다. 감사는 미래 적 성격을 가졌다. 하나님의 도우심으로 살아간다는 기쁨을 감사는 누리게 한다. 기쁨을 가진 사람은 미래를 향한 희망을 가진다. 그러므로 감사하는 사람은 하나님이 주시는 기쁨을 가졌으며, 그의 미래는 영적 희망으로 가 득 채워진다.

닮은 1

초판 1쇄 인쇄 2010년 10월 4일
초판 1쇄 발행 2010년 10월 11일

지은이 김향안

발행인 김 일
펴낸곳 글로리아
디자인 some+think 디자인
캘리그라피 choi
등 록 2007년 3월 9일 제3-235호
주 소 (156-830)서울시 동작구 상도1동 685
홈페이지 www.kcdc.net
전 화 02-824-3004, 5004
팩 스 02-824-4231

ISBN 978-89-7666-105-0(03230)